ARETÉ

SEJA A MELHOR VERSÃO DE SI MESMO

SABEDORIA ANTIGA + CIÊNCIA MODERNA

AMOR, CORAGEM,
SABEDORIA E DISCIPLINA

ARETÉ

SEJA A MELHOR VERSÃO DE SI MESMO

DA TEORIA À PRÁTICA RUMO À MAESTRIA

BRIAN JOHNSON

Traduzido por Michela Korytowski

SEXTANTE

Título original: *Areté: Activate Your Heroic Potential*

Publicado originalmente em 2023 por Heroic Blackstone Publishing.

coordenação editorial: Juliana Souza
produção editorial: Carolina Vaz
preparo de originais: Priscila Cerqueira
revisão: Hermínia Totti e Rafaella Lemos
diagramação e adaptação de capa: Ana Paula Daudt Brandão
capa e projeto gráfico: Brian Johnson e Michael Balchan
impressão e acabamento: Lis Gráfica e Editora Ltda.

CIP-BRASIL. CATALOGAÇÃO NA PUBLICAÇÃO
SINDICATO NACIONAL DOS EDITORES DE LIVROS, RJ

J65a
Johnson, Brian
Areté : seja a melhor versão de si mesmo / Brian Johnson ; tradução Michela Korytowski. - 1. ed. - Rio de Janeiro : Sextante, 2024.
560 p. ; 23 cm.

Tradução de: Areté : activate your heroic potential
ISBN 978-65-5564-939-0

1. Motivação (Psicologia). 2. Liderança. 3. Corpo e mente. 4. Autorrealização (Psicologia). 5. Técnicas de autoajuda. I. Korytowski, Michela. II. Título.

CDD: 158.1
24-92967 CDU: 159.947

Meri Gleice Rodrigues de Souza - Bibliotecária - CRB-7/6439

GMT Editores Ltda.
Rua Voluntários da Pátria, 45 – 14º andar – Botafogo
22270-000 – Rio de Janeiro – RJ
Tel.: (21) 2538-4100
E-mail: atendimento@sextante.com.br
www.sextante.com.br

Este livro é dedicado a VOCÊ,
o herói que estávamos aguardando.

E também...

À minha esposa, Alexandra,
aos nossos filhos, Emerson e Eleanor,
e à família e aos filhos de cada leitor.

Famílias heroicas são unidas.
Está na hora de criarmos a próxima
geração de heróis
e, juntos, mudarmos o mundo.

451 IDEIAS

PARA ATIVAR SEU POTENCIAL HEROICO

OBJETIVO V
TENHA AUTODOMÍNIO

OBJETIVO VI
DOMINE OS FUNDAMENTOS

ANEXOS

PHIL STUTZ DIZ...

PREFÁCIO

Sou psiquiatra há 45 anos. É tempo demais fazendo a mesma coisa. Muitos dos meus colegas já estão aposentados, cansados da rotina. O que me faz continuar são meus pacientes. Por sorte, eles compõem um grupo peculiar. A maioria alcançou aquilo que entendemos por "sucesso", mas não é por isso que são diferentes.

Eles são diferentes porque se recusam a ser definidos por quaisquer de suas realizações individuais. Com identidades inspiradas em possibilidades infinitas, não param de criar. Trabalhar com gente assim pode ser intenso, mas também é muito divertido.

Como moro em Los Angeles, muitos deles são do show business – ou seja, são famosos. Por isso fiquei conhecido como "o psiquiatra das estrelas". Ouvir isso me causa arrepios. Embora eu tenha muitos pacientes atores, também cuido de pessoas do mundo dos negócios, da política, das artes plásticas, da medicina, etc. Todos querem a mesma coisa: liberar ao máximo seu potencial oculto.

Assim como a semente tem o potencial de se tornar árvore, cada ser humano possui uma alma que carrega em si uma visão de seu futuro. Mas essa visão não aflora sozinha. A alma precisa ser treinada até ficar forte o bastante para causar impacto no mundo. Meu trabalho é guiar e encorajar meus pacientes à medida que eles treinam a própria alma. Em vez de psiquiatra das estrelas, é melhor me chamar de "psiquiatra das almas".

Você está prestes a ler um livro formidável escrito por uma pessoa extraordinária: Brian Johnson.

Sei disso porque trabalho com Brian toda semana há anos. A cada encontro, discutimos sobre tudo que aprendi por mais de quatro décadas a respeito de qualquer assunto. Trabalhei com muitos outros pacientes, mas ninguém jamais chegou perto de ter a habilidade dele de assimilar informações com tanta rapidez.

Mas isso é só o começo. Em grande parte, treinar a alma é um processo focado no indivíduo. Brian também é um gênio em conectar pessoas e promover coletivamente a força da alma.

Em poucas palavras: reconheço grandeza quando a vejo, e a grandeza dele continua se expandindo.

Ele causa um impacto profundo em qualquer pessoa que cruze seu caminho. No mundo digital, poderia ser considerado um "influencer", mas costumo relacionar esse termo a pessoas com milhões de seguidores, talvez ligadas ao mundo da moda. O que impulsiona muitas dessas pessoas é o medo de não serem "legais", que no fundo é o medo de serem deixadas de fora.

Brian não tem interesse nessa superficialidade, já que nem chega perto do que o ser humano é capaz. Ele não aceitaria nada menos que desbloquear o potencial oculto em cada um de nós.

Seu objetivo é revelar esse potencial. Sem isso nossa sobrevivência no planeta estaria com os dias contados.

No entanto, guiar toda a nossa espécie para o potencial máximo é uma tarefa difícil. Requer nada menos que a habilidade de inspirar cada ser humano – o que pode parecer grandioso e até mesmo utópico. Mas quando estamos na presença de Brian, sentimos um entusiasmo ilimitado, quase sobrenatural, que faz tudo parecer possível.

Ele é um sonhador e sonha alto. A diferença é que é disciplinado e prático na busca por seus sonhos. Em sua maioria, os livros de desenvolvimento pessoal são escritos apenas com a intenção de vender. São pouco ambiciosos e só querem chamar a atenção dos leitores. Nós os lemos para obter uma vaga sensação de esperança. Brian não faz críticas aos outros livros, mas nunca publicaria nada com objetivos tão rasos, ainda mais agora que enfrentamos um desafio universal que afeta nossa existência.

Basta observar as instituições que são o alicerce da sociedade moderna. O governo, a educação, a ciência, as religiões, o mundo financeiro, a mídia, a medicina, o sistema judiciário... Em cada área faltam disciplina, liderança e transparência.

Esse é o retrato de um mundo que está desmoronando. Um mundo de caos, medo e escuridão. Só seremos fortes o suficiente para nos defendermos se o reconstruirmos. Um cenário triste e opressor... até que surge Brian Johnson.

Embora nem ele nem o mundo soubessem disso com antecedência, Brian vinha se preparando durante toda a vida para o momento em que os dois lados de sua alma, seus dois maiores talentos, trabalhariam em conjunto para derrotar o caos. Tornando-se uma força capaz de superar esse cenário.

Eis os dois lados de Brian Johnson:

1. Seu esforço em trazer à tona o potencial HEROICO de cada um. É disso que precisamos se quisermos fazer algo significativo e impressionante. Segundo Brian, precisamos ser heróis modernos. Na guerra o herói vai ao encontro da batalha. Quanto mais conflito ao seu redor, mais inspirado se torna.

2. Seu esforço em UNIR a espécie humana. Unida, a humanidade é capaz de qualquer coisa.

Brian provou para mim (e para seus milhares de seguidores) que é possível desenvolver nosso potencial único e, ao mesmo tempo, viver segundo uma estrutura aplicável a todo ser humano. Esses valores e hábitos universalmente relevantes são chamados de "Virtudes". As virtudes essenciais em que Brian se inspira estão presentes em todas as culturas e épocas e incluem Amor, Coragem, Sabedoria e Disciplina.

Este é apenas o prefácio. Não posso revelar tudo que você vai descobrir ao longo do livro. Quero apenas que perceba a oportunidade que tem em mãos. Você aprenderá uma nova maneira de lidar com o ser humano, e é exatamente disso que precisamos agora. Esta obra é tão oportuna porque resulta da imensa quantidade de conflitos, confusão e medo que se espalham pelo mundo.

Brian desenvolveu muito mais que mecanismos de enfrentamento para as pessoas modernas superestressadas, embora isso já fosse de grande ajuda para todos nós. Ele desenvolveu um treinamento para a alma.

Comprometa-se com o treinamento e transforme seus maiores problemas e seus piores dias numa fonte inesgotável de coragem, entusiasmo e fé no futuro.

Este livro mudará sua vida. E, se muitos de nós nos comprometermos de verdade, mudará o mundo.

DR. PHIL STUTZ
Los Angeles, Califórnia

I CONHEÇA O JOGO DECISIVO

II FORJE UMA CONFIANÇA ANTIFRÁGIL

III OTIMIZE SUA GRANDE TRÍADE

IV TORNE O DIA DE HOJE MAGISTRAL

V TENHA AUTODOMÍNIO

VI DOMINE OS FUNDAMENTOS

VII ATIVE SEU SUPERPODER

PRAZER EM CONHECÊ-LO

É O PRIMEIRO DIA. MÃOS À OBRA!

Oi, meu nome é Brian. Que bom que você reservou um tempo para abrir este livro. Queria poder conhecê-lo melhor e saber mais sobre sua vida.

Por enquanto, o que sei é que nós dois somos pessoas ocupadas e queremos compartilhar o máximo de sabedoria possível no menor espaço de tempo, então vamos nessa.

Vou começar contando uma breve história, mas antes me permita situá-lo no meu mundo.

Além de fundador e CEO da Heroic Public Benefit Corporation (empresa da qual falarei mais nas próximas páginas), sou o pai orgulhoso de duas crianças (Emerson e Eleanor) e sou casado com minha melhor amiga, Alexandra.

Moramos numa fazenda no interior de Austin, com três cachorros (Zeus, Zap e Wags – dois dos quais nos adotaram), um gato (Heroic, the Stoic, que também nos adotou) e o galo Happy com suas oito galinhas.

Emerson tem 10 anos e é um aficionado do xadrez. E, quando digo "aficionado", quero dizer OBCECADO!

Há menos de um ano mostramos a ele o ChessKid.com, site em que um dos meus professores preferidos (Mike Klein, também conhecido como FunMasterMike, algo como "Mestre Mike Divertido") ensina xadrez para crianças de um jeito divertido e apaixonante.

Emerson recebe educação domiciliar, então tem muito tempo para se dedicar ao xadrez. E, nos últimos dez meses, passou INCONTÁVEIS horas jogando e praticando.

Para você ter uma ideia, ele assiste ao Campeonato Mundial de Xadrez com o mesmo entusiasmo que eu sentia assistindo aos torneios de beisebol quando tinha a mesma idade.

Em poucas palavras: Emerson adora tudo que envolve xadrez. Já venceu o campeonato estadual do Texas na sua categoria e sonha em se tornar Grande Mestre.

Esse é o meu mundo.

Estou escrevendo este capítulo num sábado à tarde, dando os retoques finais no livro e decidindo como quero apresentar o conceito de *Areté*.

Acho que essa pequena descrição da minha vida pode ser o melhor jeito de iniciar nosso estudo. Então... sem mais delongas... mãos à obra!

P.S.: Já, já vou explicar o que significa *Areté*, mas, antes que eu me esqueça, saiba que a pronúncia dessa palavra grega é "Aretê".

P.P.S.: Por falar em conhecê-lo melhor, eu adoraria me conectar com você na nossa plataforma de treinamento social, a Heroic.

Você pode entrar em contato comigo (e com toda a comunidade Heroic) e acessar diversas ferramentas (em inglês), visitando:

HEROIC.US/ACTIVATE

ARETÉ

EXPLICANDO O CONCEITO PARA ALGUÉM DE 10 ANOS

Sou um cara muito disciplinado e tenho um jeito metódico de viver cada dia.

Só que, hoje de manhã, me desviei um pouco do "modo trabalho" e entrei no "modo amor". O motivo? Levar Emerson a um torneio na Academia de Xadrez dos Grandes Mestres de Austin.

Por isso desliguei o computador mais cedo e entrei na cozinha cheio de empolgação.

Chegando lá... Emerson me disse que não queria mais ir.

– Como assim? – perguntei. – O que aconteceu?!

– Não sei – respondeu ele, desanimado. – Só não quero ir.

– Entendo. Que tal a gente dar uma volta e falar mais sobre isso?

– Pode ser.

Fomos caminhar numa trilha dentro da nossa propriedade. Eleanor e Alexandra nos acompanharam.

Antes de começarmos a caminhada, minha esposa disse:

– Ele me contou que não quer ir porque acha que não vai vencer. Tenta falar sobre isso.

"Que interessante... Com certeza é sobre isso que vamos conversar", pensei.

Segurei a mão de Emerson e começamos a trilha. Apertei de leve a mão dele, o que entre nós significa "Eu te amo".

Ele apertou a minha de volta para dizer que me ama também.

– Sua mãe me contou que você não quer ir porque acha que não vai vencer o campeonato. É isso mesmo?!

– É.

– Cara, é CLARO que você não vai ganhar. Você vai competir com jogadores EXCEPCIONAIS. Lembra o que o Nick [o treinador] disse ontem sobre como ele se sente ao participar de um torneio de elite?

– Lembro – respondeu Emerson. – Ele disse que fica superempolgado porque SABE que vai enfrentar jogadores excelentes e que isso o desafia e o ajuda a melhorar.

– EXATO. Quem não vence aprende. E aprender é vencer. Então vamos?

– Vamos.

Essa foi a primeira parte do papo. Minha esposa e Eleanor, que caminhavam juntas na direção oposta, passaram por nós e nos cumprimentaram alegremente. Depois que elas se afastaram, continuamos a conversa.

– Filho, sabe essa voz aí na sua cabeça que fica inventando motivos para você não ir ao torneio?

– Sei.

– Bem...

Parei de andar, me abaixei, fitei seus olhos e disse:

– TODOS nós temos essa voz na nossa cabeça. E quero que você preste bastante atenção no que vou dizer agora... Se você levar a vida seguindo o que essa voz diz...

Fiz uma pausa antes de completar:

– … você NÃO vai alcançar os seus objetivos. Simples assim. Vovô Phil chama essa voz de "Parte X". Ela está dentro de cada um de nós e NUNCA vai embora. Lidar com ela é uma das coisas mais importantes que você pode aprender.

Emerson me encarava com os olhos bem abertos. Focado. Registrando tudo.

Eu me levantei e continuamos a caminhar.

Apertei de novo sua mão: "Te amo." Ele apertou a minha de volta: "Te amo também."

– Agora vou mostrar a você como lidar com essa voz – continuei. – Primeiro, saiba reconhecê-la. Normalmente ela entra em ação quando você resmunga, reclama ou inventa motivos para não fazer algo que, lá no fundo, você sabe que QUER fazer. Apenas observe essa voz agindo. E então pratique o Pensamento Direcionado perguntando a si mesmo: "O QUE EU QUERO?"

Olhamos um para o outro. Emerson me ouvia atentamente.

– Então – prossegui –, o que você quer fazer da sua vida?

– Ah, quero ser feliz e…

– Exatamente.

Levantei a manga do moletom e mostrei a grande tatuagem no meu antebraço esquerdo: *HEROIC.*

– Você quer ser HEROICO e dar o seu melhor, e construir uma vida grandiosa e feliz na qual ofereça seus talentos ao mundo.

– Isso! – Ele fez que sim com a cabeça.

– E sabe COMO chegar lá?

– Ajudando os outros?

– ÓTIMA resposta. Isso mesmo. E, nessa situação, você precisa…

Levantei a outra manga e mostrei a grande tatuagem no meu antebraço direito.

– Você precisa viver com *ARETÉ.* Lembra o que isso significa?

– É tipo…

– É uma palavra grega antiga que ao pé da letra significa "virtude" ou "excelência", mas também tem um sentido mais profundo. Algo parecido com "expressar a melhor versão de si mesmo a cada momento".

Fiz outra pausa e elevei a mão direita acima dos olhos, paralela ao chão.

– Está vendo esta linha? – perguntei. – Este é você dando o melhor de si.

Então levantei a mão esquerda uns 30 centímetros abaixo, também paralela ao chão.

– Este aqui é você *não* dando o melhor de si. Percebe o ESPAÇO entre essas linhas?

Emerson fez que sim com a cabeça.

– Então… Sabe como é a sensação de ter uma lacuna *tão* grande assim?

– Não muito boa? – arriscou ele.

– EXATAMENTE. Mas e se REDUZÍSSEMOS A LACUNA entre o que somos capazes de ser e o que de fato somos, à medida que mostramos nossa melhor versão? Como você acha que seria?

– Seria bom!

– NÃO! Seria ÓTIMO! *Esse* é o jogo decisivo que todos jogamos a cada dia. Ao eliminar as lacunas e escolher fazer as coisas que nos ajudam a mostrar nossa melhor versão, sentimos uma profunda sensação de alegria. Os antigos filósofos gregos e estoicos também tinham uma palavra para isso: *eudaimonia*, ou eudemonia.

Emerson assentiu. Estava entendendo. Seguimos andando.

– E adivinha só – continuei. – Sabe essa voz que fica inventando desculpas para você não ir ao torneio?

– Sei.

– Ela não está fazendo você tomar a melhor decisão, está?

– Não!

– É por isso que tatuei as palavras *HEROIC* e *ARETÉ*.

Apertei sua mão: "Te amo." Ele apertou a minha: "Te amo também."

E é assim, meu caro Herói, minha cara Heroína em treinamento, que se ensina a uma criança o poder do *Areté*.

O objetivo deste livro é usar esse ensinamento para que você ative o SEU potencial heroico.

COMO ELIMINAR AS LACUNAS

INTRODUÇÃO AO PENSAMENTO DIRECIONADO

Agora que já apresentei minha família e o jogo decisivo da vida, quero mostrar a você a prática mais poderosa para eliminar as lacunas e viver com *Areté* enquanto ativamos nosso potencial heroico.

Estou falando do Pensamento Direcionado.

Voltemos ao meu bate-papo com Emerson...

Aquela conversa durou uns 10 minutos enquanto percorríamos metade do caminho. Eis o que falamos depois:

– Pois é – comentei. – Viver com *Areté* para sermos HEROICOS é o jogo decisivo da vida. Mas agora vamos falar de xadrez.

Sorri e olhei para ele, que sorriu de volta.

– O que você espera do xadrez? – perguntei.

– Eu quero me tornar Grande Mestre.

– Eu sei. Isso é ótimo. E acho que você consegue.

Trocamos um novo aperto de mão.

– Então... o que você precisa fazer para se tornar um Grande Mestre do xadrez?

– Continuar praticando muito!

– Isso mesmo! E o que MAIS você precisa fazer?

Emerson pensou por um minuto e respondeu como se tivesse tido uma epifania:

– Participar de vários torneios!

– EXATO!

Pisquei um olho e novamente apertei sua mão. Ele sorriu e apertou a minha.

– Pois bem... Quando inventou todas aquelas desculpas para não irmos ao torneio hoje, a voz na sua cabeça estava ajudando você a fazer o necessário para alcançar seu objetivo?

– Não!

– EXATO!

Mais uma rodada de apertos de mão.

– É o que chamamos de Pensamento Direcionado. Você precisa saber o que quer e como conseguir isso. E também prestar atenção na Parte X para que ela não domine seu cérebro e o conduza na direção errada. Certo?

– SIM!

– Então... Pronto para ir ao torneio hoje e vencer ou aprender?

– SIM!

– ENTÃO VAMOS, HERÓI!

Claro que nada disso é sobre meu filho. É sobre VOCÊ. O que VOCÊ quer da vida?

Lembre-se do jogo decisivo.

Dica: *ARETÉ* = HEROICO.

E... lembre-se do Pensamento Direcionado.

Saiba o que quer. Saiba do que precisa para conseguir. Mantenha a Parte X sob controle. E faça o que tem que ser feito. Elimine as lacunas.

Ofereça tudo que você tem. HOJE.

MEDO E PREGUIÇA

ENSINAMENTOS DO VOVÔ PHIL

Estou curtindo nossa caminhada. Que tal continuarmos?

Até aqui, usamos a hesitação de Emerson quanto ao torneio de xadrez para falar sobre *Areté*, Pensamento Direcionado, heroísmo e lacunas que precisam ser eliminadas.

Só que pulei uma parte importante do bate-papo.

Antes de abordarmos esses conceitos, eu e meu filho conversamos sobre DUAS coisas que, segundo Phil Stutz (meu padrinho espiritual e padrinho-avô de Emerson), nos impedem de experimentar toda a alegria que queremos em nossa preciosa vida.

Responda rápido: o que VOCÊ acha que são essas duas coisas?

(Imagine uma música de suspense agora.)

Aqui vai a resposta...

Phil Stutz, citando *seu* grande mestre Rudolf Steiner, diz que o MEDO e a PREGUIÇA são os dois maiores obstáculos na ativação do nosso potencial heroico.

Repetindo: **MEDO** e **PREGUIÇA**.

Com isso em mente, pare um pouco e pense sobre tudo que você quer criar na sua vida.

Quem é você na sua melhor versão?

Veja. Sinta.

O que impede você de eliminar as lacunas e SER a melhor versão de si mesmo? Se for sincero, verá que os obstáculos não costumam ser fatores externos. São seu próprio medo e sua preguiça.

Consegue perceber?

Anote isto: heróis são fortes para si e para os outros. Nossa arma secreta é o amor.

Então... por quem VOCÊ fará tudo para superar seu medo e sua preguiça e dar seu melhor?

Estou falando sério.

Por quem VOCÊ fará tudo para superar seu medo e sua preguiça e dar seu melhor?

Minha resposta seria minha esposa, meus filhos, meus amigos, minha equipe, nossa comunidade... E VOCÊ.

Dia 1. Agora é pra valer.

Vamos com tudo, Herói.

CARÁTER VS. COMPORTAMENTO

COMO JOGAR O JOGO DA VIDA

Que tal coletarmos mais uma pérola de sabedoria da minha tarde com Emerson?

Caso queira saber, Emerson mandou muito bem no xadrez. Venceu duas partidas e "venceu" mais duas graças às lições que aprendeu jogando com enxadristas mais experientes.

No caminho de volta, para comemorar o dia e a pontuação que ele tinha alcançado no Chess.com, decidimos parar numa arena de laser tag. Estávamos muito empolgados.

Mas... quando chegamos lá tinham acabado de formar um grupo, e não podíamos esperar o seguinte. O funcionário disse que até poderíamos entrar atrasados, mas perderíamos as instruções iniciais.

Emerson sabia jogar laser tag, mas eu não jogava havia anos.

"É apenas um jogo", pensei. "Não pode ser tão difícil."

– Perfeito – respondi. – Vamos entrar! Obrigado!

Pegamos o finalzinho das instruções. Colocamos o equipamento e fomos para a arena de batalha. E...

Joguei *muito* mal. *Muito, **muito*** mal.

Só para você ter uma ideia, Alexandra tinha jogado com Emerson dias antes e teve um desempenho pífio, -99. O funcionário disse que NUNCA tinha visto um jogador tão ruim. Até rimos disso no jantar.

E no fim das contas...

Na metade da partida, minha pontuação já era de -100. Que vergonha! Minha confiança tinha descido pelo ralo.

"Minha nossa, sou um desastre!", pensei. "Seria melhor desistir e ir embora. Que vexame!", mas parei e dei uma olhada no painel de pontuação.

Logo acima de um "-100" vergonhoso, vi meu estoque de munição: eu ainda tinha 1.000 unidades.

O que era meio estranho, porque eu tinha certeza de que havia começado com 1.000 unidades e, sério, eu estava me esforçando muito para gastá-las. Meu dedo doía de tanto apertar o gatilho. Até que...

Enquanto vasculhava o equipamento, encontrei um pequeno botão na extremidade. Eu o apertei junto com o gatilho e... disparei um raio.

Que som lindo saiu daquela pistola! Música para os meus ouvidos.

A partir dali libertei o fuzileiro que existia dentro de mim e comecei a me divertir. Terminei o jogo com 400 e poucos pontos, logo atrás de Emerson. E sabe em quem pensei durante isso tudo? Em BJ Fogg.

BJ é autor de *Micro-hábitos* e administra o Laboratório de Design Comportamental da Universidade Stanford. Suas pesquisas inspiraram livros como *Hábitos atômicos*, de James Clear, e *O poder do hábito*, de Charles Duhigg.

Vou mostrar algumas das melhores e mais transformadoras ideias desses livros à medida que você for se transformando num ninja que adota (e elimina) hábitos, mas por enquanto quero destacar o ponto do livro de BJ em que eu pensava enquanto tirava meu equipamento.

Em poucas palavras, BJ afirma que a dificuldade em mudar hábitos pode não ser uma falha de *caráter*, mas uma falha de *design*.

Ou seja, não há nada de errado com VOCÊ; o único problema é que você não sabe COMO mudar seus comportamentos de maneira eficaz.

Quando se conhecem as regras do jogo, laser tag é MUITO mais fácil e MUITO mais divertido. O mesmo acontece com a vida.

Agora seria a hora de ouvir as instruções sobre "Como jogar o jogo da vida", que nunca recebemos.

P.S.: Depois descobri que Alexandra também tinha perdido a explicação sobre como atirar com o laser porque estava procurando Eleanor. Isso significa que ela teve *a mesma* experiência que eu. Que coisa, não? #almasgêmeas

SOBRECARREGUE

EM CASO DE DÚVIDA, FAÇA

O almirante William H. McRaven é um dos meus heróis. Condecorado com quatro estrelas, sua última missão foi comandar todas as Forças de Operações Especiais dos Estados Unidos.

Ele escreveu excelentes livros, entre os quais *Arrume a sua cama* – inspirado no discurso que fez para os alunos na cerimônia de graduação da Universidade do Texas, em Austin – e *O código do herói*. Em sua obra mais recente sobre liderança, *Liderar é simples (mas não é fácil)*, ele compartilha dezoito lemas militares que guiaram sua vida.

Um deles é "Em caso de dúvida, sobrecarregue".

Vejamos o contexto que conecta o ensinamento do almirante à estrutura *deste* livro.

Quando querem saber se estão à altura das forças militares de elite, os aspirantes a Navy SEAL precisam passar pelo conhecido BUD/S – a sigla em inglês para Treinamento Básico de Demolição Submarina.

Trata-se de um desafio mental e físico extremamente difícil. Apenas 20% dos que começam o terminam.

Agora vamos estender um pouco mais esse contexto.

Em 6 de junho de 1944, o general Dwight D. Eisenhower comandou a invasão da Normandia, que veio a mudar o rumo da Segunda Guerra Mundial.

De acordo com a Biblioteca Eisenhower: "A força de invasão incluía 7 mil navios e barcaças de desembarque tripuladas por mais de 195 mil militares navais dos Estados Unidos, da Comunidade Britânica e de seus aliados, que desembarcaram no dia D."

Pare um pouco e pense no empenho extraordinário de todos esses soldados e seus familiares – dispostos a fazer um último sacrifício para proteger a liberdade.

Se isso tocou seu coração, pare de novo e pense no mesmo empenho de homens e mulheres militares e de suas famílias que também protegem a liberdade *hoje*.

Perceba que é fácil considerar que essa liberdade (e os guerreiros que a protegem) está *garantida*, não que é algo *concedido*.

Como discutiremos, qualquer pessoa sensata admira os sacrifícios que esses homens e mulheres fazem pela população, com dedicação e coragem, esforçando-se para retribuir na mesma medida.

Antes que as tropas pudessem chegar com suas 3 mil barcaças nas cinco praias da Normandia, sabe quem apareceu na escuridão das noites para abrir caminho? Alguns dos primeiros Navy SEALs dos Estados Unidos.

Eles eram experts em demolição submarina e descobriram e destruíram as barreiras subaquáticas que haviam sido preparadas para impedir a chegada das embarcações.

Tudo isso nos leva ao 16º princípio de liderança de McRaven e a mais uma pergunta: sabe como os Navy SEALs aprendem a calcular de quantos explosivos precisam para implodir os obstáculos subaquáticos?

Como explica McRaven: em caso de dúvida sobre a quantidade de explosivos, eles são orientados a "*sempre sobrecarregar*. Sempre colocar mais energia, mais foco, mais força na situação do que parece necessário. Em caso de incerteza ou dúvida, essa é a única maneira de garantir o sucesso".

Era isso que eu tinha em mente quando escolhi a estrutura deste livro.

Eu poderia publicar uma obra padrão com poucas páginas e dezenas (ou até centenas) de ideias transformadoras, mas decidi SOBRECARREGAR e entreguei a você muitas páginas e 451 ideias transformadoras.

Quero que você SINTA o poder explosivo das ideias deste livro detonando tudo que atrapalha a concretização do seu potencial, para que assim possamos vencer a guerra suprema entre o vício e a virtude que é travada o dia inteiro, todos os dias.

Lembre-se: em caso de dúvida, sobrecarregue. Está na hora de ativar seu potencial heroico.

451°
ENERGIA DE ATIVAÇÃO

Já ouviu falar em "energia de ativação"? É um conceito da química. O dicionário a define como "a quantidade mínima de energia que os reagentes devem possuir para acionarem uma reação específica".

Exemplos do dia a dia: a água só ferve se alcançar 100° Celsius. Não ferve a 80 graus nem a 90. Pode esquentar, mas não ferver.

As mesmas regras se aplicam ao fogo. Átomos de carbono e hidrogênio estão sempre presentes no material do papel. E o oxigênio, é claro, está sempre presente no ar.

Mas eles só incendeiam o papel se atingirem certo limite de temperatura. Precisamos de 451° Fahrenheit de calor para gerar energia suficiente e catalisar a dança mágica do fogo.

E se chegarmos a 400°? Nada acontece. A 449°? Nada também. A 450°? Nadinha. A 451°? BUM! Fogo. Assim acontecem os processos de ativação de energia.

É por isso que este livro traz exatamente 451 ideias com potencial de ativar sua energia – e qualquer uma delas vai ajudá-lo a avançar para o próximo nível. Se tudo correr como planejado, de ideia em ideia, ativaremos seu potencial heroico.

AO ALCANCE DAS MÃOS
SEU ARSENAL FILOSÓFICO

Epicteto é meu mestre preferido. Foi um ex-escravo que ensinou (e praticou!) a filosofia estoica na Roma Antiga. Também lecionou para os mestres do imperador e o filósofo Marco Aurélio. Como se não bastasse, foi o primeiro a influenciar as pessoas que criaram o que conhecemos hoje como terapia cognitivo-comportamental.

Um de seus discípulos fez anotações muito boas de suas aulas (obrigado, Arriano!), captando sua sabedoria no *Manual de Epicteto* (ou *Enchiridion*, em grego).

Enchiridion significa "manual", mas é importante observar que, ao pé da letra, quer dizer "à mão" (*en + kheir*).

Para você ter uma ideia, essa palavra também era usada para descrever um punhal.

Mais do que um manual de instruções, a sabedoria de Epicteto (e a de *todos* os filósofos antigos) está à sua disposição e é uma espécie de espada ou ferramenta (ou até mesmo um explosivo dos SEALs!). É uma sabedoria *ao alcance das mãos*, que pode ser usada para enfrentar os desafios inevitáveis da vida.

Como discutiremos, os filósofos estoicos nos mostraram que precisamos ser GUERREIROS da mente, e não meros bibliotecários catalogando ideias interessantes. Eles possuíam um arsenal inteiro de armas e ferramentas.

É assim que eu gostaria que você visse este livro: 451 ideias que nos ajudarão a avançar da teoria à prática e da prática à maestria – eliminando a lacuna entre quem *podemos* ser e quem *realmente* somos, conforme ativamos nosso potencial heroico e oferecemos ao mundo o nosso melhor.

E vamos fazer isso HOJE.

COMO APRENDER

INTERCALAÇÃO E REPETIÇÃO ESPAÇADA

Como filósofo profissional, nos últimos quinze anos destilei mais de quinhentos dos melhores livros de sabedoria antiga e de ciência moderna no que eu chamo de "Notas do Filósofo".

Também criei mais de cinquenta horas de conteúdo em que extraio as melhores ideias desses livros para ajudar você a otimizar cada parte da sua vida.

No aplicativo Heroic (em inglês) você encontra aulas sobre temas variados, desde propósito, produtividade e confiança até nutrição, sono e amor.

Encontra também uma aula na qual compartilho as melhores ideias de alguns dos livros mais relevantes sobre aprendizado, como *Fixe o conhecimento*, *Aprendendo a aprender* e *Como aprendemos?*.

Nessa aula, apresento um conceito que os cientistas chamam de "intercalação". A ideia básica é simples: se você quer aprender algo, é melhor variar a prática do que repetir a mesma coisa sem parar.

Por exemplo, uma pesquisa sobre jogadores de beisebol descobriu que, se você arremessar para alguém quinze bolas curvas em sequência e depois quinze bolas rápidas, esse batedor vai SENTIR que está indo muito bem, mas na verdade não estará aperfeiçoando as habilidades necessárias para um jogo real, em que tudo pode acontecer.

Isso, que os cientistas chamam de "ilusão de fluência", é uma das grandes ameaças ao aprendizado eficaz.

E como funciona a intercalação?

No nosso exemplo do beisebol, uma variação aleatória de bolas rápidas e curvas manteria o batedor em alerta, sem saber o que viria pela frente. Assim, ele desenvolveria as VERDADEIRAS habilidades necessárias para a hora do jogo.

Claro que essa abordagem não parece tão *agradável* quanto a previsibilidade. Mas é assim que se fixa o aprendizado.

Essa é uma das coisas que eu tinha em mente quando decidi apresentar a você 451 ideias capazes de transformar sua vida. Vamos intercalar diferentes temas nos próximos capítulos. Também vamos nos concentrar em *outro* aspecto-chave do aprendizado, a "repetição espaçada".

A ideia básica é criar um pequeno intervalo entre cada repetição deliberada das coisas que REALMENTE queremos assimilar.

Por falar em repetição, veja como Daniel Coyle explica isso em *O segredo do talento*: "A repetição não é vista com bons olhos. Geralmente, achamos chato e desestimulante ter que fazer a mesma coisa várias vezes, mas essa percepção é completamente equivocada. A repetição é a alavanca mais poderosa para desenvolver nossas habilidades, porque nos faz utilizar o mecanismo interno que aumenta a velocidade e a precisão das conexões produzidas no cérebro."

Intercalação e repetição espaçada criam bons heróis.

P.S.: Sabe o que também ajuda a dominar um conceito? Explicá-lo a outra pessoa. Tente compartilhar com alguém o que aprender em cada capítulo.

P.P.S.: Quando decidi escrever este livro, tinha em mente outras duas obras: *A guerra da arte*, de Steven Pressfield, e *Guerra e paz*, de Liev Tolstói.

Pressfield é um dos meus escritores favoritos. Sua prosa inspiradora e prática é fascinante, e é assim que gosto de escrever. Em um a três minutos, você consegue ler um dos microcapítulos transformadores em seus livros, e era isso que eu queria: que meu livro fosse FÁCIL de ler e que você pudesse abri-lo em qualquer página para mudar sua vida em alguns minutos. Mas também queria algo com densidade e seriedade.

E, claro, meu compromisso é cumprir o que Phil prometeu a você no prefácio: "Este livro mudará sua vida." E não é só isso…

Também recebi milhares de mensagens da nossa comunidade Heroic, todas empolgadas com esta obra – o que é muito inspirador. Por isso dei meu melhor para corresponder a comentários como "Os maiores ensinamentos da humanidade sobre como alcançar uma vida próspera condensados num ÚNICO livro? Como não querer comprar agora mesmo?!", "Esse livro será um clássico, como *Os 7 hábitos das pessoas altamente eficazes* e *Como fazer amigos e influenciar pessoas*. Princípios atemporais" ou "Esse será o melhor livro da história moderna para o desenvolvimento pessoal. Simples assim".

(Sem pressão, não há diamantes, certo?)

Ao refletir sobre como atender a essas expectativas, percebi que queria produzir uma obra que fosse a soma de microcapítulos cheios de energia + um calhamaço denso.

Você pode começar da primeira página e avançar pelos sete objetivos (com intercalação e repetição espaçada!) ou abrir em qualquer página e, em poucos minutos, inspirar-se com uma das 451 ideias.

Escolha sua aventura, Herói. VAMOS NESSA!

OS SETE OBJETIVOS

PARA ATIVAR SEU POTENCIAL HEROICO

Tudo indo muito bem, até que surge a pergunta: como ativar seu potencial heroico?

Antes de entrarmos em detalhes, gostaria de voltar um pouco e falar mais sobre mim...

Como já mencionei, há doze anos fundei uma empresa chamada Heroic Public Benefit Corporation, da qual também sou CEO. Nossa missão é fazer com que, em 2051, mais da metade da população mundial esteja prosperando.

Por meio da Heroic, arrecadei mais de 25 milhões de dólares, um marco no crowdfunding, e desenvolvi e vendi duas plataformas sociais.

Antes disso, fui filósofo e professor, e ajudei milhões de pessoas no mundo todo criando um aplicativo e um protocolo capaz de mudar vidas, e cuja eficácia já foi cientificamente comprovada.

Você deve estar se perguntando: "O que é essa tal de Heroic?"

Cito as breves e elogiosas palavras do meu amigo e mentor John Mackey, cofundador e ex-CEO da Whole Foods: "Heroic é a melhor plataforma de autodesenvolvimento do mundo."

Tivemos a honra de atender algumas grandes personalidades, inclusive escritores, executivos de grandes empresas, militares, atletas e treinadores. Também formamos mais de 10 mil pessoas em mais de cem países com nosso programa de certificação Heroic Coach.

Com esse programa e com o treinamento básico disponível no aplicativo Heroic, integramos sabedoria antiga, ciência moderna e ferramentas práticas em SETE objetivos.

As 451 ideias que apresento aqui estão distribuídas ao longo desses objetivos, que são a base do nosso protocolo capaz de transformar sua vida.

Veja como os enquadramos quando treinamos nossos heróis pelo aplicativo e nossos coaches pelo programa de certificação.

OBJETIVO I: CONHEÇA O JOGO DECISIVO

A primeira coisa que precisamos fazer é olhar com atenção e avaliar se estamos disputando o jogo certo. A verdade é que, numa sociedade tão disfuncional, é quase certo que não estejamos.

Convidaremos o filósofo grego Aristóteles e o importante psicólogo Martin E. P. Seligman para representar a sabedoria antiga e a ciência moderna. Perguntaremos a eles qual é o sentido da vida.

Por enquanto, saiba que esses pensadores nos dão a MESMA RESPOSTA, e ela se resume a uma única palavra.

Ao fim do nosso primeiro objetivo, você conhecerá o jogo decisivo que deseja disputar e, além disso, aprenderá a jogá-lo bem.

Se sua experiência for como a de milhares de pessoas que já treinei, isso mudará sua vida.

OBJETIVO II: FORJE UMA CONFIANÇA ANTIFRÁGIL

Uma vez estabelecido o jogo decisivo, é hora de aprender como jogá-lo bem – o que nos leva ao segundo objetivo: forjar uma confiança antifrágil.

Ao terminarmos esse processo juntos, passaremos de pessoas frágeis a resilientes, e de resilientes a ANTIFRÁGEIS, de modo que quanto mais a vida nos bater, mais forte ficaremos. E isso requer confiança.

O que nos leva a outra curiosidade etimológica. Sabe qual é o significado da palavra *confiança*? "Certeza intensa." Mas isso não quer dizer que tudo sempre vai dar certo na sua vida, e sim que, ACONTEÇA O QUE ACONTECER, você saberá lidar com as circunstâncias.

Isso é confiança antifrágil. Cultivar ao menos 10% dessa sua capacidade já vai fazer toda a diferença.

Mas como desenvolver essa "certeza intensa" em nós mesmos? Da mesma maneira que desenvolvemos certeza em qualquer relacionamento: CUMPRINDO o que prometemos.

No aplicativo Heroic ajudo você a desenvolver um protocolo – um conjunto de comportamentos diários que o manterão conectado à sua melhor versão.

Mas também há um tempero secreto: você aprenderá a escrever o novo algoritmo da sua vida. Funciona mais ou menos assim: quanto PIOR você se sentir, MAIS se comprometerá com o protocolo.

O que as pessoas costumam fazer quando se sentem um pouco cansadas ou sobrecarregadas? PARAM de fazer as coisas que as impulsionam e fortalecem. Mas com você vai ser diferente.

Esse é seu passaporte para a invencibilidade. Ainda haverá altos e baixos, porque somos humanos, mas seus altos serão mais altos... e seus baixos serão mais altos também. E isso é heroicamente incrível.

OBJETIVO III: OTIMIZE SUA GRANDE TRÍADE

Uma vez estabelecido o jogo e aprendida a primeira regra de como jogá-lo bem, será hora de simplificarmos o autodesenvolvimento.

Trata-se do terceiro objetivo, que é otimizar o que chamo de Grande Tríade: Energia, Trabalho e Amor.

Você já deve ter percebido que embarcar no mundo do autodesenvolvimento pode rapidamente se tornar sufocante. Há TANTA coisa a fazer que nem sabemos por onde começar.

Bem, Freud explica que uma vida bem vivida se resume a duas coisas: Trabalho e Amor. Essa é uma das poucas coisas em que concordo com ele...

Caso sua ENERGIA esteja fraca por escolhas ruins de estilo de vida, você terá *muita* dificuldade em mostrar seu poder tanto no Trabalho quanto no Amor.

É aí que entra a Grande Tríade. De maneira sistemática, vou ajudá-lo a se sentir mais *energizado* do que nunca, tornando-se mais produtivo e entregando um *trabalho* de maior qualidade, ao mesmo tempo que se torna mais *amoroso* e conectado (consigo mesmo e com seus entes queridos).

Simplificando, você oferecerá, a cada dia, a melhor e mais heroica versão de si mesmo.

OBJETIVO IV: TORNE O DIA DE HOJE MAGISTRAL

A partir de agora, é hora de aceitar que HOJE É O DIA de avançar da teoria à prática e, por fim, à maestria. Vou ajudá-lo a se tornar um mestre em criar dias extraordinários.

O primeiro passo é analisar seus HORÁRIOS, já que um grande dia começa quando o dia anterior termina.

Abordaremos mudanças de comportamento – simples e essenciais – que podem mudar sua vida do dia para a noite e então, de maneira sistemática, implantaremos mudanças mais profundas, que o ajudarão a fortalecer sua Energia, seu Trabalho e seu Amor O DIA INTEIRO, TODOS OS DIAS.

Assim, caro Herói, você se tornará mais energizado, produtivo e conectado consigo mesmo, como nunca antes.

OBJETIVO V: TENHA AUTODOMÍNIO

Tudo isso para chegarmos ao quinto objetivo, que é dominar as três disciplinas do autodomínio: disciplina estrutural, disciplina reativa e disciplina expansiva.

Também exploraremos a arte e a ciência da mudança comportamental, para que você se torne mestre em adotar e eliminar comportamentos de modo a se tornar quem deseja ser.

E qual é a primeira coisa que você precisa aprender? Usar sua força de vontade com sabedoria para implementar hábitos que funcionem no piloto automático via algoritmos.

Sentiu-se inspirado? Então é um bom momento para parar um pouco e se perguntar: o que eu SEI que mudaria minha vida se eu começasse a fazer HOJE?

Pensou?

O que você poderia fazer com frequência para transformar positivamente sua vida?

Fantástico.

Agora imagine sua vida com esse hábito implantado e depois com seu pior hábito excluído.

Imagine que você tem autodomínio suficiente para adotar e eliminar hábitos quando quiser. É disso que trata o quinto objetivo.

OBJETIVO VI: DOMINE OS FUNDAMENTOS

Chegou o momento do nosso sexto objetivo.

Ao todo são sete fundamentos: Alimentação, Movimento, Sono, Respiração, Foco, Celebração e Prosperidade. Cada um deles tem o próprio conjunto de comportamentos que treinaremos juntos. E por que são importantes?

Bem... se você quiser saber qual será a altura de um prédio, basta olhar a profundidade dos alicerces.

Precisamos entender que, para alcançarmos a grandeza (e nos tornarmos as melhores e mais heroicas versões de nós mesmos), nossos fundamentos têm que ser firmes.

Ao chegar a esse ponto você já estará muito forte e, se for como os milhares de pessoas que treinei, descobrirá que consegue mudar facilmente alguns comportamentos-chave de cada fundamento – hábitos que talvez estejam prejudicando você há anos.

Tudo isso é muito empolgante e transformador... e deixará você incrivelmente empoderado.

OBJETIVO VII: ATIVE SEU SUPERPODER

Chegamos ao nosso objetivo final. É hora de ativar seu superpoder, que chamo de Força da Alma.

Quem deu esse nome a ela foi Gandhi, e Martin Luther King Jr. a citou em seu discurso "Eu tenho um sonho". É a força que muda o mundo.

É algo que TODOS os nossos heróis têm em comum, e a única coisa que TODOS NÓS temos em comum com eles. Precisamos apenas ativá-la.

Existe uma fórmula para isso, que você conhecerá daqui a pouco.

Por enquanto é importante saber o seguinte: conseguir concentrar sua Energia de maneira CONSISTENTE no que é importante faz com que você ative seu potencial heroico e explore o poder infinito da Força da Alma, à medida que vence o jogo decisivo da vida e cumpre seu destino.

Nem tenho palavras para dizer quanto isso me motiva. Sabe por quê? Porque é exatamente assim que você ativará seu potencial heroico. É assim que poderemos mudar o mundo, uma pessoa de cada vez. Juntos. Começando com você e comigo. HOJE.

VOCÊ É O HERÓI
QUE ESTÁVAMOS ESPERANDO

Como você deve ter notado, já entramos em nosso primeiro objetivo.

Antes de continuarmos, gostaria de fazer uma pergunta rápida: você sabe o que significa a palavra *herói*?

Eu também não sabia até ler o livro *Natural Born Heroes* (Heróis por natureza), de Christopher McDougall. É outra palavra que vem do grego antigo. Não significa "exterminador de vilões", "cara durão" ou algo parecido, mas sim "PROTETOR".

Um herói é forte para si e para os outros e, o mais importante, está disposto a *se esforçar* para redobrar essa força.

E qual é a arma secreta do antigo herói? O AMOR.

O amor impulsiona nossa vontade de trabalhar pesado e conquistar essa força extra. Também nos dá coragem para agir diante do medo. É o responsável pela disciplina necessária para que os objetivos sejam cumpridos.

E, caso não tenha percebido, o mundo está precisando de heróis mais do que nunca.

Temos níveis pandêmicos de ansiedade e depressão, diabetes e câncer, polarização política e injustiças sociais, além da degradação ambiental.

A *única* maneira de enfrentarmos esses desafios *históricos* e criarmos um mundo mais generoso e virtuoso para nossos descendentes é agindo e mostrando nossa melhor e mais heroica versão.

Ou seja:

VOCÊ É O HERÓI QUE ESTÁVAMOS ESPERANDO. Só precisamos que se porte como um.

Está na hora de ativar seu potencial heroico.

A DECISÃO DOJÔ

MAESTRIA VS. PASSIVIDADE

Imagine-se entrando num dojô para aprender uma arte marcial. É seu primeiro dia estudando essa arte.

Tanto faz ser experiente ou um completo iniciante. Será ótimo do mesmo jeito. E você vai começar pela faixa branca.

Então aqui vai uma pergunta: ao olhar ao redor do dojô e sentir a energia do local, você sente que está ali só por estar ou sua intenção é alcançar a maestria? Parece que não faz muita diferença, mas faz.

Caso esteja satisfeito apenas pelo fato de ter saído do sofá, então sua energia vai ser BEM diferente daquela que teria se estivesse em busca de MAESTRIA.

Se sua meta for ser faixa preta em *x* anos, você dará TUDO DE SI. Não agirá por inércia. Usará cada momento da aula para se aprimorar. Prestará atenção e dará seu melhor. A todo momento.

Agora que iniciamos nossa jornada, faço outra pergunta: você está lendo mais um livro de autodesenvolvimento só por ler?

Ou...

Está a postos, inspirado, com sangue nos olhos, comprometido a fazer o possível para dar ao mundo o que tem de melhor?

Claro, não há resposta certa ou errada. Pode ser que não estejamos em sintonia, ou talvez você não esteja empolgado para embarcar nessa jornada comigo – e TUDO BEM. Mas sejamos sinceros.

A VIDA NÃO É UM ENSAIO.

Está na hora de acordar e oferecer ao mundo tudo que você tem. Está na hora de parar de seguir o fluxo da vida – navegando em redes sociais e fazendo o que todos fazem. Está na hora de se posicionar, deixar o smartphone de lado e dar boas-vindas à sua voz interior enquanto ativa seu potencial heroico e oferece ao mundo tudo que você tem.

Quando?

Que tal AGORA?

OXIGÊNIO DA ALMA

QUEM VOCÊ DEVERIA SER?

O psicólogo Abraham H. Maslow estudou as grandes personalidades da sua geração. Pessoas como Albert Einstein e Eleanor Roosevelt.

Foi ele quem criou a "hierarquia das necessidades" (com sua conhecida pirâmide) e ensinou a importância de alcançar nosso potencial.

Na verdade, ele disse: "O que uma pessoa *pode* ser ela *deve* ser."

Essa necessidade de desenvolver o pleno potencial é, em determinado estágio do nosso desenvolvimento, tão importante quanto a necessidade de respirar. É como o oxigênio da alma.

Então repito para que não reste dúvida…

Enquanto NÃO ESTIVER mostrando seu melhor, a versão heroica de si mesmo, e existir uma LACUNA entre quem você pode ser e quem realmente é, VOCÊ SOFRERÁ.

O que nos leva à pergunta…

QUEM você deveria ser?

A MATEMÁTICA DO DESTINO

+1 OU -1

Maslow também nos ensinou que, a qualquer momento, temos uma escolha. Avançar na direção do crescimento ou recuar para a segurança.

Crescimento ou segurança, crescimento ou segurança… Gosto de pensar nesse vaivém como +1 e -1.

Momento a momento, podemos fazer uma escolha.

+1 ou -1, +1 ou -1…

Um passo à frente ou recuar, um passo à frente ou recuar…

Nosso estado de espírito no fim do dia é em grande parte determinado por essas microdecisões. Se você tiver muitos momentos -1, chegará em casa exausto.

Por outro lado, acrescentar momentos +1 ao dia a dia fará você se sentir radiante e apaixonado pela vida.

E o que acontece quando você acumula esses momentos em dias, semanas, meses e anos?

Você constrói seu destino.

Então vamos escolher com sabedoria.

+1, +1, +1...

P.S.: Maslow também disse: "Se você planeja ser menos do que é capaz de ser, então devo alertar de que será infeliz pelo resto da vida."

ENTELÉQUIA

A FORÇA SEGUNDO ARISTÓTELES

Se eu tivesse que resumir toda a minha filosofia numa única frase, usaria as palavras de Abraham H. Maslow: "O que uma pessoa *pode* ser ela *deve* ser."

Como já vimos, em certo estágio do nosso desenvolvimento, alcançar nosso potencial é tão necessário quanto respirar.

Aristóteles já falava disso 2.500 anos antes de Maslow. Até cunhou uma palavra para essa força que nos impulsiona a realizar nosso potencial inato: *enteléquia*.

Formada por *en* ("dentro"), *telos* ("fim, perfeição") e *ekhein* ("estar em determinado estado"), essa palavra do grego significa, ao pé da letra, "estar em estado de perfeição".

Pense na força que conduz uma semente a expressar todo o seu potencial na forma de um imponente carvalho. Agora imagine essa mesma força dentro de VOCÊ exigindo que se torne quem realmente é capaz de ser. Isso é *enteléquia*.

Rollo May, outro renomado psicólogo do século XX, descreveu em *A coragem de criar* essa mesma força, apenas destacando uma importante diferença entre nós e uma semente: "A semente se torna carvalho por meio do crescimento automático; não é necessário nenhum compromisso. O mesmo acontece com um filhote que se torna um gato adulto com base no instinto. A natureza e o ser são idênticos em criaturas assim. Mas um homem ou uma mulher só se tornam plenamente humanos por meio das escolhas e do comprometimento com elas. As pessoas conseguem dignidade e valor por meio de infinitas decisões diárias. E essas decisões exigem coragem."

Nosso +1°.

Você consegue sentir a força da *enteléquia* impulsionando-o para que se torne aquilo que é capaz de ser? Eu consigo.

Agora vá alcançar seu potencial.

Elimine as lacunas. Viva com *ARETÉ*.

Ative seu potencial heroico.

HOJE.

OS GRITOS DA ALMA

CAPACIDADES QUE CLAMAM PARA SER USADAS

Aristóteles e Maslow concordam.

Chame do que quiser, *enteléquia* ou *autorrealização*, o importante é reconhecer que temos um motivador para nos tornarmos o que podemos ser.

Consegue senti-lo?

Não é preciso esperar uma década para "chegar lá".

Antes de tudo, saiba que esse *lá* não existe. Nosso potencial é infinito. Nunca chegamos. *Sempre* podemos nos tornar algo mais.

E, o mais importante, SEMPRE existe um *momento específico* no qual podemos realizar nosso potencial.

O MOMENTO ATUAL.

É por isso que este livro se chama *Areté* e, para encorajá-lo, repito: "Elimine as lacunas. Viva com *Areté*. HOJE."

Pois bem... Em seu livro *Introdução à psicologia do ser*, Maslow nos ensina como abordar o jogo decisivo da vida e ativar nosso potencial heroico. Ele explica que temos "capacidades" que estão "clamando para ser usadas".

Eis a explicação: "Uma pessoa musculosa gosta de exibir seus músculos; na verdade, tem que exibi-los para atingir seu potencial e alcançar a sensação subjetiva de funcionamento harmonioso, desinibido e satisfatório, que é um aspecto importante da saúde mental. Pessoas inteligentes devem usar a inteligência, as visionárias devem explorar suas visões, enquanto as amorosas têm o *impulso* e a *necessidade* de amar para se sentir saudáveis. As capacidades clamam para ser usadas e só recuam quando usadas suficientemente."

E, assim, temos +1° (de um jeito que parece simples, mas não é).

Quais capacidades dentro de VOCÊ estão clamando para ser usadas?

Sério. Pare um pouco para pensar nisso. Reflita.

Quais capacidades dentro de VOCÊ estão clamando para ser usadas? (Talvez seja interessante se concentrar em apenas uma por enquanto.)

Pense num momento do passado em que você tenha utilizado plenamente essa capacidade. Agora se imagine dominando-a em sua vida de novo e de novo e de novo.

Antes de começarmos a eliminar as lacunas fazendo bom uso dessas capacidades, que tal outra rápida lição sobre etimologia?

A palavra latina *clamor* significa "grito".

Para nossos propósitos, saiba que sua alma está gritando para ser utilizada, implorando a você que torne real *todo* o seu potencial latente. Então vamos fazer isso.

Elimine as lacunas.

Viva com *Areté*.

HOJE.

ARISTÓTELES E SELIGMAN

SABEDORIA ANTIGA E CIÊNCIA MODERNA

No programa de certificação Heroic Coach, costumo contar uma breve história sobre dois dos meus mestres favoritos e, assim, apresentar aos futuros coaches a essência de todo o nosso trabalho conjunto.

A história é assim: por conhecerem o sentido supremo da vida, convidamos Aristóteles (que não precisa de sobrenome) e Martin E. P. Seligman (fundador da psicologia positiva) para se juntarem a nós. Eles serão representantes da sabedoria antiga e da ciência moderna, respectivamente.

– Senhores – dizemos –, obrigado por terem vindo. Vamos direto ao assunto. Qual é o sentido da vida?

Percebemos que Aristóteles e Seligman trocam olhares reluzentes de sabedoria.

Aristóteles é o primeiro a falar.

Ele diz que o *summum bonum* (ou "bem maior") da vida é viver com o que os antigos gregos (e estoicos) chamavam de *eudaimonia*, ou eudemonia. Essa palavra tão bonita significa "alma boa".

Geralmente traduzida como "felicidade", eudemonia tem um significado mais profundo – algo próximo de "experimentar a felicidade de realizar o potencial mais elevado" ou, numa só palavra, "florescer".

Agradecemos a Aristóteles e passamos a palavra ao professor Seligman.

Ele sorri e concorda, trazendo nas mãos seu livro mais recente, *Florescer*. Que coerência fascinante entre a sabedoria antiga e a ciência moderna, não é mesmo?

A próxima pergunta para nossos dois iluminados é simples... *Como* florescer ou viver com eudemonia?

Mais uma vez, eles nos dão a mesma resposta.

Aristóteles responde com uma única palavra: *Areté*.

Nota importante: ESSA é a palavra que resume tudo o que escrevi aqui e toda a minha filosofia – é por isso que a gravei no meu antebraço e na capa do livro.

Como expliquei ao meu filho Emerson, traduzimos *Areté* como "excelência" ou "virtude", porém seu significado é mais profundo – algo como "expressar a melhor versão de si mesmo a cada instante".

Viver com *Areté* é eliminar as lacunas entre quem *podemos* ser e quem somos *hoje*.

Sabe qual é a sensação de fazer isso?

É MUITO, MUITO, MUITO boa.

É quase como dar boas-vindas à nossa alma ou à nossa melhor versão. É experimentar uma profunda sensação de alegria eudemônica. Em algum momento, TODOS NÓS já experimentamos isso.

Pense naquela situação em que você foi sua melhor e mais heroica versão e isso o encheu de orgulho. Sinta a sabedoria, a disciplina, a coragem e o amor que você demonstrou ao enfrentar um desafio.

Agora, olhe para a frente e imagine uma vida na qual você seja ESSA versão de si mesmo.

Repito: o objetivo deste livro é tornar você cada vez mais capaz de ser sua melhor e mais heroica versão. É o objetivo de *tudo* o que fizermos juntos.

Eis outra maneira de pensar sobre isso: tracemos duas linhas horizontais e paralelas, com uns 2 centímetros de distância uma da outra. Assim:

_______________________________________ Quem posso ser

– Lacuna –

_______________________________________ Quem sou

A linha de cima representa quem você PODE ser em dado momento. A de baixo representa quem você é neste instante.

E a lacuna? É ali que estão seus arrependimentos, sua ansiedade, suas desilusões e todas as outras coisas ruins da existência.

Elimine essa lacuna de modo que NÃO HAJA ESPAÇO para a negatividade e você seja *realmente* quem é *capaz* de ser.

E como será essa sensação? Ó T I M A.

É por isso que os gregos nos diziam para viver com *Areté*, momento a momento.

O que acontece quando você elimina as lacunas e se torna cada vez mais sua melhor versão? Sente eudemonia, a indescritível sensação de alegria dos antigos filósofos gregos.

É sempre bom lembrar que ESSE é o objetivo deste livro. Agora, voltando ao professor Seligman, vamos perguntar a *ele* sobre florescer.

Seligman mais uma vez concordaria com Aristóteles. E nos diria que, quando ele e seus colegas iniciaram o ramo da psicologia positiva, COMEÇARAM estudando todas as antigas tradições de sabedoria vindas de todas as culturas – judaísmo, cristianismo e islamismo, taoismo e confucionismo, hinduísmo e budismo, até os filósofos gregos.

E sabe o que todas nos ensinam?

A viver com virtude.

Seligman nos diria que ele e seus colegas desenvolveram a psicologia positiva tendo por base colocar nossas virtudes em ação.

(Quase posso ouvir um coral de anjos descendo dos céus e cantando neste exato momento.)

A sabedoria antiga e a ciência moderna concordam: o sentido da vida é florescer pondo em prática nossas virtudes. Ou, se preferir a tradição, viver com eudemonia por meio de *Areté*.

O DILEMA DE 2.500 ANOS

O QUE NOS CONTAM HÉRCULES E ARJUNA

Já que é tão óbvio que o propósito final da vida seja expressar nossa melhor versão (e servir o mundo) pondo em ação nossas virtudes, por que esse não é o objetivo de todos nós?

ÓTIMA pergunta e também um antigo dilema!

Na verdade, é um dilema de pelo menos 2.500 anos que TODOS os grandes mestres de TODAS as grandes tradições de sabedoria tentaram solucionar ao longo de TODAS as épocas.

Poderíamos passar o tempo que nos resta traçando paralelos entre as várias tradições. Por enquanto, vejamos alguns exemplos.

No texto sagrado do hinduísmo – a *Bhagavad Gita*, o livro de cabeceira de Gandhi –, vemos um guerreiro relutante (Arjuna) num campo de batalha sendo aconselhado pelo deus (Krishna) a desempenhar bem (e heroicamente) seu papel.

Essa batalha *externa* é uma metáfora para a guerra *interna* travada por TODOS nós: a batalha entre a melhor versão de nós mesmos e nossa versão não tão boa assim.

Trata-se de *vício* vs. *virtude*; *daimon* vs. *demônio*. (Nota: a palavra *demônio* é apenas o diminutivo de *daimon*.)

Vencer ESSA guerra é SEMPRE a coisa mais importante a se fazer.

E, por sinal, quando Gandhi nos encorajou a "sermos a mudança que queremos ver no mundo", ele não disse isso porque soava legal, mas para que, de maneira prática e *heroica*, vencêssemos a guerra dentro de nós e tivéssemos força para enfrentar os desafios da vida e conduzir nossa família, nossa comunidade e nosso mundo a um futuro melhor.

A *Gita* foi escrita na Índia por volta de 2.200 a 2.400 anos atrás. Agora voltemos ao Ocidente antigo. Vamos passar um tempo com Sócrates em Atenas.

Os antigos filósofos e estoicos gregos adoravam contar a história de Hércules ANTES de ele se tornar herói, e isso capta a essência do dilema enfrentado hoje, no século XXI.

Pois bem. Imaginemos um jovem Hércules. Ele está andando sozinho por uma trilha na floresta quando depara com uma bifurcação. Duas deusas se aproximam.

Uma se põe na frente da outra. Sócrates nos conta que essa deusa está toda enfeitada e anda de maneira extravagante, exibindo-se e olhando em volta para ver se está sendo notada. Essa história tem 2.500 anos, mas quase podemos imaginar a deidade tirando uma selfie e postando no Instagram.

Ela diz que seus amigos a chamam de Felicidade (ou Eudemonia), mas seu nome real é Vício (ou *Kakia*).

Ela promete a Hércules uma vida de puro prazer e luxo sem nenhum esforço. Mas somente se ele a seguir!

A outra deusa escuta com paciência e dá um passo à frente. Sócrates nos conta que ela tem uma beleza radiante e sutil. Ela diz a Hércules que uma vida boa não pode ser centrada no luxo.

Essa deusa também diz que, se ele *a* seguir, sua vida será extraordinariamente desafiadora, exigindo o melhor dele. Para isso, os deuses vão favorecê-lo com uma verdadeira sensação de propósito e alegria profunda sempre que ele refletir sobre seus nobres feitos.

Sabe como se chama a segunda deusa?

Areté.

Hércules, claro, escolhe com sabedoria.

HEDÔNICO VS. EUDEMÔNICO

A HISTÓRIA DE DOIS ÔNIBUS

Quer entender melhor como a sabedoria antiga se aplica à vida moderna? Vou contar uma breve história.

Alguns anos atrás, eu estava dirigindo até o local da formatura do nosso programa inaugural Heroic Coach. Era uma manhã de sábado e eu planejava contar a história da Escolha de Hércules antes de o grupo de mais de quinhentas pessoas embarcar nos ônibus e seguir para uma corrida com obstáculos, a Spartan Race.

Enquanto eu dirigia e pensava na minha palestra, um ônibus enorme passou por mim e ao longo de sua lateral estava escrito "BEM-VINDO À LIBERDADE".

"Nossa. Que incrível!", pensei. Então olhei mais de perto e vi que o ônibus levava as pessoas para um CASSINO – e ri.

Os deuses heroicos estavam me mostrando um exemplo moderno PERFEITO de um antigo dilema. *Vício* disfarçado de *virtude*.

Quer dizer que *apostar* é um bilhete para a *liberdade*? Sério?

Podemos resumir toda essa discussão em duas formas de "felicidade": *hedônica* vs. *eudemônica*.

Basicamente, o prazer hedônico é o que sentimos quando fazemos algo gostoso. E, claro, uma vida boa tem uma certa quantidade de prazer hedônico, mas…

Você já deve ter percebido que a sociedade CONSTANTEMENTE nos seduz com o lado *hedônico* das coisas, disfarçando o *vício* de *virtude*.

É preciso sabedoria para ENXERGAR isso e, depois, disciplina para seguir o exemplo do nosso amado herói Hércules e escolher o caminho certo.

As verdadeiras recompensas da vida aparecem quando seguimos *Areté* em seu caminho rumo à alegria *eudemônica*.

P.S.: O antigo filósofo Epicteto também reverenciava o poder heroico de Hércules. Costumo compartilhar parte de seus discursos com nossos coaches antes de seguirmos para a corrida:

"O que você acha que teria sido de Hércules se não fosse o leão, a hidra, a corça ou o javali – ou algum criminoso selvagem? O que ele teria feito na ausência desses desafios? Obviamente teria virado de lado na cama e voltado a dormir. Ou seja, ao passar a vida roncando e usufruindo de luxo e conforto, nunca teria se tornado o poderoso Hércules. O que isso teria trazido de bom para ele? Para que serviriam aquelas armas, o seu físico privilegiado e a sua alma nobre, sem crises ou condições para colocá-los em ação?"

P.P.S.: E o que dizer de todas essas crises que enfrentamos como sociedade? É para isso que nós, heróis com alma nobre, estamos sendo treinados.

MOTIVAÇÃO INTRÍNSECA VS. EXTRÍNSECA

PARA QUEM QUER SER PSICOLOGICAMENTE ESTÁVEL

Edward L. Deci é um dos principais pesquisadores sobre motivação intrínseca e extrínseca. Seu livro *Por que fazemos o que fazemos* capta a essência de toda a sua obra, que vem influenciando uma geração de acadêmicos e profissionais.

Veja o que precisamos saber:

Quando estamos *extrinsecamente* motivados, tendemos a nos concentrar em coisas como fama, riqueza e prazer. Quando, porém, estamos *intrinsecamente* motivados, nos preocupamos em nos tornar pessoas melhores, aprofundar nossos relacionamentos e contribuir com a família e a comunidade.

Pergunta rápida... Qual motivação você acha que conduz a maiores níveis de felicidade?

Não é preciso ser Ph.D. em psicologia positiva para saber que se envolver com coisas intrínsecas aumenta nossa sensação de bem-estar, certo?

Outra pergunta... No que VOCÊ tem se concentrado ultimamente?

Claro que precisamos pensar nas necessidades materiais, pagar as contas, etc. E nunca devemos valorizar *exclusivamente* as coisas intrínsecas, mas...

Pesquisas mostram que, se você for motivado sobretudo por coisas extrínsecas, MESMO que consiga alcançá-las, ainda será "menos estável psicologicamente" (essas palavras me impactam – "menos estável psicologicamente") do que alguém preocupado em tornar-se uma pessoa melhor, aprofundar relacionamentos e contribuir com o mundo.

Esse é um fato científico REALMENTE poderoso.

É por isso que as pessoas que chegam ao pico do que David Brooks chama de "primeira montanha" olham ao redor e se perguntam por que não se sentem realizadas. Elas conseguiram tudo que lhes disseram que as faria felizes mas... a felicidade não veio.

Stephen Covey afirmou que perseguir objetivos errados (extrínsecos!) é o mesmo que subir uma escada e, ao chegar ao topo, perceber que a escada da vida estava encostada na parede errada.

Então... onde está o SEU foco?

O que você pode (e vai) fazer para se tornar uma pessoa melhor?

O que você pode (e vai) fazer para aprofundar seus relacionamentos?

O que você pode (e vai) fazer para contribuir com a família e a comunidade?

Concentre-se no que importa.

Elimine as lacunas. Viva com *Areté*.

Experimente a alegria eudemônica.

HOJE.

CONHEÇA SEU NOVO MELHOR AMIGO

"OI, *DAIMON*!"

Certo, estamos fazendo progresso.

Já sabemos que a sabedoria antiga e a ciência moderna concordam: o jogo decisivo da vida é florescer (eudemonia!) vivendo com virtude (*Areté*). Entendido.

Para operacionalizar essa sabedoria, é preciso ser REALMENTE bom em dar boas-vindas à nossa alma interior. Com isso em mente, chegou a hora de conhecer seu novo melhor amigo: o *daimon* dentro de você.

Embora vocês já tenham passado muito tempo juntos, queremos ter certeza de que ainda vão passar muito mais. Também precisamos descobrir como invocar nossa melhor versão heroica quando mais precisarmos.

Eis um jeito divertido de encarar a questão: sabe aquelas cenas de filme em que aparecem várias fotos do herói e há sempre alguém ao lado ou atrás dele?

Pois bem, pense em todas as vezes em que VOCÊ esteve no auge, naqueles momentos em que ARRASOU.

Sabe quem *sempre* esteve ao seu lado durante essas ocasiões especiais? Seu *daimon* interior. E sabe POR QUE você foi um superastro nesses momentos? Porque quem assumiu o controle foi seu melhor eu.

Vejamos outro exemplo. Imagine que você tenha entrado num torneio de tênis para jogar em dupla, mas com uma peculiaridade: você não pode escolher seu parceiro; ele é designado pela organização do evento. E calhou de seu parceiro ser O MELHOR JOGADOR DO MUNDO. (Não seria *incrível*?) Sorte a sua!

Agora imagine que os deuses heroicos tenham lhe dado o melhor jogador do mundo para ser seu parceiro no JOGO DA VIDA.

No fim das contas, foi *exatamente* isso que aconteceu.

Você só precisa parar de jogar com seu *demônio* e começar a jogar cada vez mais e melhor com seu *daimon*. E vamos fazer isso.

HOJE.

***DAIMON* E GÊNIO**

GÊNIO E *DAIMON*

Vejamos outro fato histórico divertido. Como você já aprendeu, os gregos chamavam nossa melhor parte de *daimon*. E sabe como os romanos a chamavam? De *gênio*.

Naquela época, quando alguém fazia algo incrível, os romanos costumavam dizer que não tinha sido obra da pessoa, e sim do GÊNIO dela.

Diziam que todo mundo tinha o próprio gênio. Um espírito guia. Uma SUPERVERSÃO de si mesmo.

E qual nossa função aqui?

Criar condições para você se conectar e se expressar cada vez mais com sua melhor versão – e, claro, faremos isso juntos, ativando seu potencial heroico.

+1° de cada vez, Herói.

A JIHAD DECISIVA
COMO VENCER A BATALHA INTERIOR

Rumi foi um dos maiores mestres espirituais da história. Sua bela poesia é amada no mundo todo.

Ele era sufista, que é, basicamente, um muçulmano místico. Nasceu no século XIII, no atual Afeganistão. Viveu e foi professor em Konya, na Turquia, que na época era a capital dominante do Império Seljúcida.

Ainda me lembro claramente de quando, vinte anos atrás, estudei Rumi e visitei seu túmulo em Konya num tour filosófico (no qual também estudei Sócrates em Atenas, Jesus em Jerusalém e Marco Aurélio perto do Danúbio, na Hungria).

Mas o que será que Rumi tem a dizer sobre viver com *Areté* e ativar nosso potencial heroico? Vamos abordar rapidamente minhas passagens favoritas e depois falaremos sobre a jihad decisiva.

Rumi diz: "Estou queimando. Se alguém precisar de um estopim, que queime seus restos com meu fogo", "Viajantes, já é tarde. O sol da vida está se pondo. Durante esses breves dias em que ainda têm força, não percam tempo e não poupem esforços às suas asas" e ainda esta abordagem antifrágil: "Se você fica irritado com qualquer atrito, como será polido?"

Pense nisso.

Adivinha só: esses atritos (mais conhecidos como desafios) são o que FAZEM VOCÊ BRILHAR!

Rumi também afirma: "A disciplina e o tratamento duro são o forno para extrair a prata das impurezas. Esse teste é o que purifica o ouro ao remover a escória."

Sim, esse é o segredo. Precisamos aceitar todos os pequenos atritos no estilo antifrágil ao entrarmos na fornalha para queimar tudo que há de ruim.

Com esse ensinamento em mente, vamos agora falar da jihad decisiva. Primeiro, é preciso entender o que significa a palavra.

Jihad significa "lutar" ou "se esforçar" e tem duas manifestações: uma interna e outra externa. Infelizmente, temos um entendimento limitado dessa palavra no mundo ocidental.

Costumamos interpretá-la como uma batalha contra opressores externos, mas essa batalha na verdade é conhecida como a jihad MENOR. E a jihad MAIOR?

Não tem nada a ver com ninguém ou com coisas externas. Tem a ver com "lutar" e "se esforçar" para vencer a batalha entre o eu superior e o eu inferior.

Rumi conta que "o leão que rompe a posição do inimigo é um herói menor comparado ao leão que supera a si mesmo".

E, depois de retornar de uma batalha, Maomé disse aos seus seguidores: "Neste dia voltamos da jihad menor para a jihad maior."

Todos os grandes mestres da sabedoria replicaram essa verdade.

E sabe qual é a maior das batalhas? SEMPRE será entre nosso eu superior e o inferior. Mas vamos vencer essa batalha.

Elimine as lacunas.

Viva com *Areté.*

HOJE.

P.S.: Se Sócrates e Rumi fossem vivos hoje, seriam irmãos de alma.

Veja como Sócrates, que também foi um renomado guerreiro, abordou esse assunto quase mil anos antes: "Desejo apenas conhecer a verdade e viver da melhor forma possível. [...] E, com o máximo do meu poder, encorajo todos os outros a fazerem o mesmo. [...] Encorajo você a também participar do grande combate que é o combate da vida, maior do que qualquer outro conflito na Terra."

ESPECIALISTAS DA VIRTUDE

SABEDORIA + DISCIPLINA + AMOR + CORAGEM

Se o jogo decisivo é vencido quando colocamos nossas virtudes em ação, então é melhor sermos MUITO bons nisso, concorda?

Está na hora de nos tornarmos especialistas da virtude. Façamos uma aula rápida sobre isso.

Começaremos com um breve resumo do que os antigos filósofos gregos e romanos pensavam sobre as *quatro* virtudes cardeais, depois abordaremos o que os cientistas modernos pensam a respeito das *seis* principais virtudes e, por fim, vamos resumir tudo em *quatro* virtudes heroicas.

4 + 6 + 4.

Vamos começar pelos antigos filósofos gregos e estoicos.

Sócrates, Platão, Aristóteles, Sêneca, Epicteto e Marco Aurélio concordam a respeito das quatro virtudes cardeais: Sabedoria + Temperança + Coragem + Justiça. Falaremos sobre cada uma delas.

Agora, os cientistas modernos.

Como já falamos, quando Martin Seligman e seus colegas deram início à psicologia positiva, começaram catalogando todas as virtudes de todas as sabedorias antigas e tradições espirituais. Claro que essas tradições diferem em seus detalhes culturais, mas os pesquisadores descobriram uma semelhança *surpreendente* entre elas.

Além das quatro virtudes (Sabedoria + Temperança + Coragem + Justiça) presentes em TODAS as tradições citadas, eles acrescentaram duas que chamaram de "Transcendência" e "Humanidade". Então dividiram essas seis virtudes centrais em 24 subvirtudes que logo abordaremos.

Eu adoro todo esse lance de virtude e bondade da sabedoria antiga e da ciência moderna, e acho que podemos simplificar as coisas à medida que descobrirmos como APLICAR essa sabedoria em nossa vida.

Vamos começar com a *Sabedoria*. Os antigos estoicos nos ensinaram que Sabedoria é, na verdade, a principal virtude da qual as outras são simples expressões.

Depois temos a *Temperança*. Essa é uma palavra MUITO fraca para expressar o que todos os antigos mestres da sabedoria realmente queriam dizer. A intenção maior aqui é que tenhamos autodomínio e DISCIPLINA, mais do que moderação para não *comer demais* nem *beber demais*.

Em seguida vem a *Coragem*, de que falaremos BASTANTE. Aliás, sabia que "coragem" vem de "coração"? Sim, da mesma forma que o coração bombeia o sangue pelo corpo e para todos os órgãos vitais, a coragem é a virtude que vitaliza todas as outras – é por isso que Aristóteles considera a coragem a virtude mais importante.

Agora vamos à *Justiça*. Quem estuda os estoicos sabe que o senso de "justiça" deles é mais apropriadamente chamado de AMOR. Eles estavam

TODOS empenhados em servir a humanidade da maneira mais profunda que conseguissem.

Por exemplo, vejamos o que escreveu o grande imperador e filósofo Marco Aurélio: "Que seu deleite e vigor seja servir o tempo todo sua comunidade, sempre com Deus em mente." Se esse não for um ato de amor heroico, não sei o que é.

Voltando aos psicólogos positivos, acho que podemos (e devemos) misturar a palavra (meio estranha e estéril) "Humanidade" com "Justiça" e chamá-la por aquilo que ela é: AMOR.

Agora temos as quatro virtudes heroicas centrais que aparecem na bússola de virtudes em nosso aplicativo Heroic e na contracapa deste livro e que guiarão todo o nosso trabalho juntos:

SABEDORIA + DISCIPLINA + AMOR + CORAGEM

Ao terminarmos esta jornada, teremos SABEDORIA para conhecer nosso jogo e saber jogá-lo; DISCIPLINA para *realmente* jogá-lo bem; AMOR para nos conectarmos de maneira profunda e alegre com os outros; além de CORAGEM para agir diante do medo.

SABEDORIA + DISCIPLINA + AMOR + CORAGEM

Operacionalizar *essas* virtudes é o que de fato importa.

SUAS CINCO PRINCIPAIS VIRTUDES

QUAIS SÃO ELAS?

Agora que já abordamos as quatro virtudes cardeais da sabedoria antiga (e do heroísmo moderno), vamos voltar ao laboratório para aprender mais sobre o que a CIÊNCIA tem a dizer.

Vamos discutir dois conjuntos de virtudes: as cinco virtudes UNIVERSAIS mais altamente relacionadas à felicidade e as cinco principais que são (quase) ÚNICAS para você.

Comecemos com as únicas.

Lembra que os psicólogos positivos identificaram seis virtudes essenciais e depois as desmembraram em 24 subvirtudes? Bem, aqui estão elas: Amor, Amor pelo Aprendizado, Apreciação da Beleza e da Excelência, Autocontrole, Criatividade, Curiosidade, Equidade, Esperança, Espiritualidade, Gentileza, Gosto pela Vida, Gratidão, Humildade, Humor, Integridade, Inteligência Social, Liderança, Mente Aberta, Perdão, Persistência, Perspectiva, Prudência, Trabalho em Equipe e Valentia.

Os psicólogos positivos chamam essas 24 subvirtudes de "forças de caráter". Eles descobriram que usá-las com frequência torna a vida mais feliz. Também formularam um pequeno questionário para nos ajudar a ter mais clareza sobre as cinco principais forças de virtude – que chamam de "forças características".

Acesse VIAcharacter.org (em inglês, mas é possível selecionar uma versão em português) e junte-se a mais de 30 milhões de pessoas que já responderam ao questionário. Leva apenas 10 minutos e prometo que será um tempo muito bem investido em si mesmo.

Aqui está um fato curioso sobre Ryan M. Niemiec, diretor de educação do VIA Institute e uma das mais importantes autoridades da ciência da virtude.

Em seu livro *O poder das 24 forças de caráter*, ele diz que existem mais de 5,1 milhões de combinações possíveis das cinco principais forças de caráter.

Ao fazer o teste, você ranqueia suas forças de 1 a 24. São 600 sextilhões de combinações possíveis!

Então faça o teste e escreva aqui embaixo suas cinco principais forças de caráter.

1. ______________________________

2. ______________________________

3. ______________________________

4. ______________________________

5. ______________________________

(Para os curiosos de plantão, as minhas são Criatividade + Esperança + Gosto pela Vida + Coragem + Sabedoria.)

Ao CONHECERMOS nossas principais virtudes segundo a pesquisa do VIA Institute, logo queremos saber como podemos usá-las quando estivermos no nosso melhor e como expressá-las de forma mais deliberada e consistente no nosso cotidiano.

Que tal parar um pouco para refletir sobre como você incorporou essas virtudes no passado? Imagine maneiras de incorporá-las cada vez mais HOJE.

A ciência garante: você será mais feliz.

AS OUTRAS CINCO PRINCIPAIS VIRTUDES
MAIS ALTAMENTE ASSOCIADAS À FELICIDADE

Além das cinco principais virtudes ÚNICAS, a ciência afirma que também existe um conjunto de cinco principais virtudes UNIVERSAIS.

Elas estão muito mais associadas ao florescimento eudemônico.

São elas: Gratidão + Esperança + Gosto pela Vida + Curiosidade + Amor.

Destaco que vale a pena prestar atenção nelas se você quiser ativar seu potencial heroico e ganhar o jogo decisivo da vida.

Abordaremos de maneira sucinta o que a ciência diz a respeito do poder de cada virtude e veremos algumas ferramentas que podemos usar para passar da teoria à prática.

Mas antes... Vamos falar sobre a doutrina do meio-termo, de Aristóteles.

O JUSTO MEIO
VS. OS VÍCIOS DA FALTA E DO EXCESSO

Uma discussão sobre virtude não estará completa se não abordar o conceito de Aristóteles sobre o vício do excesso e da falta.

Em poucas palavras: a virtude é encontrada no meio-termo entre os extremos.

Pode ser que você tenha POUCA virtude. Aristóteles chama isso de "vício da falta".

E (muito importante!) pode ser que tenha virtude DEMAIS. Aristóteles chama isso de "vício do excesso". Coisa boa em exagero, por melhor que seja, normalmente NÃO é algo bom.

Por exemplo, pouca coragem é covardia. Esse é um vício da falta. Mas coragem demais é imprudência. Um vício do excesso.

Aristóteles nos encoraja a lembrar que é MUITO difícil acertar o alvo do justo meio.

Às vezes temos que nos contentar com o "menor dos males", mas a questão é: você precisa TENTAR acertar o justo meio, levando uma vida consciente.

Ele também afirma que o meio-termo não é simplesmente a média matemática de dois pontos num espectro. É mais sutil e mais pessoal. O SEU meio-termo será diferente do meu.

Ele explica: "Devemos prestar atenção nos erros em que estamos sujeitos a recair (porque todos temos tendências naturais diferentes…) e, nesse caso, devemos mudar de direção; pois chegaremos ao meio-termo ficando bem distantes de nossas fraquezas, como fazem os que endireitam a madeira empenada."

Então… é assim que nos endireitamos e atingimos o alvo virtuoso!

Agora vamos explorar as cinco virtudes que a ciência diz serem as *mais* associadas ao florescimento: Gratidão, Esperança, Gosto pela Vida, Curiosidade e Amor.

E logo vamos explorar algumas outras ideias e garantir que você conheça o jogo decisivo e saiba jogá-lo bem.

GRATIDÃO

COMO MELHORAR SEU BEM-ESTAR EM 25%

Robert A. Emmons é o principal pesquisador do mundo sobre a ciência da gratidão. Ele escreveu *Agradeça e seja feliz!* e outros excelentes livros sobre o assunto.

Em poucas palavras: a gratidão é uma virtude de poder *extraordinário*.

O professor Emmons compartilha em seus livros algumas das suas estatísticas "de arregalar os olhos" (palavras dele), incluindo os dados de sua pesquisa, que revelaram que escrever semanalmente num diário cinco coisas pelas quais você é grato aumenta a felicidade em 25% ao longo de dez semanas.

Pare e pense nisso...

Ele também mostra que pessoas gratas têm 30 minutos a mais de sono e se exercitam 33% mais. Com isso, acabam melhorando todas as outras áreas da vida. Explica que é dificílimo ser ao mesmo tempo MUITO grato e MUITO depressivo.

(Não acredita nele ou em mim? Então experimente.)

Pessoas gratas têm um jeito diferente de ver as coisas e usam um vocabulário específico. Costumam falar sobre as "bênçãos" e "dádivas" que recebem.

Consideram que as coisas não estão garantidas, mas nos são concedidas. (Uma grande diferença.)

Quer +1° na sua satisfação com a vida? Escreva cinco coisas pelas quais você é grato:

1. ______________________________

2. ______________________________

3. ______________________________

4. ______________________________

5. ______________________________

Caso queira +25°, faça isso com frequência.

Gratidão. É disso que um Herói é feito.

FLUXO DO AGRADECIMENTO

O ANTÍDOTO CONTRA A NEGATIVIDADE

Vejamos outra maneira de praticar a magia da gratidão bem no momento em que você mais precisa.

No livro *O método*, Phil Stutz e Barry Michels chamam essa técnica de Fluxo do Agradecimento. É uma das abordagens que eles recomendam para lidar com qualquer sentimento negativo que você possa experimentar: angústia, depressão, etc.

E como usar essa ferramenta?

Assim que você sentir uma nuvem de negatividade pairando sobre seus dias, pare, respire fundo, olhe ao redor e perceba as coisas pelas quais você é grato.

Por exemplo, agora mesmo eu sou grato pelo computador no qual estou trabalhando, pela garrafa de água perto de mim, por minha esposa e meus filhos, pela bela paisagem da minha janela, por minha saúde, por você e muito mais.

Esse é o Fluxo do Agradecimento. Pequenas coisas na vida a que nem sempre damos valor.

Nota: é impossível estar ao mesmo tempo num estado de gratidão e num estado de lamento.

Duvida? Então experimente.

Melhor ainda… Pratique a gratidão agora mesmo.

VALORIZE SUAS DÁDIVAS

NADA ESTÁ GARANTIDO

Continuando nossa discussão sobre o poder da gratidão, vejamos outra ideia brilhante de Robert A. Emmons.

Essa vem do seu livro *Gratitude Works!* (Gratidão funciona!).

O professor Emmons nos diz: "Pense nos aspectos da sua vida que você tende a considerar que estão *garantidos*. Em vez disso, considere-os *concedidos*."

Eu ADORO essa distinção.

Pessoas ingratas tendem a achar que sempre terão certas coisas (e pessoas!) ao seu dispor. Por exemplo, costumamos considerar garantidas todas as regalias modernas que facilitam nossa vida: uma casa aconchegante, nosso smartphone, a internet...

Robert nos ensina que seria mais sensato enxergar as pessoas e coisas como *dádivas*.

Pense nisso por um momento.

Podemos enxergar as maravilhas da nossa vida como algo que *temos* ou como algo que *ganhamos*.

Pode não parecer, mas é uma *grande* distinção.

É +1° na nossa jornada... Pense sobre isso e depois anote UM aspecto da sua vida que você tende a considerar garantido. Agora tente vê-lo como uma *dádiva*.

SENSAÇÃO DE MERECIMENTO
O PRINCIPAL OBSTÁCULO À GRATIDÃO

Pergunta: qual é o principal obstáculo à gratidão?

Resposta: de acordo com Robert A. Emmons, é a sensação de MERECIMENTO – a crença de que o mundo nos deve algo.

Quando sentimos que merecemos todas as coisas incríveis na nossa vida, quando achamos que temos "direito" a isso tudo, não precisamos ser gratos.

E qual é o antídoto contra a sensação de merecimento?

HUMILDADE.

A pessoa humilde aprecia o fato de que a vida é um presente sagrado.

Você aprecia?

SOBRE A HUMILDADE

PENSE MENOS EM SI MESMO

Por falar nisso…

John C. Maxwell aborda a importância da humildade em seu livro *Leadershift* (Mudanças para a liderança). Ele cita o pastor e escritor Rick Warren, que diz: "Ter humildade não é negar seus pontos fortes. Ter humildade é ser honesto sobre suas fraquezas."

Gosto dessa citação, mas me lembrei de outra que aprecio ainda mais: "Humildade não é pensar menos de si mesmo, é pensar menos *em* si mesmo."

Não é incrível?

Eu tinha quase certeza de que essa era uma frase de C. S. Lewis, mas pesquisando descobri que não.

Adivinhe só de quem é essa frase…

De Rick Warren. Que mundo pequeno!

Eis +1°: lembre-se de que humildade não é pensar menos de si mesmo, mas pensar menos EM si mesmo. E qual a maneira mais fácil de fazer isso? Concentrando-se nos outros.

Seja gentil. Seja generoso. Esteja presente.

HOJE.

P.S.: Veja o que C. S. Lewis realmente disse:

Então imagine que, se você encontrar um homem humilde de verdade, ele será diferente do que a maioria das pessoas chama de "humilde" hoje em dia: não será um tipo escorregadio e subserviente, sempre pronto a dizer que, claro, ele não é ninguém. Provavelmente, tudo que você vai achar é que parece um sujeito alegre e inteligente, que de fato se interessou pelo que você disse. Se não gostar dele, é porque sente um pouco de inveja de quem parece aproveitar a vida com tanta facilidade. Ele não pensará em humildade; nem sequer pensará em si mesmo.

Se alguém quiser adquirir humildade, posso, penso eu, indicar o primeiro passo. O primeiro passo é perceber que se é presunçoso. É um grande passo. Pelo menos, nada pode ser feito antes disso. Se você acha que não é vaidoso, significa que é muito mais do que imagina.

LEMBRE-SE DE QUEM CAVOU OS POÇOS

E DEVOLVA NA MESMA MEDIDA

Segundo um antigo provérbio chinês, devemos nos lembrar daqueles que cavaram os poços, ou seja, aqueles que vieram antes de nós e tornaram nossa vida possível. Em outras palavras: devemos ser gratos.

Alguém, lá atrás, reservou um tempo para cavar o poço do qual você bebe agora.

Quando abro a torneira para lavar a louça ou o chuveiro para tomar banho, gosto de pensar na quantidade enorme de pessoas anônimas que nunca conhecerei (de gerações passadas), que de algum modo contribuíram para que essa água fluísse hoje.

Essa reflexão me toma pouco tempo, mas é algo que engrandece minha alma.

(Dica: faça isso com mais frequência.)

Einstein expressou essa ideia da seguinte maneira: "Todos os dias lembro a mim mesmo que minha vida interior e exterior depende do trabalho de outros homens, vivos ou mortos, e que devo esforçar-me para devolver na mesma medida tudo que recebi e ainda recebo."

Aqui vai +1°... Olhe ao redor. Observe os objetos que você considera comuns e veja as almas anônimas que os tornaram possíveis.

Em silêncio, diga: "Obrigado."

E então se esforce para devolver na mesma medida todas as bênçãos que já recebeu.

AMOR CELEBRATIVO

O PRIMO GENEROSO DA GRATIDÃO

Agora que passamos pela gratidão, vamos falar sobre algo que Barbara L. Fredrickson chama de "o primo generoso da gratidão".

Mas antes um rápido contexto.

Barbara é uma das principais pesquisadoras do mundo sobre bem-estar.

Escreveu um livro chamado *Amor 2.0*, em que diz que, da perspectiva científica, o amor tem tudo a ver com aqueles momentos do cotidiano em que nos conectamos com alguém por meio de uma emoção positiva compartilhada.

Ela os chama de "micromomentos de ressonância positiva", e falaremos muito mais sobre eles e sobre ela daqui a pouco.

Por enquanto, quero enfocar dois tipos diferentes de amor: o compassivo e o celebrativo.

O amor compassivo acontece quando nosso coração se abre para sentir a dor de outra pessoa e desejamos que ela fique bem. Já no amor celebrativo, como diz o nome, vemos as qualidades da outra pessoa e CELEBRAMOS isso com ela.

Barbara chama o amor celebrativo de "o primo generoso da gratidão". (Adoro isso.)

Praticar (sim, é uma prática!) o amor celebrativo é apreciar a felicidade de OUTRA PESSOA. E podemos fazer isso o tempo todo.

Viu alguém com o semblante feliz e um sorriso no rosto?

Pare um pouco e celebre essa alegria transbordante. Dê parabéns em silêncio. Barbara costuma dizer: "Que você mantenha essa alegria e essa sorte!"

E, talvez o mais importante, quando um ente querido (amigo, colega... qualquer pessoa) compartilhar com você uma história de sucesso, COMEMORE!!!

Barbara nos conta que a maioria dos terapeutas se concentra em ajudar casais e famílias a lidar com os *desafios* nos relacionamentos.

Porém, segundo ela, é MUITO mais importante comemorar as coisas POSITIVAS. Se você não consegue fazer isso, algo está muito errado nas suas relações.

O amor celebrativo fortalece os Heróis e melhora todos os relacionamentos.

Pratique comigo.

HOJE.

ESPERANÇA

OBJETIVO + DETERMINAÇÃO + CAMINHOS

Agora que já exploramos algumas ideias sobre gratidão, chegou a hora de falarmos de uma das minhas virtudes favoritas, a ESPERANÇA! E não apenas por estar no meu Top 5.

Mas antes vamos fazer uma pausa e pensar no *oposto* de esperança.

Desesperança.

Claro, é MUITO difícil viver com eudemonia e alegria heroica se você se sente desesperançado – por isso é tão crucial entender e dominar a CIÊNCIA de como cultivar uma esperança profunda e resiliente.

Temos que agradecer ao professor Rick Snyder por ser pioneiro nessa exploração.

Em seu livro *The Psychology of Hope* (A psicologia da esperança), ele nos conduz pelos TRÊS aspectos-chave para cultivar uma esperança profunda e resiliente.

Primeiro, precisamos de um **Objetivo**. Segundo, de **Determinação**. Terceiro, de **Caminhos**.

Tudo (sempre!) começa com uma meta bem definida. É preciso uma visão de um futuro melhor.

Segundo Aristóteles, somos seres teleológicos. *Telos* significa "alvo". Necessitamos de objetivos ou alvos para os quais possamos direcionar nossa força vital.

A psicóloga positiva Sonja Lyubomirsky replica essa sabedoria antiga.

Em seu livro *A ciência da felicidade*, ela conta que pessoas felizes têm projetos – seja cultivar um jardim, criar os filhos ou lançar um foguete para Marte.

E VOCÊ?

Qual é o SEU objetivo, o seu alvo, mais inspirador no momento?

(Sério, aquele que faz você querer sair da cama e ter um ótimo dia.)

Lembre-se: tudo começa com a visão de um futuro melhor e com um objetivo específico que anime você.

Só que um objetivo não é o bastante. É necessário acreditar que podemos tornar esse sonho realidade. E para isso é crucial ter "Determinação".

Trata-se basicamente de acreditar que somos capazes, eficientes. Ainda falaremos muito disso.

Depois precisamos criar um "Caminho" (ou um plano!) para alcançar esse objetivo. E, o mais importante, como dizem no Exército, nenhum plano sobrevive a um primeiro contato com o inimigo.

Ou seja, precisamos CONTAR com obstáculos e estar dispostos a explorar MÚLTIPLOS CAMINHOS.

O plano A não deu certo? Tudo bem. Transforme as lições num plano B. Não deu certo de novo? Perfeito. Repita. Isso significa pensar em termos de "Caminhos".

Esses são os três aspectos-chave de uma esperança profunda e resiliente.

Agora é hora de abordar uma das minhas maneiras favoritas de impulsionar a esperança…

DROP!

A CIÊNCIA QUE TORNA SEUS SONHOS REALIDADE

Gabriele Oettingen é uma pesquisadora de nível internacional e professora de psicologia na Universidade de Nova York. Ela dedicou sua carreira à ciência de como tornar os sonhos realidade.

Em seu livro *Rethinking Positive Thinking* (Repensando o pensamento positivo), Gabriele diz que não basta visualizar nossa vida ideal. É preciso confrontá-la com a realidade.

Ela criou o método **DROP** para tornar nossos sonhos realidade:

D de **Desejo**

R de **Resultado**

O de **Obstáculos**

P de **Plano**

Comece pelo **Desejo**. O que você quer da vida? Se tivesse uma varinha de condão e pudesse obter qualquer coisa (geral ou específica), o que desejaria?

Faça isso agora mesmo. Pense no objetivo mais importante da sua vida. Qual seria?

Agora pense nos **Resultados** que você terá quando esse desejo for realizado.

Reflita sobre todos os benefícios que esse desejo lhe trará. Veja. SINTA. É superimportante se entusiasmar com isso.

Agora que conhecemos o desejo e os resultados, é o momento de confrontar essa visão com a realidade.

Então, quais **Obstáculos** você enfrentará? Porque você SABE que vai enfrentar obstáculos e terá que ultrapassá-los de qualquer maneira.

Aceite a realidade para se preparar devidamente e criar a vida que tanto deseja.

Uma vez identificados os obstáculos, é necessário criar um **Plano**. E fazemos isso com base nas "intenções de implementação" – um modo genial de prever desafios e lidar com eles com antecedência. Funciona assim: se acontecer X, então farei Y.

Qual é seu plano para lidar com os obstáculos e desfrutar dos benefícios que deseja para sua vida?

Mais uma vez...

DROP = **D**esejo. **R**esultado. **O**bstáculos. **P**lano.

Aplico o DROP em tudo, das pequenas reuniões aos grandes objetivos.

Você pode tornar seus sonhos realidade. Quem diz isso é a ciência.

INTENÇÕES DE IMPLEMENTAÇÃO

O PODER DO "SE... ENTÃO..."

Vamos continuar nossa conversa sobre Gabriele Oettingen e seu método DROP, cientificamente comprovado. Desejo. Resultado. Obstáculos. Plano.

Recapitulando: primeiro, definimos nosso objetivo ou *desejo*. Depois nos empolgamos com os *resultados* ou benefícios que queremos ter. Então confrontamos esse futuro esperado com a realidade, identificando *obstáculos* em potencial. Por fim, criamos um *plano* para arrasar.

(A propósito, DROP é pura magia. Vou repetir o que digo aos nossos coaches heroicos: se ao final da nossa jornada você não estiver usando o DROP todos os dias, então não terei feito meu trabalho direito!)

Peter M. Gollwitzer, *marido* de Gabriele, também é um pesquisador de nível internacional. Foi ele quem criou a maneira mais poderosa de elaborar um plano eficaz para enfrentar os obstáculos.

Trata-se das "intenções de implementação".

A partir de agora é importante ter duas palavras em mente:

"Se..." e "Então".

Se acontecer X, então farei Y.

Ulisses: SE me aproximar das Sereias, ENTÃO pedirei aos marujos que me amarrem ao mastro para que eu não lance o navio contra as rochas.

Eu: SE eu acordar de manhã, ENTÃO meditarei e praticarei o Trabalho Focado antes de qualquer outra coisa. SE eu chegar ao fim do dia, ENTÃO desligarei todos os meus dispositivos eletrônicos. SE eu estiver me sentindo desanimado, ENTÃO vou pensar numa ferramenta para me reanimar.

E VOCÊ?

Quais são SEUS principais "Se... então..."?

SE ____ ...

ENTÃO ____ .

Intenções de implementação.

Domine-as.

Todos os dias.

Especialmente... HOJE.

P.S.: Voltaremos a esse ponto diversas vezes enquanto você aprende a tornar o dia de hoje magistral, dominar seus fundamentos e ativar seu superpoder!

RATINHOS NADANDO

COMO SE TORNAR 240 VEZES MAIS RESISTENTE!

Embora eu não seja muito fã de testes com animais, quero falar sobre um estudo impressionante, que vale a pena conhecer.

Na década de 1950, um pesquisador formado em Harvard e professor da Universidade Johns Hopkins chamado Curt Richter realizou alguns experimentos fascinantes.

Ele queria saber quanto tempo os ratos conseguiam nadar em duas condições diferentes.

Na primeira, ele simplesmente deixava que nadassem o máximo que pudessem, até desistirem e se afogarem. Eles duravam 15 minutos.

Na segunda, antes de completarem os 15 minutos, Richter os pegava, secava, deixava que descansassem e depois os colocava de volta na água.

Adivinha quanto tempo eles conseguiram nadar após esse breve descanso.

Mais alguns minutos? Outros quinze? Talvez trinta?

Depois de serem salvos, os ratinhos nadavam por SESSENTA horas – 240 vezes mais!

Quinze minutos vs. *sessenta horas*. Uma loucura. Como isso é possível?

Segundo Richter, isso acontecia por causa de algo simples: a ESPERANÇA.

Os ratos que haviam sido salvos tinham "visto" um futuro melhor. Eles "sabiam" que havia uma chance de sobreviver, então continuavam nadando.

Tudo isso levanta a questão...

Como está SUA esperança?

Lembre-se: a ciência da esperança é simples. Quando temos esperança, acreditamos que o futuro será melhor do que o presente.

Para isso, otimize as três facetas da esperança:

1. Vislumbre um futuro melhor e tenha OBJETIVOS inspiradores. (Quais são os seus?)

2. Tenha DETERMINAÇÃO e acredite que você pode tornar esse futuro realidade. (Você acredita?)

3. Tenha um plano e esteja disposto a seguir múltiplos caminhos para chegar lá. (Você tem um plano A e está preparado para implementar planos de B a Z se necessário?)

Herói, saiba que seu futuro SERÁ melhor do que o presente. Por quê? Porque faremos o que for preciso para isso acontecer. Ponto final.

Lembre-se dos ratinhos nadando e do poder da ESPERANÇA.

O TEMPERO SECRETO DA LIDERANÇA

COMO AUMENTAR O ENGAJAMENTO DE 1% PARA 69%

Enquanto conversamos sobre a ciência da esperança, quero destacar uma importante estatística.

Primeiro, imagine-se como um líder. (Algo que, claro, você já é.)

Imagine-se nos vários contextos nos quais você lidera – no trabalho, na família, nos relacionamentos com amigos e, o mais importante, na sua relação consigo mesmo.

O fato é que, em qualquer momento do dia, você SEMPRE tem o potencial de liderar. Veja como funciona:

Sua eficácia como líder SEMPRE será conduzida pela capacidade de fazer algo muito importante…

Inspirar esperança.

Lembre-se: a esperança é algo simples. É a crença de que o futuro será melhor do que o presente. É o contrário da desesperança, que é quando *não* acreditamos nisso.

Então… pergunta rápida: caso você seja um líder que NÃO inspira esperança, quantas pessoas você acha que se engajarão naquilo que você tenta convencê-las a fazer?

Qual o seu palpite?

Que tal… UM POR CENTO?

É isso mesmo.

1%.

Sem esperança, sem engajamento.

Por outro lado, imagine que você tenha feito um ótimo trabalho em inspirar esperança. Você e seu grupo acreditam que o futuro será melhor que o presente.

E agora? Qual seria a porcentagem de engajamento?

69%!

Repito...

Se você NÃO inspirar esperança nos seus liderados, terá 1% de engajamento. Se inspirar, O ENGAJAMENTO SERÁ 69 VEZES MAIOR.

A esperança faz diferença. Muito mais do que você imagina.

Então...

De que maneira *seu* futuro será melhor que o presente? Vá compartilhar essas possibilidades com sua equipe.

Hoje é dia de liderar com esperança, Herói.

CURIOSIDADE
LANTERNAS E MARTELOS

Chegou a vez dela: a Curiosidade.

Ela pode ter matado o gato, mas ativa nosso potencial heroico.

Nesta fase da nossa jornada, o que queremos fazer com essa virtude é analisar os dados da nossa vida trazendo primeiro uma *lanterna* para o processo, NÃO um *martelo*. É isso que nos ensina David Brooks em seu livro *A segunda montanha*.

Então...

O que VOCÊ faz quando comete um erro e as coisas parecem não funcionar na sua vida? Você se bate com um martelo metafórico ou pega uma lanterna e procura aquilo que precisa ser melhorado?

Quando se trata de curiosidade, o vício da falta interfere na nossa otimização heroica: evitamos olhar para a realidade da vida e nos entorpecemos com distrações (séries, redes sociais, bebida).

Já no vício do excesso nos batemos com aquele martelo metafórico e com tendências perfeccionistas, resmungando obsessivamente sobre tudo de errado em nossa vida. (E depois vamos nos entorpecer com distrações!)

Que fique claro: não há lugar para a vergonha em nossa jornada – por isso, a ciência da autocompaixão será abordada no próximo objetivo e vou encorajá-lo repetidas vezes a ter uma mentalidade de vencer ou aprender.

Ou seja…

Veja o que está funcionando e comemore.

Veja o que não está funcionando e tente melhorar.

E repita o processo.

VENCER OU APRENDER

TRÊS PERGUNTAS APÓS QUALQUER PERFORMANCE

Lanny Bassham foi medalhista de ouro nas Olimpíadas de 1976 na categoria tiro com carabina. Mas só conquistou o ouro DEPOIS de um resultado abaixo do esperado nas Olimpíadas de 1972, na qual levou a medalha de prata.

Essa decepção serviu para estimular o treinamento de resistência mental e trazer o ouro para casa na temporada seguinte. Desde então, ele ensina as pessoas a darem o melhor de si nos momentos mais críticos.

Bassham também é o autor de um dos meus livros preferidos sobre resistência mental, *With Winning in Mind* (Com a vitória em mente). Eis algo muito interessante que ele ensina a seus alunos de alto desempenho.

Após qualquer performance – ESPECIALMENTE após aquelas em que você tenha ficado aquém dos objetivos –, faça estas três perguntas a si mesmo:

O que fiz bem?

O que aprendi?

Como posso melhorar?

Vencemos ou aprendemos. Mas aprender *é* vencer, então vencemos ou vencemos.

Aqui está +1°: você aprendeu algo incrível ultimamente?

Agora pense numa decepção recente e façamos uma análise rápida da situação:

O que você fez bem? (SEMPRE comece por aqui!)

O que você aprendeu?

Como você pode melhorar? (+1°!)

Muito bem! Vamos em frente, Herói!

COMO VENCER OU APRENDER

TRANSFORME APRENDIZADOS EM VITÓRIAS

A recente paixão do meu filho Emerson por xadrez nos permitiu melhorar ainda mais nosso relacionamento. Nem sei dizer quanto é divertido usar isso de pretexto para ensinar tudo a ele, desde dominar os fundamentos até forjar uma confiança antifrágil.

Há pouco tempo fizemos uma viagem de carro que durou cinco horas em plena sexta-feira para participar do Campeonato de Xadrez do Estado do Texas. As partidas aconteceriam sexta à noite, sábado e domingo. E depois voltaríamos para casa.

Antes de obtermos +1° neste capítulo, quero contar como tudo aconteceu.

Tem menos de um ano que Emerson ficou *obcecado* por xadrez.

Em seu primeiro torneio amador, venceu três partidas e perdeu duas. Já no segundo, quase foi campeão. Quando participou do seu primeiro torneio "de verdade" (as Regionais do Texas), venceu na categoria Novato.

E assim fomos parar no campeonato estadual.

Começamos a DOMINAR nosso novo protocolo de torneio de xadrez.

Fizemos questão de dormir bem. Levamos nossa própria comida (saudável, é claro). Antes de cada partida, fizemos a meditação de desempenho máximo e as declarações de um minuto que minha esposa nos ensinara.

Até inventamos um novo exercício chamado "Bola Pulante", no qual corríamos e pulávamos por um enorme estacionamento vazio enquanto jogávamos um para o outro uma bolinha na tentativa de tornar mais divertido nosso treino matinal de 30 minutos. (Funcionou, ele ADOROU.)

Agora é domingo à tarde.

Emerson está ganhando por 6 a 0, a um passo da FINAL.

Se ele ganhar... será campeão estadual do Texas em sua categoria.

Observação: comecei a suar um bocado ao digitar isso. Sério mesmo. Senti de novo a angústia enquanto esperava por ele no carro, após ter me despedido com um abraço e dito a ele, sussurrando: "Respire pelo nariz... Abra o peito, abaixe o queixo. Tenha calma e confiança, você consegue. VAMOS!"

Fiz uma chamada de vídeo com minha esposa e pensei em como praticar minha filosofia para TER CERTEZA de que ele se sentiria realmente apoiado, quer VENCESSE ou APRENDESSE. Então algo me ocorreu.

Sempre que ele perdia uma partida, IMEDIATAMENTE fazíamos as três perguntas, comemorando o que ele tinha feito bem, refletindo sobre o que poderia ter feito diferente e nos comprometendo a usar essa sabedoria para que ele jogasse melhor da próxima vez.

E, sempre que agíamos assim, ele aprendia algo significativo. Essas lições o tinham levado DIRETAMENTE AO SUCESSO.

Eu queria que ele visse essa conexão e percebesse que, de fato, se trata de "vencer ou aprender"! Então fiz um arquivo com anotações no iPhone.

Título: **"Xadrez: principais aprendizados-vitórias"**.

E digitei: "Nós vencemos ou aprendemos, e aprender é vencer, então ADORAMOS vencer *e* aprender. Vamos em frente!"

Aqui estão os três principais "aprendizados-vitórias" que eu e meu filho já vivenciamos. Espero que ajudem VOCÊ a transformar derrotas em lições e lições em vitórias!

Aprendizado-vitória nº 1.

Perder = aprender: em seu primeiro torneio amador, Emerson tocou sem querer numa peça e o adversário disse que agora ela teria que ser movida. Ele não conhecia essa regra e tampouco sabia que, se ele e o adversário discordassem numa partida, poderiam chamar à mesa o árbitro do torneio. Ele perdeu o jogo. E chorou.

Aprendizado-vitória: no campeonato estadual no sábado (e no domingo!), um adversário disse que Emerson precisava mover uma peça em que ele nem havia tocado. Agora que conhecia as regras, trouxeram à mesa o árbitro. Sem medo. E o árbitro deu razão ao meu filho. Emerson ganhou a partida e comemoramos.

Aprendizado-vitória nº 2.

Perder = aprender: Emerson se sentiu cansado na última partida do segundo torneio. Se tivesse vencido, teria sido campeão. Mas ele perdeu. E chorou.

Aprendizado-vitória: decidimos que seria a última vez que ele se sentiria cansado na partida final. Começamos a controlar mais os horários e adotamos um protocolo para garantir que ele se sentisse cheio de energia durante as partidas e nos intervalos.

Aprendizado-vitória nº 3.

Perder = aprender: em seu primeiro torneio oficial (as Regionais), um adversário insistiu (na verdade implorou) que Emerson aceitasse um empate. Ele acabou aceitando, embora pudesse ter ganhado facilmente a partida por estar com uma posição melhor. Ele chorou. Foi a única partida que não venceu, mas ainda assim saiu de lá campeão.

Aprendizado-vitória: no torneio seguinte, mais uma vez um adversário propôs um empate. Dessa vez Emerson recusou e acabou ganhando. Agora ele sabe que um adversário que propõe empate mostra fraqueza ou medo de perder. E que, com raras exceções, essa é uma deixa para aumentar a ofensiva.

Enquanto eu esperava no carro, experimentando a maravilhosa alegria eudemônica de imaginar como meu amado filho de 10 anos se sairia em sua grande partida, me senti preparado para vencer ou aprender.

E eis que... Emerson voltou radiante. Havia ganhado a partida.

Incrível.

Comemoramos.

E FIZEMOS A CONEXÃO entre cada uma de suas derrotas e seus aprendizados-vitórias.

Foi assim que avançamos da teoria à prática e da prática à (sonhada) maestria naquele fim de semana sagrado, no qual um simples jogo de xadrez nos permitiu jogar o jogo decisivo da vida.

Agora, sim, temos nosso +1°.

Você tem filhos, netos, sobrinhos? Colegas, clientes, amigos?

Como pode praticar um pouco mais *sua* filosofia em *sua* vida e ajudá-los a praticar um pouco mais na vida deles?

Lembre-se...

Vencemos ou aprendemos.

E aprender *é* vencer, então...

Ou VENCEMOS, ou VENCEMOS.

CRIANDO FILHOS CAMPEÕES

A PERGUNTA CERTA A SE FAZER

No nosso +1° anterior, exploramos alguns ensinamentos trazidos pela minha recente viagem com Emerson para o campeonato estadual de xadrez.

Agora vou falar sobre o que conversamos durante a longa viagem de volta.

Mas antes volto a citar Lanny Bassham, um de meus autores favoritos. Seu livro *Parenting Champions* (Criando filhos campeões) é um dos que uso para ajudar meu filho a alcançar a maestria no xadrez.

Nele, Lanny transmite *muita* sabedoria sobre várias coisas, desde como criar uma autoimagem poderosa até como estabelecer metas eficazes.

Porém o que mais me impactou foi o ensinamento compartilhado no primeiro capítulo, intitulado "A pergunta".

Lanny questiona: "O que é mais importante para você: o que seus filhos realizam ou quem eles se tornam?"

Pare um pouco e faça a si mesmo essa pergunta... Lanny a fez para milhares de pais e mães e todos deram a mesma resposta que você. Claro, o que mais importa é quem nossos filhos se tornam.

E é POR ISSO que estou tão empolgado com a próxima fase do meu relacionamento com Emerson. Agora temos um contexto *perfeito*, que é usar sua paixão espontânea pelo xadrez para ajudá-lo a vencer o jogo decisivo da vida praticando nossa filosofia.

Voltemos à nossa conversa no carro.

Pensando sobre a importância da gratidão e de recordar quem cavou os poços, perguntei a Emerson a quem ele deveria agradecer por tê-lo ajudado a ir tão bem no torneio e o que cada uma dessas pessoas tinha feito.

Ele respondeu: "Agradeço ao FunMasterMike por ser engraçado e tornar o xadrez divertido." Também citou o treinador Nick, por ter enxergado seu potencial e o ajudado na preparação. Agradeceu à mãe, por ter feito comida saudável e lhe ensinado a meditar. E agradeceu a mim, por ter pagado as despesas, dirigido o carro e fortalecido sua resistência mental.

A partir daí conversamos sobre todas as pessoas que construíram as estradas por que passamos, que trabalharam no hotel em que ficamos, que fabricaram nosso carro e levaram a gasolina para o posto e...

Disse a ele que a viagem inteira não seria suficiente para agradecer a todas as pessoas que tornaram possível nosso fim de semana.

E assim conseguimos +1°.

Sempre que trazemos à tona o que há de melhor dentro de nós e de nossos filhos, em qualquer "jogo" de que estejamos participando, é importante nos lembrar do jogo decisivo da vida *e* das pessoas que nos ajudam a realizar nossos sonhos e nos tornar quem estamos destinados a ser.

Dia 1. Vamos com tudo!

Está na hora de criar a próxima geração de Heróis.

MOMENTOS SAGRADOS

CHEIOS DE AMOR

Façamos um resumo dos ensinamentos adquiridos na minha aventura no campeonato de xadrez com Emerson.

Ao dominar nossos protocolos e praticar nossa filosofia, tivemos um fim de semana MARAVILHOSO – independentemente de Emerson ter trazido o troféu para casa.

Mas o ponto alto não foi ganhar as partidas de xadrez. Houve dezenas de outros momentos e quero compartilhar um deles.

Emerson jogou sua primeira partida na sexta-feira às 19h15 – o exato horário em que costuma ir para a cama. (Que maravilha.)

Dominamos sua preparação, depois dominamos a partida e, por fim, voltamos ao hotel para dominar uma boa noite de sono.

Deitados, percebemos que o arquiteto do hotel tinha achado uma boa ideia que a luz do alarme de incêndio fosse verde e piscasse bem acima da nossa cabeça – num ângulo perfeito para que fosse refletida na TV em frente à cama. Achamos graça.

Então, tentamos cobrir a luz com uma peça de roupa e funcionou... até a roupa cair na minha cara 15 minutos depois, quando já estávamos dormindo. Rimos de novo.

Resolvemos ir até a recepção pedir uma fita adesiva extraforte. Dessa vez deu certo, e brincamos um pouco na nossa cama king size, dando chutinhos um no outro, sonolentos, até que dormimos de mãos dadas.

Mas NÃO foi aí que conseguimos +1°.

Vinte horas mais tarde, no sábado, Emerson disputou outras três partidas. Decidi que comemoraríamos indo ao Dave & Buster's. Ele nunca estivera num fliperama TÃO grande e eu tinha certeza de que iria adorar.

Assim que chegamos ao fliperama, vimos um casal e seus dois filhos tocando violino e pedindo dinheiro. Emerson me perguntou se eu poderia ajudar. Falei que não tinha dinheiro vivo.

Ele insistiu.

Então olhei minha carteira e vi que tinha, SIM, um dinheiro ali perdido.

Quando Emerson foi até a mulher para lhe entregar 20 dólares, ela ficou muito agradecida e disse:

– Deus te abençoe. Muito obrigada.

Era impossível não sentir sua gratidão. Isso me emociona até hoje. Emerson também estava claramente comovido, então perguntei:

– Como você se sente agora?

– Me sinto incrível – respondeu ele.

– O que foi melhor: vencer todos os jogos hoje OU ajudar essa família?

– Ajudar a família foi MUITO melhor – respondeu ele sem hesitar.

– Exatamente – concluí. – Lembre sempre que ajudar as pessoas é o motivo de tudo que fazemos.

ESSE momento foi o ponto alto do nosso fim de semana, algo de que lembraremos sempre.

E assim conseguimos +1°.

Aprecie as bênçãos da sua vida e crie o máximo possível de micromomentos de Amor com seus entes queridos e com o mundo.

HOJE.

VOCÊ E UM ELEFANTE

UMA PARÁBOLA SOBRE CEGOS E PERSPECTIVAS

Era uma vez, numa terra muito distante, seis cegos que encontraram um elefante no caminho. Era algo totalmente novo para eles, que nem sequer sabiam que elefantes existiam.

Cada um dos homens encostou numa parte diferente do animal.

O primeiro tocou a lateral do corpo e disse: "Parece um muro!"

O segundo tocou o rabo e disse: "Não! Parece uma corda!"

O terceiro tocou a tromba e disse: "Parece uma serpente!"

O quarto agarrou a presa e disse: "Parece uma lança!"

O quinto tocou a orelha e disse: "Parece um abanador!"

Por fim, o sexto tocou a perna e disse: "Parece um tronco de árvore!"

O interessante é que todos eles tinham 100% de convicção. E, claro, não estavam certos. A perspectiva deles era *parcialmente* verdadeira.

Podemos até achar graça nessa história, mas adivinha só. Essa mesma regra se aplica a nós e aos debates políticos que travamos ou às pequenas discussões que às vezes temos com nosso cônjuge, filho ou colega. Tendemos a pensar que estamos 100% certos e que a outra pessoa está 100% errada.

Mas, como diz o psicólogo Ken Wilber, NINGUÉM é esperto o bastante para ter 100% de certeza de *nada* nem ingênuo o suficiente para estar 100% *errado*.

Sempre há uma verdade PARCIAL em cada perspectiva. E, se queremos otimizar a comunicação, precisamos ser sensatos e *começar* nossos diálogos tentando ver a perspectiva da outra pessoa, encontrando um ponto de concordância mútua, para então discordar e dar nossa opinião.

Pois bem... Vamos a +1°: da próxima vez que se sentir um tanto frustrado durante uma interação, pare um pouco e observe se você está se achando 100% certo. Então tente voltar atrás e analisar a perspectiva da outra pessoa.

Lembre-se dos seis cegos e das diferentes perspectivas de cada um. Incorpore um pouco mais de humildade e curiosidade hoje.

GOSTO PELA VIDA

A VIRTUDE Nº 1

Há um debate entre os psicólogos positivos sobre qual seria a segunda virtude mais poderosa: Esperança ou Gratidão. Mas eles concordam que o GOSTO PELA VIDA é a virtude mais associada ao florescimento eudemônico.

Em inglês a chamamos de *Zest*, uma palavra meio estranha que também pode ser traduzida como "Energia". E repito: ela é o INDICADOR Nº 1 do nosso bem-estar psicológico.

É preciso dedicação para elevarmos a Energia a níveis heroicos e nos mostrarmos mais poderosos no trabalho e no amor.

Claro, existem muitas pesquisas sobre os poderosos efeitos da alimentação, do sono, dos exercícios físicos, da respiração e do foco. Por exemplo, Matthew Walker, pesquisador do sono e importante neurocientista, diz, em seu ÓTIMO livro *Por que nós dormimos*, que dormir bem é como atravessar uma ponte entre o desespero e a esperança.

Pense nisso por um momento. Uma *péssima* noite de sono pode levar você da esperança ao desespero. Já uma *ótima* noite pode fazer o caminho inverso.

Também sabemos que o intestino produz cerca de 80% a 90% da serotonina do nosso corpo. Reflita: o INTESTINO produz mais serotonina do que o cérebro! É por isso que melhorar a *alimentação* é um dos meios mais rápidos de melhorar o humor.

E sabemos que movimentar-se é como tomar um pouco de Ritalina e Prozac, como diz John J. Ratey, psiquiatra de Harvard, em seu livro *Corpo ativo, mente desperta*. Ou, como nos diz Kelly McGonigal em *A alegria do movimento*, quando nos exercitamos, liberamos o que os cientistas chamam de "moléculas de esperança".

E você sabia que, se ficarmos abaixo de um limite diário de passos, tendemos a nos sentir mais ansiosos e deprimidos? Como afirma Kelly: "Sentimos mais ansiedade e depressão e menos satisfação com a vida quando costumamos dar menos de 5.649 passos por dia. O americano típico dá 4.774 passos por dia. Ao redor do mundo, a média é de 4.961."

(Quantos passos VOCÊ já deu hoje?)

Tudo isso faz parte de uma conversa mais longa que ainda teremos pela frente. Por enquanto é importante saber que…

Sua FISIOLOGIA está influenciando seu estado PSICOLÓGICO muito mais do que você imagina. É por isso que os psiquiatras mais sábios, como Daniel J. Siegel, de Harvard, falam sobre "higiene cerebral" e a importância de priorizar a alimentação, o movimento e o sono.

Repito: a ciência diz que sua Energia é o principal indicador de bem-estar psicológico.

Então… o que você pode fazer para aumentá-la?

Que tal fazer isso HOJE?

AMOR

0.0, 1.0, 2.0, 3.0, 8.0, ∞.0

Amor. Alguns cientistas defendem, de forma MUITO convincente, que o AMOR é a virtude mais importante a ser cultivada.

Na verdade, o psiquiatra e pesquisador George E. Vaillant, autor de *Fé: evidências científicas*, resume isso quando diz: "Felicidade é amor – ponto final."

Então venha comigo redefinir o Amor a partir das ideias que Barbara L. Fredrickson apresenta em seu livro *Amor 2.0*.

Barbara é outra das principais psicólogas positivas do mundo. Ela nos conta que o Amor 1.0 é, basicamente, o amor pela família e pelos amigos mais próximos. Claro, esse é um aspecto crucial do amor, mas… é apenas *uma* faceta de seu potencial.

Ela nos encoraja a encontrar "micromomentos de ressonância positiva" com as pessoas todos os dias. Também descreve os benefícios neuropsicológicos que temos quando saímos de nosso "casulo egocêntrico" para fazer conexões autênticas. Ela chama isso de Amor 2.0.

Adoro isso. Mas por que parar por aí?

Vamos começar nos amando com o Amor 0.0 – lembrando o que disse Ayn Rand em *A nascente*: "Não se pode dizer 'eu te amo' sem antes dizer 'eu.'' E como fazemos isso? Principalmente por meio da autocompaixão e do autocuidado, nosso hábito nº 1.

(Com isso em mente, qual é a coisa que mais lhe dá alegria no mundo? Muito bem. Agora... que tal se amar o suficiente para fazer disso algo inegociável?!)

E quanto ao Amor 1.0, que é o amor por nossa família? Como podemos otimizá-lo? Falaremos MUITO mais sobre isso. Por enquanto, saiba que o maior presente para sua família é sua PRESENÇA e o maior obstáculo é seu smartphone. Portanto, se quiser conexões de alma, deixe de lado o celular quando estiver com seus entes queridos.

Tenha micromomentos de ressonância positiva que só são possíveis quando saímos do nosso casulo egocêntrico. Mostre-se. Esteja presente. Largue o celular e faça coisas simples como sorrir e olhar nos olhos.

Então acrescentamos o Amor 3.0, que representa o poder de ENCORAJAR os outros. Aristóteles disse que a coragem é a principal virtude. Então, se queremos amar as pessoas, haveria melhor maneira do que *encorajá-las*?

Nota: a palavra encorajar significa "injetar coragem em alguém". (Não é incrível?)

E então temos o Amor 8.0. É preciso levar amor ao nosso trabalho. Veremos mais adiante como criar mais significado e engajamento no nosso trabalho atual, conectando-nos com as pessoas que *já* ajudamos por meio do que *já* fazemos.

E chegamos ao Amor ∞.0. O que os sábios e os filósofos amam? TUDO. O "bom" e o "não tão bom assim".

Tudo isso abastece nossa chama heroica.

Redefina o Amor. Pratique o Amor. Todos os dias.

Especialmente...

HOJE.

A "FELICIDADE" DE ARISTÓTELES
PODE NÃO SER O QUE VOCÊ PENSA

Aristóteles nasceu na Grécia, na fronteira com a Macedônia, em 384 a.C. Filho de um médico da Corte Macedônia, foi para Atenas aos 17 anos, onde estudou na Academia de Platão por vinte anos, até a morte de seu mestre. Logo depois, foi convocado pelo rei da Macedônia e se tornou tutor do jovem Alexandre, o Grande. Aristóteles tinha 41 anos; Alexandre, 13.

Depois voltou para Atenas, onde criou seu Liceu e passou o resto da vida estudando e dominando qualquer tipo de assunto – desde lógica, ética, história e política até anatomia, biologia e zoologia. Além de psicologia e filosofia, é claro.

Suas ideias moldaram o mundo.

Uma curiosidade: sabia que o Liceu de Aristóteles sobreviveu por incríveis *quinhentos* anos após sua morte?

Revisitaremos suas ideias sobre o que significa florescer.

Por enquanto, destacaremos Jonathan Barnes, editor da *Ética a Nicômaco* da coleção Penguin Classics, que inspirou minhas Notas do Filósofo. Em sua introdução, Barnes chama atenção para o fato de que a percepção de Aristóteles sobre a "felicidade eudemônica" é BEM diferente da nossa visão moderna de "felicidade".

Veja como Barnes explica: "Chamar um homem de eudemônico é dizer algo sobre como ele vive e o que faz. Ao contrário da noção de felicidade, a eudemonia está intimamente ligada ao sucesso: o eudemônico é alguém que faz de sua vida e suas ações um sucesso, que conquista seus objetivos e ambições como ser humano, que se realiza."

Ou seja, o objetivo final da vida não é a "felicidade" como a conhecemos, e sim a sensação de REALIZAÇÃO.

A verdadeira felicidade, na visão aristotélica, DEVE incluir a realização bem-sucedida do nosso potencial. ESTE é o propósito supremo da vida. O bem maior. O *summum bonum*.

Barnes também disse: "Não adianta substituir 'felicidade' por 'sucesso' ou 'realização' como uma tradução de eudemonia; o assunto é complicado demais para qualquer solução simples, e continuarei a empregar a palavra 'felicidade', mas entre aspas. Contudo, vale a pena considerar a receita de Aristóteles para a eudemonia com a noção de sucesso em mente. A Ética não está nos dizendo como ser homens moralmente bons ou como ser humanamente felizes: está nos dizendo como viver uma vida bem-sucedida, como nos realizar como seres humanos."

ESSE é o tipo de "felicidade" que estamos buscando – uma profunda sensação de realização, de levar a vida da melhor e mais bem-sucedida maneira.

E como fazemos isso?

Vivendo com *Areté*.

COMO FLORESCER

A CIÊNCIA ENSINA

Autor de livros importantíssimos sobre a ciência do bem-estar, Martin E. P. Seligman escreveu *Felicidade autêntica*, quando criou com seus colegas o ramo da psicologia positiva. Dez anos depois, renovou o pensamento e escreveu *Florescer*.

Em poucas palavras: uma vida boa não consiste em manter um estado emocional positivo representado por um emoji sorridente. Uma vida boa consiste em perseguir seu potencial mais elevado (*florescimento*!) mesmo quando nem tudo são flores.

(Como já vimos, os gregos antigos faziam uma distinção parecida entre seus dois tipos de "felicidade": *hedonia* e *eudemonia*.)

Seligman nos conta que existem cinco facetas principais na ciência do florescimento.

Vejamos:

Emoção Positiva. Embora não seja necessário nem possível experimentar um estado positivo *permanente* e sem fim, ter um certo nível de positividade é um aspecto-chave do bem-estar. Então sorria! Aproveite a vida.

Engajamento. Quer se sentir ótimo enquanto floresce? ENGAJE-SE com a vida. Crie cada vez mais momentos de fluxo à medida que persegue seus principais objetivos. Ofereça seu melhor a cada momento.

(Dica: quer se sentir *realmente* bem? Repito: engaje-se com suas VIRTUDES centrais. Toda a ciência do bem-estar é baseada nas virtudes universais das principais religiões e tradições filosóficas.)

Relacionamentos. A ciência é clara: relacionamentos saudáveis são um componente fundamental para uma vida sã e próspera. Invista seu tempo aqui. Crie micromomentos incríveis e aprofunde suas conexões com aqueles que você ama.

Sentido. É preciso se conectar com um profundo senso de propósito na vida. O que inspira você? Quem se beneficia com seu trabalho e como você se mostra para o mundo? Lembre-se disso todos os dias e torne sua vida um exemplo dessa dedicação.

Realização. Quer florescer? Então é preciso ter objetivos que o desafiem e permitam experimentar a alegria da conquista. O que instiga você? Tenha objetivos claros, crie micromomentos e comemore o processo.

Emoção Positiva, Engajamento, Relacionamentos, Sentido e Realização.

Qual é seu ponto forte? Celebre-o! Você precisa melhorar? Conquiste +1°.

Viva com *Areté* e floresça. HOJE.

DESAMPARO APRENDIDO

NÃO DESISTA

No nosso +1° anterior, falamos sobre Martin Seligman e a ciência do florescimento.

Recapitulando, tudo consiste em: Emoção Positiva + Engajamento + Relacionamentos + Sentido + Realização.

Antes de chegar a essa conclusão, Seligman já era a maior autoridade mundial sobre como desenvolver otimismo. Mas, antes de se tornar mestre *nisso*, descobriu algo muito interessante sobre como acabamos aprendendo a ser INDEFESOS.

Décadas atrás, Seligman fez um experimento com cães. Um dos grupos recebeu choques elétricos, mas descobriu facilmente como evitá-los. O outro grupo recebeu choques aleatórios que não podiam evitar. Essa foi a primeira parte do estudo.

Na segunda parte, os cães receberam outro choque, só que dessa vez era muito mais fácil escapar da dor. O grupo que teve facilidade para escapar na primeira vez aprendeu muito rápido na segunda.

Porém o grupo que não tinha conseguido evitar os choques aleatórios na primeira parte do experimento *nem sequer tentou* escapar na segunda parte – mesmo agora sendo muito mais fácil.

Eles apenas se encolheram diante dos choques. Esses cães APRENDERAM A SER INDEFESOS.

Os cientistas replicaram essa descoberta com outros estímulos em estudos com animais diferentes, inclusive humanos.

E no fim das contas... Nem todas as pessoas aprendem a ser indefesas.

Algumas delas, mesmo sendo bombardeadas com "choques", mantêm uma postura imponente. Seligman queria entender o que motivava *essas* pessoas.

Ele destilou a essência desse ensinamento em outro de seus excelentes livros, *Aprenda a ser otimista*, argumentando que tudo acontece por causa dos Três P's do Otimismo – que abordaremos no próximo +1°.

Antes de chegarmos lá, é necessário entender quanto isso é importante.

SAIBA QUE: aprender a ser indefeso é um caminho sem volta para a depressão. Se você tem levado uns choques da vida e passou a se encolher diante deles, está desistindo do seu poder e trilhando um caminho que não deseja.

Solução: APRENDA A SER OTIMISTA.

APRENDA A SER OTIMISTA

OS TRÊS P's

Nos últimos capítulos, aprendemos com o professor Seligman sobre o modelo de florescimento e os perigos de ser indefeso. Agora está na hora de aprendermos sobre OTIMISMO. Vamos lá.

Em seu livro clássico sobre o assunto, o já mencionado *Aprenda a ser otimista*, Seligman aborda o que chama de "Três P's": Permanência, Predominância e Personalização.

Permanência. Consiste em saber se algo será temporário ou duradouro.

Digamos que alguns desafios se apresentem. O otimista dirá: "Estou pronto para fazer o que for preciso. Isso vai passar." Por outro lado, o pessimista dirá: "Ah, não! *Outro* problema! Por que a vida é *sempre* tão complicada?"

Curiosamente, quando algo BOM acontece, o otimista e o pessimista mudam seus pontos de vista. O pessimista, que tinha certeza de que as coisas ruins seriam permanentes, acha que as coisas boas serão *passageiras*. Já o otimista, que achava que os desafios seriam temporários, agora acredita que as coisas boas serão *duradouras*.

(E *você*, qual é sua reação?)

Predominância. Consiste em saber se determinada situação "predomina" em todos os aspectos da vida ou apenas numa situação específica. O otimista é capaz de isolar o acontecimento "ruim" num compartimento da vida. Quando passam por uma discussão desafiadora no trabalho, otimistas não dizem "Minha vida é uma droga". Eles não *generalizam*, como fazem os pessimistas.

Para o pessimista, coisas boas são apenas golpes de sorte que afetam só uma parte da vida; já para o otimista são um sinal de grandiosidade.

(E *você*, qual é sua reação?)

Personalização. Consiste em assumir ou não a responsabilidade pela situação.

Essa é uma discussão delicada, mas... Quando algo ruim acontece, o otimista observa as circunstâncias que ocasionaram aquilo; já o pessimista leva tudo para o lado pessoal. Claro que o otimista analisará de forma saudável o que precisa ser melhorado e não se culpará sem necessidade. E o oposto ocorre com as coisas boas: o pessimista acha que foi um golpe de sorte e o otimista se orgulha do próprio sucesso.

(E *você*, qual é sua reação?)

Esses são os Três P's do Otimismo: Permanência, Predominância e Personalização.

Lembre-se: você pode aprender a ser indefeso ou a ser otimista. Como acha que vai conquistar +1° hoje?

A VELOCIDADE DA LUZ
UMA LIÇÃO DE PERSPECTIVA

Sabe qual é a distância entre o Sol e a Terra? Impressionantes 150 milhões de quilômetros. Sabe quanto tempo leva para um raio de sol nos alcançar? Oito minutos e 20 segundos.

Eu desconhecia essas informações até ler *A vida sem amarras*, de Michael A. Singer. Nesse livro, ele compartilha essas e muitas outras estatísticas que nos ajudam a ampliar nossa perspectiva, contemplando nossa existência no contexto da imensidão absoluta do Universo.

Outro fato curioso: a segunda estrela mais próxima da Terra depois do Sol chama-se Proxima Centauri e está a 4,2 anos-luz de distância. Tem ideia de quão distante é isso?

Imagine que você está segurando a lanterna mais potente do mundo. Agora acenda. Essa luz vai dar SETE VOLTAS E MEIA no planeta em apenas *um* segundo. Dá para imaginar? Essa é a velocidade da luz.

Agora, se você quiser ir do Sol para a estrela mais próxima, vai ter que se mover nessa velocidade por MAIS DE QUATRO ANOS. Tem ideia de quão distante é isso?

Um ano-luz tem aproximadamente DEZ TRILHÕES de quilômetros; então, se meus cálculos estiverem certos, a próxima estrela está a QUATRO QUATRILHÕES DE QUILÔMETROS DE DISTÂNCIA. Meu cérebro simplesmente explodiu tentando compreender isso. E o seu?

Sabe o que existe entre o Sol e a próxima estrela? ABSOLUTAMENTE NADA.

Sabe quantas estrelas existem na nossa galáxia? DUZENTOS BILHÕES.

Sabe o que existe entre os anos-luz que nos separam desses DUZENTOS BILHÕES DE ESTRELAS? ABSOLUTAMENTE NADA.

Como informa Singer, 99,999% de todo o imenso Universo está cheio de ABSOLUTAMENTE NADA. APENAS ESCURIDÃO.

E mesmo assim… aqui estamos no planeta Terra, deixando de apreciar o milagre de nossa existência – reclamando do clima, da velocidade da internet ou de quaisquer outras futilidades que permitimos que nos incomodem.

Este é nosso +1°. Da próxima vez que olhar para o Sol, veja além. Aprecie a vastidão do Universo e a preciosidade da vida.

Sinta os pés sobre a terra e diga "Obrigado!" para qualquer força maior que, segundo suas crenças, tenha criado toda essa magia. Faça isso enquanto se esforça para ser a sua melhor e mais heroica versão, a serviço de algo infinitamente maior que você.

Dia 1. Agora é pra valer! Vamos com tudo, Herói!

VOCÊ NÃO É GRANDE COISA
E ISSO LIBERTA

Meu amigo Tripp Lanier é muito divertido. Em seu livro *This Book Will Make You Dangerous* (Este livro o tornará perigoso), ele compartilha alguns ensinamentos que adquiriu, nos últimos quinze anos, aconselhando principalmente homens.

O livro é um "guia irreverente para homens que não querem se acomodar". Nele, Tripp nos diz que precisamos abandonar coisas insignificantes e experimentar o que realmente queremos: mais liberdade, vida, amor e paz. AGORA.

Num capítulo chamado "Encontre a diversão", Tripp replica a lição de perspectiva que aprendemos com Michael A. Singer. Eis sua explicação:

Quando pensamos em algo grande - realmente grande -, costumamos pensar no Sol. Ele é enorme! Na verdade, dentro do Sol caberiam 1 milhão e 300 mil planetas Terra. Uma loucura.

Mas, de acordo com a astrônoma e pesquisadora Michelle Thaller, se você encolhesse o Sol e o deixasse do tamanho de um pingo no i, a nossa galáxia, a Via Láctea, teria relativamente o tamanho da Terra. Agora imagine isso.

E não para por aí. Faz algum tempo, astrônomos descobriram um minúsculo trecho no céu noturno que parecia estar vazio. E "minúsculo" significa o tamanho da cabeça de um alfinete à distância de um braço. Se essa cabeça de alfinete estivesse no céu, então essa pequena porção pareceria estar completamente vazia de luz celestial. Para investigar o fenômeno, recorreram ao telescópio Hubble, deixando-o absorver luz por dez dias.

E nesse minúsculo trecho do céu noturno, que parecia completamente vazio, foi onde descobriram três mil galáxias.

Mas o que tudo isso significa? Você, eu e todos nós – com nossos dramas e aborrecimentos diários e revoltas porque nosso cappuccino veio sem canela –, quando imaginamos essa imensa perspectiva universal, começamos a ver que, não importa o que façamos ou pensemos, não será lá grande coisa. Nunca será.

Pare e reflita. Aqui está +1°. Você não é grande coisa. E isso é uma GRANDE e libertadora revelação.

Afaste-se um pouco para perceber que todos esses "dramas e aborrecimentos diários" NÃO são grandes coisas. Ponto. E depois se aproxime de novo e aproveite essa vida preciosa. HOJE.

CEM PERGUNTAS
PARA CRIAR UMA VIDA SIGNIFICATIVA

Lembro-me como se fosse hoje de ter lido o ótimo livro de Michael J. Gelb, *Aprenda a pensar com Leonardo da Vinci*. Foi logo depois que vendi meu primeiro negócio, quase 25 anos atrás. Aquela leitura mudou minha vida.

Michael apresenta vários exercícios e ensinamentos que nos ajudam a explorar nosso potencial. Aqui está um dos meus preferidos. O exercício das cem perguntas.

Funciona assim... Encontre um lugar calmo onde você não seja interrompido por 45 a 60 minutos. Leve papel e caneta. Comece a escrever perguntas até chegar a cem.

As perguntas podem ser sobre qualquer coisa que lhe vier à mente. Exemplos: Por que o céu é azul? Qual é meu propósito? Apenas anote. Tudo que vier será bem-vindo. O importante é que tenhamos cem questionamentos.

Se você for como eu, as primeiras vão surgir facilmente, depois será um pouco mais difícil. Não pare até conseguir as cem. Essa é a Parte I.

Agora a Parte II: observe a lista de perguntas e veja os temas que surgiram. Talvez você tenha feito um monte de perguntas sobre sua saúde, seus relacionamentos ou seu propósito na vida. Perceba quaisquer categorias e temas que tenham aparecido.

Parte III: hora do show. Olhe para essas cem perguntas e destaque as dez que você acha mais importantes e significativas. (Nota: será difícil. A intenção é essa. Sem pressão, não há diamantes, certo?)

Uma vez escolhidas as dez perguntas, CLASSIFIQUE-AS a partir da mais importante.

Fiz esse exercício em 8 de junho de 2001, uma sexta-feira, e hoje minha vida é basicamente um reflexo das dez perguntas que escolhi naquele dia. O que me leva a questionar... Quais perguntas estão guiando a SUA vida?!

O CAMINHO
NÃO EXISTE

No clássico *Assim falou Zaratustra*, de Friedrich Nietzsche, perguntam ao inteligente herói: "Qual é o caminho?" Ele responde: "'Este é o meu caminho; onde está o seu?' – Assim respondo aos que me perguntam sobre 'o caminho'. Porque o caminho... não existe."

Carl Jung repercutiu esse ensinamento. Ele disse: "O sapato que cabe numa pessoa aperta outra; não há receita de vida que sirva para todos os casos."

Já que estamos embarcando juntos nesta jornada heroica, preciso afirmar o óbvio: cada um de nós deve encontrar o próprio caminho. Então... Qual é o SEU? Você o está trilhando? Como viver ainda mais plenamente o que VOCÊ conhece como verdade (enquanto permite que os outros façam o mesmo)?

Prepare-se. Elimine as lacunas. Viva com *Areté*.

Ative seu potencial heroico. Jogue bem o jogo decisivo da vida. Nos seus termos.

HOJE.

O DISSIDENTE SAUDÁVEL

QUANDO AJUSTAR-SE NÃO É BOA IDEIA

Pilar Gerasimo é uma das pessoas mais sábias que conheço. Entre muitas outras coisas, ela criou a premiada revista *Experience Life* e é autora do ÓTIMO livro *The Healthy Deviant* (O dissidente saudável).

Você deve estar se perguntando: o que é um dissidente saudável? Vou responder daqui a pouco. Antes, vamos analisar algumas informações da primeira parte do livro de Pilar, chamada "O louco que se passa por normal". Vejamos...

- 50% dos norte-americanos adultos foram diagnosticados com alguma doença crônica.
- 68% estão acima do peso ou obesos.
- 70% estão tomando algum medicamento controlado (a partir dos 60 anos, a média é de CINCO medicamentos).
- 80% não estão "florescendo" mental ou emocionalmente.
- 97,3% não mantêm hábitos saudáveis (alimentam-se mal, não se exercitam, fumam, etc.).

O que nos leva à conclusão de Pilar de que 99% das pessoas não estão saudáveis, felizes ou no caminho para conseguir isso. O que é absolutamente triste. E nos leva ao que ela chama de "realidade-padrão doentia" da nossa cultura moderna.

Agora voltemos à questão inicial: o que é um "dissidente saudável"? Boa pergunta. Eis a resposta...

Segundo Pilar, um dissidente saudável é "qualquer pessoa que, de maneira consciente, desafia normas e convenções prejudiciais para alcançar um alto nível de vitalidade, resiliência e autonomia".

Sempre recorro a uma citação de Jiddu Krishnamurti em nosso programa Heroic Coach. Ele nos diz: "Não é sinal de saúde estar bem ajustado a uma sociedade profundamente doente." Pois é.

Numa sociedade em que a IMENSA maioria está doente, cansada, ansiosa e deprimida... NÃO É SINAL DE SAÚDE ESTAR BEM AJUSTADO. (Certo?)

Este é nosso +1°. Aceite sua dissidência saudável.

HOJE.

HOSPITAIS ESTOICOS

EPICTETO E SÊNECA EM CAMISOLAS CIRÚRGICAS

Sêneca, Epicteto e Marco Aurélio são os três grandes filósofos estoicos. Sêneca foi um estadista, bilionário e gênio literário. Epicteto foi um ex--escravo que se tornou professor-filósofo dos jovens nobres de Roma que, por sua vez, foram mestres do imperador-filósofo Marco Aurélio.

Pergunta rápida: sabe qual é a regra nº 1 do estoicismo? Resposta rápida: os estoicos ensinam que algumas coisas estão sob nosso controle e outras não. Nosso trabalho como *guerreiros* da mente é nos concentrar naquilo (pensamentos e comportamentos!) que está sob nosso controle. Mais fácil na teoria do que na prática, mas é uma filosofia *muito* simples.

Agora falaremos sobre o fato de que Sêneca e Epicteto usavam a metáfora de um hospital para mostrar como é difícil viver uma vida nobre.

Os gurus de autoajuda da época deles (os chamados sofistas) gostavam de fazer as pessoas se sentirem bem ao fim de seus sermões. Assim, eles se sentiam ainda melhor ao serem aplaudidos de pé. Epicteto nos diz que um sermão de um filósofo estoico está mais para uma ida ao HOSPITAL do que a um SPA. Ele também considerava que a filosofia eficaz (e certamente o ensino eficaz da filosofia estoica) era algo um tanto desconfortável.

Nada de salva de palmas para o filósofo ao fim do sermão. As pessoas saíam um pouco chocadas com o feroz clamor da realidade – e isso se parece mais com uma *cirurgia* do que com uma *massagem*. Eu, é claro, adoro isso.

Quando oferecia conselhos a um amigo, Sêneca gostava de dizer que não se sentia discursando num palanque como se já soubesse tudo. Era mais como se estivesse num hospital, deitado na maca ao lado do amigo, oferecendo algumas ideias que recolhera ao longo do caminho: ele era um companheiro num hospital heroico, buscando uma vida virtuosa e nobre. E é claro que adoro isso também. Adoro demais.

E aí vai +1°. Existe algo na sua vida que precisa de uma pequena intervenção cirúrgica? Como VOCÊ poderia intensificar e praticar sua filosofia com ainda mais urgência e pé no chão?

Estou aqui ao seu lado desejando sorte no seu procedimento, enquanto me dedico ao meu.

Dia 1. Agora é pra valer. VAMOS NESSA, HERÓI.

MEMENTO MORI

QUER VIVER? LEMBRE-SE DA MORTE

Imagine os dias gloriosos do Império Romano. Visualize uma enorme multidão comemorando o retorno de um general que vencera uma batalha. O general, acenando em sua biga para uma multidão orgulhosa, está se sentindo muito bem.

Agora olhe mais de perto e veja um conselheiro sentado atrás dele. O conselheiro tem um trabalho específico: sussurrar algo no ouvido do general. O que ele sussurra? Não é nada como "Arrasou! Parabéns!". O general já está recebendo elogios suficientes de toda parte.

Qual a função do conselheiro? Ele ora murmura *Sic transit gloria*, ora sussurra *Memento mori*.

Sic transit gloria, em latim, significa "Toda glória é efêmera". *Memento mori* significa "Lembre-se da morte" ou, em outras palavras, "Lembre que VOCÊ vai morrer um dia".

Agora voltemos ao nosso desfile. A multidão acena para nós. O conselheiro nos lembra que toda glória é passageira. É hora de pensar na morte. Mas por que faríamos isso?

Bem, os antigos filósofos (dos estoicos ao Buda) não *escaparam* da morte. Eles ACEITARAM o fato de que vamos morrer e até nos encorajaram a *ensaiar* nossa morte. Por quê? Porque, ao contemplar a morte, abraçamos plenamente a preciosidade da vida.

Memento mori.

P.S.: Tenho em minha mesa a moeda *Memento mori* de Ryan Holiday para me lembrar do poder dessa prática.

VIAGEM NO TEMPO

ENCONTRANDO SEU FUTURO EU

Está vendo aquela máquina do tempo ali? Sim, aquela. Vamos entrar. Por favor, afivele o cinto de segurança. Pronto? VAMOS. BUM!

Estamos cinco anos no futuro. Desafivele o cinto, saia da máquina e... Quem você vê? É VOCÊ! Só que... é a versão mais INCRIVELMENTE RADIANTE que você consegue imaginar. UAU!

Olhe para VOCÊ! Está na melhor forma da sua vida. Calmo. Confiante. Cheio de energia. Tranquilo. Você está FELIZ. Não... Mais que isso. Você está EXULTANTE, vivo e florescendo, claramente seguindo com integridade seus valores mais profundos. Incrível.

Agora... você e sua melhor versão heroica podem passar UM MINUTO juntos. O que essa versão de você tem a dizer para a versão atual? Pare e reflita.

Daqui a cinco anos você estará vivendo plenamente, seguindo seus valores e florescendo em cada área da vida. Agora uma pergunta: o que essa versão HEROICA quer que você saiba?

O que seu futuro eu lhe diz? Consegue ouvir? Agora anote.

E o mais importante... Siga o conselho.

HOJE.

UMA VIAGEM RÁPIDA AO INFERNO

ACORDA! ISSO NÃO É UM ENSAIO GERAL

Nosso último exercício de reflexão sobre viagem no tempo foi inspirado em dois dos principais psicólogos positivos do mundo. No já citado *A ciência da felicidade*, Sonja Lyubomirsky diz que "exercícios de autoestima" como esse são uma das maneiras mais eficazes de aumentar nossa esperança e nosso bem-estar.

O também psicólogo Tal Ben-Shahar oferece seu próprio exercício de viagem no tempo em seu livro *Seja mais feliz*, no qual diz que TODOS JÁ

TEMOS TODA A SABEDORIA NECESSÁRIA – só falta aproveitá-la e viver de acordo com ela.

Agora, Herói, está na hora de conhecer Caroline Adams Miller, uma das minhas psicólogas positivas favoritas. E, na minha opinião, uma das mais práticas do mundo. Em seu livro *Getting Grit* (Tenha garra), ela revela a ciência da coragem e nos ajuda a aplicá-la na vida.

Uma de suas principais lições é o fato de que pessoas aguerridas não temem o fracasso, já que SABEM que, para alcançar grandes feitos, inevitavelmente falharão. E muito.

Ela diz: "As pessoas valentes precisam sair várias vezes da zona de conforto para chegar aonde querem, e sem garantia de sucesso. E isso não as detém, pois preferem apostar em si mesmas a aceitar uma vida na qual nunca saberão o que poderiam ter sido."

Esta última frase me faz pensar na sabedoria de Sonja Lyubomirsky sobre a ciência do arrependimento. Em poucas palavras: temos uma estranha capacidade de nos adaptar a quaisquer adversidades na vida. Portanto, os fracassos não nos incomodam tanto. Somos maus "previsores afetivos", como os economistas comportamentais gostam de dizer.

Mas... e aquilo que nunca buscamos *de verdade*? Isso tem o potencial de criar um monte de arrependimentos durante a vida – é uma das razões pelas quais, em seu leito de morte, as pessoas se arrependem mais dos riscos que não correram do que dos fracassos.

E tudo isso me lembra da seguinte citação...

"Certa vez alguém me deu a definição de Inferno: no seu último dia na terra, a pessoa que você se tornou se encontrará com a pessoa que você poderia ter sido." Uau.

Com *isso* em mente, chegou a hora de fazermos outra viagem no tempo. Desta vez não será agradável. Viajaremos para o fim da nossa vida.

Respire fundo. Aperte o cinto. E... Chegamos.

Ao sair da máquina do tempo... você se vê em seu leito de morte. Mas há algo errado...

Você claramente NÃO escutou os conselhos daquela versão heroica que acabamos de encontrar.

Você está sentindo a dor do arrependimento. É de partir o coração. Então...

Prestes a dar seu último suspiro, a porta do seu quarto se abre... E...

Entra sua melhor e mais heroica versão, envelhecida porém ativa, alegre e amorosa como sempre, que olha para sua *outra* versão com compaixão e tristeza.

Até que... Você parte.

Alguns dirão que essa é a definição de Inferno – ver quem você PODERIA ter se tornado quando já é tarde demais para fazer algo a respeito.

A boa notícia é que NUNCA é tarde demais. Não importa quanto tempo nos permitimos ser hipnotizados pelo poder das escolhas erradas e dos maus hábitos.

HOJE É O DIA de agir e decidir ativar nosso potencial heroico.

Acorda, Herói! Isso não é um ensaio geral.

O DERRADEIRO FIM

VAMOS COMEÇAR POR AÍ

Faremos mais UMA viagem na máquina do tempo.

Mas, antes, respire fundo. Deixe o ar entrar pelo nariz e descer até sua barriga. Agora expire pelo nariz por um tempo um pouco maior do que inspirou e libere qualquer tensão que possa ter surgido. Sente-se com a coluna alinhada e ponha um sorriso no rosto.

Está na hora de mais uma viagem. Profunda mas bonita.

Vamos voltar ao fim da sua vida, só que desta vez você está mais parecido com a melhor e mais heroica versão de si mesmo. Não se trata de perfeição, já que NENHUM SER HUMANO É PERFEITO. Mas você conseguiu. Sente orgulho da vida que teve.

Saia pela última vez da máquina do tempo. Vamos celebrar o fim de uma vida. Celebrar de verdade.

Você teve uma vida incrivelmente heroica. Você olha para dentro do caixão e o que vê... é a SI MESMO. Todos estão rindo, chorando e compartilhando memórias de como você os inspirou e mudou sua vida. Pegue uma cadeira e ouça os elogios fúnebres. Quem diz o quê?

Vamos lá, é sério: pare um pouco e se sinta em seu próprio velório.

QUEM DIZ O QUÊ? E o que você ESPERA que digam de você? Quais virtudes espera que sejam lembradas?

Tenha em mente que o propósito final de tudo que faremos juntos é simples… Vamos ajudá-lo a se tornar ESSA versão de si mesmo. Nunca perfeita, porém cada vez mais consistente.

Quando? Como sempre…

Começando HOJE.

P.S.: Agora que conhecemos o jogo decisivo e sabemos disputá-lo bem, vamos aprender a Regra nº 1 para uma vida boa e nobre enquanto forjamos uma confiança antifrágil no Objetivo II.

I CONHEÇA O JOGO DECISIVO

II FORJE UMA CONFIANÇA ANTIFRÁGIL

III OTIMIZE SUA GRANDE TRÍADE

IV TORNE O DIA DE HOJE MAGISTRAL

V TENHA AUTODOMÍNIO

VI DOMINE OS FUNDAMENTOS

VII ATIVE SEU SUPERPODER

REGRA Nº 1
É PARA SER DESAFIADOR

Bem-vindo ao Objetivo II. Agora que conhecemos o jogo decisivo e sabemos disputá-lo bem, está na hora de forjar uma confiança antifrágil.

Daqui a pouco definiremos o que é "antifrágil", o que é "confiança" e o que é "forjar". Depois conheceremos diversas ferramentas para aumentar a resistência mental, antes de seguirmos rumo à invencibilidade. Mas...

Primeiro é necessário começar pela Regra nº 1 para uma boa vida heroica. E vou apresentá-la em negrito e letras maiúsculas que é para você não esquecer nunca...

REGRA Nº 1: É PARA SER DESAFIADOR

Eu sei que parece óbvio, mas pode mudar sua vida. Na verdade, o MAIOR obstáculo à sua felicidade profunda, sustentável e eudemônica talvez seja a série de desculpas que você inventa para não encarar os desafios da vida.

Mas há várias maneiras de resolver essa questão. Comecemos assim...

Que filme você acha o mais inspirador de todos?

Talvez seja *Star Wars*? *Harry Potter*? Ou *Matrix*, *Pantera Negra*, *Um sonho de liberdade*? Pode ser também *Jogos vorazes*, *O mágico de Oz*, *Apollo 13*, *A lista de Schindler*...

O que todos os filmes inspiradores têm em comum? Muito simples...

Todos eles nos mostram um herói que enfrenta desafios extraordinários. Caso ele não enfrentasse esses desafios, você teria se levantando e ido embora do cinema. (Certo?)

Bem... Caso queira uma vida que faça VOCÊ se sentir inspirado, é melhor aprender a se EMPOLGAR com os desafios da vida.

Então repito: a Regra nº 1 para uma vida heroica, boa e nobre é que ela PRECISA ser desafiadora. Ponto.

Está na hora de aprender a aceitar e transformar cada desafio numa oportunidade de ativar seu potencial heroico. Está na hora de forjar sua confiança antifrágil.

GINÁSTICA DA ALMA

PESO DE ISOPOR VS. PESOS REAIS

Aqui está outra maneira de pensar sobre a Regra nº 1. Aprendi essa metáfora com Steve Chandler – o incrível coach e prolífico autor com quem trabalhei por muitos anos, antes de começar a trabalhar com Phil Stutz.

Digamos que você queira ficar forte e, para isso, vá a uma academia. Mas ao chegar lá você não levanta peso de verdade. Decide fazer algumas repetições com peso de ISOPOR.

É bem mais fácil, só que ninguém fica mais forte sem o desafio de levantar pesos REAIS.

O mesmo acontece na vida. Se quisermos construir força heroica para nós e para os outros, temos que estar dispostos a levantar alguns pesos de verdade.

Sabe todos esses desafios que você vem enfrentando, dos grandes aos pequenos?

Eles são o peso na ginástica da alma heroica. Fique esperto e os reconheça.

INEVITABILIDADE

PARTE II DA REGRA Nº 1

Antes de partirmos para a definição de alguns termos-chave, você precisa saber que a Regra nº 1 para uma vida heroica, nobre e boa tem duas partes.

Parte I: como já vimos, ela deve ser desafiadora. E...

Parte II: como observa meu querido coach Phil Stutz, nunca estaremos imunes. Ou seja, *nunca* encontraremos um lugar onde *não* existam desafios.

Pode até parecer má notícia, mas quando realmente entendemos isso, torna-se o ensinamento mais libertador de todos. Por quê? Porque só assim paramos de nos culpar e de sentir vergonha por não sermos perfeitos.

Enfrentamos desafios (e às vezes nos sentimos exaustos) não porque haja algo errado conosco. Enfrentamos desafios porque somos HUMANOS.

Na verdade, quando você *realmente* compreende isso, enxerga seus desafios como "indicadores reversos" - não de que está fazendo algo errado, mas de que está fazendo algo certo.

Você é um herói numa batalha contra dragões que cismam em aparecer pelo caminho. E você está tentando vencer cada vez com mais sabedoria, disciplina, amor, coragem, gratidão, esperança, curiosidade e gosto pela vida. Numa palavra... *Areté.*

Então vamos eliminar as lacunas. E ativar nosso potencial heroico.

HOJE.

ANTIFRÁGIL

VOCÊ É FRÁGIL, RESILIENTE OU...?

Agora que já definimos a Regra nº 1 do jogo decisivo, está na hora de estabelecermos alguns termos-chave.

Comecemos com uma de minhas palavras favoritas: *antifrágil.*

Eu peguei essa palavra de Nassim Nicholas Taleb. Ele escreveu um livro inteiro sobre o assunto, apropriadamente chamado de *Antifrágil*, no qual aborda a grande diferença entre ser frágil, resiliente e antifrágil.

Embora Taleb se concentre mais nos sistemas macroeconômicos, tecnológicos e culturais, aqui enfocaremos VOCÊ e sua vida.

Você pode ser *frágil* e desistir facilmente. Pode ser *resiliente* e aguentar mais um pouco antes de desistir (e se recuperar mais rápido que a maioria). OU pode ser o OPOSTO de frágil.

O que aconteceria se, quanto MAIS o maltratassem, mais FORÇA você desenvolvesse? Sério. Qual seria o nome disso?

Você seria *ANTIFRÁGIL.* E vou ser sincero: se tem UMA COISA que quero que você aprenda com este livro, é ISSO.

Obstáculos? Quando vistos da perspectiva certa, eles podem (e devem!) deixá-lo mais forte. Simples assim.

Taleb usou uma ótima metáfora para esclarecer essa questão. Imagine o vento. Um vento forte. Esse vento forte APAGA uma vela. Mas ao mesmo tempo ALIMENTA uma FOGUEIRA.

A pergunta é: quando se depara com os inevitáveis (ênfase em INEVITÁVEIS) "ventos" da vida, você se parece com uma vela se apagando OU com uma FOGUEIRA HEROICA ALIMENTADA pela ventania?

Um dos principais objetivos deste livro é fazer você sorrir para os deuses heroicos e lhes agradecer pelos desafios com os quais nos abençoaram.

Por isso o mantra heroico não é "OM". É "OMF", de "OBSTÁCULOS ME FORTALECEM". Entoe comigo: "*OMF!*"

E, se gostar da ideia, entoe para SI MESMO toda vez que encarar um obstáculo na vida. Inclusive HOJE.

CONFIANÇA
O QUE REALMENTE É E COMO CRIÁ-LA

Agora vamos definir outra de minhas palavras preferidas: *confiança*. Ela vem do latim *con* e *fidere*. Ao pé da letra, significa acreditar plenamente, com firmeza.

Mas acreditar plenamente em QUÊ? Não na perfeição da vida, é claro. Isso seria absurdo. O que precisamos cultivar é uma intensa confiança em *nós mesmos*, pois sabemos que vamos fazer o que precisa ser feito, NÃO IMPORTA o que aconteça.

Precisamos CONFIAR INTENSAMENTE em nós mesmos, porque SABEMOS lidar com os desafios da vida e porque isso pode nos deixar MAIS FORTES.

Aqui entra a confiança antifrágil. E adivinha só: esse nível de confiança intensa (e a confiança verdadeira, fundamentada, heroica e antifrágil que resulta dela) é como qualquer outra forma de confiança conquistada.

É necessário conquistar essa autoconfiança todos os dias. E como fazer isso? Da mesma forma que você conquista confiança em QUALQUER relacionamento.

Cumprindo com sua palavra.

A CIÊNCIA DA CONFIANÇA

ALBERT BANDURA EXPLICA...

Que tal falarmos sobre a ciência da confiança? Albert Bandura foi um dos psicólogos mais respeitados do mundo. Ele estudava a ciência da autoeficácia, também conhecida como a ciência da confiança. Aqui está uma rápida explicação.

Uma sensação de autoeficácia (a crença de que você pode concluir seus planos) é, em termos técnicos, *importante pra caramba*.

Por exemplo, se você quiser prever quem ganhará uma luta entre competidores igualmente talentosos, é melhor descobrir qual deles tem uma crença mais forte na própria capacidade de vencer. Aposte nele.

Há uma sabedoria cientificamente comprovada na frase de Henry Ford: "Se você pensa que pode ou se pensa que não pode, de qualquer forma você está certo."

Bandura dizia que existem quatro principais maneiras de desenvolver a autoeficácia: experiência de maestria, aprendizagem indireta, persuasão social e fisiologia. Exploremos cada uma.

Experiência de maestria: significa ter tido sucesso no passado. Grandes e pequenas vitórias acumuladas são uma excelente fonte de confiança atual.

Busque vitórias, use-as para desenvolver sua autoimagem vencedora ("Eu sou assim!") e recorra a essas experiências de maestria sempre que enfrentar um desafio.

Aprendizagem indireta: significa ver *outra pessoa* alcançar o sucesso que VOCÊ gostaria de ter alcançado. A ideia básica aqui é: se *ela* pode, VOCÊ também pode. SAIBA disso.

Lembre-se: NÃO *inveje* o sucesso dos outros. Celebre-o e diga: "Se eles conseguem, eu também consigo."

Persuasão social: é quando alguém lhe *diz* que você consegue alcançar o sucesso. Pode ser um coach, um amigo, um parente. (E pode ser EU: “Você consegue, Herói!”)

Você também pode persuadir *a si mesmo* por meio de um diálogo interno positivo e de uma mentalidade confiante e antifrágil. (E lembre-se também de persuadir *os outros* sobre seu potencial!)

Fisiologia: se quiser ser bem-sucedido, AJA como alguém bem-sucedido.

Vire a chave. Ande, fale, respire e se porte como a melhor e mais heroica versão de si mesmo. E assim obtemos +1°...

Com tudo isso em mente, façamos um breve checklist...

Que sucessos do passado você pode celebrar? Quem já conquistou algo que você gostaria de conquistar? Que pessoas lhe dão apoio e o que elas dizem para você? Quando está no seu melhor momento, de que maneira você anda, fala (consigo e com os outros), respira e se porta?

Aí está. Esses são os quatro princípios da ciência da confiança. Um brinde à sua autoeficácia, Herói!

“PODE VIR!”

INVERTA SEU DESEJO

Agora que conhecemos a Regra nº 1 deste maravilhoso jogo da vida e definimos o que significa forjar uma confiança antifrágil, precisamos entender a maneira correta de lidar com os desafios (inevitáveis!) da vida.

Em suma, temos que aprender a devorá-los como se fossem barrinhas energéticas.

Vamos explorar *três* maneiras poderosas de fazer isso. Elas podem ser resumidas em três mantras heroicos: “Pode vir!”, “Estou empolgado!” e “OMF!”.

Comecemos com “Pode vir!”. Phil Stutz e Barry Michels escreveram um ótimo livro chamado *O método*, apresentando cinco ferramentas que ajudam a lidar com os maiores desafios que todos nós enfrentamos na vida.

A ferramenta mais importante é a primeira, “inversão do desejo”, que ajuda a lidar com o desafio mais poderoso de todos: o medo.

Phil e Barry revelam que a maioria das pessoas prefere viver na própria zona de conforto, já que estar fora dela incomoda. E também odeia qualquer nível de desconforto, fazendo de tudo para evitá-lo.

Tudo bem se seu objetivo for ser uma pessoa medíocre, mas isso não levará você a viver sua melhor vida e ativar seu potencial heroico. Eis o motivo...

Seu potencial *infinito* está do *outro* lado da sua zona de conforto. E o que acontece quando você sai daí e começa a explorar seu potencial infinito?

Você sente medo. Ansiedade. Tem dúvidas.

É importante saber que nosso potencial infinito está do *outro* lado da zona de conforto e que sentiremos dor e incômodo ao sairmos dela. E, se estamos seriamente comprometidos em otimizar a vida ativando o potencial heroico, precisamos INVERTER NOSSO DESEJO: em vez de tentar *evitar* a dor, precisamos aprender a amá-la.

É necessário encarar esses momentos (quando o coração acelera e as mãos suam) como os presentes que são – ingressos para nosso destino. O que nos leva à simples ferramenta.

Da próxima vez que sentir uma *pitada* de medo, dúvida ou algo assim, pratique dizer a si mesmo (ou gritar, como recomendam Phil e Barry): "PODE VIR!"

Saiba que seu potencial *infinito* está *logo ali*. Você não precisa (nem deveria!) sair *totalmente* da sua zona de conforto, mas tenha o costume de sair um pouco. Lembre que a sensação de medo é uma oportunidade de ficar mais forte e, quando você diz a si mesmo "PODE VIR!", algo mágico acontece.

Na verdade, a ciência comprovou que ocorre uma mudança fundamental no nosso nível FISIOLÓGICO. Ao CONVIDAR os desafios para nossa vida, saímos do que os pesquisadores chamam de "reação à ameaça" para "reação ao desafio" e, com isso, todo o nosso corpo muda.

"Pode vir!"

Experimente. Funciona.

"ESTOU EMPOLGADO!"

O QUE DIZER QUANDO SE ESTÁ NERVOSO

Alison Wood Brooks, pesquisadora da Harvard Business School, estudou a estratégia mais eficaz para lidar com o estresse agudo.

Primeiro, um pequeno teste: imagine que você precisa dar uma grande palestra para um monte de pessoas. Só de pensar nisso seu coração já acelera e suas mãos suam.

O que você deveria dizer a si mesmo nesse caso? Deveria tentar se acalmar ou se sentir empolgado?

Quando Alison fez essa pergunta para centenas de pessoas, a resposta foi quase unânime: 91% disseram que o melhor conselho era tentar se acalmar. Só que... Não é o que a pesquisa mostrou ser mais eficaz. Veja só...

Alison reuniu voluntários em seu laboratório e aplicou um teste muito estressante. Pediu que fizessem um discurso de improviso – algo que já provoca um nível bastante alto de estresse.

(Nota: sabia que as pessoas têm mais medo de falar em público do que de morrer? Sim. Foi por isso que Jerry Seinfeld uma vez brincou: "Se você for a um funeral, é melhor estar dentro do caixão do que ser o responsável pelos elogios fúnebres.")

Voltando ao estudo. Alison instruiu metade dos voluntários a dizer a si mesmos: "Estou calmo." A outra metade foi instruída a dizer: "Estou empolgado!"

Adivinha só: o grupo "Estou empolgado!" superou em desempenho o grupo que tentou manter a calma. O que isso significa?

A ansiedade é o que os cientistas chamam de "estado de alta ativação", já a calma é um "estado de baixa ativação". É quase impossível passar *imediatamente* de um estado de medo e ansiedade para um estado tranquilo. É como viajar a 130 quilômetros por hora e pisar fundo no freio. Não é boa ideia.

É *muito* mais sensato usar essa energia do medo e transformá-la em empolgação – canalizando-a numa direção construtiva e positiva e pisando no acelerador em vez de parar. E dizer "Estou empolgado!" é um modo surpreendente de fazer isso acontecer.

Então... Da próxima vez que se sentir energizado antes de algo importante, lembre-se de dizer...

"*Estou empolgado!*"

OMF

O MANTRA DO HERÓI

Adoro a corrida de obstáculos Spartan Race. Existe algo especial em *pagar* para enfrentar obstáculos. Isso capta perfeitamente o espírito de tudo que precisamos para ativar nosso potencial heroico.

Joe De Sena, fundador da Spartan Race e extraordinário exemplo de garra, acredita que queremos nos tornar "imunes aos obstáculos". Imagine ser IMUNE a obstáculos a ponto de eles não terem efeito sobre você. Na verdade, vá um pouco mais longe e lembre que os obstáculos, quando vistos da perspectiva certa, nos deixam mais fortes.

Claro que a pista de obstáculos não passa de uma representação física dos obstáculos mentais, emocionais e criativos que enfrentamos todos os dias.

Queremos nos tornar imunes a esses obstáculos. Queremos sentir que eles nos tornam mais fortes. E entender a verdade EM TEMPO REAL, enquanto os deuses heroicos nos abençoam com um desafio inesperado. Foi por isso que criei o mantra heroico para me ajudar a internalizar essa ideia...

OMF. Obstáculos me fortalecem.

OMF. O mantra do herói.

OMF. Entoe comigo agora, com uma forte determinação na alma e com um sorriso no rosto, sabendo que você tem o que é preciso para enfrentar todo e qualquer desafio.

OMF. OMF. OMF.

Todos os dias. Em especial...

HOJE.

P.S.: Essa não é uma firula só para chamar a atenção. O grande mestre espiritual Sri Swami Satchidananda usa a mesma metáfora da pista de obstáculos em seu brilhante livro *The Golden Present* (O presente de ouro), que reúne textos inspiradores para cada dia do ano.

Em 1º de janeiro (Dia 1!), Satchidananda nos diz:

A vida precisa ser um desafio. Só assim será empolgante. Numa corrida de obstáculos, você é forçado a superar todos eles: saltar sobre barreiras, atravessar túneis apertados, rastejar-se na grama, escalar muros.

O que aconteceria se você evitasse tudo isso e, no final, pedisse a taça de campeão? Eles a dariam a você? Não. Eles diriam: "Você deve voltar e enfrentar todos os obstáculos."

[...] Torne sua vida o mais empolgante possível, mas sempre de um jeito divertido. As adversidades, assim como a harmonia, devem ser agradáveis. Não se torne ranzinza e ressentido; tenha cara de pau em nome da espiritualidade. Apenas seja feliz. Enfrente com alegria. Quando cometer um erro, diga: "Nossa, eu fiz isso? Que ótima lição aprendi!" Se quiser de verdade, você consegue tornar tudo divertido.

AS CINCO ETAPAS DO SUCESSO SEGUNDO DALIO

E O BARATO DO APRENDIZ DE ERROS

Agora que temos algumas ferramentas poderosas para enfrentar os desafios, está na hora de aprender a lidar com o que chamamos de "fracasso".

O princípio básico é o seguinte: TUDO É INFORMAÇÃO.

Quando enxergamos nossas experiências da maneira correta, não nos vemos mais como "vencedores" ou "perdedores". Ou se ganha ou se aprende – e aprender *é* ganhar.

Então GANHAMOS ou GANHAMOS. Ponto final.

É claro que às vezes não alcançamos algum objetivo específico, mas isso não significa um "fracasso", desde que pratiquemos nossa filosofia e usemos as informações a nosso favor. Não acredita em mim? Então me deixe falar um pouco sobre Ray Dalio.

Dalio é uma das pessoas mais bem-sucedidas da atualidade. A revista *Time* o situa entre as cem pessoas mais influentes no planeta. Segundo a *Fortune*, sua empresa, a Bridgewater Associates, é a quinta mais importante instituição privada nos Estados Unidos. Já a *Forbes* lista Dalio como umas das cem pessoas mais ricas do mundo.

E como ele atingiu esse nível extraordinário de sucesso? Em seu livro *Princípios*, ele aborda essa questão e compartilha o "Processo de cinco etapas para conseguir o que você quer da vida".

Antes de darmos uma olhada nesse processo, vejamos um ensinamento complementar que Dalio também compartilha. Ele diz que o sentido da vida é evoluir e desenha lindas espirais para capturar a essência de uma vida próspera.

Resumindo: começamos com um objetivo audacioso; FRACASSAMOS; aprendemos; melhoramos; estabelecemos objetivos ainda mais audaciosos; e repetimos o processo. Para sempre.

(Prestou atenção no segundo passo? Sim. Estabelecemos objetivos audaciosos e FRACASSAMOS! Falaremos sobre isso daqui a pouco.) Por ora, voltemos ao Processo de Cinco Etapas que reflete o próprio sucesso de Dalio.

Etapa 1: tenha **objetivos**. O que você quer? Seja claro. Visualize. Conheça seu porquê.

Etapa 2: identifique os **problemas** que você está enfrentando e que o impedem de conquistar seu objetivo. A maioria das pessoas (malsucedidas, com uma mentalidade inflexível) gostam de fingir que serão capazes de atingir seus objetivos sem contratempos. Mas, segundo Dalio, os melhores entre nós SABEM que enfrentarão obstáculos e os usam como combustível para a evolução.

Etapa 3: **diagnostique** o problema. Qual é a origem dele? Seja claro.

Etapa 4: **crie** uma solução para o problema. Do que você precisa para solucioná-lo? Como diria Dalio, construa uma "máquina" para resolvê-lo.

Etapa 5: comece a **agir**. E faça o que for necessário.

Recapitulando: começamos com um objetivo audacioso; FRACASSAMOS; descobrimos por que fracassamos; criamos uma solução para o problema; e então trabalhamos nessa solução.

Desse modo, você embarca numa espiral ascendente e repete o processo de evoluir para uma versão um pouco melhor de si mesmo. Por quanto tempo? INFINITAMENTE.

Dalio nos avisa que é importante se apaixonar pelo processo. INCLUSIVE pelo que mais assusta as pessoas – o fracasso.

Pergunta: "Mas eu posso evoluir sem cometer todos esses erros?" (Risos de todos os mestres da sabedoria.)

Resposta: Não, você não pode.

Por isso os mais sensatos entre nós dizem que devemos nos apaixonar pelo *processo* de aprender com os próprios erros, com o mesmo ímpeto de um atleta que, a certa altura, não sente mais dor e é tomado pelo "barato" da corrida. Dalio chama isso de "barato do aprendiz de erros".

Você está tão envolvido no processo dinâmico de otimização que aprende a *AMAR* os erros – sabendo que são apenas uma parte do processo para ir atrás de algo audacioso e das informações valiosas (o combustível perfeito) para ativar um pouco mais seu potencial heroico hoje.

ERROS

ACEITE-OS ENQUANTO CRIA UMA OBRA-PRIMA

Em seu livro *Spiritual Liberation* (Liberação espiritual), Michael Bernard Beckwith dá um novo enfoque ao conceito de "erro". Ele pede que nos imaginemos como diretores de um filme – com um enorme orçamento, uma equipe maravilhosa, os melhores atores do mundo e um roteiro impecável.

Pergunta: você acha que vai conseguir gravar o filme inteiro numa longa, perfeita e única tomada?

Mesmo com décadas de experiência e os melhores recursos, você sabe que isso seria ABSURDO!

Claro que vai ter que regravar a maioria das cenas, algumas delas várias vezes, até que fiquem boas. E com isso haverá *tomadas não aproveitadas*. Nada de mais. Faz parte do processo, certo?

Agora adivinha só. As mesmas regras se aplicam à sua vida. Você terá que regravar muitas cenas, algumas delas CENTENAS de vezes.

E os erros cometidos? Serão como as "tomadas não aproveitadas". Nada de mais. Volte ao trabalho.

A ciência corrobora essa ideia. O psicólogo e pesquisador Robert Biswas-Diener escreveu *The Courage Quotient* (O quociente da coragem), livro em que revela que ser corajoso é estar disposto a agir diante do medo.

Um dos exemplos que ele usa nesse livro vem do mundo dos filmes. Ele menciona um de seus amigos: um diretor de cinema, vencedor do Oscar, que já chegou a gravar CENTENAS de horas para fazer um filme de 90 minutos.

Quer dizer que apenas 1% do que ele filmou chegou ao produto final e os outros 99% foram um "fracasso"? Claro que não.

Como diz Biswas-Diener, o segredo é: "Não trate os erros como algo tolerável, mas adote-os como se fossem amigos, um caminho para a criatividade, a confiança e a espontaneidade."

É ASSIM que lidamos com o que chamamos de fracasso. TUDO é informação. Ganhamos ou aprendemos – e aprender *é* ganhar! Então vamos GANHAR ou GANHAR.

Quando? Você sabe...

HOJE.

NÃO HÁ SER HUMANO PERFEITO
E NÃO SEREMOS OS PRIMEIROS

Evitar desafios deve estar do topo da lista de coisas que atrapalham nossa alegria eudemônica e nossa confiança antifrágil.

O mesmo podemos dizer da noção de que, se estamos passando por problemas, é porque há algo errado *conosco*. Ao esquecer a Regra nº 1 e se achar um fracassado só porque sua vida é imperfeita, você corre o risco de misturar vergonha com perfeccionismo: uma combinação tóxica, é claro.

Portanto, se estiver seriamente interessado em forjar uma confiança antifrágil de qualidade, é melhor botar para correr esse lance de se sentir envergonhado.

Convidemos meus três psicólogos favoritos – Abraham H. Maslow, Tal Ben-Shahar e Kristin Neff – para saber o que cada um tem a dizer sobre esse assunto.

Primeiro, Maslow, psicólogo humanista que criou a "hierarquia das necessidades" e a famosa pirâmide que leva seu nome. Ele basicamente disse que, se você cuidar das necessidades básicas (comida, abrigo, sensação de pertencimento e autoestima), chegará num ponto em que a necessidade de realizar seu potencial será tão premente quanto a necessidade de respirar.

Como parte de sua pesquisa, Maslow estudou as grandes personalidades de sua geração – mentes extraordinárias como Albert Einstein e Eleanor Roosevelt. Pessoas de destaque que, nas palavras dele, tinham desenvolvido o pleno potencial e, nas minhas, ofereceram seus maiores dons heroicos ao mundo.

Mas... eis a questão.

Todas essas pessoas autorrealizadas NÃO eram perfeitas. Nenhuma delas.

Por isso Maslow disse sem pestanejar que pessoas perfeitas NÃO existem.

Eram poderosas? Sim. Realmente brilhantes? Sim. Perfeitas? De jeito nenhum.

É de EXTREMA importância ter isso em mente enquanto buscamos otimizar e realizar nosso potencial. E repito: não há ser humano perfeito. E...

Adivinha só...

Não seremos os primeiros.

A CIÊNCIA DO PERFECCIONISMO

OTIMALISTAS VS. PERFECCIONISTAS

Tal Ben-Shahar ministrou um dos cursos mais concorridos da história de Harvard – sobre a ciência da psicologia positiva.

Em seu livro *The Pursuit of Perfect* (Em busca da perfeição), ele revela que existem duas formas diferentes de perfeccionismo: uma benéfica, outra não. E que, por serem diferentes, precisam de nomes diferentes.

Existe o perfeccionista doentio, que se cobra tanto que sofre com ansiedade, depressão, etc. Ben-Shahar chama esse tipo de pessoa de "perfeccionista". E existe o perfeccionista saudável e de alto desempenho, que usa padrões elevados para alimentar o próprio crescimento. Esse seria um "otimalista".

Perfeccionistas vs. otimalistas. Aqui está a primeira diferença entre eles.

O perfeccionista (doentio) não aceita a realidade. Na verdade, acha que pode trabalhar dezesseis horas por dia e realizar um trabalho excepcional, ao mesmo tempo que se mantém muito saudável, é excelente cônjuge, cuida bem dos filhos, participa ativamente da comunidade e é amigo de todo mundo... (Fiquei estressado só de digitar isso.)

A origem de sua angústia é o fato de não conseguir aceitar os limites da realidade. NÃO é possível fazer tudo isso. Então, quando não atende às próprias expectativas, culpa a si mesmo e experimenta todos os efeitos negativos do perfeccionismo.

E o otimalista (saudável)? Este está comprometido com altos padrões e quer ser criativo, uma pessoa incrível para o cônjuge, os filhos, os amigos, a sociedade... mas confronta sua visão com o mundo real. Ele tem consciência de suas restrições e constrói a vida ideal dentro desses limites saudáveis.

Nota: a palavra "ótimo" deriva do latim *optimus*, que significa "melhor" – não "perfeito". Neste caso, significa ser o melhor possível dentro das restrições de cada um.

E você, tende a ser perfeccionista ou otimalista?

Lembre-se: tudo consiste em manter o alto padrão e AO MESMO TEMPO aceitar os limites da realidade.

A CIÊNCIA DA AUTOCOMPAIXÃO

AUTOGENTILEZA, HUMANIDADE COMUM E ATENÇÃO PLENA

À medida que VAMOS COM TUDO na missão de eliminar as lacunas e ativar nosso potencial heroico, pode ser que nos sintamos sobrecarregados. É aí que entra a ciência da autocompaixão. Veja o que você precisa saber.

Antes de tudo, a ciência é muito clara: a vergonha é extremamente tóxica. Sua função é apenas minar nossa capacidade de dar nosso melhor e aproveitar a jornada. Precisamos aprender a cultivar a autocompaixão.

De acordo com Kristin Neff – principal pesquisadora do mundo sobre a autocompaixão e autora de um livro inteiro sobre o tema –, precisamos aceitar *três* coisas se quisermos cultivar a autocompaixão.

Em primeiro lugar, precisamos ser gentis com quem somos. Ela chama isso de "autogentileza", algo óbvio, mas muito importante de se ter em mente.

Quando estiver enfrentando um desafio e se sentir prestes a resmungar palavras tóxicas, fale consigo da mesma forma que falaria com um amigo ou uma criança. Em outras palavras: SEJA GENTIL!

Depois precisamos adotar o que Kristin chama de "humanidade comum". Devemos saber que não estamos sozinhos. TODO MUNDO passa por desafios de vez em quando. Se você está ansioso (ou chateado, estressado, etc.), não é porque você é *você*. É porque você é *humano*.

Por fim, precisamos ter atenção plena. É preciso perceber as emoções e os diálogos internos negativos que surgem, depois apontá-los, fugir da tentação de resmungar e, então, seguir em frente.

Autogentileza, humanidade comum e atenção plena.

Pense nisso como os principais ingredientes para seu bálsamo de cura. E lembre-se de aplicá-lo em quantidade generosa nas cicatrizes causadas pelos dragões na sua jornada heroica.

CICATRIZES DE DRAGÃO

CARREGUE-AS COMO MEDALHAS

Por falar em cicatrizes causadas por dragões... Quem me vem à mente é Paulo Coelho. Num de seus livros ele afirma: "Não me arrependo dos momentos que sofri, carrego minhas cicatrizes como se fossem medalhas." Pense nisso por um momento.

A maioria de nós tenta esconder as cicatrizes. Mas não os heroicos entre nós. O Herói sensato SABE que não dá para sair lutando contra dragões sem ser atacado de vez em quando. Heróis (e qualquer pessoa em sua melhor forma heroica) não têm vergonha dessas cicatrizes. Eles as ostentam com orgulho.

"Esta marca aqui? Ah, é de quando lutei contra aquele dragão enorme e cruel nos Andes."

"Esta outra? Nossa! Foi deixada por uma FERA! Você precisava ver. Quase me matou."

"E esta? Nem te conto..."

As cicatrizes são as MEDALHAS do herói – são distintivos de honra que provam que estamos dispostos a entrar na arena repetidas vezes.

E tudo isso levanta a questão: você tem alguma cicatriz escondida? Talvez agora seja um bom momento para redefini-la como medalha conquistada no seu treino para se tornar herói. Veja só que fantástico.

Mais uma vez, lembre que não há ser humano perfeito... E você não será o primeiro.

Como bom otimalista que é, aceite os limites da sua realidade, prepare o bálsamo da cura e use suas cicatrizes como medalhas antifrágeis.

HOJE.

A CIÊNCIA DA GARRA

PAIXÃO E PERSEVERANÇA

Nenhuma conversa sobre forjar uma confiança antifrágil estará completa sem abordar a ciência da garra – o que nos leva à Universidade da Pensilvânia para encontrarmos uma colega de Martin Seligman: Angela Duckworth.

Angela é a principal pesquisadora do mundo sobre o que ela chama de "garra". Ela dedica sua vida a ajudar os outros (inclusive a próxima geração de heróis!) a cultivar essa qualidade fundamental. Em seu livro *Garra: o poder da paixão e da perseverança*, ela aborda a origem das suas teorias e depois apresenta um esquema prático para cultivarmos garra na nossa vida, na nossa família, na comunidade em que vivemos e no mundo todo.

Primeiro, vejamos a história de origem. Ela começa na Academia Militar dos Estados Unidos – também conhecida como West Point –, onde alguns dos mais brilhantes e comprometidos líderes em formação se preparam para servir seu país.

Esses homens e mulheres passam anos se dedicando muito para entrar em West Point. E, mesmo assim... um número surpreendente desiste nas primeiras sete semanas por causa de um treinamento chamado "Beast Barracks" ("Quartel das Feras").

O "Beast" é uma iniciação desafiadora para quem quer passar de cadete a soldado. Mas... o Exército não conseguia descobrir o motivo de tanta desistência.

Foi aí que entrou Angela: ela preparou um teste simples de dez perguntas chamado "Escala de Garra". E assim... descobriu o motivo.

Embora a pontuação total dos jovens cadetes (em quesitos como desempenho acadêmico, liderança e experiência atlética) tenha previsto quem se sairia bem ao longo dos quatro anos em West Point, NÃO previu quem continuaria após as sete primeiras semanas. Foi a Escala de Garra de Angela que forneceu a previsão mais precisa de quem permaneceria.

Como ela disse: "Metade das questões era sobre perseverança. Consistia em saber até que ponto o cadete concordava com afirmações do tipo 'Superei obstáculos para conquistar um desafio importante' e 'Finalizo tudo que começo'. A outra metade era sobre paixão e consistia em saber se os interesses deles mudavam a cada ano e se eles costumavam ficar obcecados com determinado projeto ou ideia por um tempo antes de perder o interesse."

Em suma, a garra tem dois componentes: paixão intensa + perseverança intensa.

Falaremos das QUATRO coisas que você pode fazer para desenvolver sua garra no próximo +1°. Por enquanto...

Como andam a paixão e a perseverança na *sua* vida? Fortaleça as duas enquanto ativa seu potencial de garra heroica.

QUATRO RECURSOS PSICOLÓGICOS
PARA DESENVOLVER GARRA

No nosso +1° anterior, falamos sobre Angela Duckworth e sua ciência da garra. Ela define garra como paixão intensa mais perseverança intensa.

Nota 1: observe o uso da palavra "intensa". Lembre-se da nossa energia de ativação a 451°F.

Nota 2: o tipo de paixão que Angela aborda se parece mais com uma BÚSSOLA do que com fogos de artifício. Não se trata de ficar entusiasmado com coisas chamativas, mas de ter clareza sobre quem você é e com que está comprometido.

No livro *Garra*, Angela aborda os principais obstáculos que enfrentamos para cultivar nossa garra, e nos apresenta "recursos psicológicos" para lidar com os desafios.

Aqui estão eles: Interesse + Prática + Propósito + Esperança.

1. **Interesse**. Para cultivar uma paixão sustentável, é necessário que haja uma atração inerente. Precisamos ter o que a ciência chama de "objetivo autoconcordante": não uma "obrigação", mas algo que amamos.

Claro que certos aspectos da vida não são nada empolgantes, mas só vamos nos esforçar a longo prazo se formos exemplos de garra e tivermos "um fascínio duradouro e uma curiosidade infantil" a ponto de bradarmos: "Amo o que faço!" (← Você ama?)

2. **Prática**. Angela traça um paralelo entre a pesquisa de Anders Ericsson sobre prática deliberada e o trabalho de Mihaly Csikszentmihalyi sobre o fluxo (momento em que estamos tão absortos numa atividade que conseguimos alcançar um estado ideal de felicidade).

Ela aponta que um aspecto-chave da perseverança é a capacidade de mostrar, TODOS OS DIAS, uma atitude de "Quero melhorar, custe o que custar!" (← Você quer?)

3. **Propósito**. Consiste em perceber que nosso trabalho faz diferença no mundo. É essencial amar o que fazemos, mas o interesse não se sustentará por muito tempo se for apenas sobre nós. A conexão tem que ser com algo maior do que nós mesmos.

Angela diz que pessoas com garra falam coisas como: "Meu trabalho é importante – tanto para mim quanto para os outros." Como diríamos, precisamos de força HEROICA em dobro! (← Você tem?)

4. **Esperança**. Segundo Angela, a esperança define cada estágio da garra. É a sensação de "estar à altura", de SABER que se tem a capacidade de chegar lá.

Por falar em esperança... Você se lembra dos três aspectos-chave do professor Rick Snyder?

Segundo ele, precisamos de Objetivo (uma visão de um futuro melhor) + Determinação (confiança na nossa capacidade de agir) + Caminhos (disposição para testar diversas possibilidades, pelo tempo que for necessário, até que o sonho se realize). (← Você faz isso?)

Angela também cita um antigo ditado japonês que diz: "Caia sete vezes, levante-se oito." Então vamos lá. Caia sete vezes e levante-se oito. MAIS FORTE. Essa é a base da Ciência da Garra Antifrágil.

Cultive-a. HOJE.

P.S.: Um dos meus mestres favoritos leciona em Stanford e chama-se William Damon. Suas ideias sobre desenvolvimento moral e o poder do propósito me influenciam profundamente. Recomendo seus maravilhosos livros, entre eles *O que o jovem quer da vida?*.

Um dos principais pesquisadores mundiais sobre o assunto, Damon também é um ser humano incrível, um exemplo inspirador da sabedoria e dos ideais que passou a vida estudando.

Para descobrir mais sobre propósito, baixe o aplicativo Heroic (em inglês), no qual também compartilho as dez ideias e os 25 exercícios que mais moldaram minha vida.

SABER REAGIR

ESTÍMULO [LACUNA] REAÇÃO

Agora que já definimos o que é antifrágil e confiança e falamos sobre algumas práticas-chave, está na hora de abordarmos um dos nossos superpoderes heroicos.

Para otimizar sua vida e ativar o potencial heroico, você precisa ser muito bom em ESCOLHER sua reação em qualquer circunstância.

Como explica Viktor Frankl, no espaço entre um estímulo e uma reação existe uma lacuna, e nessa lacuna está nossa liberdade.

Lembra o que estava escrito no ônibus que levava as pessoas a um CASSINO? "Bem-vindo à liberdade." Bem, se Frank tivesse visto isso, não teria aprovado e ainda daria uma palestra sobre o assunto.

Qual é a VERDADEIRA chave para a liberdade? Ser capaz de escolher sua reação em qualquer circunstância.

Muitas pessoas (talvez a maioria) acham que a maneira como reagem a um dado estímulo é determinada pelo que está acontecendo. Elas esquecem que é a INTERPRETAÇÃO do estímulo que determina a reação.

É estímulo → interpretação → reação.

E NÃO estímulo → reação.

Stephen R. Covey fala sobre esse assunto em seu clássico *Os 7 hábitos das pessoas altamente eficazes*. Ele revela que essa capacidade é tão importante que é a nº 1 entre os heróis altamente eficazes. E avisa que temos que ser "proativos" em vez de "reativos". É EXATAMENTE disso que estamos falando.

Mas por que ser "proativo" é o hábito nº 1? Porque todos os grandes mestres dizem o mesmo. Temos que ser capazes de escolher nossa reação em qualquer circunstância.

Voltemos a Viktor Frankl. Ele vivenciou os horrores do Holocausto na Segunda Guerra Mundial, tendo perdido toda a família, inclusive a esposa grávida. Ainda assim... RECUSOU-SE a abrir mão do que ele chama de "a última das liberdades humanas": a liberdade de ESCOLHER sua reação diante de tudo aquilo.

Ele escolheu desempenhar seu papel como psiquiatra num campo de concentração da melhor maneira que pôde – tentando dar esperança e sentido para os outros que também passavam por aquele martírio, enquanto usava essa experiência para criar a filosofia e a metodologia terapêutica (Logoterapia) que mais tarde compartilharia com o mundo.

Uma curiosidade é que Frankl foi profundamente inspirado por Epicteto e outros filósofos estoicos. A reação dele aos desafios da vida é o exemplo moderno perfeito dos princípios do estoicismo: algumas coisas estão sob nosso controle, outras não.

Uma pessoa sábia entende que, embora não possa controlar o que acontece, PODE (e DEVE!) controlar como reage. ESSE é outro superpoder do Herói: recusar-se a abrir mão da última liberdade.

Saber reagir é essencial para forjar uma confiança antifrágil.

VÍTIMA VS. HERÓI

QUEM VOCÊ VAI SER?

Alguns capítulos atrás, conversamos um pouco sobre "A decisão dojô" e perguntei: você está só seguindo o fluxo da vida ou buscando a maestria?

Já sabemos que faz MUITA diferença encarar a vida com TOTAL compromisso com a excelência.

Também falamos sobre a Escolha de Hércules e sua decisão de seguir a deusa da Virtude (*Areté*!), e não a deusa do Vício, disfarçada de Felicidade.

Saiba que essas escolhas e decisões não são do tipo "basta fazer uma vez". A vida SEMPRE nos desafia a mostrar quem somos, e precisamos estar SEMPRE comprometidos em mostrar nosso melhor.

O que nos leva à principal escolha que temos que fazer... Você escolhe ser vítima ou herói?

É óbvio que o mundo já tem vítimas suficientes reclamando (culpando e criticando) e precisa *desesperadamente* de mais heróis que *se recusem* a abrir mão de sua última liberdade, heróis que escolham mostrar seu lado mais poderoso diante das adversidades da vida.

E então, o que você vai ser: vítima ou herói? ESSA é a questão decisiva.

E repito: não basta dizer "Eu sou Herói!" uma vez só. Esse é o tipo de coisa que se renova a cada momento.

Quer saber como deixar de ser vítima e se tornar herói? Basta fazer as perguntas certas. É o que veremos no próximo +1°.

PENSAMENTO DIRECIONADO (PARTE II)

COMO PASSAR DE VÍTIMA A HERÓI

Um dos melhores livros de que você talvez nunca tenha ouvido falar se chama *The Power of TED** (O poder do TED*), de David Emerald. É uma pequena fábula carregada de grande sabedoria.

A ideia básica é a seguinte: existem dois enfoques principais a partir dos quais podemos nos mostrar para o mundo – Vítima ou Criador.

A Vítima interpreta os desafios da vida (e os desafiantes) como "Perseguidores". Por isso procura "Salvadores" para regatá-la. David chama isso de "terrível triângulo do drama". Vítima-Perseguidor-Salvador.

TODOS nós passamos mais tempo nessa tríade do que queremos admitir.

E o outro enfoque? Nele você pode ser um Criador. Quando vive como Criador, você interpreta os *mesmos* desafios (e desafiantes) pelo que são:

"Desafiantes." Em vez de tentar ser resgatado (por alguém ou algum comportamento viciante), você procura "Orientadores" para apoiá-lo na busca por seus sonhos.

David chama essa outra tríade de "A dinâmica do empoderamento" (*The Empowerment Dynamic*, em inglês, daí a sigla TED do título).

Poderíamos passar horas falando sobre isso. Mas por enquanto quero abordar a PERGUNTA que nos ajuda a passar de Vítima a Criador INSTANTANEAMENTE. É tão simples quanto poderosa.

Aqui está: "O que eu quero?"

A Vítima só reclama (e critica, culpa, faz fofoca, choraminga, etc.). O Criador vai direto ao ponto e pergunta: "O que EU quero?" É assim que passamos de Vítima a Criador.

Para irmos de Vítima a Criador e de Criador a HERÓI, acrescentamos uma pergunta: "Agora o que precisa ser feito?"

Junte essas duas perguntas e teremos o que eu chamo de Pensamento Direcionado.

Pergunta nº 1: "O que eu quero?" Pergunta nº 2: "Agora o que precisa ser feito?"

Essas duas perguntas nos ajudam a manter os pés no chão para priorizarmos o que é necessário.

Resumindo: ao encarar QUALQUER desafio (que faça você reclamar, pensar negativo, etc.), a primeira pergunta a se fazer é: "O que eu quero?"

Isso fornece um OBJETIVO para a mente. A partir daí, a próxima pergunta é simples e nos leva à tarefa em questão: "Agora o que precisa ser feito?"

A vida está desafiando você? Perfeito. Pergunte-se:

"O que eu quero?" Objetivo definido.

"Agora o que precisa ser feito?" Plano traçado.

Depois, o mais importante, faça o que precisa ser feito.

Pensamento Direcionado. Experimente. Funciona.

TITICA DE GALINHA

SEU PENSAMENTO FEDIDO

No nosso +1° anterior, conversamos sobre Pensamento Direcionado. Agora quero dar alguns exemplos de como aplico essa sabedoria com meus filhos no dia a dia.

Primeiro, um pouco de contexto. Meu referencial para o Pensamento Direcionado se inspirou, em parte, em Trevor Moawad, que escreveu livros como *It Takes What It Takes* (Tudo que for preciso) e foi coach de resistência mental do quarterback da NFL Russell Wilson.

Qual a grande ideia do livro? Algo que ele chamou de "pensamento neutro". E o que seria isso?

Podemos ter "pensamentos positivos" e ignorar a realidade ao enfocar apenas as coisas "boas", da mesma forma que podemos ter "pensamentos negativos" e ignorar a realidade ao enfocar apenas as coisas "ruins".

Mas nenhum desses artifícios é tão eficaz quanto ter "pensamentos neutros", nos quais apenas nos permitimos ver as coisas como elas são, enquanto fazemos o que precisa ser feito para alcançar nossos objetivos.

Tempos atrás, quando li esse livro, resolvi explicar essa ideia para Emerson. Veja o exemplo que usei: nossas galinhas... e o cocô delas.

Contexto rápido: tínhamos acabado de nos mudar para o campo. Compramos algumas galinhas porque achamos que seria bom. Elas são legais e as crianças adoram.

E... como fazem cocô! Parecem gostar especialmente de defecar embaixo da nossa linda varanda onde costumo meditar de manhã bem cedinho. (Digamos que não seja o local de meditação mais idílico do mundo, com todo aquele aroma.) Mas voltemos ao livro de Trevor.

Contei a Emerson que o autor tinha um pai muito atencioso que lhe ensinara muitas daquelas ideias quando criança. Sorri e passei a mão em sua cabeça imaginando o que meu filho diria de mim dali a algumas décadas. E então falamos sobre a diferença entre pensamento negativo, positivo e neutro.

Dei a ele um exemplo do meu pensamento negativo relacionado às galinhas.

Dica: essa é *sempre* uma das melhores maneiras de transmitir um ensinamento. Comece com sua própria falha – não com a do outro.

Meu pensamento negativo era assim: "Não aguento essas galinhas! Que cocô FEDORENTO! Por que têm que defecar na varanda? Acho que vamos ter que arrumar outro lar para elas." (Emerson sabia do que eu estava falando, porque já tinha me ouvido reclamar disso outras vezes em meus momentos de fraqueza.)

O pensamento positivo, continuei explicando, seria algo do tipo: "Até que o cheiro não é tão ruim assim e as galinhas são incríveis."

Ele percebeu na mesma hora que soava forçado e não seria a abordagem ideal.

Então eu disse que nenhum daqueles pensamentos era tão eficaz quanto o pensamento neutro ou DIRECIONADO.

O pensamento direcionado seria algo como: "As galinhas estão fazendo cocô na varanda. O cheiro é horrível. Mas não podemos nos livrar delas, porque as crianças as adoram, então precisamos encontrar uma solução. Vamos impedir que elas cheguem à varanda e descobrir um jeito de lidar melhor com o cocô. Próximo passo: instalar tela de arame na varanda."

Pronto. Feito. Emerson entendeu de imediato. E até hoje ele tem as galinhas.

Conquiste +1°… Tem alguma titica de galinha na sua vida?

Reflita um pouco. Que pensamento negativo você anda remoendo? Como seria trocá-lo por um pensamento positivo? E, o mais importante, como seria uma abordagem de pensamento direcionado? Tenha um objetivo claro. Acerte seu alvo, Herói.

E tudo isso nos leva de volta ao pai de Trevor. Sabe o que ele ensinou ao filho quando criança? A se livrar do "pensamento fedido".

Vamos fazer isso. HOJE.

O PNEU VAZIO
E A PERGUNTA FINAL

Nos capítulos anteriores conversamos sobre o Pensamento Direcionado e prometi compartilhar alguns exemplos do dia a dia para ilustrar melhor o conceito.

Já vimos como lidei com o cocô das galinhas e agora vamos falar sobre pneus vazios.

Na manhã seguinte à conversa com Emerson sobre como abordar a questão das galinhas, saímos em família para andar de bicicleta. Só que durante o passeio um dos pneus da bicicleta de Emerson ficou murcho e ele logo começou a chorar, chateado, porque que não poderia mais brincar. Fui até ele e disse:

– Seu pneu esvaziou. Isso é chato, eu sei. Mas lembra o que conversamos ontem sobre o pensamento neutro e direcionado?

– Sim – respondeu ele.

– Pois bem, vamos praticar um pouco! Lembra a pergunta que temos que fazer? O QUE VOCÊ QUER?

– Quero andar de bicicleta.

– E o que podemos fazer para isso acontecer?

– Encher o pneu.

– Isso mesmo.

Então... fomos até o celeiro, encontramos a bomba e enchemos o pneu, o que foi suficiente, porque não estava furado.

Pronto. Feito. Pneu cheio de novo. E Emerson voltou à nossa pedalada.

Agora é sua vez de obter +1°. Existe algum "pneu vazio" na SUA vida? (Claro que existe. Você é humano!)

Com que tipo de pensamento você está reagindo a ele? Negativo, positivo ou DIRECIONADO?

Herói, tenha um objetivo claro. Acerte seu alvo. HOJE.

PRATICAR O ALVO

O PRÓXIMO NÍVEL DO PENSAMENTO DIRECIONADO

Antes de seguirmos para o próximo nível, façamos um breve resumo sobre o Pensamento Direcionado.

Passo 1. Passe de vítima a Herói fazendo a si mesmo uma simples pergunta: O QUE EU QUERO?

Lembre-se: vítimas reclamam do que está dando errado na vida, já os Heróis se perguntam o que querem para alcançar o que desejam.

Passo 2. Quando tiver pelo menos uma ideia do que quer, a próxima pergunta será simples: AGORA O QUE PRECISA SER FEITO?

Já aprendemos a aplicar essa sabedoria no dia a dia (diante de pneus vazios e problemas com titica de galinha) e agora vamos aprimorar nossa prática acrescentando alguns passos ao protocolo do Pensamento Direcionado.

Claro, saber o que você quer é *essencial* ao processo de viver heroicamente e criar uma vida melhor, assim como agir em busca desse ideal. Mas, antes de perguntar o que queremos, é necessário revisitar os desafios mais recentes e ACEITAR A REALIDADE COMO ELA É.

Isso é o que Byron Katie descreve como "amar a realidade", uma versão moderna da antiga prática estoica conhecida como "a arte da aquiescência".

Então o passo 0 é simples: aceitação completa de TUDO que está acontecendo agora. Ponto.

Falar é fácil, mas uma pessoa sábia também consegue colocar isso em prática. Uma vez que paramos de brigar com a realidade (uma briga SEMPRE perdida, vale dizer), estamos prontos para dar nosso primeiro passo.

Passo 1. Perguntar: O QUE EU QUERO?

Anda se sentindo letárgico, improdutivo no trabalho? Sente que perdeu seu propósito? Tem se distanciado de si mesmo e de seus entes queridos?

Perfeito. Aceite. Agora... o que você quer?

Sentir-se mais heroicamente cheio de energia, produtivo, conectado ao mundo?

Maravilha. Passe TRÊS SEGUNDOS elaborando isso.

Veja que não estou pedindo que você passe meia hora toda noite escrevendo num diário por três meses. NO MOMENTO EXATO EM QUE SE

SENTIR CONFUSO SOBRE O QUE DESEJA, PARE E PENSE POR TRÊS SEGUNDOS.

Entendeu? Ótimo. Esse é o passo 1.

Passo 2. Pergunte-se: o que posso fazer AGORA para chegar mais perto do que quero?

Seja claro... Não precisamos de um plano muito elaborado aqui. NO MOMENTO EXATO EM QUE SE SENTIR CONFUSO SOBRE O QUE PODE SER FEITO, PARE E PENSE POR TRÊS SEGUNDOS.

Entendeu? Ótimo. Esse é o passo 2. Agora estamos prontos para o passo 3.

Esse é, sem dúvida, o mais importante de todos, porém será menos eficaz se você não cumprir os anteriores.

Aqui está...

Passo 3. AJA. PASSE TRÊS SEGUNDOS DECIDINDO FAZER O QUE PRECISA SER FEITO PARA ALCANÇAR AQUILO QUE QUER.

(Sim, tudo em MAIÚSCULAS.)

Recapitulando.

Passo 0. Aceite sua realidade atual.

Passo 1. Estabeleça seu objetivo.

Passo 2. Descubra o que você pode fazer AGORA MESMO para obter o resultado almejado.

Passo 3. Aja.

Passo final? REPITA o processo.

Tenha um objetivo claro. Acerte seu alvo, Herói.

HOJE.

PENSAR VS. FAZER

LIÇÕES DE UMA BOLA INFLÁVEL

Phil Stutz, numa de nossas sessões de coaching, pediu que eu pegasse papel e caneta. (De vez em quando ele faz isso.) Então disse:

– Trace uma linha horizontal. Acima dessa linha, escreva “Espaço do Pensamento”. Embaixo dela, escreva “Espaço de Trabalho”. – E me perguntou: – Sabe para que serve o Espaço do Pensamento?

Eu não tinha uma resposta na ponta da língua, então ele mesmo respondeu:

– Para NADA. Nada acontece no Espaço do Pensamento.

Mas é claro!

Parar e refletir sobre as coisas é fundamental, mas a verdade é que nada ACONTECE até usarmos as ferramentas e começarmos a agir. (E, só para lembrar, a maioria de nós não PENSA de verdade, apenas rumina, o que, como veremos, não é nada bom. Nada mesmo.)

Phil costuma dizer que tendemos a viver no Espaço do Pensamento. Que precisamos nos forçar para BAIXO – para fora do excesso de análise e para dentro do Espaço de Trabalho. Como? Usando uma das nossas ferramentas +1°, agindo, fazendo QUALQUER COISA que não seja pensar demais (ou nos entregar às nossas kryptonitas).

Ele compara isso a uma bola inflável na água: sempre que a empurramos para baixo, ela cisma em subir de volta. Você precisa ficar CRAQUE em manter a bola submersa.

Como a maioria das pessoas no planeta, você também tende a passar muito tempo pensando nas coisas, em vez de realmente FAZENDO algo?

Quando for assim, pense na bola inflável.

Empurre-a para baixo d'água toda vez que ela quiser subir de volta.

PARADOXO STOCKDALE

FÉ TOTAL E FATOS BRUTAIS

O vice-almirante James Stockdale foi capturado na Guerra do Vietnã e passou sete anos e meio num brutal campo de prisioneiros. Quatro desses anos foram passados numa solitária, e dois, com as pernas acorrentadas. Foi torturado quinze vezes.

Stockdale heroicamente assumiu o papel de líder clandestino de centenas de prisioneiros.

Em seu livro *Empresas feitas para vencer*, Jim Collins fala sobre o que chama de "Paradoxo Stockdale".

Stockdale disse que o otimismo inocente o teria matado naqueles campos. Alguns companheiros achavam que seriam libertados no Natal. Então passava o Natal e achavam que sairiam na Páscoa e, depois, no dia de Ação de Graças. Até que perdiam a esperança e morriam.

Stockdale contou que os sobreviventes fizeram algo diferente.

Eles SABIAM que seriam libertados um dia, mas também SABIAM que isso levaria tempo. O próprio Stockdale não esperava que acontecesse em menos de cinco anos. Mas o dia chegaria.

E qual é o Paradoxo Stockdale?

Confiança total no sucesso futuro e aceitação total do fato de que isso não vai acontecer de imediato nem será fácil.

Nas palavras de Stockdale: "Essa é uma lição muito importante. Você nunca deve confundir a fé – que deve sempre ser mantida viva – com a disciplina para enfrentar os fatos mais brutais da sua realidade atual, quaisquer que sejam."

Isso resume o coração e a alma da verdadeira confiança.

Como vai a sua?

TEM LEVADO SOCOS ULTIMAMENTE?

SAIBA O QUE FAZER DA PRÓXIMA VEZ

Brian Cain, autor de ótimos livros, é um dos melhores coaches de resistência mental. Sua lista de clientes inclui quatro craques do beisebol, oito campeões mundiais de UFC, campeões do Super Bowl e outros atletas de elite e medalhistas olímpicos.

Além de meu amigo, é meu aluno de longa data e faz com que seus clientes leiam as Notas do Filósofo para passarem de nível.

Quero falar de um de seus clientes.

Mas, antes, um contexto rápido: recentemente Brian veio nos visitar no interior de Austin. Eu, minha esposa e nossos filhos nos divertimos muito. Aprendemos a engolir fogo, a quebrar uma flecha com o pescoço e outras coisas divertidas que antes achávamos impossíveis.

Semanas após sua visita, ocorreu um grande evento de UFC. Brian era o coach de algum dos lutadores em TODAS AS TRÊS lutas principais (duas valendo cinturão). Ele me convidou para assistir, mas agradeci e disse que na hora das lutas eu já estaria na cama dormindo.

Mesmo assim, pesquisei um pouco sobre os lutadores e vi que um deles disputaria o título. Segundo relatos, seus ex-adversários ficavam desconcertados porque ele parecia ADORAR receber socos no rosto. Quanto mais forte batiam, mais ele sorria e pedia mais.

Compartilho essa história porque, enquanto medito de manhã, Epicteto me lembra de praticar minha filosofia, me lembra da Escolha de Hércules e, muitas vezes, me lembra desse lutador – dizendo que, se ele sorri ao levar socos no rosto, eu também posso sorrir ao levar uns golpes da vida.

Pode ser que você não goste desse tipo de metáfora, mas tem sido uma ferramenta útil de ensino filosófico há milhares de anos.

Da próxima vez que for golpeado (e você SERÁ), lembre-se de Epicteto e de Brian Cain e dos lutadores de UFC e tente se divertir SORRINDO enquanto pede mais aos deuses heroicos.

Qual será seu próximo e inevitável desafio? É justamente para isso que estamos treinando.

H + E + SSA = R

QUEBROU ALGUMA FLECHA COM O PESCOÇO ULTIMAMENTE?

No nosso +1° anterior, falamos sobre a visita que Brian Cain nos fez aqui no interior de Austin.

Acabei mencionando que eu e minha família nos divertimos muito aprendendo a engolir fogo e quebrar flechas com o pescoço.

Vamos falar mais sobre essas flechas quebradas. Mas, primeiro, um pouco mais de contexto.

Brian é um dos seres humanos mais inspiradores que conheço. Quando nos visitou, ele deixou de presente dois de seus livros: *The 10 Pillars of Mental Performance Mastery* (Os 10 pilares para dominar o desempenho mental) e *One Percent Better* (Um por cento melhor).

São obras inspiradoras e formidáveis, carregadas de sabedoria. Li ambas na mesma semana.

Imagine Paulo Coelho escrevendo sobre resistência mental. Agora imagine misturar isso com *O monge que vendeu sua Ferrari*, de Robin Sharma, e *O caminho do guerreiro pacífico*, de Dan Millman.

O *One Percent Better* ensina você a percorrer o caminho entre sua posição atual e seu destino almejado. De que maneira? Tornando-se UM POR CENTO MELHOR. Quando? HOJE, Herói.

Nesse livro, Brian compartilha sua pequena fórmula de sucesso: H + E + SSA = R. Como explica a personagem, esse acrônimo significa "Habilidade + Estratégia + Supere sua Anatomia e faça o trabalho = Resultados".

Ela diz: "Não lhe falta habilidade para que você seja sua melhor versão. Acontece que ela está sendo bloqueada por você mesmo. E a maneira de desbloqueá-la é por meio da estratégia certa, trazendo resultados melhores."

Quer ativar seu potencial heroico? Então saiba que talvez o problema não seja falta de habilidade, mas falta de uma ESTRATÉGIA certa.

Essa foi uma lição que aprendi com minha família quando Brian nos visitou. Mas o que quebrar flechas com o pescoço e engolir fogo tem a ver com essa ideia? Tudo.

Brian pegou uma flecha de madeira e colocou uma ponta na parede e a outra contra o próprio pescoço. Respirou fundo, deu um passo à frente e QUEBROU A FLECHA ao meio.

E nos convidou a fazer o mesmo. Ficamos tentados a responder: "Não! Estamos de boa!" Então nos disse: "Não lhes falta HABILIDADE para quebrar a flecha com o pescoço. Falta a ESTRATÉGIA correta para fazer isso de maneira fácil e segura."

Seguindo as instruções dele, tentei e consegui!

O mesmo acontece com engolir fogo: também existe uma ESTRATÉGIA. Depois que se aprende, fica fácil.

E o mesmo acontece com quase TUDO na vida.

BJ Fogg replica essa sabedoria em *Micro-hábitos* e diz: "Não somos o problema. O problema é como lidamos com a mudança. É uma falha de *design* – não uma falha *pessoal*."

Ou seja, é um problema de ESTRATÉGIA, não um problema de HABILIDADE.

O que nos leva de volta à equação H + E + SSA = R. Habilidade + Estratégia + Supere sua Anatomia e AJA se quiser ver os Resultados!

Não basta saber o que fazer. Você tem que AGIR.

Então… mãos à obra! Não qualquer dia desses.

HOJE.

1% MELHOR

ELIMINE AS LACUNAS HOJE

Nas páginas anteriores conhecemos melhor o coach de resistência mental Brian Cain. Também quebramos algumas flechas, engolimos fogo e recebemos um convite para um evento do UFC no qual um dos lutadores deixou Epicteto orgulhoso… por sorrir sempre que era golpeado.

Hoje vamos passar mais algum tempo com Cain. Aprenderemos a melhorar 1%. Em sua pequena fábula (apropriadamente chamada *One Percent Better*), há uma cena em que os personagens Sunny e Mr. Big estão conversando.

"Bom dia, Mr. Big! Está na hora de se energizar. Ou dominamos o dia, ou o dia nos domina. O senhor está pronto?"

Sunny pergunta isso com a empolgação de uma criança na manhã de Natal. E, antes mesmo do café da manhã, Sunny já levanta questões matemáticas.

"Mr. Big, um dia tem 24 horas e cada hora tem 60 minutos. Quantos minutos tem um dia?"

Pego meu celular na mesma hora e faço essa pergunta a Siri, que responde: *Um dia tem 1.440 minutos.*

Então Sunny pergunta: "Quanto é 1% de 1.440?"

É aí que ela me pega. Não sei calcular isso, não sou professor de matemática. E respondo: "Não faço ideia."

"Um por cento do dia são 14 minutos e 24 segundos", responde ela enfaticamente. "Todo mundo quer melhorar 1%, mas deixa de investir 1% do dia, já que nem ao menos sabe que essa é uma estratégia para o sucesso."

Um contexto rápido: Mr. Big é um professor esgotado, e Sunny é sua mentora. Trabalha numa cafeteria e o alimenta todos os dias. E qual é o principal ensinamento de Sunny, ou seja, a essência do livro?

Como Brian explica: "A melhor maneira de começar é investindo intencionalmente 1% do dia em si mesmo para, assim, tornar-se sua melhor versão a cada dia. Faça isso hoje e continue amanhã. Repita sempre. É muito simples."

Revisemos a matemática. O dia tem 24 horas. Cada hora tem 60 minutos. São 1.440 minutos por dia. E quanto é 1% disso? 14 minutos e 24 segundos.

Um por cento do seu dia.

Agora reflita: se você dedicasse apenas 1% do seu dia a uma atividade capaz de impactar profundamente sua vida, que atividade seria essa?

Sério. Qual seria?

Meditar todo dia durante 14 minutos e 24 segundos mudaria sua vida?

E se passasse esse tempo treinando? Ou sem NENHUM dispositivo eletrônico, apenas se dedicando 101% aos seus filhos e às pessoas queridas?

Isso mudaria sua vida?

E se passasse 1% do dia refletindo sobre seu propósito? Ou VIVENDO com mais propósito – fazendo as coisas que você SABE que poderiam ser feitas em apenas 14 minutos e 24 segundos? Isso mudaria sua vida?

+1%, +1%, +1%...

Microinvestimentos que levam a microganhos. Mas que se somam. E rápido.

Use 1% do seu dia para se tornar 1% melhor.

HOJE.

POR QUE SER MEDIANO?

O MELHOR DOS PIORES E O PIOR DOS MELHORES

Nos últimos capítulos nos divertimos com Brian Cain, o coach de resistência mental e desempenho máximo. E pode apostar: qualquer tempo passado com Cain é assim. Ele é *facilmente* uma das pessoas mais inspiradoras do planeta. É impossível não se sentir energizado por sua presença.

Agora vamos falar de seu outro livro, *The 10 Pillars of Mental Performance Mastery*. Nele, uma expressão me saltou aos olhos e ficou tatuada na minha mente.

Trata-se de "estar na média". Nessa fábula, o coach se chama Kenny e está orientando um executivo estressado. Ele diz ao executivo:

"Você é como a maioria das pessoas. E chamamos isso de 'estar na média'. Como já disse, odeio essa expressão. Significa que você é o melhor dos piores e o pior dos melhores. Um péssimo lugar para se estar."

Estar na média. Ser o melhor dos piores e o pior dos melhores, preso bem no meio da montanha da mediocridade. Não é onde queremos nos encontrar.

Por meio do coach Kenny, Brian diz: "Você está oferecendo ao mundo seu lado B ou C e nem percebe, porque nunca foi treinado para mostrar seu lado A. O mundo precisa de você no seu melhor. Você não pode ser mediano, tem que estar entre os melhores."

E continua: "Se você não tem um plano, como vai melhorar? O problema começa quando você para de melhorar e se torna amargo. Ninguém gosta de ficar perto de uma pessoa que está sempre mal-humorada."

Para que você não ache que isso é papo furado de um coach muito ambicioso, que tal uma sabedoria semelhante de um dos grandes mestres espirituais do século XX, Eric Butterworth?

Butterworth foi professor espiritual de Maya Angelou e, aparentemente, seu livro *Descobrindo o seu poder interior* é um dos preferidos de Oprah.

Eis como Butterworth aborda o assunto num dos *meus* livros favoritos, *Spiritual Economics* (Economia espiritual): "Por que ser mediano? Todas as grandes conquistas da História foram alcançadas por pessoas fortes que se recusaram a consultar estatísticas ou ouvir aqueles que queriam provar que seus planos eram totalmente impossíveis."

Estar na média. Ser o melhor dos piores e o pior dos melhores, preso bem no meio da montanha da mediocridade.

Como disse Rocky Balboa para seu filho no sexto filme da saga: "ESSE NÃO É VOCÊ! VOCÊ É MELHOR QUE ISSO!"

É Dia 1. Hora de ir com tudo.

Hora de ativar seu potencial heroico.

Vamos nessa, Herói!

O IMPOSSÍVEL

É O QUE TEMOS PARA O CAFÉ DA MANHÃ

Em seu livro *Super-humanos*, Steven Kotler usa atletas radicais como exemplos para nos ensinar a acelerar nossos ganhos de desempenho.

As manobras que os snowboarders e skateboarders e outros atletas fazem hoje em dia eram *literalmente* IMPOSSÍVEIS poucos anos atrás. Steven diz que, só de nos forçarmos a sair da zona de conforto, podemos transformar o impossível em possível.

Segundo ele, tudo consiste em encontrar o ponto ideal *ligeiramente* fora da zona de conforto – bem no limite do estado de Fluxo de Csikszentmihalyi, onde nossas habilidades encontram nossos talentos.

Não é para enlouquecer e tentar o impossível amanhã. Você precisa apenas ir um *pouquinho* além de suas capacidades atuais. Mais precisamente, 4% além.

Repita isso amanhã, e no dia seguinte, e assim por diante.

Ele afirma: "Para alcançar o tipo de desempenho acelerado que vemos nos esportes de aventura e ação, temos que melhorar 4%, dia após dia, semana após semana, mês após mês, durante todos os anos da carreira. Esse é o caminho para a magia real. Siga esse caminho, e o impossível se tornará possível e comum, como tomar seu café da manhã."

Imagine isso.

4%, 4%…

Microganhos agregados e acumulados durante um extenso período de tempo e…

O impossível se torna possível.

É o que temos para o café da manhã.

O SURGIMENTO DO SUPERVOCÊ

NOVO MANTRA: "SEM PRESSÃO, NÃO HÁ DIAMANTES"

Entrevistei várias pessoas ao longo dos anos e poderia escrever mais de um livro compilando a sabedoria dessas conversas. Mas…

Uma das duas respostas mais transformadoras a qualquer pergunta que eu já tenha feito surgiu no final de uma das minhas conversas com Steven Kotler. Eu me arrepio até hoje só de lembrar.

Perguntei a ele:

– Na sua opinião, qual seria o PRINCIPAL ensinamento para que possamos otimizar a vida e ativar nosso potencial heroico?

Ele parou por um momento, ponderou e respondeu:

– Sem pressão, não há diamantes.

Repito: se *realmente* queremos ativar nosso potencial heroico, temos que estar dispostos a sair da nossa zona de conforto e ter certeza *absoluta* de que nosso potencial *infinito* está ali do *outro* lado. É preciso, como dizem *todos* os coaches de alto desempenho e resistência mental, ficar confortável no desconforto.

Esteja disposto a avançar 4% todos os dias, tendo sempre em mente que "sem pressão, não há diamantes".

P.S.: Repito esse mantra a mim mesmo *milhares* de vezes:

"Sem pressão, não há diamantes."

"Sem pressão, não há diamantes."

"Sem pressão, não há diamantes."

"Sem pressão, não há diamantes."

"Sem pressão, não há diamantes."

"Sem pressão, não há diamantes."

"Sem pressão, não há diamantes."

"Sem pressão, não há diamantes."

"Sem pressão, não há diamantes."

"Sem pressão, não há diamantes."

"Sem pressão, não há diamantes."

"Sem pressão, não há diamantes."

HECTARES DE DIAMANTES

ALGUMA PEDRA PRECIOSA NO SEU QUINTAL?

No nosso +1° anterior, aprendemos um novo mantra: "Sem pressão, não há diamantes." Para continuar nesse tema, falaremos sobre uma antiga e clássica história de desenvolvimento pessoal.

Hectares de Diamantes. Já ouviu falar?

Vou resumi-la: quando os diamantes foram descobertos na África, um fazendeiro decidiu tentar a sorte. Vendeu sua fazenda, deixou para trás sua família e se pôs a buscar diamantes por todo o continente. Não encontrou nada e, pelo que dizem, jogou-se num rio e morreu.

Pasmem: o homem para quem o fazendeiro vendera suas terras encontrou ali uma pedra meio exótica, que viria a ser considerada o maior diamante já descoberto. A fazenda estava repleta dessas pedras e tornou-se uma das minas de diamante mais rentáveis do mundo.

Moral da história: antes de sair em busca de diamantes, olhe seu entorno. Você pode estar sentado em cima de uma mina.

Será que está?

P.S.: Quem me vem à mente agora é Thomas Edison. Certa vez ele disse: "A oportunidade é perdida pela maioria das pessoas porque se veste de macacão e se parece com trabalho."

COMO FORMAR UMA PÉROLA

PARA COMBINAR COM SEUS DIAMANTES

Você sabe como se formam as pérolas?

É fascinante, a metáfora *perfeita* para o processo de ativar nosso potencial heroico. Agora mesmo, enquanto digito, observo as pérolas que mantenho sobre a mesa.

Vamos à história. O processo de formação da pérola começa quando um agente irritante entra na concha de um molusco. O irritante se torna o núcleo para a pérola, enquanto o molusco libera uma substância forte e iridescente, conhecida como "nácar", para se proteger.

O molusco cobre o irritante com MILHARES e MILHARES de camadas de nácar e, ANOS depois, a pérola começa a se formar. Pois bem...

Você tem alguns "irritantes" na sua vida? (Claro que tem. Você é humano.)

Você vai transformar esses irritantes em belas pérolas? (Claro que vai. Você é heroico.)

Siga o exemplo da natureza e crie algumas pérolas enquanto libera seu nácar "forte e iridescente". Aplique suas ferramentas favoritas de sabedoria diante dos (inevitáveis) irritantes da vida.

Com que frequência você deve liberar seu nácar?

MILHARES E MILHARES de vezes.

Quanto tempo até formar sua pérola?

Depende da taxa de crescimento (que é impulsionada pela frequência da sua prática), mas imagine que levará anos – é um trabalho criativo que demanda dedicação constante.

É assim que se cria uma coleção de pedras preciosas.

Sem pressão, não há diamantes.

Sem irritantes, não há pérolas.

LIXAS DE PAREDE

COMO POLIR SUA VIDA

No nosso +1° anterior, aprendemos a formar pérolas e descobrimos que a primeira etapa desse processo envolve a presença de um "agente irritante".

Como vimos que sem pressão não há diamantes, também podemos dizer que sem areia (ou sem agente irritante) não há pérolas.

Hoje quero falar mais sobre essa areia. Só que dessa vez vamos colocá-la num papel para polir.

Para deixar claro, provavelmente sou a pessoa menos habilidosa do planeta e acho que só usei lixa de parede uma vez na vida.

Mas adoro a sabedoria latente nas coisas cotidianas, então lá vamos nós para mais uma metáfora.

Há lixas de parede de diferentes texturas, e adoro como essas texturas são medidas numa escala de granulação. Como explica o pessoal do HowStuffWorks: "Para decapagem pesada, você precisa de uma lixa grossa, com uma granulação entre 40 e 60. Para remover pequenas imperfeições, use uma lixa mais fina, com granulação de 80 a 120. Para acabamentos sutis, prefira a lixa superfina, com granulação de 360 a 600."

Esse é nosso +1°.

Celebremos o fato de que projetos diferentes pedem níveis diferentes de granulação.

Trabalho pesado? Uma lixa grossa resolverá o problema. Mas, se quiser algo *superpolido*, você precisará de uma granulação dez vezes maior.

Que boa metáfora para a otimização!

O que precisa ser lixado na SUA vida?

Um brinde à variedade de granulações!

VOCÊ VS. SEUS PROBLEMAS

MUDE A PERSPECTIVA E ENTRE EM AÇÃO!

No best-seller *Os segredos da mente milionária*, T. Harv Eker explica que a dimensão dos nossos "problemas" depende da maneira como os encaramos.

Podemos ter um problema de tamanho 1, 3, 5, até 10.

Um problema tamanho 1 seria, por exemplo, ser fechado no trânsito ou tropeçar na rua. Já um problema tamanho 10 seria estar à beira da morte.

Mas como você *percebe* e REAGE a qualquer um dos "problemas" na sua vida será determinado pelo tamanho que VOCÊ tem. Por exemplo, você pode ser uma pessoa tamanho 1, 3, 5, 10...

Agora vejamos o que acontece quando você experimenta um problema tamanho 1, como um carro buzinando atrás do seu no engarrafamento. Para que isso importe na sua vida, você precisa ser uma pessoa bem pequena (pelo menos naquele momento). Se você se abala com um problema desses (a ponto de brigar no trânsito), está sendo uma versão minúscula do seu potencial heroico.

Consegue perceber isso?

Agindo de uma perspectiva elevada, todos esses problemas perdem um pouco a sua importância.

Está passando por uma crise criativa no trabalho ou perdeu o emprego? Sua versão tamanho 1, 2 ou 3 vai enlouquecer e se prostrar por meses. Sua versão antifrágil tamanho 7, 8 ou 9 dirá: "Tudo bem. A ideia é melhorar sempre. Bola pra frente!" Já sua versão tamanho 10 vai rir e dizer, mais empoderada que nunca: "Hora de agir. Sem pressão, não há diamantes."

E, claro, se quiser surpreender, você vai até inventar uma versão tamanho 11 para acabar com seus problemas e surfar nas ondas da vida.

Então lhe pergunto...

Você tem enfrentado algum "problema" ultimamente? (Se for humano e estiver vivo, a resposta será "Sim".)

Qual é o tamanho desse problema? Qual está sendo o SEU tamanho em relação a ele?

E, o mais importante, como você vai obter +1° hoje para ver esse problema de um ponto de vista mais elevado?

CONTINUE ATIRANDO

UMA HISTÓRIA REAL

Era uma vez (1938, para ser exato) um atleta especializado em tiro de pistola. Ele era incrivelmente bom e pretendia se tornar o melhor do mundo.

Infelizmente, nosso Herói teve a mão direita decepada por uma granada defeituosa durante um treino de combate. Era sua mão dominante. Não havia mais esperanças.

Ou havia?

Depois de um mês depressivo no hospital, nosso Herói decidiu que aprenderia a atirar tão bem com a mão *esquerda* quanto atirava com a direita. E começou a treinar em segredo.

Treinou sem parar e ficou muito bom nisso. Até participou do Campeonato Mundial de 1939. Todos ficaram chocados ao vê-lo concorrendo e ainda mais chocados ao vê-lo vencer. Seu sonho olímpico estava vivo.

Mas as Olimpíadas de 1940 e 1944 foram canceladas por causa da Segunda Guerra Mundial. Então ele esperou.

E participou da Olimpíada seguinte, aos 38 anos.

O campeão mundial à época perguntou o que ele estava fazendo ali. Nosso Herói respondeu que estava ali para aprender. E no fim das contas... saiu de lá com a medalha de ouro.

Seu nome era Károly Takács.

Moral da história (real)?

Continue atirando.

ENFRENTAMENTO VS. EVITAÇÃO

O QUE FAZER QUANDO SE SENTIR DESAFIADO

O que você faz quando se sente desafiado? Você ENFRENTA o desafio ou o EVITA? Psicólogos dizem que essa é uma das variáveis que determinam quão saudável é o comportamento de alguém diante de uma circunstância.

Entenda o seguinte...

Pessoas mentalmente saudáveis ENFRENTAM os desafios.

Pessoas menos saudáveis os EVITAM.

Ao acreditar que consegue enfrentar determinada situação, você a interpreta como um DESAFIO a ser superado.

Mas, quando acredita que *não tem* a capacidade de enfrentá-la, você a interpreta como uma AMEAÇA e tenta evitá-la.

O mais fascinante é que nossa fisiologia muda dependendo de como interpretamos a situação.

Ao ENFRENTÁ-LA como um desafio, conseguimos reunir a energia necessária para superá-la e, com isso, nos sentimos bem.

Mas, quando tentamos EVITÁ-LA como se fosse uma ameaça, recebemos uma descarga de hormônios estressantes e nos sentimos esgotados, colocando nossa saúde em risco. Então...

Obtenha +1°.

Deparou com um desafio? Ótimo. Não o evite. ENFRENTE-O.

Diga comigo agora...
"PODE VIR!"

CICLO DO INSTINTO

MATTIS, STUTZ E O CICLO OODA

O general Jim Mattis foi secretário de Defesa dos Estados Unidos e é um dos mais formidáveis estrategistas do século XXI. Também é autor de um ÓTIMO livro sobre liderança, *Call Sign Chaos: Learning to Lead* (Código Caos: aprendendo a liderar).

Como o assunto que pretendo abordar agora é a tomada de decisões, vou juntar a sabedoria de Jim Mattis à de Phil Stutz e combinar as duas com o ciclo OODA.

Veja como Mattis aborda a questão: "Quando se está no comando, sempre haverá uma próxima decisão a ser tomada. Não dá para titubear e não saber o que fazer. É preciso dar seu melhor e encarar as consequências. Um comandante tem que compartimentalizar suas emoções e permanecer focado na missão. Deve decidir, agir e seguir em frente."

Isso é o que Phil chama de "Ciclo do Instinto".

Ele diz que, para se tomar uma decisão, é necessário confiar nos próprios INSTINTOS sobre o próximo passo. Depois é preciso DECIDIR o que será feito e, então, AGIR. Por fim, deve-se estar preparado para aceitar as CONSEQUÊNCIAS dessa decisão.

Mas aí uma NOVA DECISÃO PRECISARÁ SER TOMADA, à medida que o processo se repete. Phil costuma dizer que o ideal não é *acertar a maioria das decisões*. É *tomar muitas decisões*.

E isso me lembra o ciclo OODA. Sabe o que é isso?

Uma rápida pesquisa na internet explica: "OODA é um modelo de tomada de decisões desenvolvido pelo estrategista militar e coronel da Força Aérea americana John Boyd. Significa Observar-Orientar-Decidir-Agir."

Originalmente desenvolvido para pilotos de caça, esse modelo é aplicável a TODOS NÓS.

A ideia básica? O piloto de caça (ou aspirante a Herói!) que conseguir passar MAIS RÁPIDO pelas etapas Observar-Orientar-Decidir-Agir do ciclo OODA terá maiores chances de vencer.

Tudo que tenho a dizer sobre isso é…

Você é o comandante da sua vida.

Qual é a próxima decisão que você precisa tomar? Reflita sobre qual seria o melhor passo a dar agora e…

DECIDA.

Faça o seu melhor.

Encare as consequências.

E REPITA.

Todos os dias. Em especial…

HOJE.

P.S.: Theodore Roosevelt também me vem à mente. Certa vez ele disse: "Em qualquer momento de decisão, a melhor coisa que você pode fazer é a certa, a próxima melhor é a errada, e a pior de todas é não fazer nada."

PEIXES-BRUXAS SÃO ESTRANHOS

VOCÊ TEM ALGUM EM SUA VIDA?

Já ouviu falar em peixe-bruxa? Peço desculpas de antemão pela metáfora arrepiante, mas acho que vale a pena.

Veja como Steve Chandler descreve esse animal em seu livro *Time Warrior* (Guerreiro do tempo):

"Para realmente viver o agora, quero eliminar duas coisas na minha vida para sempre: (1) ressentimentos sobre o passado e (2) preocupações com o futuro. Essas duas coisas, reforçadas pela repetição, são como peixes-bruxas. […] Esses seres marinhos são cegos, lamacentos, semelhantes a enguias de águas profundas. Eles invadem os orifícios de suas presas e as devoram vivas por dentro. Elimine o peixe-bruxa da sua vida para que você viva no agora, sem procrastinação."

Uau! Que jeito de matar uma presa, hein? Invadir seus orifícios e devorá-la viva de dentro para fora… Eca!

Mas é disso que trata nosso +1°.

Tem algum peixe-bruxa na sua vida? Algum ressentimento ou preocupação que esteja devorando VOCÊ por dentro?

Que tal eliminá-lo hoje mesmo?

MUITO DIFÍCIL VS. IMPOSSÍVEL

QUE TAL PEDALAR ATÉ O MONTE EVEREST?

Em seu livro *Spartan Up!* (Aja como um espartano), Joe De Sena conta a história *absurdamente* inspiradora do aventureiro sueco Göran Kropp. Começa assim...

Imagine que um amigo convide você para uma aventura.

Ele diz: "Que tal irmos de bicicleta da Suécia até a base do Everest? Chegando lá, podemos escalar até o pico sem oxigênio e sem guia. Depois a gente desce e volta para casa pedalando. Topa?"

Você fica tentado a dizer: "Enlouqueceu? Isso é impossível!"

Mas... uma observação importante: não é *impossível*. Só é MUITO, MUITO difícil.

Saiba que existe uma *enorme* diferença entre "muito difícil" e "impossível".

E esse é nosso +1°.

Você tem algum sonho "impossível" que precisa ser redefinido para muito (muito!) difícil? Tem? Qual é?

Que ÚNICA e grande coisa você ousaria sonhar (e fazer) se tivesse certeza de que daria certo?

Pense nisso. Sonhe. Empolgue-se.

Aplique o método DROP (Desejo + Resultado + Obstáculos + Plano).

E, se decidir que vale a pena pagar o preço, vá e FAÇA.

P.S.: Tenha em mente esta sabedoria de Sêneca: "Se não ousamos, não é porque as coisas são difíceis; as coisas são difíceis porque não ousamos."

JESUS, TOLLE E VOCÊ

A PARÁBOLA DA CASA EDIFICADA NA ROCHA

No início da pandemia de covid-19, encontrei meu amigo Michael numa trilha. Nos cumprimentamos de longe.

Ele me perguntou se eu tinha visto a palestra recente de Eckhart Tolle sobre como lidar com crises. Eu disse que não. (Minha praia é ler, pessoal!)

Segundo meu amigo, Tolle citou uma história bíblica sobre uma casa que foi destruída pelas tempestades porque havia sido construída na areia.

Pensei: *Faz sentido.*

Alguns meses depois comecei a ler um excelente livro de Tom Morris, *Plato's Lemonade Stand* (A barraca de limonada de Platão). Essa obra ensina a usar a sabedoria antiga para fazer limonada com os inevitáveis limões que a vida nos dá.

E sabe que história Tom usa para ilustrar o poder de alicerçar nossa vida em verdades imutáveis a fim de enfrentarmos as tempestades da vida? A mesma passagem bíblica citada por Tolle. É conhecida como "Parábola da casa edificada na rocha" e pode ser encontrada em Mateus 7:24-27. Aqui está:

"Quem ouve esses meus ensinamentos e vive de acordo com eles é como um homem sábio que construiu sua casa na rocha. Caiu a chuva, vieram as enchentes, e o vento soprou com força contra aquela casa. Porém ela não caiu porque havia sido construída na rocha. Quem ouve esses meus ensinamentos e não vive de acordo com eles é como um homem insensato que construiu sua casa na areia. Caiu a chuva, vieram as enchentes, e o vento soprou com força contra aquela casa. Ela caiu e ficou totalmente destruída."

Nota interpretativa: o construtor é você; a casa é sua vida. Praticar (ou não praticar!) as verdades fundamentais da sua filosofia é a base da construção.

Como está SUA casa?

Você tem construído os alicerces da sua filosofia sobre a rocha? Ou seja, está PRATICANDO SUA FILOSOFIA?

É em épocas de chuva, enchente e ventania que podemos avaliar a qualidade do que construímos. Estamos aqui para edificar nossa vida em terreno firme.

HOJE.

RESISTÊNCIA EMOCIONAL

O QUE FAZER NUM DIA DIFÍCIL

O que você faz num dia difícil, quando já acorda *sem vontade* de cumprir sua rotina? Ou quando as coisas não funcionam do seu jeito?

Aqui está uma LIÇÃO ABSOLUTAMENTE ESSENCIAL que devemos aprender.

Nos nossos PIORES dias, precisamos estar MAIS comprometidos em executar nosso protocolo e dominar nossos fundamentos. SIMPLES ASSIM.

Gostaria de poder olhar nos seus olhos agora e dizer: "Há poucas coisas que mudarão *mais* sua vida do que isso."

É o que Phil Stutz chama de *resistência emocional* e o que eu chamo de *confiança antifrágil*. A ideia básica é a mesma.

Vou repetir, porque é importante: nos nossos PIORES dias, precisamos estar MAIS comprometidos em executar nosso protocolo e dominar nossos fundamentos.

Numa de nossas primeiras sessões, Phil me disse que eu tinha muita "resistência emocional". Foi a primeira vez que ouvi essa expressão. Eu não tinha ideia do que ele estava falando, então na sessão seguinte pedi que me explicasse.

Ele respondeu que eu me recupero rapidamente de desafios e contratempos, o que requer resistência emocional.

Foi então que me revelou o que devemos dizer nos momentos mais desafiadores: "Não me sinto bem, mas vou seguir o protocolo. Na verdade, fico ainda MAIS entusiasmado em segui-lo quando parece difícil."

Imagine só... Diante da falta de vontade, você fica MAIS comprometido em fazer as pequenas coisas que *sabe* que são importantes para cumprir o protocolo.

Claro, tudo isso pressupõe que você TEM um protocolo.

Qual é o seu?

A vida não precisa ser tão complicada... Saiba quem você é e o que FAZ quando está no seu melhor.

E AJA DESSA FORMA. ESPECIALMENTE quando *não* estiver com vontade.

Estamos aqui para cultivar nossa perseverança emocional e forjar nossa confiança antifrágil, Herói.

HOJE.

LEVEZA + GRAVIDADE = FLUTUABILIDADE

A NOVA CARTILHA DA PERSUASÃO

Daniel H. Pink diz que *Vender é humano*. Porém, apenas um em cada nove americanos sabe fechar uma venda; os outros só perdem tempo em tentativas frustradas.

Na verdade, segundo a pesquisa que ele encomendou, passamos 40% do nosso tempo (ou 24 minutos de cada hora de trabalho!) tentando motivar as pessoas a fazerem algo – seja dando uma sugestão a um colega ou tentando mudar a atitude de alguém.

Sem falar no tempo que passamos persuadindo nossos entes queridos: aos nossos filhos vendemos a ideia filosófica de que "erros são incríveis!"; ao nosso cônjuge, a ideia de que "precisamos nos alimentar melhor!".

Nesse contexto, Daniel diz que precisamos de uma nova CARTILHA de vendas. Como você deve saber, a tradicional cartilha é radical: "Sempre feche negócio."

A nova é mais flexível. Daniel diz que tudo se resume a "Sintonização + Resiliência + Clareza". Vejamos rapidamente o que isso significa.

Sintonização é a habilidade de se conectar com os outros. Chegamos lá por meio de três atitudes: ter humildade; tentar descobrir o que a outra pessoa está pensando (o que é mais eficaz do que descobrir o que ela está *sentindo*); e imitar seus movimentos e palavras (de maneira sutil, é claro, agindo como um ser humano normal).

Clareza significa que precisamos comunicar de maneira concisa a essência da nossa oferta – por exemplo, fazendo boas perguntas para descobrir o problema que podemos solucionar.

Mas quero mesmo é falar da Resiliência. Resiliência é manter-se à tona no "oceano de rejeição" que todos sentimos quando tentamos "vender" às pessoas nossas ideias ou produtos. Daniel oferece dicas para flutuarmos nesse oceano antes, durante e depois da nossa abordagem.

Antes: tenha certeza de que seu diálogo interior é poderoso.

Durante: mantenha seus índices de positividade otimizados. Pesquisas demonstram que 3:1 é o ponto ideal.

Depois: assegure que seu "estilo explicativo" esteja arrasando (lembre-se do que diz Martin Seligman sobre otimismo aprendido).

Agora estamos prontos para alcançar +1°.

Queremos ter positividade num índice de 3:1. Pouca positividade não vai funcionar. E (muito importante)... positividade DEMAIS também não!

Adoro como Daniel aborda a sabedoria de Barbara Fredrickson sobre esse assunto: "Fredrickson vê os índices de positividade saudáveis como uma calibração entre duas forças conflitantes: leveza e gravidade. 'Leveza é a força invisível que levanta você para o céu, enquanto a gravidade é a força oposta que puxa para a terra. Leveza desenfreada deixa você inconstante, sem base e fora da realidade. Já a gravidade desenfreada prende você a um monte de angústias', ela escreve. 'No entanto, quando devidamente combinadas, essas duas forças opostas fazem você flutuar.'"

Leveza + Gravidade = Flutuabilidade.

Como anda sua leveza? E sua gravidade?

Flutue!

FLUTUABILIDADE ANTIFRÁGIL

COMO ESTÁ SUA BARRA?

No nosso +1° anterior, falamos sobre o poder da *flutuabilidade* e o índice ideal de positividade. Lembre que, de acordo com Barbara Fredrickson (principal pesquisadora no assunto), a proporção ideal é de 3:1, ou seja, três positividades para cada negatividade.

Não é 1:1 nem 2:1... Nem mesmo 11:1.

Queremos o equilíbrio entre "leveza" e "gravidade". O desequilíbrio entre essas forças pode nos levar para uma terra de fantasias ou... para um poço de desespero.

Leveza + Gravidade = Flutuabilidade.

Quando li isso pela primeira vez, pensei numa das ideias de Nassim Nicholas Taleb de como cultivar nossa antifragilidade. Ele diz que precisamos adotar uma abordagem de "barra" em nossa vida.

Imagine uma barra com pesos em cada lado.

( ) ———————— ( )

Taleb nos diz que, em todos os aspectos da vida, devemos encontrar um jeito de sermos *ao mesmo tempo* muito **AGRESSIVOS** e muito **CONSERVADORES**.

Você está administrando seu próprio negócio? Ótimo. Ao tentar impressionar seus clientes, certifique-se de fazer isso com os pés no chão.

Esta é nossa barra antifrágil:

(Conservador) ———————— (Agressivo)

Perceba que podemos levantar a barra e inserir leveza e gravidade. Assim:

(Leveza)
|
|
(Gravidade)

Essa é nossa barra flutuante.

Como é a SUA? Tende a tombar para um lado? É muito leve? Muito pesada?

De que maneira você pode otimizá-la hoje?

Estamos aqui para fortalecer seu bíceps antifrágil, uma repetição de cada vez!

COMO SE TORNAR UM ICONOCLASTA

A CIÊNCIA DE QUEBRAR PARADIGMAS

No livro *O iconoclasta*, Gregory Berns explica que três coisas fazem do iconoclasta um ser especial. Aqui estão elas:

Primeira: o iconoclasta vê o mundo de um jeito diferente.

Para criar algo heroicamente incrível para o mundo, o primeiro passo é ver as coisas de um ponto de vista único.

E adivinha só.

Isso será possível se não sobrecarregarmos nossa mente com informações e notificações de celular incessantes, checando cada notícia minuto a minuto, sem tempo nem de pensar. (Você está construindo sua vida ou se concentrando em cada barulho à sua volta?)

Segunda: o iconoclasta é muito bom em domar a própria amígdala cerebral.

Quando você desacelera, vendo o mundo de um jeito diferente e propondo uma alternativa à realidade, é normal que sinta alguma resistência. O medo inevitavelmente surge. Mas o iconoclasta treinou seu cérebro para não reagir como o das outras pessoas.

Ele tem uma grande caixa de ferramentas para lidar com o medo. Enfrenta os desafios em vez de evitá-los ("Pode vir"), sabendo que obstáculos o tornam mais forte. (E você?)

Por fim, como iconoclastas em treinamento, precisamos desenvolver nossa inteligência social.

Gregory diz que iconoclastas eficazes constroem para si a reputação de serem justos, confiáveis e bons.

(Façamos isso.)

Recapitulando as três qualidades de um iconoclasta:

1. Vê o mundo de um jeito diferente.
2. Domina o próprio medo.
3. É uma boa pessoa.

Inventário rápido...
Quais são seus pontos fortes? O que precisa ser melhorado?
Como VOCÊ vai quebrar paradigmas HOJE?

INDICADORES REVERSOS

RESSIGNIFIQUE SEUS ENCONTROS COM DRAGÕES

Digamos que você tenha decidido embarcar numa jornada heroica. (BOA DECISÃO!)

A jornada de todo bom herói inclui algumas batalhas épicas contra dragões. (Certo?)

E esses confrontos, por definição, são muito intensos. (Concorda?)

Você não vai até um dragão no meio da sua jornada e monta nele para dar uma volta. (Não até se tornar um mestre na arte de domar dragões!)

Então, o foco desse +1° é o seguinte...

Ao deparar com os inevitáveis dragões em sua aventura, saiba que é NORMAL pensar "MEU DEUS, o que foi que eu fiz?!" e querer fugir de tudo e voltar para o conforto da sua antiga vida!

Aliás, numa das nossas sessões de coaching, Phil me disse que esses momentos de pavor costumam ser "indicadores reversos". Tendemos a pensar que, se nos sentimos apavorados, é porque fizemos algo ERRADO.

Phil é taxativo: "NÃO! NÃO É NADA DISSO!"

Esses momentos de desconforto muitas vezes são INDICADORES REVERSOS. Não são necessariamente sinais de que algo está ERRADO. Muitas vezes indicam que algo está CERTO.

Para ser mais específico, são sinais de que você está onde precisa para crescer: fora da sua zona de conforto.

É claro que, como tudo na vida, o excesso de desconforto não é uma coisa boa. Temos que encontrar o equilíbrio adequado entre desafio e habilidade enquanto praticamos nossa filosofia e incorporamos as virtudes da sabedoria, da disciplina, do amor e da coragem. Precisamos encontrar o meio-termo virtuoso entre os vícios do excesso e da falta.

Com isso em mente e supondo que você aplique aos seus objetivos o método DROP (Desejo + Resultado + Obstáculos + Plano) e esteja preparado para pagar o preço pela sua jornada heroica... responda:

Você tem se sentido desconfortável ultimamente?

Esse desconforto pode ser um sinal de que você precisa respirar fundo, buscar empolgação diante da oportunidade de praticar sua filosofia e agir.

Caso *não tenha* se sentido assim, talvez precise parar de evitar os pequenos problemas e se dispor a entrar na floresta desconhecida e confrontar seus dragões.

Um brinde ao seu crescimento heroico e à adoção dos indicadores reversos que apontam o caminho!

PERCUSSUS RESURGO

"DERRUBADO, EU ME LEVANTO DE NOVO"

Harvey Dorfman foi um dos melhores coaches do mundo, premiado na World Series como coach de treinamento mental dos times de beisebol Oakland A's e Florida Marlins.

Em seu livro *Coaching the Mental Game* (Treinando o jogo mental), Dorfman mostra de A a Z como se tornar mentalmente forte. (O que ele prefere chamar de "mentalmente disciplinado".)

A letra "P" é dedicada à "Persistência". Ele diz: "Persistir é o contrário de desistir, ceder, render-se. É uma atitude agressiva e implacável de ataque. Isso define um herói. O persistente se entrega de modo intenso, inteiro e constante à competição."

Para ilustrar, ele usa uma frase em latim fantasticamente heroica: *Percussus resurgo*.

"Derrubado, eu me levanto de novo."

Nosso +1°...

Alguma coisa tem derrubado você ultimamente?

Lembre-se: *Percussus resurgo*. Derrubado, eu me levanto de novo. E de novo. E de novo. E de novo.

Todos os dias. Especialmente HOJE.

RESPONSABILIDADE EXTREMA
A LIDERANÇA SEGUNDO OS NAVY SEALS

Os Navy SEALs Jocko Willink e Leif Babin foram dois grandes líderes da Marinha americana nas intensas batalhas no Iraque. Eles escreveram um ótimo livro sobre liderança: *Responsabilidade extrema.*

E qual é a regra nº 1?

Pare de dar desculpas. Em vez disso, assuma a responsabilidade EXTREMA de TUDO na sua vida.

Ênfase para EXTREMA e TUDO.

Como seria isso? Com esse nível de responsabilidade, você nunca (nunca mesmo!!!) daria uma desculpa nem culparia alguém. Sobre qualquer coisa. Jamais.

Nem no trabalho. Nem em casa. Nem na rua.

Você escolheria a melhor reação para qualquer circunstância, aprendendo com todos os obstáculos e concentrando-se no passo seguinte.

Só isso. Para sempre.

No trabalho. Em casa. Na rua.

Responsabilidade EXTREMA.

Vamos, guerreiro!

ESTÁ NUMA EQUIPE RUIM?
REVEJA SUA LIDERANÇA

No nosso +1° anterior, aprendemos com Jocko Willink e Leif Babin que a liderança consiste em responsabilidade EXTREMA. Sem desculpas. Sem culpar ninguém. Nunca.

Eles afirmam que *não existem equipes ruins*, apenas *líderes ruins.* Para ilustrar, contam uma história.

Imagine o treinamento para se tornar Navy SEAL. Você já está exausto após semanas de treinamento básico. Agora é hora da Semana Infernal.

Um dos momentos mais brutais do treinamento é quando os aspirantes a SEAL são divididos em "equipes de bote" com sete pessoas. Cada equipe recebe um bote inflável da Segunda Guerra Mundial que pesa 90 quilos. Eles precisam carregar esse bote enquanto correm quilômetros, atravessando dunas de areia com 6 metros de altura. Depois remam até alto-mar, mergulham na água gelada e remam de volta ao litoral.

Sem falar que estão sempre competindo entre si. Quem fica para trás tem que passar por atividades extras e extenuantes enquanto os vencedores disputam a corrida seguinte. (Os instrutores lembram a todo momento que "Vale a pena ser um vencedor!".)

Com isso em mente, imagine a Equipe de Bote 2. Esses caras estão vencendo todas as disputas. Estão detonando. E, mesmo fisicamente exaustos, sorriem durante todo o processo.

Agora imagine a Equipe de Bote 6. Eles estão PERDENDO todas as disputas. Estão fracassando, para dizer o mínimo. E, claro, não estão nem um pouco felizes – xingam e culpam uns aos outros.

Cada equipe tem um líder. O líder da Equipe 6 está convencido de que seu grupo está perdendo porque é fraco. Ele tem certeza de que a Equipe 2 tem os melhores candidatos.

Mas nosso sensato instrutor sabe que não existem equipes ruins, apenas líderes ruins. Então ele faz um pequeno experimento. Ordena que os líderes mudem de equipe. O líder que sempre ganha vai trocar de posição com o líder que sempre perde.

O que acontece?

A Equipe 6 de repente se torna a melhor. Em vez de perder quase todas as disputas, passa a ganhar quase todas elas.

Repetindo o que nos dizem Jocko e Leif: NÃO existem equipes ruins, apenas líderes ruins.

Agora me diga...

Em casa ou no trabalho, você sempre acha que está numa "equipe ruim"?

Adivinha só... O problema é você. (Sério mesmo.)

Pare de reclamar e criticar os outros. Comece a ter RESPONSABILIDADE EXTREMA.

Dê o melhor de si. HOJE.

DONO DE SI VS. VÍTIMA

ESCOLHA BEM SUA LINGUAGEM

Em seu pequeno grande livro *Reinventando a si mesmo*, Steve Chandler explica a diferença entre ser "Dono de Si" e ser "Vítima".

É algo bastante parecido com a dicotomia "Vítima vs. Criador", de David Emerald, em *The Power of TED**.

Steve destaca que a LINGUAGEM do Dono de Si é muito diferente da linguagem da Vítima.

Veja como ele explica: "Donos de Si costumam dizer 'eu consigo', enquanto Vítimas dizem 'não dá'. Donos de Si têm objetivos, projetos e desafios, enquanto Vítimas têm problemas, aborrecimentos e pesadelos. Donos de Si se dizem 'ocupados', enquanto Vítimas se dizem 'atoladas'. Donos de Si 'tocam a vida', enquanto Vítimas 'tentam viver'. Donos de Si se empolgam com mudanças no trabalho; Vítimas ficam preocupadas e aborrecidas. Donos de Si procuram aprender com as experiências; Vítimas tentam evitá-las. Donos de Si planejam as coisas; Vítimas apenas as desejam."

Pergunta rápida... Qual é a SUA linguagem?

Segundo Steve: "Essa relação entre linguagem e desempenho é interessante, só que mais empolgante ainda é ver como a vida das pessoas se transforma quando elas começam a praticar a nova linguagem."

Acho que todos dominamos essas duas línguas. Mas...

Que tal praticar a linguagem do Dono de Si e evitar a todo custo a linguagem da Vítima?

Quer ir COM TUDO?

Aprenda a ser Dono de Si seguindo o dialeto da *responsabilidade extrema*.

E quais são as chaves para dominá-lo?

NUNCA dar desculpas. NUNCA reclamar. NUNCA criticar.

Ponto.

O SIM VIVE NA TERRA DO NÃO

QUER UM GRANDE SIM DA VIDA? ACEITE OS NÃOS

No nosso +1° anterior, falamos sobre como dominar a linguagem do Dono de Si e evitar a linguagem da Vítima. Também falamos sobre como dominar o dialeto da responsabilidade extrema – que é o segredo de tudo.

Agora é hora de falarmos sobre uma das coisas que mais aterrorizam as Vítimas.

É uma palavra muito pequena.

Tem apenas três letras.

"Não."

Lembro perfeitamente de aprender essa lição enquanto lia o já mencionado *Reinventando a si mesmo*, de Steve Chandler. Eis um resumo:

Vítimas têm medo da palavra "não" e fazem qualquer coisa para não ouvi-la. Como diz Steve: "Para uma Vítima, 'não' significa uma rejeição total e devastadora. Para ela, um simples 'não' soa como 'Não, não, NÃO, você NÃO SERVE PARA NADA!'"

"Vítimas", continua Steve, "passam a maior parte da vida evitando ouvir a palavra 'não' porque a interpretam como rejeição – total e pessoal. É incrível como tentam evitar algo inevitável. O problema é que, ao evitar o 'não', também evitam o 'sim'. Ambos caminham juntos. Vivem juntos."

E conclui: "A principal razão pela qual as pessoas não conseguem o que querem da vida é o medo de pedir. É o medo da rejeição que a palavra 'não' significa para elas."

"Sim" e "não" vivem juntos. Na verdade, como diz Steve: "O *sim* vive na terra do *não*."

Visualize isso por um momento.

Desenhe um grande círculo num papel, com um círculo menor dentro dele. O grande círculo é a terra do "não" e o círculo menor é a terra do "sim". Preste atenção: o "sim" mora no terreno do "não".

Ou seja, se quisermos o "sim", PRECISAMOS estar dispostos a passar pela terra do "não".

Quer ter sucesso? Esteja preparado para o fracasso.

Na prática, que grande "SIM" você quer ouvir da vida?

Pense a respeito. Agora calce seus tênis de caminhada e comece sua jornada pela Terra do Não.

Vejo você no alto do Monte Sim, Herói.

VAICOM

NOSSA NOVA PALAVRA DE SABEDORIA

No nosso +1° anterior, abordamos o fato de o SIM morar na terra do NÃO.

Desenhamos dois círculos: um maior (para a terra do "não") e outro menor dentro dele (para a terra do "sim").

Moral da história: *o* sim *vive na terra do* não.

Quer um SIM da vida? Prepare-se para os muitos nãos. Esteja pronto para ser rejeitado, para experimentar muitos fracassos e cometer muitos erros.

Repito: *o* sim *vive na terra do* não.

Alan Watts dizia que algumas coisas "combinam" de forma tão consistente com outras que deveríamos ter uma palavra para isso: "vaicom".

Por exemplo, noite *vaicom* dia. Luz *vaicom* escuro. Sucesso *vaicom* fracasso.

E...

Sim *vaicom* não.

É assim que funciona.

Estamos aqui para aceitar a realidade e lembrar que tudo *vaicom* tudo.

Então se lembre de dizer "SIM!" para tudo.

HOJE.

COOKIES DA MORTE

COMBUSTÍVEL PARA A JORNADA ATÉ SEU POTENCIAL INFINITO

Continuando nossa discussão sobre como forjar a confiança antifrágil, vamos conhecer outra maneira de dominá-la.

Como já vimos, a ciência afirma que os mais saudáveis e heroicos entre nós ENFRENTAM os desafios, em vez de EVITÁ-LOS. Aqui está outra maneira de interpretar esse conceito.

Em minha primeira sessão de coaching com Phil Stutz, ele me ensinou que "velocidade é uma força". Saber o que tem que ser feito, mas demorar a tomar atitude, acaba minando nossa confiança.

E qual a solução? Elimine as lacunas entre ideia e ação. Aja agora!

Phil me contou que uma das melhores formas de CRIAR essa velocidade é comendo "cookies da morte".

"Cookies da morte"? Calma, eu explico.

Phil sabe que todos temos medo da morte e do fim da vida. Também tememos os micromomentos que põem em risco nosso precioso e pequeno ego.

Mas eis o fato. Esses pequenos momentos de medo são a ORIGEM de todo o nosso potencial.

Se os EVITARMOS a todo custo, não cresceremos. Agora, se os ENFRENTARMOS, aceleraremos nosso crescimento.

O que são esses micromomentos de medo?

São como cookies da morte. Cada cookie que você come o deixa mais forte.

Na verdade, Phil nos diz que o cookie feito com a maior quantidade de medo é o mais valioso de todos. Temos apenas que nos forçar a comê-lo.

Para obter +1°, reflita…

O que tem enlouquecido você esses dias?

Mais especificamente, o que você sabe que *deveria* fazer, mas não consegue pôr em prática?

Lembre-se: o potencial infinito está do outro lado do desconforto. Coma o cookie da morte. Agora.

RESSACA DE VULNERABILIDADE

VOCÊ JÁ TEVE UMA?

Brené Brown diz que o que *realmente* queremos dos outros é autenticidade. E para isso precisamos que fiquem vulneráveis.

E adivinha só qual é a última coisa que qualquer um de nós quer ser... Acertou: vulnerável.

Isso representa, é claro, um pequeno problema em nossa busca por relacionamentos autênticos. Aquilo que mais queremos (e precisamos!) uns dos outros é justamente o que mais temos dificuldade de oferecer.

O que nos leva ao nosso +1°.

Você alguma vez já se abriu *de verdade* para alguém, expressando de maneira ousada sua melhor versão, e acordou no dia seguinte cheio de vergonha? (Eu já. Tantas vezes que já perdi a conta.)

Brené chama isso de "ressaca de vulnerabilidade". E nos conta sobre uma das suas maiores ressacas.

Com uma ironia delicada, ela fala sobre o dia em que deu uma breve palestra sobre sua pesquisa acerca da vergonha e da vulnerabilidade. Ela realmente se expôs para a plateia, compartilhando seus desafios e dificuldades.

Sentiu-se muito bem naquele momento, mas ao acordar na manhã seguinte SURTOU, pois tinha revelado ao público seus ataques de nervos e outros detalhes importantes da sua vida.

A palestra tinha sido filmada. E ela começou a se imaginar ligando para os organizadores e pedindo que apagassem tudo. Se não desse certo, talvez pudesse retirar o vídeo dos servidores. Mas não tinha jeito: ela teria que aceitar que ainda MAIS pessoas a veriam naquele estado de vulnerabilidade.

Uma década mais tarde, quase CEM MILHÕES de pessoas já tinham se beneficiado da ousadia de Brené em compartilhar seu eu autêntico e vulnerável.

O que nos traz de volta a VOCÊ e ao seu +1°. Como VOCÊ pode ser mais autêntico hoje? Que tal tentar ser um pouco mais vulnerável, ainda que com sabedoria e pés no chão?

Se acordar amanhã com uma pequena ressaca de vulnerabilidade, lembre-se de que esse sentimento é um INDICADOR REVERSO, um sinal de que algo está CERTO, não errado.

Parabéns por ser você mesmo. Cem por cento.

HOJE.

NUNCA DESPERDICE UM ERRO

TODOS SÃO DADOS INCRÍVEIS

Você já errou?

Dei uma risada após digitar isso. Eu mesmo devo ter cometido milhões de erros.

A questão é a seguinte: quando abordamos os erros com a mentalidade correta (uma mentalidade experimental, de crescimento), percebemos que esses erros são PRECIOSOS. Os dados que obtemos sobre o que *não funciona* não têm preço.

Portanto, nunca se culpe por um erro.

Lembre-se de que aprendemos ou vencemos, e aprender *é* vencer. Pense no aprendizado que Emerson conquistou no xadrez. Lembre que nenhum filme é feito numa única tomada.

E diga a si mesmo "Pode melhorar" enquanto examina as filmagens da sua vida. Imagine-se executando a cena perfeitamente e depois entre em ação.

Repita. Para sempre.

Especialmente…

HOJE.

FOQVDQF

AS LEIS DA LIDERANÇA

James Kouzes e Barry Posner são dois dos principais pesquisadores do mundo sobre a ciência da liderança e nos apresentam algumas "leis" sobre esse assunto.

Aqui está a primeira: "Quem não acredita no mensageiro, não acredita na mensagem."

Ou seja, as pessoas seguem aquelas em quem CONFIAM. Ganhar a confiança e a lealdade daqueles que você pretende liderar é o primeiro passo para a liderança. E você faz isso construindo uma base confiável.

O que nos leva à segunda lei da liderança, que é como conquistamos essa confiança: "Faça o que você disse que faria."

Ou, para resumir, "FOQVDQF".

Nosso +1° é simples: você costuma cumprir com sua palavra?

Observe quantas vezes você promete fazer algo, mas não faz (e talvez nunca tenha tido a intenção de fazer). Pense nas pequenas e nas grandes promessas.

Quando disser a alguém que vai retomar um assunto amanhã, RETOME o assunto amanhã. Quando prometer jogar uma partida de xadrez com seus filhos, jogue a partida. Quando disser que amanhã de manhã vai dar seu melhor, vai meditar, vai se exercitar e vai trabalhar, faça isso tudo.

Cumpra com sua palavra.

HOJE.

ASSUMINDO NOVOS COMPROMISSOS

O QUE FAZER QUANDO É PRECISO MUDAR A ROTA

"Faça o que você disse que faria" é a segunda lei da liderança segundo Kouzes e Posner. É a base da credibilidade e da confiança.

FOQVDQF. Simples assim.

Mas às vezes a vida surpreende e não é tão fácil honrar um compromisso assumido. O que fazer nessas situações?

Primeiro, reflita e se certifique de que, ao assumir um compromisso, você está falando SÉRIO. Não queremos quebrar promessas o tempo todo, e sim nos disciplinar para só prometermos algo se tivermos a intenção *real* de cumprir.

E, claro, faremos tudo que estiver ao nosso alcance para HONRAR os compromissos, sendo totalmente honestos quando não estivermos dando nosso melhor. Com essa prática constante, estaremos muito mais predispostos a mudar as coisas quando necessário.

E quando isso acontecer? Deixaremos claro qual será o *novo* compromisso e comunicaremos essa mudança a todos os envolvidos, renegociando com respeito e educação.

Sei que é mais fácil na teoria do que na prática. Então reflita...

Você tem compromissos que precisa cumprir? Algum precisa ser renegociado?

Que pequena (ou grande!) atitude você pode tomar hoje para avançar rumo a um nível mais profundo de integridade?

Concentre-se nisso. Elimine as lacunas. Viva com *Areté*.

HOJE.

CELEBRE A CONFUSÃO

A CHAVE PARA O ENTENDIMENTO

Certa vez eu estava num evento do palestrante Tony Robbins com milhares de pessoas empolgadíssimas.

Preenchi um diário inteiro enquanto aprendia a liberar meu poder interior. E uma ideia permaneceu comigo pelos vinte anos seguintes.

Imagine milhares de pessoas num auditório. Alguém se levanta e faz uma pergunta que começa com: "Estou confuso..."

Nesse momento, Tony interrompe e pede à plateia que se levante e dê uma ENORME e prolongada salva de palmas. E, TODA VEZ que alguém começa uma pergunta com "Estou confuso...", todos os presentes se levantam para aplaudir.

A mensagem é: "Você está confuso? Ótimo!" Sabe por quê?

Porque essa confusão nada mais é do que sua chave para o entendimento.

Significa a disposição de abandonar um raciocínio antigo para adotar um novo.

Acontece que, com raras exceções, mudar o pensamento não é um processo elegante.

O ideal seria fazermos isso num estalar de dedos, mas não é assim que funciona. De jeito nenhum.

Crescer é confuso.

Adaptar a mente e os comportamentos a novas maneiras de ver o mundo é confuso.

Alguém falou em "confusão"? Uma salva de palmas!

Precisamos associar confusão a algo INCRÍVEL, não ao medo. Mas isso demanda prática.

E você? Tem se sentindo confuso?

Então dê a si mesmo uma salva de palmas.

Lembre-se de que uma vida boa é uma sucessão de jornadas heroicas. E, pela definição de Joseph Campbell, viver heroicamente significa estar disposto a se aventurar na floresta desconhecida. Repetidas vezes. O que pode ser um tanto assustador. E deve ser.

Repito: precisamos ficar confortáveis no desconforto.

Ouvi dizer que essa é a maneira mais rápida de ativar nosso potencial heroico.

"Pode vir!"

"Estou empolgado!"

"Uma salva de palmas!"

REENQUADRAMENTO HEROICO

COMO DESENVOLVER UMA CONFIANÇA HEROICA E ANTIFRÁGIL

Uma pergunta sempre deve nos acompanhar enquanto enfrentamos os inevitáveis desafios, fracassos, dragões, etc.

"Como posso usar isso para ficar ainda mais forte?"

Esse é nosso +1°.

Pense em algo que esteja estressando você agora. Talvez seja um bloqueio criativo ou um revés recente. Agora aplique a pergunta do reenquadramento heroico.

"Como posso usar isso para ficar ainda mais forte?"

Pare. Reflita. Aja.

E faça isso sempre que se sentir estressado.

Repita esse processo para sempre.

Forje sua confiança heroica e antifrágil, encarando um pequeno desafio atrás do outro.

Elimine as lacunas. Viva com *Areté*. HOJE.

A SEGUNDA FLECHA

PARE DE ATIRAR EM SI MESMO

Em *Sem lama não há lótus*, Thich Nhat Hanh afirma que o sofrimento é parte da vida.

Não é possível cultivar belas flores de lótus sem lama. Como ele diz, flores não crescem no mármore.

Da mesma forma... não há vida feliz e próspera sem algum sofrimento. É assim que funciona. Temos que aceitar essa realidade.

Na verdade, Thay (como é conhecido por seus alunos) explica que, em grande parte, felicidade é aprender a "sofrer bem". Temos que parar de tornar nosso sofrimento pior do que o necessário.

Para ilustrar esse assunto, o Buda compartilhou uma história sobre duas flechas. A primeira atinge você e dói. Mas, se uma segunda flecha atingir *exatamente* o mesmo lugar, a dor não apenas dobrará, mas aumentará DEZ vezes. (Ai!)

Mas aí é que está. Somos NÓS que atiramos *em nós mesmos* a segunda flecha. Como? Reclamando, desejando que não tivesse acontecido, remoendo...

Em *Autocompaixão*, Kristin Neff afirma o mesmo: a dor é inevitável na vida, mas sofrer é um resultado de quanto resistimos à dor. E nos apresenta uma equação: Sofrimento = Dor × Resistência.

A dor acontece. O *sofrimento* depende de quanto resistimos. Se nos atingirmos com uma segunda flecha, o sofrimento aumentará exponencialmente. Então não faça isso.

Está passando por alguns desafios agora? Está se atingindo com uma segunda flecha? Se estiver, pare.

Aceite que o sofrimento é parte da vida e lembre-se: sem lama não há lótus.

TOLLE SOBRE INTOXICAÇÃO ALIMENTAR

AS MESMAS REGRAS SE APLICAM AOS PENSAMENTOS

Você já teve intoxicação alimentar?

Eu também já tive. Não foi nada legal.

Como foi sua história? Você comeu algo estragado? Eu sei, essa é uma pergunta desagradável... e me desencadeia flashbacks de quando adoeci em Bali e fiquei prostrado na cama por dias. Sério mesmo.

Então imagino que você evite a todo custo repetir o que lhe causou a tal intoxicação.

Bem, adivinha só: para Eckhart Tolle devemos fazer o mesmo com os PENSAMENTOS.

Veja o que ele diz em *O poder do agora*: "Quando percebe que certo tipo de comida lhe faz mal, você continua comendo mesmo sabendo dos riscos?"

Ele usa esse exemplo para ilustrar o comportamento de algumas pessoas que "aceitam" certas coisas na vida e ficam presas a elas, em vez de buscar um caminho melhor, com um entendimento mais profundo da realidade.

E continua: "É verdade que, ao aceitar o ressentimento, o mau humor, a raiva e assim por diante, você deixa de exprimi-los cegamente e fica menos propenso a projetá-los nos outros. Mas me pergunto se você não está se enganando. Quando se acostuma a aceitar as coisas, como vem fazendo, você acaba chegando ao próximo estágio, em que não existem mais essas emoções negativas. Se isso não acontece, é porque sua suposta 'aceitação' não passa de um mero rótulo mental que permite ao seu ego continuar se entregando à infelicidade. Isso separa você cada vez mais das outras pessoas, do seu ambiente e do seu aqui e agora."

Nosso +1° tem três partes.

1. Você está se ALIMENTANDO de algo que sabe que não lhe faz bem? Que tal eliminar esse item da sua dieta?

2. Você está "se alimentando" de algum PENSAMENTO que lhe faz mal? Que tal parar de pensar nisso?

3. Você tem tido algum COMPORTAMENTO nocivo ultimamente? Está disposto a mudar de atitude?

Que tal abandonar as coisas que lhe fazem mal e se entregar ao que lhe faz bem?

Lembre-se da sabedoria de Sêneca, de que o verdadeiro jogo da vida é chegar a um ponto em que aquilo que mais lhe faz bem é o que você mais *gosta* de fazer (ou comer).

Elimine as lacunas. Viva com *Areté*. Ative seu potencial heroico.

HOJE.

ZIGUE-ZAGUES

EMERSON EM SUA VIAGEM HEROICA

Já li dezenas de vezes o ensaio heroico *Autoconfiança*, de Ralph Waldo Emerson.

Entre muitas pérolas de sabedoria, Emerson nos apresenta esta: "A viagem do melhor navio é uma linha em zigue-zague com centenas de curvas. Observe a trajetória a uma distância suficiente e verá que ela tende a se aprumar."

E adivinha só: essas mesmas regras devem ser aplicadas à nossa vida. Nós ziguezagueamos.

Afaste-se o suficiente e você verá uma linha reta entre uma versão de si mesmo e as versões mais elevadas.

Mas há um desafio.

Diante das incertezas, tendemos a duvidar de nós mesmos e pensar que a linha do nosso crescimento PRECISA ser reta, ininterrupta, para a frente e para o alto.

É aí que precisamos ser sábios e nos lembrar de algumas outras pérolas de nosso sensato amigo…

Emerson também nos diz: "Se eu perder a confiança em mim mesmo, terei o Universo contra mim." E conclui: "Creia em si mesmo. O coração vibra sempre ao som dessa corda."

Os zigue-zagues? Fazem parte do processo.

Creia em si mesmo. Entre no jogo. Volte ao trabalho.

Elimine as lacunas e viva com *Areté*.

HOJE.

O REI DO *HOME RUN*
TAMBÉM É O REI DO *STRIKE OUT*

Se curte beisebol, talvez você saiba que Babe Ruth foi o rei do *home run* de sua geração. Ele somou 714 *home runs* na carreira.

Mas, por outro lado... sofreu 1.330 *strike outs*. Ou seja, quase o DOBRO.

E você TAMBÉM deve saber que Aaron Judge recentemente quebrou um recorde de *home runs* na Liga Americana. Foram 62 *home runs* numa única temporada!

(O recorde do grande Babe Ruth era de 60.)

E... sabe quantos *strike outs* Judge sofreu em 2022? Foram 175! (Quase o TRIPLO de *home runs*!)

Como se não bastasse, quando eu estava conferindo a pós-temporada de 2022, notei que nosso herói moderno do *home run* tinha recentemente batido OUTRO recorde. Ele sofreu QUATRO *strike outs* num jogo de pós-temporada pela QUARTA vez – mais do que qualquer outro jogador na história da Liga Principal de Beisebol.

É bom lembrar que os maiores reis do *home run* TAMBÉM são os maiores reis do *strike out*.

O que me lembrou da sabedoria de outra lenda dos Yankees, Derek Jeter.

Certa vez ele disse: "Para conseguir o *home run* da vitória, você precisa estar disposto a sofrer um *strike out* na mesma área do batedor."

Nosso +1° é esse.

Tem sofrido *strike outs* na vida? Perfeito.

Lembre-se do nosso rei do *home run*.

Trabalhe no seu protocolo.

Volte para a área do batedor. Dê tudo de si.

HOJE.

O PARADOXO DO FOGO

O OBSTÁCULO É O CAMINHO

Certa vez Marco Aurélio escreveu para si mesmo um lembrete que continua tão poderoso quanto foi há quase 2 mil anos: "O impedimento à ação promove a ação. O que obstrui o caminho torna-se o caminho."

Inspirado nessa sabedoria, Ryan Holiday escreveu um brilhante livro chamado *O obstáculo é o caminho*.

Precisamos entender que, ao abordarmos um obstáculo com a sabedoria necessária, *o que obstrui o caminho* SE TORNA o caminho e o impedimento à ação PROMOVE a ação. Essa é a essência do que significa ser antifrágil.

Sempre tentamos afastar os "obstáculos" e problemas da nossa vida. Mas e se permitíssemos que eles *fossem* o caminho?

E se nos treinássemos para aceitá-los e adorá-los? O que aconteceria se nos empolgássemos diante da oportunidade de criar um plano melhor, usando os problemas como combustível para o próximo nível de crescimento?

Ryan nos recomenda a leitura de *La Citadelle Intérieure* (A cidadela interior), livro sobre Marco Aurélio, escrito pelo filósofo francês Pierre Hadot. Nessa obra, Hadot nos ensina sobre o "paradoxo do fogo". Funciona assim...

O fogo "aumenta à medida que mais coisas são trazidas até ele, mesmo aquilo que poderia sufocá-lo ou representar um obstáculo".

Isso me lembra muito o vento de Nassim Nicholas Taleb.

Um vento forte pode *apagar* uma vela, mas ALIMENTA uma fogueira.

A pergunta é...

Como você reage à ventania?

INVENCIBILIDADE

AQUI ESTÁ SEU PASSAPORTE

Tudo até aqui nos trouxe à parte que talvez seja a mais importante de todo o livro.

Está na hora de tornar você invencível.

Como? Por meio de uma fórmula simples. Mas antes de conhecê-la voltemos a uma das minhas primeiras sessões de coaching com Phil Stutz, há quase sete anos.

Como você já sabe (e repito *de propósito*), Phil terminou nossa sessão dizendo: "Você tem muita resistência emocional, talvez a maior que já vi." Anotei essa frase nos meus registros do dia e deixei um lembrete para, na próxima oportunidade, perguntar a ele o que significavam essas palavras misteriosas.

Claro que foi a primeira pergunta que fiz na sessão seguinte: "O que é resistência emocional?"

A resposta de Phil ficará gravada na minha mente para sempre e sugiro que você a guarde consigo também.

Ele me disse que, para aprendermos a lidar com os desafios da vida, precisamos de resistência emocional, e para termos resistência emocional precisamos executar um certo algoritmo na vida. Que é: "Quanto pior me sinto, MAIS comprometido fico com meu protocolo."

(Quando ele falou isso, foi como ouvir o coro dos anjos. E é como se eu estivesse ouvindo agora de novo.)

O que nos leva à pergunta: o que VOCÊ faz quando se sente para baixo?

Se for como a maioria das pessoas (e como eu costumava ser), quanto PIOR você se sente, PIOR age – parando de seguir seus fundamentos.

Você fica acordado até tarde assistindo a coisas estúpidas quando deveria estar dormindo. Não sai do celular ou do computador quando deveria estar com seus filhos. Não cuida da sua alimentação e abandona seu treino. E talvez se envolva com outros tipos de comportamentos ainda mais destrutivos. Mas...

E se... quando se sentisse PÉSSIMO, você conseguisse (de alguma forma) AGIR como sua melhor versão, demonstrando uma FORÇA que nem sabia que tinha?

E se… quando se sentisse na pior, começando a ter comportamentos destrutivos, você desse a volta por cima e se comprometesse mais uma vez, e com ainda mais intensidade, em ser a mudança que deseja, fazendo o que sabe ser melhor para você?

Vou explicar exatamente o que acontece quando você faz isso, porque sei por experiência própria.

Em vez de desanimar toda vez que a vida fica difícil, você ficará mais FORTE. Muito mais forte.

Você ainda terá altos e baixos, porque é humano. Mas esses altos serão MAIS ALTOS, e os baixos também serão MAIS ALTOS. E esse é um sentimento *realmente* empoderador.

Na verdade, podemos chamar isso de confiança antifrágil – quando você sabe que consegue não apenas enfrentar os desafios, mas usá-los como combustível.

Um algoritmo simples, praticado repetidas vezes: "Quanto pior me sinto, mais comprometido fico com meu protocolo."

ESTE, meu querido Herói, é seu passaporte para a invencibilidade.

E por mais inspirador que isso seja, antes de pôr em prática seu protocolo, você precisa TER um protocolo – é por isso que sua missão é desenvolver MUITA clareza do que necessita ser feito a cada instante.

Transforme-se na sua melhor versão. Faça disso seu novo parâmetro. Comprometa-se com isso o tempo todo, enquanto elimina as kryptonitas que atrapalham seu trabalho árduo.

Está na hora de dar os primeiros passos na criação desse protocolo. Começaremos simplificando o autodesenvolvimento – foco do nosso próximo objetivo.

I CONHEÇA O JOGO DECISIVO

II FORGE UMA CONFIANÇA ANTIFRÁGIL

III **OTIMIZE SUA GRANDE TRÍADE**

IV TORNE O DIA DE HOJE MAGISTRAL

V TENHA AUTODOMÍNIO

VI DOMINE OS FUNDAMENTOS

VII ATIVE SEU SUPERPODER

A GRANDE TRÍADE, UMA HISTÓRIA DE ORIGEM

COVEY + ROBBINS + FREUD

Os 7 hábitos das pessoas altamente eficazes, de Stephen R. Covey, foi literalmente o primeiro livro de desenvolvimento pessoal que li, no verão de 1995.

Eu era um estudante de 21 anos na Universidade da Califórnia em Los Angeles (UCLA). Cursava Psicologia e algumas matérias de Administração. À época, não havia algo como "psicologia positiva". Eu pensava em fazer meu Ph.D., mas não via como estudar aquilo que eu realmente queria.

Então, certo dia, me vi atrás de um espelho acompanhando o comportamento de algumas crianças. Estava sentado ao lado do marido da doutoranda para quem eu trabalhava.

Para resumir a história, basta sabermos que ele trabalhava para a antiga empresa de contabilidade Arthur Andersen e, como nos demos bem, me recrutaram para me juntar a eles e me enviaram para um evento de liderança global na sede corporativa.

Foi então que conheci Covey e a ideia de que podemos, com sabedoria e esforço, deliberadamente mudar nossa vida.

Como primeiro universitário da família, filho de pais católicos e muito conservadores, isso foi uma revelação para mim.

Minha vida mudou naquele fim de semana. Pude PERCEBER que tinha MUITO mais poder do que pensava.

Eu ainda não sabia o que fazer com essa informação, mas minha vida foi profundamente influenciada só pela IDEIA de que eu poderia me esforçar para ser minha melhor versão, a serviço do mundo.

Uma coisa que Covey me ensinou foi que todos temos "papéis" a desempenhar na vida e precisamos deixar claros os "objetivos" que temos para cada um desses papéis. Nossa vida gira em torno disso.

Adorei essa ideia. Só que, pelo menos para mim, notei que era muito fácil ficar SOBRECARREGADO com todos os papéis que desempenho.

Hoje sou pai, marido, filósofo, CEO, amigo, professor, atleta e... Por onde começa e termina o que devo priorizar?

Avancemos alguns anos.

Agora estamos em 1999. Ainda me lembro de dirigir um caminhão de mudança da costa leste até Los Angeles, ouvindo os CDs do curso de autoaprimoramento de Tony Robbins. Eu tinha acabado de vencer a competição de plano de negócios da Anderson School of Management da UCLA e arrecadaria 5 milhões de dólares em meio à bolha das ponto-com no final daquela década.

Tony tem o mesmo tipo de visão de Covey.

Só que, em vez de "papéis e objetivos", ele fala em "categorias de melhoramento". Eu tentei dominar cada uma das "categorias" da minha vida, mas, de novo, logo me senti sobrecarregado. Existem TANTAS áreas na minha vida a que eu gostaria de me dedicar! São quase infinitas.

Quinze anos depois, quando já me dedicava a estudar e ensinar essas ideias, deparei com uma citação de Sigmund Freud em que ele dizia que uma vida boa se resume basicamente a duas coisas: trabalho e amor.

Trabalho e amor?

SIM! Era isso. (Mais uma vez o coro dos anjos.)

Acontece que... se for difícil levantar da cama de manhã cedo por causa das más escolhas que você fez na vida, será AINDA mais difícil dar seu melhor no trabalho *ou* no amor.

Portanto, precisamos *começar* com ENERGIA, depois nos concentrar no trabalho e no amor e...

VOILÀ!

Temos nossa Grande Tríade: Energia, Trabalho e Amor.

Dedicar-se a isso da maneira correta é *no mínimo* 80% da missão.

Essa é a Parte I da história de origem da Grande Tríade.

A GRANDE TRÍADE × 2

IDENTIDADE, VIRTUDES E COMPORTAMENTOS

Se concordarmos que uma boa vida depende (essencialmente) de Energia, Trabalho e Amor otimizados, chegaremos à seguinte questão: como fazer isso?

Já que o jogo decisivo consiste em expressar nossa melhor versão de forma cada vez mais consistente – vivendo com *Areté* e colocando nossas virtudes em ação –, sugiro esclarecermos *outra* Grande Tríade.

Primeiro, é preciso saber quem somos em nosso melhor momento nos quesitos Energia, Trabalho e Amor. Vamos nos referir a essa versão ideal como nossa Identidade.

Também precisamos deixar claro quais Virtudes nossa melhor versão incorpora.

E, o mais importante, precisamos FAZER as coisas que nossa melhor versão faria. Vamos chamar isso de Comportamentos.

Eis a segunda Grande Tríade: Identidade, Virtudes e Comportamentos.

Passaremos um tempo analisando cada um desses quesitos. Vamos usar os métodos da intercalação e da repetição espaçada, que aprendemos no início do livro. Assim, juntos, avançaremos da teoria à prática e da prática à maestria.

HOJE.

SERRA VS. MOTOSERRA

TUDO SEMPRE COMEÇA COM ENERGIA

Vamos ao último dos sete hábitos das pessoas mais eficazes, segundo o livro de Stephen R. Covey.

Depois de nos ensinar os hábitos 1 a 6 (ser proativo, começar com o objetivo em mente, priorizar o mais importante, ter uma mentalidade ganha/ganha, procurar compreender antes de ser compreendido e criar sinergia), Covey nos diz que precisamos sempre nos renovar, "afiando a serra".

Ele pede que nos imaginemos caminhando numa floresta. Lá encontramos alguém cortando uma árvore com uma serra claramente cega – o que torna o trabalho mais demorado e mais difícil.

Ao sugerirmos que afie um pouco a lâmina, essa pessoa responde: "Estou MUITO OCUPADO para perder tempo com isso!"

Moral da história: não seja essa pessoa que pensa que está muito ocupada para ajustar a própria Energia, ou você correrá o risco de não ter a vitalidade necessária para dar seu melhor no Trabalho e no Amor.

(Pergunta pessoal: VOCÊ TEM SIDO ESSA PESSOA?)

Claro que adorei essa história, mas... por que nos contentarmos com "afiar a lâmina"?

Já que obter Energia é algo TÃO ESSENCIAL ao nosso florescimento, sugiro aproveitarmos nosso tempo MONTANDO UMA MOTOSSERRA.

Lembre-se de que, segundo a ciência, o GOSTO PELA VIDA (ENERGIA!) é o indicador nº 1 do nosso bem-estar e florescimento. É por isso que uma vida boa e heroica *começa* com a Energia se elevando a níveis heroicos, para assim nos mostrarmos mais poderosos no Trabalho e no Amor. Portanto, repito...

Certifique-se de priorizar sua Energia.

Não apenas afie sua lâmina.

Monte logo uma motosserra.

ETIMOLOGIA DE ENERGIA

A CAPACIDADE DE TRABALHAR (E AMAR)

Antes de prosseguirmos...

Está na hora de outra lição etimológica. Sabe o que a palavra *energia* significa ao pé da letra? Vem do grego antigo *enérgeia*, que tem duas partes: *en* + *érgon*, ou seja, "em funcionamento".

Meu dicionário *American Heritage* define a palavra como "a capacidade de trabalho ou atividade vigorosa". Perfeito.

Só que, para nossos propósitos, acho que deveríamos modificar ligeiramente essa definição para "a capacidade de trabalhar e amar".

A próxima pergunta que fica é simples: como criar níveis heroicos de Energia?

Para responder a isso, vamos usar nossos microscópios favoritos e ver se conseguimos encontrar pequenas usinas de energia dentro do nosso corpo.

CONHEÇA SUAS MITOCÔNDRIAS

AS POTÊNCIAS EM CADA CÉLULA

Olhe dentro de cada célula do seu corpo e você descobrirá essas pequenas usinas de energia humana.

Você deve lembrar, das aulas de biologia, que essas usinas são chamadas de mitocôndrias.

A saúde dessas minúsculas geradoras desempenha o PRINCIPAL papel na sua saúde e no seu bem-estar. Morreríamos em segundos se nossas mitocôndrias parassem de produzir energia.

Fato curioso: é impossível saber o número exato, mas, com centenas a milhares de mitocôndrias em quase todas as nossas células, temos cerca de UM QUATRILHÃO de mitocôndrias em nosso corpo.

É o número 1 seguido de dezesseis zeros. Somadas, elas totalizam 10% do nosso peso corporal.

Tudo muito fascinante, mas como cuidar bem das nossas mitocôndrias?

É até engraçado perguntar isso, mas fazer essa pergunta já é um *grande* passo.

Se tudo que nos perguntássemos durante o dia fosse "Será que o que estou prestes a fazer ajudará minhas mitocôndrias a desempenhar seu trabalho da melhor maneira possível?", aumentaríamos radicalmente nossa Energia e, por extensão, a qualidade da nossa vida no Trabalho e no Amor.

Veremos isso em detalhes no Objetivo VI, sobre como dominar os fundamentos.

Por enquanto, farei uma pergunta simples: qual é a primeira coisa que você *já* sabe que *poderia fazer* para otimizar sua Energia? E, o mais importante, qual é a primeira coisa que você *já* sabe que poderia PARAR de fazer para ter mais Energia ainda?

Talvez eliminar o álcool. Ou o açúcar. Ou não ficar até tarde no celular...

Quaisquer que sejam essas primeiras coisas, está na hora de nos energizarmos heroicamente para termos mais força no Trabalho e no Amor.

HOJE.

P.S.: Mais um detalhe curioso. Sabia que seu DNA mitocondrial é exclusivamente herdado da sua mãe? Pois é. "Valeu, mãe!"

TRABALHO FOCADO VS. TRABALHO SUPERFICIAL

UMA EQUAÇÃO PARA ATIVAR SEUS SUPERPODERES

Agora que aprendemos que uma ótima vida começa com a Energia em alta, está na hora de concentrarmos toda essa Energia no Trabalho e no Amor.

Nem preciso explicar para você a importância de mantermos o Trabalho e o Amor em equilíbrio.

Mas quero ter certeza de que avançaremos juntos para o próximo nível fazendo um Trabalho GENIAL, não um Trabalho Medíocre.

Nota rápida antes de prosseguirmos: você tem papéis e objetivos únicos na sua vida. HONRE-OS. Torne-se expert e VÁ COM TUDO no que você decidiu fazer nesta fase da vida: ser mãe, pai ou o que quer que seja.

E lembre-se de que não estamos tentando otimizar o Trabalho visando aos objetivos extrínsecos que a sociedade nos induz a perseguir: riqueza, fama, poder... A ideia é que eles sejam um SUBPRODUTO (e o combustível) do nosso compromisso com o crescimento, com a conexão e com a contribuição significativa para a sociedade. É assim que florescemos de maneira eudemônica e servimos heroicamente.

Com esse aviso, iniciamos nossa discussão sobre Trabalho Genial convidando meu amigo e um dos meus pesquisadores favoritos: Cal Newport.

Cal tem um cérebro gigante. É Ph.D. pelo Instituto de Tecnologia de Massachusetts e professor de ciência da computação na Universidade de Georgetown. Também escreveu vários livros excelentes, incluindo um dos meus preferidos: *Trabalho focado*.

Nesse livro, Cal explica que podemos realizar um Trabalho Focado ou um Trabalho Superficial. Ele diz que o Trabalho Focado está se tornando ao mesmo tempo mais RARO *e* mais VALIOSO. (Na verdade, ele afirma que a capacidade de realizar um Trabalho Focado é um superpoder no século XXI.)

Enquanto a maior parte das pessoas passa de um Trabalho Superficial a outro, poucos se desconectam da tecnologia para realizar um Trabalho Focado e verdadeiramente impactante. Mas... é *aí* que a verdadeira mágica acontece.

(Outra pergunta pessoal: como VOCÊ lida com isso?)

Cal nos apresenta uma equação de Trabalho Focado. Vale a pena internalizá-la antes de estendê-la para o que se tornará nossa equação da Força da Alma.

Trabalho de Alta Qualidade = Tempo Gasto × Intensidade de Foco

Ou seja, quer realizar um ÓTIMO trabalho em pouco tempo?

Aumente a intensidade do foco!

Como? Com o Trabalho Focado.

Esqueça tudo. Reserve um tempo para fazer apenas seu Trabalho Focado.

Repita isso amanhã. E depois. E depois. E depois.

Ainda voltaremos muito a essa ideia enquanto criamos Dias Magistrais e aprimoramos nosso poder de concentração.

TRABALHO GENIAL VS. TRABALHO MEDÍOCRE

NOSSA VERDADEIRA TAREFA

Trabalho Focado é ótimo, mas... por que parar por aí se você pode realizar um Trabalho GENIAL?

Lembre-se de que os romanos e os gregos tinham um nome para nosso espírito guia interior, aquele Herói dentro de cada ser humano. Os gregos o chamavam de *daimon*. Os romanos, de *gênio*.

Como já vimos, os antigos romanos acreditavam que cada um de nós possuía seu próprio gênio: um minivocê que estava mais para SUPERVOCÊ. Se alguém fizesse algo incrível, creditavam ao GÊNIO daquela pessoa.

Aliás, essa é uma das razões pelas quais os especialistas em criatividade (de Steven Pressfield e Elizabeth Gilbert a Stephen King) dizem que NOSSA tarefa em todo o processo criativo é simplesmente criar as condições para entrarmos em contato com nossa melhor versão e a expressarmos cada vez mais.

Repito: se o jogo decisivo é trazer à tona nossa melhor e mais eudemônica versão a cada momento do dia (e é mesmo!), então, quando conseguimos fazer isso com nosso trabalho, podemos dizer que estamos realizando um Trabalho Daimônico ou Genial... que é oficialmente a nossa meta.

Chega de Trabalho Medíocre. Vá COM TUDO e crie as condições para realizar um Trabalho Genial.

A EQUAÇÃO DO TRABALHO GENIAL

ENERGIA × TEMPO × FOCO

Com isso em mente, saiba que a PRIMEIRA e mais importante variável na equação do Trabalho Genial não é exatamente "Tempo Gasto".

É ENERGIA.

ENERGIA ajustada e focada de maneira consistente no que realmente importa (como uma motosserra) resulta num surpreendente Trabalho Genial.

Então, a equação do Trabalho Focado:

Trabalho de Alta Qualidade = Tempo Gasto × Intensidade de Foco

torna-se a equação do Trabalho Genial:

Trabalho Genial = ENERGIA × Tempo Gasto × Intensidade de Foco

Nota: vamos otimizar isso ainda mais no Objetivo VII, quando ativarmos seu superpoder conhecido como Força da Alma.

MEDIOCRIDADE VS. EXCELÊNCIA

CHEGUE AO TOPO DESSA MONTANHA ESCARPADA

Hora de mais uma lição etimológica. Você conhece a origem da palavra *medíocre*?

Ela vem do latim *medius* ("meio") + *ocris* ("montanha escarpada"). Ou seja... a palavra *medíocre* significa LITERALMENTE ficar preso no meio de uma montanha escarpada. Não é fascinante?

A mediocridade *definitivamente* não é o ponto no qual queremos permanecer.

O que levanta uma questão prática: como ultrapassar esse ponto intermediário e alcançar o auge do nosso potencial?

Vejamos no dicionário alguns sinônimos de "medíocre". Há muitos: comum, mediano, razoável, regular, corriqueiro, desinteressante, trivial, inexpressivo, esquecível, amador.

Todos representam muito bem uma pessoa com potencial emperrado.

Mas... adivinha só: existe apenas UM antônimo para "mediocridade". Sabe qual é?

Excelência.

Sim. Esse é o passaporte.

EXCELÊNCIA.

Quando chegamos aos pontos mais desafiadores da montanha escarpada que é nossa jornada heroica, precisamos mostrar nossa *excelência*. É necessário dar nosso melhor.

Você deve se lembrar da palavra que os gregos davam para isso.

Areté.

Essa é *sempre* a melhor maneira de cumprimentar nosso *daimon* interior enquanto escalamos com alegria a grande montanha onde nosso Gênio reside.

Vejo você no topo, Herói!

OBJETIVOS EMOCIONANTES

HERÓIS CRIATIVOS NUNCA FICAM SEM ELES

Por falar em topo de montanha...

Mihaly Csikszentmihalyi nos diz que um grande Herói é "como o alpinista que alcança o pico da montanha e, depois de olhar toda aquela vista magnífica, alegra-se ao ver um pico vizinho ainda mais alto. Essas pessoas nunca ficam sem objetivos emocionantes".

Sim. Faz sentido.

Qual é o *seu* próximo topo, Herói?

HOJE seria um bom dia para iniciar sua próxima jornada?

Vejo você no outro topo também!

RELACIONAMENTOS HEROICOS

ARISTÓTELES +1°

Ótimo, estamos com boas expectativas.

Queremos otimizar nossa Energia a níveis heroicos para realizarmos um Trabalho Genial, além de ter certeza de que estamos priorizando o próximo aspecto crucial da nossa Grande Tríade: o AMOR.

Podemos discutir várias coisas aqui, mas comecemos com Aristóteles.

Desta vez nos encontraremos com ele e com alguns dos principais psicólogos positivos do mundo, que por acaso *também* são meus amigos e autores de alguns dos meus livros favoritos.

Conheça James O. Pawelski e Suzann Pileggi Pawelski, dois dos maiores estudiosos do mundo sobre a ciência dos bons relacionamentos.

Eles escreveram o livro *Happy Together* (Felizes juntos), no qual explicam que, segundo Aristóteles, nossos relacionamentos podem ser de diferentes tipos.

Um resumo rápido...

Podemos ter um relacionamento baseado puramente em diversão. Essa é a natureza hedônica. Quando a diversão acaba, a relação também tem fim.

Não há nada de errado nisso, mas para Aristóteles essa não é a forma mais elevada de se relacionar e podemos buscar uma alternativa melhor.

O segundo tipo de relacionamento é baseado no acúmulo de bens, como numa transação financeira. Quando o dinheiro do casal acaba, o mesmo acontece com a relação.

De novo, não há nada de *errado* nisso, mas não é a forma mais elevada de se relacionar.

Aristóteles considera que os melhores relacionamentos são de natureza eudemônica. Neles há uma preocupação profunda com o bem-estar da outra pessoa e um verdadeiro desejo de estar junto dela e ajudá-la a florescer.

Para ele, ESSA é a forma mais elevada de relacionamento.

James e Suzann chamam isso de "relacionamento aristotélico" e nos encorajam sabiamente a nos tornarmos "amantes aristotélicos".

Tudo isso é incrível. Mas também acredito que existe *outro* nível de conexão ao qual podemos aspirar.

Podemos construir relacionamentos *HEROICOS*.

Encontre alguém para ajudá-lo a ativar seu potencial heroico. Divirtam-se e apoiem-se mutuamente com o objetivo de mudar o mundo juntos.

Mais uma etapa concluída.

Vamos, meu caro amigo heroico!

VEMOS HERÓIS
NO ROSTO DE HOMENS E MULHERES

Certa vez Walt Whitman disse: "No rosto de homens e mulheres eu vejo Deus."

Sabe o que *eu* vejo? HERÓIS.

Faça o seguinte...

Quando estiver fora de casa hoje (e, talvez ainda mais importante, quando estiver em casa com a família), preste atenção e ENXERGUE a melhor, mais heroica e incrível essência das pessoas com quem você vive e interage.

E lembre-se deste importante (e preocupante) fato: é difícil ver nos outros o que não vemos em nós mesmos.

Portanto…

Garanta que a primeira pessoa na qual você verá um Herói amanhã de manhã seja aquela que olha para você do espelho.

Eu vejo você, Herói.

Dia 1. Agora é pra valer.

Vamos em frente.

COMPAIXÃO VS. ENCORAJAMENTO

É HORA DE TERMOS CORAGEM JUNTOS

Tudo isso nos leva de volta ao conceito de Amor que discutimos no início do livro.

No próximo objetivo, aprenderemos a usar o Amor para tornar nossos dias magistrais. Por enquanto, lembre-se de que tudo começa com o Amor 0.0.

É simples: não conseguimos dar aos outros o amor que não damos a nós mesmos.

E qual é a maneira mais rápida de resolver isso? Perceber qual é a primeira coisa que você faz quando está no seu melhor momento e, depois, assumir um compromisso 101% inegociável consigo mesmo de FAZER ISSO todos os dias.

O Amor 1.0 consiste na dedicação aos nossos familiares e amigos.

E qual é a maneira mais rápida de fazer isso? Deixar de lado o celular, uma distração que, segundo a ciência, mina a profundidade das suas conexões. Demonstre seu amor pelas pessoas com quem convive concentrando-se *nelas*, não na tela de um aparelho.

O Amor 2.0 consiste naqueles micromomentos de ressonância positiva com várias pessoas durante o dia.

Novamente, o primeiro obstáculo aqui é o celular. Deixe-o de lado. Saia do seu casulo de autoabsorção e esteja PRESENTE.

O Amor 3.0 é o que chamamos de amor heroico. Daqui a pouco falarei mais sobre isso, pois é algo importante e pouco abordado.

O Amor 8.0 é o amor por nosso trabalho.

Queremos garantir que NÃO haja diferença entre Trabalho e Amor, já que nosso trabalho *é* um ato de amor. Dê sentido às funções que você desempenha vendo como isso impacta a vida das pessoas.

Já o Amor ∞.0 é o amor a TUDO.

Nesse nível, paramos de discutir com a realidade e aprendemos não apenas a aceitá-la, mas a AMÁ-LA. Byron Katie escreveu um livro inteiro sobre o assunto, *Ame a realidade*, enquanto para Nietzsche tudo se resume a *amor fati* – amar nosso destino.

Agora voltemos ao Amor 3.0, que considero a essência do amor heroico. Falaremos sobre *compaixão* e *coragem* e talvez criemos uma nova palavra: *comcoragem*.

Primeiro, lembre-se de que Aristóteles nos diz que CORAGEM é a virtude nº 1, porque sem ela não é possível expressar todas as outras virtudes e vencer o jogo decisivo do florescimento. Sem ela não conseguimos ser cada vez mais nossa melhor versão.

Ter coragem é o mais importante para realizar nosso potencial eudemônico. Então *encorajar os outros* a realizar seu potencial eudemônico não seria a coisa mais amorosa que poderíamos fazer?

Parece que sim – e essa é uma das razões pelas quais acho que o ENCORAJAMENTO é uma virtude subestimada. Recebe bem menos atenção que a compaixão, mas para mim é tão importante quanto – *especialmente* quando enfrentamos desafios historicamente significativos.

SIM, é preciso ter compaixão, mas... em tempos desafiadores não basta "sofrer juntos"; precisamos TER CORAGEM JUNTOS.

E é aqui que entra nossa nova palavra: *comcoragem* ("ter coragem junto"). Vamos compará-la com a *compaixão*.

Compaixão significa "preocupação solidária pelos sofrimentos ou infortúnios alheios". Por exemplo: *As vítimas devem ser tratadas com compaixão*. Etimologicamente, *compaixão* vem do latim *com* + *passio*, "sofrer junto".

Aqui está minha definição de *comcoragem*: "Uma forte crença na força dos outros para enfrentar desafios, combinada com uma vontade de agir em parceria, mesmo diante do medo, para vencer e crescer." Por exemplo: *Os aspirantes a Heróis que enfrentam desafios devem se nutrir de comcoragem*. Etimologicamente, nossa nova palavra vem do latim *com* + *cor*, "ter coragem junto".

Coragem vem da palavra latina para "coração". Assim como o coração bombeia sangue por todo o corpo, a CORAGEM vitaliza todas as nossas outras virtudes.

Então, injete coragem na vida dos seus entes queridos e de todos ao seu redor. Juntos, estejam dispostos a encarar os desafios. Heroicamente.

HOJE.

E lembre-se:

"No rosto de homens e mulheres, nós vemos HERÓIS."

COMECE COM QUEM
VOCÊ É NO SEU MELHOR

Analisamos rapidamente a primeira Grande Tríade: Energia, Trabalho e Amor. Chegou a hora de analisarmos a segunda: Identidade, Virtudes e Comportamentos.

Vamos direto à Identidade com uma pergunta importante...

QUEM É VOCÊ QUANDO ESTÁ NO SEU MELHOR MOMENTO?

Se tivesse uma varinha de condão e pudesse ativar a melhor e mais heroica versão de si mesmo, QUEM VOCÊ SERIA?

Pare um pouco e pense nisso. Agora vamos analisar essa situação no contexto da Grande Tríade...

Quem você quer se tornar no quesito Energia? Um atleta de elite? Um exemplo de força e vigor?

Quem você quer se tornar no quesito Trabalho? Um artista iconoclasta, um empreendedor, um líder? Uma pessoa superprodutiva?

Quem você quer se tornar no quesito Amor? Um marido, esposa, mãe, pai, amigo ou colega excepcional?

Chamaremos de "Identidades" essas versões otimizadas de você nos quesitos Energia, Trabalho e Amor.

Com o aplicativo Heroic (em inglês), ajudamos você a nomear as melhores versões de si ao mesmo tempo que criamos uma Identidade para guiar suas atitudes. Em seguida, identificamos as Virtudes incorporadas por sua melhor versão e ajudamos você a notar os Comportamentos específicos que adota quando está no seu melhor.

Identidade → Virtudes → Comportamentos.

Para vencer o jogo decisivo, você deve mostrar, de maneira cada vez mais consistente (embora nunca perfeita!), sua melhor e mais heroica versão.

Em suma: seja essa melhor versão todos os dias.

Comece com quem.

HOJE.

QUER TER HÁBITOS MELHORES?

COMECE COM QUEM

Em *Hábitos atômicos*, James Clear apresenta várias maneiras diferentes de abordar os hábitos, que podem se basear em "resultados" ou em "identidades".

Em poucas palavras, ele explica que devemos começar pela identidade. Em vez de começarmos pensando sobre O QUE queremos alcançar e COMO chegar lá, James diz que devemos identificar QUEM desejamos *nos tornar*.

ESSE é o maquinário que impele a criação dos melhores hábitos e destrói os piores. Comece com *quem*.

Com isso em mente…

Quem VOCÊ deseja se tornar?

Seus hábitos combinam com essa sua melhor versão?

Cuidado, porque nossa identidade e nossos hábitos caminham juntos.

Veja o que disse James a esse respeito: "Quanto mais você repete um comportamento, mais reforça a identidade associada a ele."

E continua: "*Identidade* deriva do latim *essentitas*, que significa 'ser', e *identidem*, que significa 'repetidamente'. Ao pé da letra, sua identidade é seu 'ser repetido'."

Não é incrível?! Sua identidade é LITERALMENTE o que você é e faz repetidas vezes.

O interessante é que você pode mudar sua identidade escolhendo SER uma pessoa diferente e/ou escolhendo FAZER coisas diferentes.

Quer ser um líder? Lidere.

Quer ser um escritor? Escreva.

Quer ser um pai ou uma mãe melhor? Uma boa irmã, um bom marido? Aja como tal.

Quer ser saudável? Aja como uma pessoa saudável.

James conta a história de um amigo que perdeu muitos quilos simplesmente tomando decisões que uma pessoa saudável tomaria.

Obtenha +1°...

Quem VOCÊ deseja ser em nossa preciosa e única jornada? Você vem sendo *repetidamente* sua melhor versão?

Torne-se tudo que é capaz de ser.

Elimine as lacunas. E viva com *ARETÉ*.

Hoje.

IDENTIDADE → COMPORTAMENTOS → SENTIMENTOS

VS. SENTIMENTOS → COMPORTAMENTOS → IDENTIDADE

Eis outra maneira de ver isso.

O ideal é que nossos comportamentos sejam conduzidos por nossa IDENTIDADE, e não pelo que *sentimos* a cada momento.

A maioria das pessoas age da seguinte forma a maior parte do tempo:

SENTIMENTOS → Comportamentos → IDENTIDADE

Se você não *sente* vontade de ter um comportamento incrível, então não o terá e, como resultado, sua Identidade permanecerá enfraquecida.

Deixar que seus *sentimentos* conduzam seus comportamentos é a receita para jamais conseguir ativar seu potencial heroico.

Em vez disso, eis a fórmula que devemos usar para construir nossa Identidade *heroica*:

IDENTIDADE → Comportamentos → SENTIMENTOS

Quando segue essa ordem, você se compromete a ser o tipo de pessoa que se comporta de determinado modo, com ou sem vontade. Curiosamente, acaba se sentindo ÓTIMO depois de fazer algo que vinha evitando. Afinal, está sendo a pessoa que você sempre esteve destinado a ser.

Não deixe seus **SENTIMENTOS** conduzirem seus comportamentos. Permita que sua **IDENTIDADE** tome as rédeas.

O resultado?

Um profundo sentimento de alegria eudemônica, fruto de uma vida com *ARETÉ*.

O ANTIGO VOCÊ?
SAIU DE FÉRIAS PARA SEMPRE

Um sinônimo para "Identidade" é "Autoimagem". Convidemos alguns dos principais pensadores para falar sobre isso.

Vamos começar com Maxwell Maltz, autor do clássico *Psicocibernética*. Antes de escrever esse livro, Maltz era um renomado cirurgião plástico que descobriu que, enquanto a vida de algumas pessoas mudava totalmente após uma cirurgia estética, a de outras não mudava nada.

Ele acreditava que o principal fator que diferenciava esses dois grupos era a autoimagem – não a que viam no espelho, mas na própria MENTE.

Para Maltz, o mais importante é trabalharmos a maneira como nos vemos, ou seja, nossa autoimagem. Ele é direto: "Um ser humano sempre age, sente e se comporta de acordo com o que imagina ser verdadeiro sobre si mesmo e seu ambiente."

Lanny Bassham, coach de resistência mental e medalhista olímpico, pensa o mesmo. Em *With Winning in Mind*, ele diz que é impossível melhorar o próprio desempenho de forma consistente com uma autoimagem ruim e que "mudar a autoimagem que o impede de alcançar seus objetivos pode ser a habilidade mais importante que você precisa aprender".

(Aliás, como anda a SUA autoimagem? Ela ajuda ou atrapalha na hora de alcançar seus objetivos?)

Tudo isso nos leva à seguinte questão: como otimizar nossa autoimagem?

Veja o que Maltz diz: "Imagine como você se sentiria se já tivesse o tipo de personalidade que deseja ter. Caso seja tímido e envergonhado, veja-se caminhando em público, tranquilo e seguro – e sentindo-se bem com isso. Caso fique ansioso e inseguro em certas situações, veja-se agindo de maneira calma, com coragem e confiança, sentindo-se expansivo e seguro por causa disso."

Agora vamos combinar essa autoimagem otimizada com a AÇÃO consistente por meio de algumas ideias cientificamente comprovadas.

É hora de dar boas-vindas a Richard Wiseman, professor de "compreensão pública da psicologia" (adoro esse título).

Em seu livro *The As If Principle* (O princípio "como se"), Wiseman lança um olhar fascinante sobre o poder dos COMPORTAMENTOS que conduzem SENTIMENTOS, e não o contrário.

Ele se apoia na sabedoria de William James e diz que: "A ideia de um comportamento que provoca emoção sugere que as pessoas são capazes de criar qualquer sentimento que desejem simplesmente agindo como se estivessem sentindo aquilo. Ou, como disse o próprio William James: 'Se você quer ter uma qualidade, aja como se já a tivesse.' É o que chamo de princípio 'como se'."

Vou até repetir, para enfatizar: "*Se você quer ter uma qualidade, aja como se já a tivesse.*"

E Wiseman continua: "Esse aspecto da teoria de James o energizou mais que qualquer outro. Numa palestra, ele descreveu o poder dessa ideia como um 'relâmpago dentro de uma garrafa'. Com entusiasmo, afirmou que 'o caminho voluntário e soberano para a alegria [...] é sentar-se com alegria, olhar ao redor com alegria, agir e falar como se a alegria já estivesse ali. [...] Lutar contra um sentimento ruim apenas fixa nossa atenção nele e o mantém ainda mais preso na mente.'"

Uma das minhas partes favoritas do livro é quando ele ensina a "criar um novo você". Wiseman pede que nos imaginemos em nossa melhor versão e comecemos a AGIR COMO ESSA VERSÃO todos os dias.

Eu adoro este trecho: "Talvez seja útil imaginar que sua antiga personalidade saiu de férias por duas semanas, dando a você a oportunidade de agir como alguém diferente. No entanto, é importante que você assuma seu novo papel 24 horas por dia, mesmo quando estiver sozinho. O princípio 'como se' fará de você uma nova pessoa e logo se tornará parte da sua identidade atual."

Nota: preciso admitir que sempre tive um pé atrás com autores de autoajuda que transformam a ideia básica do "aja como se" numa abordagem "finja até conseguir". Por isso achei interessante ler a opinião embasada de Wiseman sobre as *centenas* de pesquisas que comprovam a eficácia da abordagem "como se".

Com isso em mente, VISUALIZE a si mesmo em sua melhor forma e AJA de acordo com essa versão.

O antigo você?

Saiu de férias para sempre.

ALTER EGOS

O PODER DAS IDENTIDADES SECRETAS

Todd Herman é um dos principais treinadores de alto desempenho e estrategista de jogos mentais do mundo. Ele é autor de *The Alter Ego Effect* (O efeito alter ego), que trata do "poder transformador das identidades secretas".

Antes de abordarmos um dos meus ensinamentos favoritos desse livro, uma curiosidade: você sabia que pessoas que fingem ser pilotos da Força Aérea (e se vestem como tal) ENXERGAM LITERALMENTE MELHOR?

Inacreditável, mas é verdade. Quem prova isso é Ellen J. Langer. Em seu livro *Counterclockwise* (Em sentido anti-horário), ela apresenta esse estudo e outras pesquisas surpreendentes que conduziu em seu laboratório de "Psicologia da Possibilidade" em Harvard.

Já no livro de Todd Herman, aprendemos como aplicar o poder das "identidades secretas" para transformar nossa vida.

Veja uma das minhas ideias favoritas do livro de Todd. Pense no Superman e no Clark Kent. Todos nós sabemos que se trata da mesma pessoa.

Mas qual deles é "real" e qual é o alter ego?

Embora 90% das pessoas a quem Todd faz essa pergunta digam que Superman é o alter ego, elas estão erradas. A pessoa REAL é o Superman, e o alter ego é o atrapalhado Clark Kent.

Com isso em mente, pergunto… quem é seu eu REAL? Sua versão heroica ou seu eu desajeitado?

Para nos ajudar com essa resposta, vamos trazer de volta Eric Butterworth (adoro esse cara).

Em *Descobrindo o seu poder interior*, ele diz: "Você pode dar a desculpa 'Mas sou apenas humano'. Esse é o eufemismo da sua vida. Você não é apenas humano – também é divino em potencial. As realizações de todos os seus objetivos e aspirações na vida dependem de despertar e liberar mais desse potencial divino. E não é nada difícil deixar essa luz interior brilhar. Você só precisa corrigir a tendência de apagar sua luz ao enfrentar a escuridão."

Eis +1°...

Feche os olhos.

Imagine *sua versão mais incrivelmente heroica.*

Sinta seu poder. Veja seu brilho.

E SEJA A MELHOR E MAIS HEROICA VERSÃO DE SI MESMO.

O antigo você? Saiu de férias para sempre. Está na hora de o seu *verdadeiro* eu assumir. HOJE.

COMANDANTE DO MORAL
ASSUMA ESSE POSTO

Mike Manazir é almirante aposentado da Marinha dos Estados Unidos e piloto de caça Top Gun.

Ele escreveu o EXCELENTE livro *Learn How to Lead to Win* (Aprenda a liderar para vencer), indicado pelo meu querido amigo Daryle Cardone, capitão da Marinha americana.

Eu já tinha lido um livro de Jim Mattis por recomendação dele. Gostei tanto que pedi *outras* indicações. Foi aí que me falou do almirante Manazir, um dos seus mentores.

Assim que li o livro, entendi por que Daryle o admirava tanto. O almirante é um ser humano especial.

Seu objetivo é nos ajudar a lidar com a vitória. Parte autobiografia, parte manual de liderança, a obra apresenta 33 histórias importantes da vida do almirante e as lições que ele aprendeu ao longo do caminho.

A leitura me lembrou outro livro de memórias de um almirante que também admiro: *O código do herói*, de William H. McRaven.

Na verdade, percebo agora que Manazir se inspirou nessas memórias de McRaven como SEAL. A diferença é que Manazir narra as suas como almirante e piloto de porta-aviões. Veja meu trecho favorito...

"Conforme se aproximava o dia em que eu assumiria o comando dos Tomcatters, comecei a sentir o fardo daquilo – seria meu primeiro comando. Eu estava tomando uma cerveja com um amigo no bar do Clube de Oficiais e pela primeira vez falava sério. Ocorreu-me ali uma pergunta e a fiz em voz alta: 'Por que a motivação é importante?' Parece fácil responder, mas eu estava tentando descobrir o benefício do moral elevado para além do sentimento de 'felicidade generalizada'. Afinal, militares cumprem ordens com ou sem motivação, certo?"

E o almirante continua: "O item 10 do Código de Leis dos Estados Unidos descreve o papel das Forças Armadas. O capítulo 511, parágrafo 5.947, enuncia os requisitos de conduta exemplar do comandante e diz que todos os comandantes são obrigados a promover e salvaguardar o moral e o bem-estar físico e geral dos oficiais e das pessoas alistadas sob seu comando ou responsabilidade."

Eu fiquei bem impressionado com a informação de que "salvaguardar o moral" é uma obrigação LEGAL dos militares.

E sabe no que penso quando me lembro de todos esses homens e mulheres que servem nosso país com amor e coragem e protegem as liberdades das quais nosso florescimento tanto depende?

Eu penso em VOCÊ. Sabe qual é a SUA tarefa nº 1?

Primeiro, como nos diz o almirante Manazir, você precisa saber que É UM LÍDER, independentemente de quem você seja: pai, avó, coach, executivo, professora, psicólogo ou alguém que as pessoas procuram para pedir conselhos.

Você é um líder e ponto final.

É, no mínimo, o comandante da SUA VIDA. Então... comece a agir de acordo com esse posto.

Como?

Agora que reconhecemos que estamos TODOS envolvidos na eterna batalha entre o vício e a virtude – "o grande combate", como disse Sócrates 2.500 anos atrás –, voltemos ao item 10 do Código de Leis dos Estados Unidos, que descreve o papel das Forças Armadas.

O capítulo 511, parágrafo 5.947, enuncia claramente os REQUISITOS DE CONDUTA EXEMPLAR para VOCÊ, o comandante da sua vida.

Você tem obrigação de "promover e salvaguardar o moral e o bem-estar físico e geral dos oficiais e das pessoas sob seu comando" – começando por você.

Assuma o posto, comandante. Lidere para vencer o jogo decisivo.

HOJE.

MOTIVO CERTO
VS. MOTIVO ERRADO (QUAL É O SEU?)

Michelle Segar é uma das principais pesquisadoras do mundo sobre adoção de comportamentos saudáveis: comer bem, fazer exercícios, dormir mais, etc.

Em seu livro *No Sweat* (Sem suor), ela explica a importância do *motivo* pelo qual escolhemos um comportamento ou outro. Algumas pessoas têm o "motivo certo"; outras, o "motivo errado".

Ter o motivo certo é essencial. Veja que interessante.

Numa de suas pesquisas, Michelle perguntou às pessoas POR QUE elas gostariam de adotar um hábito saudável específico, como se exercitar.

Algumas responderam que queriam se exercitar por motivos *clínicos e abstratos*, como perder peso ou ter mais saúde.

Respostas bem "normais", mas pouco eficazes, como descobriremos.

Outras responderam que queriam se exercitar por motivos mais *concretos*: elas queriam ter mais qualidade de vida e se sentir mais energizadas IMEDIATAMENTE.

Não se tratava de uma meta abstrata, a longo prazo. Aquelas pessoas sabiam que certos hábitos (como se exercitar, comer bem ou dormir melhor) lhes trariam um benefício imediato.

Michelle descobriu que a MAIOR parte das pessoas escolhem razões abstratas. Na verdade, 75% dos entrevistados deram justificativas imprecisas, enquanto apenas 25% tinham motivações concretas.

E eis também o que ela descobriu quando monitorou o nível de atividade física daquelas pessoas: o grupo dos motivos vagos exercitava-se 30% MENOS do que o grupo que dizia "Quero me sentir melhor hoje!".

E por que isso acontece? Basicamente porque somos condicionados a desejar gratificações IMEDIATAS. E o que garante um ganho imediato é o motivo CERTO.

Agora me diga: por que VOCÊ quer se exercitar mais ou comer melhor ou ter um sono mais regular?

As suas razões são mais *abstratas* ("Quero perder peso/viver mais/ser mais saudável") ou *concretas* ("Quero me sentir melhor agora")?

Otimize seu motivo. Perceba como se sente quando faz o que é melhor para você (psicológica *e* fisiologicamente) sabendo que isso lhe trará um retorno instantâneo.

Esse é o motivo certo.

QUAL É SEU HÁBITO Nº 1 DE AUTOCUIDADO?

UMA DAS PERGUNTAS MAIS IMPORTANTES

Aqui vai mais uma dica profissional de Michelle Segar. É importante identificar, entre nossos hábitos, aquele que *mais* nos mantém cheios de energia, conectados e prontos para tudo.

Ela chama isso de hábito nº 1 de autocuidado.

O dela é o sono. O meu também. O do marido dela é exercício físico. Já para minha esposa é o tempo que ela usa para meditar, escrever no diário e refletir.

Agora VOCÊ...

Qual é o SEU hábito nº 1 de autocuidado?

O que ajuda você a garantir um ótimo dia?

Sejamos mais diretos: qual é a coisa que, se você NÃO fizer, tende a tornar seu dia muito RUIM?

É ter uma boa noite de sono? Fazer exercícios? Comer bem de verdade? Meditar? Qual é? Escreva.

Meu hábito nº 1 de autocuidado é: ______________________________.

Agora faça dele um hábito fundamental e inegociável.

HOJE.

P.S.: Não pare por aí… Identifique também o hábito nº 1 de autocuidado do seu cônjuge ou dos seus filhos.

Verdade seja dita: bons relacionamentos só podem ser criados por duas pessoas saudáveis.

1+1 = !!!

Se você quer otimizar o amor em sua vida, primeiro otimize a si mesmo e depois ajude seu par a otimizar a vida dele (se ele quiser sua ajuda, é claro).

E um bom ponto de partida é justamente nosso hábito nº 1 de autocuidado.

O meu é dormir e Alexandra sabe disso. Sabe também que não sou a melhor companhia do mundo quando durmo mal. Então meu sono acabou virando uma prioridade para nós dois. (Obrigado, meu bem!)

Também garantimos que Alexandra sempre tenha um tempo sozinha todos os dias para meditar, refletir, criar… Essa também é uma prioridade do casal.

Então… o que VOCÊ e seu par deveriam priorizar juntos?

Descubra. Ative o potencial heroico do seu relacionamento.

HOJE.

TAREFAS VS. PRESENTES

O MOTIVO CERTO AJUDA

Pergunta rápida: qual destas atividades você prefere?

[ ] ABRIR PRESENTES

ou

[ ] EXECUTAR TAREFAS

CLARO que todos nós gostamos muito mais de abrir presentes, certo?

Agora reflita: como VOCÊ lida com as atividades fundamentais como comer, se exercitar e dormir?

Com uma atitude mal-humorada, fazendo tudo a contragosto? OU… como uma criança abrindo um presente de aniversário?

Para Michelle Segar, quando temos o motivo *certo* para adotar um comportamento saudável, é *muito* mais provável que o adotemos com entusiasmo e alegria.

Veja seus hábitos positivos como o que realmente são: PRESENTES para seu eu do futuro.

Faça isso. Com alegria.

HOJE.

GANHOS MARGINAIS

VEJA COMO OBTÊ-LOS

Nenhum ciclista britânico havia ganhado o Tour de France em mais de cem anos de tentativas.

Até que Sir David Brailsford criou a Team Sky e prometeu que um ciclista britânico ganharia a competição dentro de cinco anos. Foi chamado de louco.

E sua equipe venceu, dois anos depois, ganhando também quatro das cinco corridas seguintes.

Como ele fez isso? Com ganhos marginais. Ele procurou todos os *mínimos* detalhes que poderia otimizar.

Por exemplo, garantiu que o uniforme dos atletas sempre fosse lavado com o mesmo sabão que não irrita a pele, para mais conforto. Garantiu que todos os atletas dormissem no mesmo tipo de colchão todas as noites, para terem um bom sono. Garantiu que todos os quartos em que se hospedavam fossem limpos com aspirador de pó, para reduzir o risco de doenças.

Coisas MÍNIMAS.

Nada disso, isoladamente, traria um grande resultado, é claro.

Mas, como sabemos, quando acumulamos micro-otimizações, a MÁGICA acontece. Nesse caso, vitórias no Tour de France.

Como diz Brailsford (citado por Matthew Syed em *O princípio da caixa-preta*): "Percebi que uma grande estratégia sozinha era inútil. Também é preciso olhar os detalhes, descobrir o que está funcionando e o que não está. Cada passo talvez seja pequeno, mas a soma é enorme."

E adivinha só: as mesmas regras se aplicam à vida. Embora uma boa estratégia seja importante, é inútil isoladamente. É preciso prestar atenção nos pequenos detalhes e descobrir o que funciona e o que não funciona. Então...

O que está funcionando para você? Faça mais.

O que NÃO está funcionando para você? Faça menos.

Por exemplo, o que você faz de manhã que torna seu dia magistral? Você tem mais energia quando come mais (ou menos) que tipo de alimento? Você se sente melhor quando se exercita? Dormir sempre no mesmo horário lhe faz bem?

FAÇA UM TESTE! Dê a si mesmo esse feedback. Seja sincero e identifique o que funciona e o que precisa de ajustes.

ENCONTRE OS GANHOS MARGINAIS.

É algo muito simples – fácil de ignorar, mas superpoderoso.

REPITO: ao acumular ganhos marginais ao longo do tempo, você obtém ganhos EXTRAORDINÁRIOS.

No ciclismo, é o que rende vitórias no Tour de France. Na vida, é isso que transforma você em alguém que realiza todo o seu potencial.

"É A MINHA CARA!"

COMO OTIMIZAR SUA AUTOIMAGEM

Não importa se você é atleta, empreendedor, professor, pai, mãe, engenheiro, líder... qual porcentagem do seu desempenho você acha que é mental?

"*Eu acho que ____% do meu desempenho é mental.*"

Quando Lanny Bassham fez essa pergunta aos atletas de elite, todos responderam: 90%. Noventa por cento!!!

Depois perguntou quanto tempo de treino e quanto dinheiro eles gastavam com atividades mentais. Quase todos responderam: nada ou menos de 10%.

Para Lanny, isso não faz sentido. Se você quer dar seu melhor, PRECISA treinar a mente.

Mas como? Lanny nos diz que um dos principais fatores para alcançar o desempenho máximo é a autoimagem. Nosso comportamento sempre estará de acordo com a maneira como nos vemos.

A autoimagem é o que "nos faz agir como somos". Com uma autoimagem ruim, nunca teremos um desempenho melhor que o esperado.

A boa notícia é que podemos otimizá-la. E, segundo Lanny, DEVEMOS fazer isso se quisermos alcançar a excelência.

Nossa autoimagem atual é formada por incontáveis "impressões". Portanto, se quisermos mudá-la, precisamos nos bombardear com impressões positivas: eliminando pensamentos negativos, nunca falando sobre possíveis fracassos, enfatizando aquilo que queremos.

Sempre que você der o seu melhor (na vida real ou apenas imaginando um desempenho futuro), diga: "É a minha cara!"

"É a minha cara desligar os aparelhos eletrônicos para ter uma boa noite de sono." "É a minha cara meditar assim que acordo." "É a minha cara seguir uma dieta balanceada e treinar como um atleta de elite." "É a minha cara ser criativo antes de ser reativo." "É a minha cara me dedicar ao Trabalho Focado." "É a minha cara me desligar de tudo para dar atenção a quem amo." "É a minha cara me dedicar à minha esposa e aos meus filhos e criar micromomentos incríveis sem meu celular por perto."

REPITA ISSO. TODOS OS DIAS.

É a sua cara avançar da teoria à prática e da prática à maestria e criar uma verdadeira autoimagem heroica.

Dia 1. Agora é pra valer.

VAMOS COM TUDO, HERÓI!

"NÃO É A MINHA CARA!"

COMO OTIMIZAR SUA AUTOIMAGEM, PARTE II

Como vimos, atletas de elite consideram que 90% de seu desempenho é mental. Noventa por cento!!!

Ainda assim, por algum motivo estranho, poucos de nós dedicamos uma quantidade adequada de tempo para otimizar nossa atividade mental.

Um ótimo jeito de fazer isso é otimizando nossa autoimagem. Como diz Lanny Bassham, a autoimagem é o que "nos faz agir da maneira que agimos". Uma autoimagem ruim gera um desempenho ruim. Por isso é preciso ajustá-la.

Como mencionei no capítulo anterior, uma ótima maneira de fazer isso é afirmando "É a minha cara!" para todos os acertos.

"É a minha cara cumprir o que prometo." "É a minha cara enfrentar meus desafios em vez de evitá-los." "É a minha cara desligar o celular quando estou em família."

"É a minha cara!" "É a minha cara!" "É a minha cara!"

Faça isso todos os dias, ao mesmo tempo que adota uma identidade com base na Grande Tríade e forja uma autoimagem heroica.

A partir daí, a próxima pergunta é muito simples.

O que você faz quando INEVITAVELMENTE fica aquém dos seus padrões e começa a se sentir envergonhado por isso? O que você faz quando deixa uma lacuna entre quem você é *capaz* de ser e quem você está *sendo* de fato?

Bem... Eis o que eu faço.

Primeiro, analiso a situação com curiosidade antes de julgar. Avalio o que aconteceu POUCO ANTES de as coisas desandarem.

SEMPRE há um momento em que escolhemos ouvir nosso *demônio* em vez do nosso *daimon*. É preciso ter sabedoria, curiosidade e disciplina para identificar esse momento.

Depois, em vez de remoer todas as consequências negativas da minha atitude (me envergonhando e desgastando ainda mais minha autoimagem), retorno àquele momento e o transformo em oportunidade de crescimento (aprendendo a reagir melhor e criando uma autoimagem mais forte).

Por exemplo, pouco tempo atrás eu estava dirigindo para casa com Alexandra e as crianças depois de um longo dia fora. Quando ainda faltavam 20 minutos para chegar em casa, a algazarra das crianças passou dos limites.

Senti minha impaciência aumentar com toda aquela loucura e pedi, irritado, que ficassem quietos. Foi quando Emerson me chamou de "Cara de Idiota".

Respirei fundo e ignorei.

Então, 10 minutos depois, quando estávamos mais perto de casa, Emerson me pediu para assumir o volante quando chegássemos na altura da caixa de correios – que não fica muito longe da nossa propriedade.

Eu SABIA que deveria responder "Claro, filho!" como SEMPRE, porque ele se divertiria e eu também. Eleanor abaixaria o vidro da janela e colocaria a cabeça para fora para sentir o vento no rosto, que é uma das coisas mais fofas do mundo: olhos fechados, cabelo ao vento, a alegria pura de uma criança de 6 anos.

Mas... o que fiz?

IGNOREI COMPLETAMENTE meu sábio *daimon*, deixei meu demônio assumir o controle e respondi com rispidez: "HOJE NÃO, AMIGÃO. Não gostei nada de ser chamado de CARA DE IDIOTA!"

Que vergonha. É dessa lacuna que eu estava falando.

Emerson já tinha esquecido o motivo do xingamento, mas agora estava encolhido no banco, decepcionado. Eleanor também ficou triste porque o irmão estava triste. E ficamos nesse clima horrível a noite TODA.

Na manhã seguinte, quando refleti melhor, o que fiz?

Falei: "Isso NÃO é a minha cara."

Então voltei ao MOMENTO em que poderia ter tomado uma decisão melhor e imaginei como o resto da noite teria sido se eu tivesse eliminado a lacuna.

Prometi agir melhor da próxima vez.

E me redimi com as crianças, dizendo a elas o que acabei de dizer para você. Usei toda aquela experiência como uma oportunidade fantástica de crescermos como família.

"Isso é a minha cara!"

"Isso NÃO é a minha cara!"

Dois mantras poderosos para forjar sua autoimagem heroica.

"DÁ PARA MELHORAR!"

COMETEU UM ERRO? DIGA ISSO A SI MESMO

O que VOCÊ pensa quando as coisas não correm como o planejado? Pode ser no meio de um jogo importante, durante um projeto criativo ou... enquanto dirige para casa com as crianças após um longo dia.

É muito fácil ficar se lamentando, dizendo a si mesmo que sua "bola fora" estragou o dia (ou a semana, o mês... a vida).

Como já vimos, além de ser um dos melhores coaches de resistência mental do mundo, Lanny Bassham também é um dos melhores atiradores de rifle da história.

Ele nos diz que precisamos "recarregar" após cada tiro.

Quer atirar e acertar na mosca?

Lanny diz que você deve CELEBRAR o sucesso. "Isso é a minha cara!" "Isso é a minha cara!" "Isso é a minha cara!" O dia todo, todos os dias, à medida que constrói sua autoimagem como alguém de alto desempenho.

Quase acertou o alvo?

Diga "Ok".

Errou completamente o alvo?

Então *recarregue* e diga a si mesmo: "Dá para melhorar!"

NÃO (repito, NÃO!) fique remoendo tudo que fez de errado e lamentando o próprio fracasso. Não faça isso de jeito nenhum.

Basta um simples: "Dá para melhorar!"

Dessa maneira, você rapidamente volta ao momento em que errou e pensa sobre o que *poderia* ter feito melhor. É ESSE o momento que você deve repassar na sua cabeça.

E qual o benefício disso?

Em vez de gravar o fracasso na memória, você impede a construção de uma autoimagem negativa ao mesmo tempo que APRENDE algo.

Lembre-se: vencemos ou aprendemos, e aprender *é* vencer, então VENCEMOS ou VENCEMOS.

Eu simplesmente *adoro* essa ideia. É uma das ferramentas mais poderosas do meu arsenal.

E você? Andou cometendo algum erro?

Recorde um episódio recente em que tenha se sentido aquém dos seus padrões.

Recarregue.

Repita a cena na mente e vá até o MOMENTO em que você pisou na bola. Imagine-se fazendo uma escolha melhor. Imaginou? Ótimo. Agora fique com o aprendizado.

É a sua cara vencer ou aprender.

Todos os dias.

Especialmente HOJE.

O QUEBRA-CABEÇA DA VIDA
E COMO MONTÁ-LO

Quando Emerson era mais novo, *adorávamos* montar quebra-cabeças. Começamos com um infantil de 100 peças cujo tema era "O mundo". Depois fomos para outro de 100 peças, com um grau de dificuldade um pouco maior, com o tema "Dinossauros". Em seguida, montamos um de 200 peças com o tema "Batalha de piratas".

Depois partimos para um de 300, "Aventura no fundo do mar", e de 500 (nível adulto),"Animais da Tanzânia".

Concluída essa fase, corremos para a loja do meu amigo Joe prontos para um quebra-cabeça de 1.000 peças. O tema era "A enseada", uma imagem com vários peixes lindos numa água cristalina sob o céu azul.

E... vamos aos trabalhos.

Todo mundo sabe como começar um quebra-cabeça, não é?

Depois de encontrar uma superfície adequada para montar seu quebra-cabeça, qual a primeira coisa que você deve fazer? (Sim, pesquisei no Google à medida que o grau de dificuldade aumentava.)

Você deve encontrar as peças das bordas, certo?

Agora adivinha: o MESMO vale para o quebra-cabeça da vida. Precisamos COMEÇAR com as peças da borda. Precisamos encontrar os fundamentos básicos que mantêm todas as peças unidas.

Quando você monta um quebra-cabeça de 1.000 (ou 10.000) peças, não começa com a parte mais difícil.

Você deixa para o final as partes mais complexas (aquelas peças de céu azul que parecem todas idênticas).

O MESMO vale para o quebra-cabeça da vida.

Então... Como anda a montagem do SEU quebra-cabeça?

Você pula etapas e tenta resolver as partes mais difíceis antes de encaixar as peças da borda?

Comece com as peças simples, de linhas definidas. Isso tornará a montagem muito mais divertida.

"TENHO UMA COISA PARA VOCÊ"

O JOGO DO "EU TE AMO"

Um dos meus momentos favoritos quando Emerson era mais novo era nos aconchegarmos na cama para ler juntos. Fazíamos isso quase todas as noites.

Uma das nossas séries de livros favoritas é A Casa da Árvore Mágica, de Mary Pope Osborne. A série narra as aventuras de dois irmãos, João e Aninha, que demonstram sabedoria, coragem e amor em diferentes épocas e lugares da História. (Recomendo a coleção inteira.)

Numa das aventuras, nossos queridos João e Aninha são atraídos para as montanhas da África, onde passam algum tempo com gorilas. Para nós, a parte mais memorável foi quando os irmãos ensinaram os gorilas a sinalizar "Eu te amo".

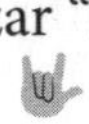

O que nos leva a uma pequena brincadeira que Emerson, Eleanor e eu costumamos fazer (e é disso que trata nosso +1°).

Funciona assim... Estou andando pela casa quando, de repente, paro e digo: "Filho, tenho uma coisa para você!"

Emerson olha para mim com expectativa.

Finjo procurar algo nos bolsos e...

Emerson, sorrindo com a alegria de quem sabe que é amado, esconde a mão atrás do corpo e depois a revela para mim, dizendo: "Ah! E eu achei isto AQUI!"

🤟

Rindo, respondo: "Engraçado, porque essas mãozinhas estavam ESPALHADAS pelo meu escritório hoje mais cedo. Foi você quem deixou lá?"

🤟🤟🤟🤟🤟

Emerson dá outro sorrisão.

E a brincadeira continua muitas e muitas vezes, diariamente.

Nunca perde a graça.

Então...

1. Tenho uma coisa para VOCÊ! Só um momento. Onde foi que eu guardei...? Ah! Aqui está!

🤟

2. Você tem filhos, netos, sobrinhos que possam gostar do jogo do "Eu te amo"?

Da nossa casa para a sua, nós amamos vocês.

🤟🤟🤟🤟

QUER MELHORAR? MEÇA

O PODER DO PASSÔMETRO

Sabia que uma das maneiras mais fáceis e simples de otimizar qualquer aspecto da vida é fazendo medições? Pois é.

Na verdade, isso tem um efeito tão poderoso que é objeto de estudo de diversas pesquisas.

Pedir que as pessoas prestem atenção em algo, melhora, de forma IMEDIATA e SIGNIFICATIVA, o comportamento delas em determinada atividade.

Por exemplo, pesquisas demonstram que, quando usam um passômetro, as pessoas se exercitam cerca de 27% mais e caminham pelo menos um quilômetro a mais por dia!

Estranho, mas verdadeiro.

Ficou com vontade de ter um contador de passos, não ficou?

Aproveite e descubra outras áreas da sua vida que você gostaria de melhorar.

Lembre-se: MEDIR seu comportamento – a maneira como se exercita, come, dorme ou gasta seu tempo – pode otimizar seus hábitos de forma IMEDIATA e SIGNIFICATIVA.

PENSAMENTO "BASE ZERO"
E SE VOCÊ PUDESSE RECOMEÇAR?

Brian Tracy é um dos meus mestres favoritos quando se trata de desenvolvimento pessoal.

Ainda me lembro de ouvir seus CDs anos atrás quando comecei a me interessar pelo assunto. Ele é uma fábrica de ótimas ideias, e aqui está uma das minhas preferidas.

Brian nos diz que muitas vezes é útil ter um pensamento "base zero".

Veja como ele explica isso em seu livro *Focal Point* (Ponto focal): "Para simplificar a vida, o pensamento 'base zero' é uma das estratégias mais poderosas a serem aplicadas regularmente. Funciona assim. Pergunte a si mesmo: 'Agora que já tenho experiência, consigo identificar algo que venho fazendo mas não faria de novo se recomeçasse hoje?'"

Pense nisso por um momento. Imagine sua vida como uma folha em branco.

Com o conhecimento que tem hoje, você consegue perceber algum hábito que *não* adotaria se pudesse recomeçar do zero?

Reflita...

(Sim, pode ser incômodo, mas é muito poderoso.)

Essa é a Parte I do exercício.

Agora a Parte II. Se você respondeu "Sim", então sua próxima pergunta é: *Como abandonar esse hábito o mais rápido possível?*

Esse pode ser um exercício ainda mais desafiador (e bem mais poderoso!).

Sua missão é responder à Parte I e, se tiver coragem, prosseguir para a

Parte II. Depois passaremos para a Parte III, que consiste em adotar medidas para resolver o problema.

E assim, partindo do zero, conquistamos +1°!

DIREÇÃO VS. DESTINO

UMA BOA VIDA É UM PROCESSO

Já vimos que uma boa vida é um processo constante no qual buscamos ser nossa melhor versão. Veja outra maneira de abordar esse assunto.

Segundo Carl Rogers: "A boa vida é um processo, não um estado. É uma direção, não um destino."

Isso não é lindo?

A boa vida é *dinâmica*, não estática. É uma *direção*, não um destino.

Tal Ben-Shahar reflete a respeito no livro *The Pursuit of Perfect* e diz que nossos ideais são mais como "estrelas-guia" do que "portos distantes".

Nota importante: podemos seguir estrelas-guia, mas não é bom encará-las como PORTOS que um dia alcançaremos. Nossa "melhor" versão está sempre em crescimento.

Por mais que nos esforcemos, NUNCA encontraremos uma linha de chegada.

Portanto... Uma pessoa sábia coloca um sorriso no rosto e se lembra de APROVEITAR o processo de ser *e* de se tornar.

Aqui está + 1°.

Nesse processo de otimização contínua, aprecie tudo que *já* é INCRÍVEL. Escreva três coisas que são maravilhosas na sua vida AGORA.

1. ______________________________

2. ______________________________

3. ______________________________

Celebre isso.

E lembre-se de mais um ensinamento de Tal Ben-Shahar: "A palavra *valorizar* tem dois significados: 'dar importância' e 'aumentar o valor' (como o dinheiro que se valoriza no banco). Combinados, esses dois significados apontam para uma verdade que a ciência da gratidão já comprovou várias vezes: quando valorizamos o que há de bom na vida, multiplicamos nosso sucesso. Por outro lado, quando não valorizamos o que há de bom – quando somos mal-agradecidos –, nosso sucesso perde o valor."

COMO SUPORTAR A DOR

QUANDO OS ÚLTIMOS SÃO OS PRIMEIROS

A leitura do já citado *A alegria do movimento*, de Kelly McGonigal, não apenas aprofundou meu conhecimento sobre os benefícios da atividade física, como me levou às lágrimas diversas vezes.

Kelly é uma brilhante cientista, mas também uma excelente contadora de histórias. Os casos que narra nesse livro são incrivelmente fascinantes.

Vou resumir um deles.

Estamos em 1992, nas Olimpíadas de Barcelona.

O velocista Derek Redmond detém o recorde mundial dos 400 metros rasos. Ele havia perdido as últimas Olimpíadas por causa de uma lesão, então aquela era sua grande chance de ganhar a medalha de ouro.

É a semifinal, e ele sai em disparada.

Até que, aos dezesseis segundos de corrida, Derek ouve um estalo. Pensa ter levado um tiro na parte de trás da coxa. Na verdade, era seu tendão se separando do osso. Imagine a DOR.

Ele agarra a perna, pula algumas vezes, mas a dor o obriga a parar. Enquanto isso todos os atletas terminam a corrida.

Mas Derek não se dá por vencido. Ele se levanta, determinado a terminar a prova, e vai saltitando, com uma perna só, em direção à linha de chegada.

Isso por si só já seria heroico, mas algo mais aconteceu.

Um homem apareceu vindo da arquibancada.

Era seu pai.

Ele abraçou o filho e o apoiou nos ombros, abrindo caminho entre os fiscais olímpicos: "SOU O PAI DELE!"

Derek soluçava nos ombros do pai.

Eles terminaram a corrida juntos.

Em último lugar. Mas campeões no coração de quem testemunhou a cena.

(Desafio você a assistir a esse vídeo – procure na internet – sem chorar de emoção.)

Kelly nos diz que muitas pessoas acham a garra heroica de Derek incrivelmente inspiradora – e claro que é.

No entanto, para ela, a razão mais *profunda* pela qual todos nós amamos essa cena é porque suportamos melhor a dor quando estamos JUNTOS.

Precisamos uns dos outros para mostrar nosso melhor.

Ponto.

Esse é o nosso +1°.

Seja a pessoa que corre para ajudar seus entes queridos quando eles tropeçam ou se machucam no percurso.

E seja forte o suficiente para aceitar a ajuda dos outros quando você tropeça. Lembre-se: suportamos melhor a dor *juntos*.

AS ÚLTIMAS BARREIRAS

E OS AMIGOS QUE NOS AJUDAM A ROMPÊ-LAS

Em 12 de outubro de 2019, Eliud Kipchoge fez história realizando o que muitos achavam impossível. Na verdade, esse feito foi chamado de "a última barreira do atletismo moderno".

Sabe o que ele fez?

Correu uma maratona em menos de duas horas.

Tem ideia de quão rápido é isso?

Bem, imagine correr um quilômetro em 2 minutos e 53 segundos e manter esse *pace* pelos 41 quilômetros seguintes.

Foi emocionante assistir ao vídeo dele cruzando a linha de chegada.

Quando mostrei o vídeo para Alexandra, ela disse: "Nossa! E olha quantas pessoas em volta dele!"

Eu nem tinha notado isso quando assisti pela primeira vez. Olhando com mais atenção, percebi que todas aquelas pessoas eram sua EQUIPE.

E para mim essa foi a parte mais poderosa da quebra de recorde. Sabe quantos corredores profissionais correram em volta de Eliud para criar uma bolha aerodinâmica de ritmo perfeito? Foram 35 ao longo do percurso, mais seis na reserva.

Como afirmou o *The New York Times*, essa equipe tinha "alguns dos melhores corredores de longa distância do mundo, inclusive medalhistas olímpicos".

Sem falar no carro elétrico que o acompanhou no mesmo *pace*.

Uma conquista humana individual demanda muita força de vontade e de alma.

E demanda, mais ainda, o incrível poder da amizade.

Esse é nosso +1°.

Que barreiras aparentemente indestrutíveis você deseja romper na SUA vida? Quem está na sua equipe?

E que barreiras essa equipe está tentando romper?

Você está fazendo sua parte para ajudá-los?

Faça isso.

Com seus amigos.

HOJE.

P.S.: Agradeço ao meu braço direito, Michael Balchan, por todo o apoio. O trabalho em equipe transforma sonhos em realidade. Eu te amo, irmão. Nada do que faço seria possível sem VOCÊ e nossa equipe.

P.P.S.: Procure o vídeo da chegada de Eliud Kipchoge no INEOS 1:59 Pace Challenge.

QUER SER GRANDE?
ENCONTRE TEMPO E ENERGIA

O Dr. Bob Rotella é um dos melhores coaches de resistência mental do mundo. Seu livro *How Champions Think* (Como pensam os campeões) já começa com uma história sobre LeBron James. É mais ou menos assim:

Certa vez, Rotella foi coach de LeBron. Ele sabia o básico sobre o atleta: mais de 2 metros de altura, 113 quilos bem distribuídos, velocidade explosiva. Um superastro. Mas só quando se sentaram para conversar foi que ele REALMENTE entendeu qual era o poder de LeBron.

Rotella perguntou sobre seus objetivos e LeBron respondeu: "Quero ser o maior jogador de basquete da História."

Rotella pensou: "Aí está um cara talentoso de verdade."

E nos conta o que mais o impressionou: "Não foram seus dotes físicos, mas sua mente."

O que MAIS inspirou Rotella foi a maneira como LeBron se via: "Após décadas ajudando pessoas a alcançar a excelência, o que mais se destacou para mim foi a importância vital desse tipo de atitude."

Vale a pena repetir. Rotella trabalhou com os MELHORES atletas por DÉCADAS. E o que mais se destacou em seu aprendizado foi a vital importância de enxergarmos com clareza e ousadia o nosso potencial.

O que nos leva à pergunta: como VOCÊ se vê?

Continuemos... Depois que LeBron disse a Rotella que queria ser o melhor jogador de basquete da História (!), Rotella perguntou quão perto ele estava desse objetivo.

LeBron respondeu que estava indo muito bem, mas não seria o melhor jogador se seu time não vencesse campeonatos, e isso só aconteceria se ele melhorasse no arremesso de três pontos.

Rotella então pediu que ele fizesse uma montagem em vídeo marcando cestas de três pontos de todos os lugares da quadra, com música de fundo, e assistisse a esse vídeo toda noite. Ele deveria se SENTIR marcando aqueles pontos. Deveria programar o próprio inconsciente.

Rotella também pediu que LeBron contratasse um treinador de arremessos, treinasse com ele todos os dias e acertasse duzentos arremessos de três pontos, quicando a bola, todos os dias, enquanto imaginava o melhor defensor em sua cola (e outros duzentos arremessos de três pontos recebendo a bola de outro jogador).

"Eu disse a ele que não me importava com a quantidade de arremessos que seriam necessários para acertar as quatrocentas cestas de três pontos, ou quanto tempo demoraria. Se ele quisesse ser grande, deveria encontrar tempo e energia para isso."

E continua: "Para mim, o mais importante não era o número de cestas que sugeri, mas a ideia de que LeBron estabeleceria uma meta de treino para si mesmo, se comprometeria a alcançá-la todos os dias e esperaria pacientemente pelos resultados."

Agora avancemos no tempo.

LeBron, que na sua temporada de estreia acertou 29% dos arremessos de três pontos, passou a ter um rendimento de 40%, conquistando alguns campeonatos enquanto buscava ser o melhor jogador de todos os tempos.

Claro que esse +1° nada tem a ver com LeBron James e suas cestas de três pontos. Tem a ver com VOCÊ.

Em que atividade você quer ser excepcional? Quão perto você está desse objetivo?

O que acha que precisa fazer *todos os dias* para ter a chance de ser o melhor?

Encontre tempo.

Encontre energia.

Seja a exceção.

Seja excepcional.

VOCÊ, MICHELANGELO E SEU POTENCIAL

O QUE IMPEDE VOCÊ DE SER EXCELENTE?

Diz a lenda que Michelangelo, ao contemplar um bloco de mármore, conseguia visualizar a estátua finalizada. Seu trabalho era simples: livrar-se das sobras.

Que simbologia poderosa...

Aplique-a agora mesmo em sua vida.

Pare um pouco e faça este exercício comigo.

Avance uns cinco ou dez anos no tempo. Olhe para o bloco de mármore que é você e seu potencial. VEJA sua melhor versão esculpida ali.

Agora... Quais são as sobras? O que impede você de expressar essa versão melhor e mais heroica de si mesmo de maneira cada vez mais consistente?

De quais pequenos hábitos você precisa se livrar para revelar a sua mais bela versão que está escondida naquele mármore?

Enquanto pensa nisso, saiba que... *caráter* vem da palavra grega que significa "sinal gravado".

Nosso caráter é *esculpido*.

A cada escolha que fazemos. Momento a momento.

Estamos aqui para esculpir quem você é e torná-lo uma verdadeira obra-prima.

O MOMENTO DA DECISÃO
É O AUGE

No nosso +1° anterior, fomos ao ateliê de Michelangelo e vimos nossa melhor e mais heroica versão num bloco de mármore.

Depois esculpimos esse bloco eliminando alguns comportamentos que impediam nossa excelência.

Que momento da vida heroica de Davi VOCÊ acha que Michelangelo escolheu capturar em sua escultura icônica?

Pense nisso por um instante...

Não foi o momento de celebração logo depois de derrotar Golias e se tornar "oficialmente" um herói. Não. Foi o momento em que Davi DECIDIU agir e dar seu melhor, servindo heroicamente.

Naquele momento, nada estava garantido para Davi. Na verdade, tudo estava contra ele. Mas foi esse momento de decisão (e fico arrepiado enquanto escrevo isso) que Michelangelo considerou *o mais heroico* da vida de Davi – quando DECIDIU agir e lutar para ser um herói.

E adivinha só: tomamos essas microdecisões todos os dias.

Que tal escolher sabiamente, Herói?

HOJE.

SEU EU DE OURO

ELIMINE A CAMADA EXTRA

O documentário *Encontrando Joe* começa com uma excelente história contada por Alan Cohen. É mais ou menos assim…

Há muitos anos, numa terra distante, havia uma gigantesca estátua do Buda.

Era de OURO PURO.

Estonteante.

Certo dia, um exército invasor se aproximava. Como sabiam que o exército destruiria a estátua, os monges a cobriram com lama e tudo mais que encontraram para que não parecesse tão dourada assim.

O exército conquistou o território, mas não notou a estátua. O truque tinha funcionado. Muitos anos depois, novos monges retornaram ao templo e, quando olharam para a estátua, julgaram ser uma obra comum.

Até que um dia uma rachadura apareceu nela. Algo brilhava por baixo da superfície. O que era aquilo?

Olharam mais de perto, pegaram algumas ferramentas e começaram a raspar um pouco mais. Havia algo dourado ali.

Continuaram raspando, jogaram água, limparam e…

Aquilo era OURO?

SIM!

Uma estátua de ouro de valor *inestimável*.

Moral da história: em algum momento ao longo do caminho, fomos cobertos por lama e precisamos nos lembrar de que TODOS (mais especificamente, você!) somos esse Buda de ouro.

Você é de ouro maciço. Saiba que não precisa "se transformar" na sua versão dourada. Você já é.

Só precisa eliminar as SOBRAS.

Então… o que está encobrindo sua grandiosidade?

Hoje é um bom dia para uma limpeza?

SEU EU DE OURO (PARTE II)

UMA HISTÓRIA REAL

Sempre achei que essa história do Buda de Ouro fosse apenas uma bela parábola que mostra que todos nós somos perfeitos e tudo que precisamos fazer é eliminar os excessos.

Mas… o Buda de Ouro é real.

Descobri isso ao ler *Running Down a Dream* (Correndo atrás de um sonho), de Tim Grahl.

Adoro essa história enquanto parábola. E adoro ainda mais a combinação de metáfora e realidade.

Recapitulando: por volta do século XIII ou XIV, no local onde hoje fica a Tailândia, monges budistas ergueram uma estátua gigantesca, épica e dourada do Buda, com 3 metros de altura e mais de 5 toneladas.

Em 1767, invasores birmaneses se aproximaram. Como eles destruíam (e saqueavam) todos os templos, os monges cobriram a estátua de ouro com gesso e vidro colorido para camuflar seu verdadeiro valor. O truque funcionou e a estátua passou despercebida.

Só que o truque funcionou bem *demais*. Depois que os invasores foram expulsos e o rei restabeleceu a ordem, a estátua foi movida e relegada a um lugar insignificante num templo sem importância. Inclusive passou dez anos sob um telhado de zinco.

Até que, em 1955 (quase *duzentos anos* depois de ser coberta de estuque), a estátua caiu no chão enquanto estava sendo transferida para um novo local. Parte daquele estuque se soltou, revelando a superfície dourada.

E, pasme, nossa estátua de estuque de 3 metros de altura e mais de 5 toneladas era de ouro maciço.

Seu valor é estimado em 250 milhões de dólares. E agora é exibida a centenas de visitantes diários na Tailândia.

É bom lembrar: você é de ouro.

Sempre que descobrir em si mesmo algo que "dá para melhorar!", siga o conselho de Tim Grahl e imagine-se eliminando o estuque e revelando cada vez mais sua verdadeira essência.

Deixe seu eu de ouro mais heroico brilhar!

CONVERSAS DIFÍCEIS DE CINCO MINUTOS

COMO ABORDAR ASSUNTOS DELICADOS

Sabe quando você *precisa* ter uma conversa difícil, mas meio que evita, com medo da reação?

Um dos meus antigos mentores certa vez me disse que, para resolvermos um impasse, basta passarmos por uma "conversa difícil de cinco minutos".

Muita gente evita conversas desafiadoras porque não está preparada para enfrentar esses poucos minutos de desconforto.

Eu mesmo costumava evitá-las. Agora lembro que "velocidade é uma força", aplico o método DROP, entoo "Pode vir!" e encaro o desafio cheio de entusiasmo.

Para mim, isso se tornou uma prática muito poderosa, que fui dominando ao longo dos anos.

Mas olha que engraçado. Certa vez tive que ter uma dessas "conversas difíceis" justamente com aquele mentor.

Adivinha o que aconteceu...

Foi, de longe, a PIOR conversa que já tive na minha vida. (Sério. Não estou brincando.)

Como disse Joseph Campbell, quando você se permite ir atrás da felicidade, sempre há uma chance de encontrar o fiasco.

Então, sua missão de hoje, caso queira aceitá-la, é a seguinte...

Da próxima vez que você evitar uma conversa difícil, tente reconhecer o medo e comece a trabalhar nele com uma (ou mais) de nossas muitas ferramentas.

Lembre-se de que seu potencial infinito está do outro lado desse medo e entoe para si mesmo: "Pode vir!"

Também recomendo fortemente que você aplique o método DROP

(Desejo + Resultado + Obstáculos + Plano). Agite a varinha de condão. Faça um pedido. Imagine-o se realizando. Desfrute dos benefícios. Antecipe os obstáculos e faça seu plano para lidar com eles.

Por fim, se achar que está na hora, entre em ação. Encare aqueles poucos segundos ou minutos de mãos suadas e faça acontecer.

Você vencerá ou aprenderá, e aprender *é* vencer, então é vitória na certa!

P.S.: Com certeza, se eu tivesse tido *hoje* aquela conversa desafiadora de quinze anos atrás, tudo teria terminado muito melhor. Mas eu nunca estaria onde estou sem a dor do fiasco. Vencemos ou aprendemos, e aprender *é* vencer, então... VAMOS NESSA, HERÓI!

CUIDE-SE
PARENTALIDADE SÁBIA

Você já deve ter percebido que ativar nosso potencial heroico pode ser bem estressante.

Portanto...

Temos que nos certificar de que estamos abordando tudo isso com a mentalidade certa. Precisamos nos manter em padrões heroicamente elevados e, *ao mesmo tempo*, nos tratar com muita cordialidade e bondade, já que estamos aquém dessas expectativas.

É o que também nos dizem os especialistas em dinâmica familiar.

Se você quer criar ótimos filhos, é fundamental manter padrões elevados *ao mesmo tempo* que oferece muita cordialidade e amor.

Isso se chama parentalidade sábia.

Com altos padrões e sem amor, você se torna autoritário. Com baixos padrões e muito amor, torna-se permissivo. Sem nenhum dos dois, acaba sendo negligente.

Também precisamos *nos* educar.

De maneira sábia.

Trate a si mesmo como a um filho seu. *Cuide* do seu potencial heroico.

HOJE.

UNILATERALIDADE

RESPONSABILIDADE EXTREMA NOS RELACIONAMENTOS

Certa vez, Phil e eu estávamos tendo outra ótima sessão de coach. Nessa conversa em específico, discutíamos como otimizar meu relacionamento com Alexandra.

Phil me pediu para praticar algo que ele chamou de "unilateralidade".

Vou resumir: unilateralidade é quando você decide agir mesmo que a outra pessoa não aja. É tomar uma atitude independentemente do comportamento da outra pessoa.

Essa é uma prática MUITO importante em qualquer relacionamento.

Decida o que deve ser feito. E faça. *Unilateralmente.*

Eu disse a Phil que isso me lembrava o que aprendi com o livro *Responsabilidade extrema*, dos Navy SEALs Jocko Willink e Leif Babin. A ideia básica era a mesma: assumir responsabilidade EXTREMA por toda e qualquer situação.

Sem reclamar. Sem culpar ninguém. Sem inventar desculpas. Jamais.

É fazer a coisa certa e ponto. Isso é *unilateralidade.*

É assim que fazemos um relacionamento dar certo.

Com isso em mente, pense nos seus relacionamentos mais importantes.

Pensou?

Agora pense em algo pequeno que você *sabe* que pode fazer.

Agora faça.

Aja sem esperar que a outra pessoa faça a parte dela.

P.S.: Fato curioso. Quando entrevistei Leif Babin e conversamos sobre como aplicar a responsabilidade extrema aos relacionamentos, ele riu e disse algo do tipo: "Pois é. Pergunte à minha esposa. Aplicar isso às relações amorosas é a parte mais difícil de todas."

De fato é.

Vamos tentar.

DEVORE O ESTRESSE COMO SE FOSSE UMA BARRINHA ENERGÉTICA

RESSIGNIFICAÇÃO E ESTRESSE DE CURTO PRAZO

Você é cronicamente estressado?

Claro que uma boa vida envolve desafios, e nosso objetivo não é tentar eliminar o estresse por completo.

Sem pressão, não há diamantes!

Mas… Precisamos saber usar a energia do estresse a nosso favor e mitigar quaisquer efeitos prejudiciais.

Primeiro, é importante lembrar que, de acordo com Kelly McGonigal em *O lado bom do estresse*, a maneira como *percebemos* o estresse é o que mais determina como ele nos afeta.

Ou seja: se você encara a vida como um desafio e uma oportunidade de dar seu melhor, usará essa energia como combustível para crescer.

Por outro lado, se achar que a vida é uma ameaça a você e a seu bem-estar, o estresse acabará com sua saúde.

Parte I: como VOCÊ está encarando os estressores da vida? Como *ameaças* ou como *desafios*? Escolha sabiamente.

Agora a Parte II.

Além de ressignificar os estressores, há outro jeito meio paradoxal de aliviar o estresse crônico: aumentando os níveis de estresse agudo, *de curto prazo*.

Há duas maneiras de fazer isso: com exercícios físicos e com projetos curtos.

Por incontáveis motivos, praticar um treino intenso e breve é uma das melhores maneiras de mitigar o estresse persistente.

E lembre-se: NÃO se exercitar é como tomar uma "pílula de estresse" toda manhã. Não é uma boa ideia.

Force deliberadamente seu corpo com um ataque rápido e agudo de estresse físico (também conhecido como treino!) e *voilá*: você reduziu seu estresse crônico. E pode até eliminá-lo se fizer isso com frequência.

Projetos curtos também mitigam o estresse.

Anda se sentindo estressado com algo no trabalho (ou na vida)?

Assuma um projeto de curto prazo com um objetivo bem definido e factível. Viabilize pequenas vitórias. Comemore-as. E repita o processo.

Embora você aumente o estresse momentâneo, poderá reduzi-lo a longo prazo. Devore o estresse como se fosse uma barrinha energética.

Todos os dias.

Especialmente HOJE.

AGRADAR VS. SERVIR

ESCOLHA SABIAMENTE

Em seu livro *Crazy Good* (Insanamente bom), Steve Chandler faz uma ótima distinção entre "servir" e "agradar".

Diz ele: "Se eu fosse um alcoólatra desesperado e suicida, fosse à sua casa e você me preparasse um drinque forte, estaria me agradando. Se, em vez disso, me levasse a uma reunião dos Alcoólicos Anônimos, estaria me servindo. Há uma grande diferença entre agradar e servir."

Agradar vs. servir.

Existe uma grande diferença entre ambos.

Escolha sabiamente.

HOJE.

QUANDO OS FATOS MUDAM

O QUE VOCÊ FAZ?

Sem me aprofundar nos aspectos filosóficos das teorias econômicas, vamos falar sobre uma frase brilhante de um dos economistas mais influentes de todos os tempos: John Maynard Keynes.

Certa vez ele disse: "Eu mudo de ideia quando os fatos mudam. O que você faz?"

Antes de seguirmos, pare um pouco e reflita sobre essa pergunta.

Imagine mudanças ocorrendo na sua vida – no Trabalho, na Energia, no Amor...

Quando as coisas mudam, o que você faz? Se for uma pessoa sábia, você MUDA DE IDEIA!

Claro que isso é mais fácil na teoria do que na prática – por isso alguns dos maiores filósofos sempre abordavam esse tema.

Segundo Nietzsche: "A cobra que não consegue trocar de pele morre. O mesmo acontece com os espíritos que são impedidos de mudar de opinião; deixam de ser espíritos."

Já para Ralph Waldo Emerson: "Outro terror que nos afasta da autoconfiança é nossa constância; uma reverência por nossos atos ou palavras passadas, porque os olhos dos outros não possuem mais informações para calcular nossa órbita do que nossos atos passados, e relutamos em decepcioná-los."

E continua: "Mas por que manter-se vigilante? Por que arrastar esse cadáver da sua memória, para não contradizer algo que você disse em público? Suponha que você se contradiga; qual seria o problema? Parece ser uma regra muito sábia nunca confiar apenas na memória, nem mesmo em atos de pura memória, e sim trazer o passado ao presente, julgá-lo com seus mil olhos e viver sempre um novo dia."

Nota: isso foi retirado do ensaio *Autoconfiança*, inclusive o próximo parágrafo.

"Uma constância tola é o espantalho de pequenas mentes, adorada por estadistas, filósofos e teólogos. Uma alma imutável não tem o que fazer, a não ser contemplar sua sombra na parede. Diga hoje o que você pensa com palavras firmes, e amanhã volte a falar com palavras firmes, mesmo que contradiga o que falou hoje. – 'Ah, com certeza você será mal compreendido.' – É tão ruim assim ser incompreendido? Pitágoras foi incompreendido, e também Sócrates, Jesus, Lutero, Copérnico, Galileu, Newton e qualquer outro espírito puro e sábio que tenha encarnado. Ser grande é ser mal compreendido."

Tudo isso para dizer... VOCÊ precisa mudar de ideia sobre alguma coisa?

Pare de arrastar cadáveres (!) e troque a pele que precisa ser trocada. Tenha coragem de viver sua verdade.

HOJE.

DEO VOLENTE E SEJA FEITA SUA VONTADE

SABEDORIA DE APOLO, O DEUS PATRONO DA FILOSOFIA

Deo volente. Significa "Se Deus quiser" em latim.

Segundo os antigos estoicos, nossos objetivos precisam ser acompanhados de algo do tipo "se o destino assim permitir".

"Viajarei de navio para Atenas... se o destino assim permitir."

"Farei x, y ou z... se o destino assim permitir."

Eles chamavam isso de "cláusula de salvaguarda".

É importante ter metas muito objetivas e se comprometer em alcançá-las. Mais importante ainda é lembrar que, no final de tudo, os *resultados* de nossas ações estão sempre fora do nosso controle.

Não à toa o deus patrono da filosofia é Apolo, um arqueiro. O arqueiro faz o possível para acertar a flecha no alvo, mas depois de lançá-la ele sabe que o resultado é incerto.

O mesmo acontece conosco. Concentre-se no processo (escolha um alvo e atire a flecha!) e deixe os resultados serem o que são.

Quando definir e compartilhar seus objetivos, lembre-se: *Deo volente.*

Quando tentar alcançá-los, diga (pelo menos eu digo): "Seja feita a sua vontade."

Não acertou o alvo? Tudo bem. Era o que tinha que acontecer.

Está na hora de aceitar e amar isso.

Os estoicos chamavam essa parte da equação de "arte da aquiescência".

O que tem que ser SERÁ.

Como diz Byron Katie, não faz muito sentido brigar com a realidade. É derrota na certa, sempre!

Aceite o que tem que ser. (*Ame* o que tem que ser!) Deixe claro o próximo alvo e tente acertar na mosca.

Aproveite o processo.

HOJE.

E repita.

PARA SEMPRE.

CONSERTANDO RELACIONAMENTOS

COMO OTIMIZAR O AMOR NA SUA VIDA

Daniel J. Siegel, o principal especialista em atenção plena (e em neurociência e relacionamentos), nos diz que, quando algo inevitavelmente dá errado numa relação, devemos CONSERTÁ-LA o mais rápido possível.

Um dos exemplos que ele usa para defender seu ponto de vista é uma história de quando ele desligou seu córtex pré-frontal e se entregou ao cérebro límbico por completo, gritando com um de seus filhos.

Estou rindo enquanto escrevo isso, pois (a) é sempre bom ver um mestre e profissional nos lembrando humildemente que ninguém é perfeito e (b) sei muito bem como é ser pai de duas crianças de 10 e 6 anos cheias de energia.

Às vezes não nos orgulhamos de como reagimos com alguém. E aí, o que devemos fazer?

CONSERTAR o relacionamento o mais rápido possível.

Com algo como: "Puxa, fui muito impaciente com você [ou me exaltei, gritei, etc.]. Passei dos limites! Quero que saiba que sinto muito, que amo você e prometo lidar melhor com situações assim no futuro."

* inserir potencial abraço *

Não deixe que esses micromomentos de negatividade se transformem em ressentimentos gigantescos.

Respire fundo. Perceba o que está sentindo. Identifique a emoção. Como Siegel diria: chame-a pelo nome.

Use a ferramenta necessária para recuperar sua tranquilidade. E então faça o conserto.

+1°.

Há reparos à sua espera?

Comece AGORA.

VOCÊ É TELEOLÓGICO

AJA DE ACORDO!

Já sabemos que Brian Tracy é um dos meus gurus favoritos da velha escola, daqueles que aumentam nossa motivação.

Antigamente – quando escutar CD no carro era uma experiência moderníssima – eu ouvia todos os áudios dele O TEMPO INTEIRO. Suas perguntas eram tão provocativas que eu lotava meu diário com anotações e ideias.

Agora abordaremos o fato de que somos todos seres TELEOLÓGICOS.

Brian Tracy nos diz: "Aristóteles afirmou que os humanos são criaturas teleológicas, o que significa que somos movidos a propósitos. Ou seja, você só se sentirá feliz e no controle da sua vida se tiver um objetivo claro para perseguir todos os dias. Portanto, definir metas por toda a vida é uma das habilidades mais importantes que você desenvolverá. Somos seres teleológicos. PRECISAMOS de objetivos que nos conduzam. Do contrário, sofreremos."

Para deixar BEM claro...

Isso não é bobagem de autoajuda. É um fato científico e uma verdade filosófica profunda.

O filósofo moderno Tom Morris (Ph.D. em religião e filosofia pela Universidade Yale) concorda plenamente.

Em seu livro *The Art of Achievement* (A arte da realização), ele nos explica: "Aristóteles me ensinou que todos nós precisamos de uma meta para atingir. Precisamos de objetivos para guiar nossas ações e energias. A palavra grega para alvo era *telos*. Os seres humanos são criaturas teleológicas. Fomos programados para viver com propósito, para ter direções. Sem um alvo para atingir, nossa vida literalmente não tem sentido. Sem algo produtivo para fazer, sem objetivos e propósitos positivos, ficamos angustiados. E então duas coisas acontecem: ou a falta de objetivos prende a pessoa na letargia e no vazio espiritual, ou o indivíduo parte para o ataque, recorrendo a objetivos destrutivos apenas para fazer algo acontecer."

Se nosso aplicativo Heroic nos incita a estabelecer METAS, é por causa de **ARISTÓTELES**.

Seres humanos felizes, prósperos e eudemonicamente alegres têm metas claras. Os melhores entre nós sabem quais são elas e as alcançam – todos os dias.

A cientista moderna Sonja Lyubomirsky concorda com Brian, Tom e Aristóteles, e influenciou a mim e ao nosso aplicativo Heroic (além de fazer a pesquisa que validou cientificamente nosso programa de coach).

Em *A ciência da felicidade*, Sonja revela: "Em 1932, oprimido pelas tristezas e agonias dos seus clientes egocêntricos e sem objetivos, o psiquiatra australiano W. Béran Wolfe resumiu sua filosofia assim: 'Ao observar um homem realmente feliz, você o encontrará construindo um barco, compondo uma sinfonia, educando um filho, cultivando dálias no jardim ou procurando ovos de dinossauros no deserto de Gobi.' E ele estava certo. Pessoas que lutam por algo pessoalmente significativo, seja aprender um novo ofício, mudar de carreira ou educar filhos com bons princípios, são mais felizes do que aquelas que não têm sonhos ou aspirações fortes. Encontre uma pessoa feliz e encontrará um projeto."

Repito…

Pessoas felizes possuem METAS. Pessoas felizes possuem OBJETIVOS.

Quais são os SEUS?

E você tem agido de maneira consistente para alcançar essas metas e objetivos todos os dias?

Celebre a sabedoria e a disciplina de saber que você está aqui para realizar algo e então REALIZE.

Não algum dia…

HOJE.

O GALO HAPPY

RESSIGNIFICANDO MIGALHAS DE PÃO, LOUÇA SUJA E LEGO

Dia desses, Alexandra veio até meu escritório dizer que achava que nosso galo, Happy, estava morrendo.

Sim, nosso galo se chama Happy, "feliz". Meus filhos são ótimos em dar nome aos nossos bichos. Temos o galo Happy e as galinhas Lovey, Floppy, Spike, Longbeak e Goldie.

Além de Zap – um cachorro que apareceu em nossa propriedade alguns anos atrás no réveillon e nos adotou – e Wags, outro cão incrível que decidiu morar aqui.

Se falar comigo numa chamada de vídeo, vai ouvir um galo cantando ao fundo. Confesso que às vezes acho isso um charme, outras vezes nem tanto – ainda mais quando estou meditando pela manhã e ele está cantando na janela do escritório.

Mas nosso galo é realmente incrível. Gerado numa chocadeira elétrica, ele cumpre heroicamente seu papel de proteger as galinhas, e não é um teimoso como o pai dele.

Então, quando Alexandra me disse que ele estava morrendo (enquanto bancava a enfermeira rural para salvá-lo), fiquei mais triste do que quando perdemos outras galinhas ou quando encontrei outras criaturas mortas na propriedade.

Sempre uso essas perdas como lembretes estoicos do *memento mori*, mas dessa vez fiquei muito sentido. Eu realmente gosto do meu galo!

Aí me lembrei de uma história que Alexandra me contou um dia. Era sobre migalhas de pão.

Esqueci o nome do livro de origem, mas a reflexão é mais ou menos assim...

Em relacionamentos de longo prazo com QUALQUER PESSOA (não só com filhos e cônjuge), INEVITAVELMENTE haverá algo nela que incomodará você.

Talvez sejam as migalhas de pão deixadas na bancada (que irritavam quem escreveu o tal livro), a louça suja na pia ou as peças de Lego espalhadas pela casa (que podem me tirar do sério quando não estou num bom dia). Pode ser qualquer coisa que as pessoas fazem porque são humanas e imperfeitas.

É fácil achar essas pequenas coisas irritantes.

Mas... e se um dia... as migalhas de pão ou a louça suja ou as peças de Lego não estiverem mais lá porque aquela pessoa se foi? De repente vamos SENTIR FALTA de tudo isso.

Foi o que pensei quando ouvi que Happy poderia morrer. Ele não cantou nos últimos dias por não estar se sentindo bem, e já sinto falta disso.

Não posso deixar que os pequenos hábitos irritantes dos meus filhos, da minha esposa e de outras pessoas me desviem do fato de que a presença deles – com TODAS as imperfeições – é um PRESENTE inestimável.

Na verdade, o que tento fazer hoje em dia é usar o que acho irritante como um LEMBRETE para valorizar as bênçãos da minha vida.

Espero que nosso galo sobreviva para que eu sempre possa me lembrar dessa sabedoria toda vez que ouvi-lo cantar.

Cocoricó!

O ROLO DE PAPEL HIGIÊNICO

"POR QUE ESTÁ NO CHÃO DE NOVO?!"

No nosso +1° anterior, falamos sobre nosso galo Happy. Sinto dizer que ele faleceu pouco depois de tentarmos salvá-lo. Guardo algumas de suas penas na minha mesa como lembrança.

E quero continuar explorando esse tema.

Vejamos como sentir gratidão por algo que normalmente nos irritaria.

Aqui está um exemplo da minha família para ajudá-lo a pensar nas coisas que VOCÊ pode ressignificar na SUA casa.

Meu filho Emerson é uma criança muito elétrica. (Uma criança de quase 11 anos, diga-se de passagem. É impressionante como ele está crescendo rápido!)

Já acorda com uma energia meio Kramer, de *Seinfeld*, pulando da cama. É MARAVILHOSO. Exceto, claro, quando deixa de ser.

Vou dar um exemplo corriqueiro.

Por algum motivo inexplicável, quando usa o papel higiênico, Emerson costuma desencaixá-lo do suporte e, com isso, o rolo cai e o papel acaba se espalhando pelo chão do banheiro.

Eu sou pai *e* professor, então é claro que tivemos algumas aulas sobre como pegar o papel higiênico e tirar com cuidado a quantidade necessária, garantindo que o rolo permaneça no suporte.

Mas a lição não funcionou. Vira e mexe o papel está espalhado pelo chão.

Posso optar por usar essa situação (de novo!) como um gatilho para me aborrecer (e dar mais um sermão)...

OU posso usar *esse mesmo* gatilho como oportunidade para valorizar o fato de que, um dia, MUITO EM BREVE, aquele rolo de papel higiênico estará devidamente encaixado e jamais verá o chão de novo.

E... Só de escrever isso meus olhos se enchem de lágrimas.

Ainda não estou pronto para esse dia.

Quero aproveitar ao máximo, enquanto eu puder, o incrível entusiasmo do meu menino, que está se tornando um jovem maravilhoso - sabendo que isso, como todas as coisas boas da vida, não durará para sempre.

Esse é nosso +1°.

Você tem algum gatilho?

Reflita seriamente.

Pense em UMA coisa que um ente querido faz e irrita você. Agora perceba que, se REALMENTE praticar nossa filosofia, essa irritação logo se transformará num sentimento agradável.

Percebeu?

Ótimo.

Lembremos que a vida é preciosamente curta. Façamos tudo para nos lembrar quão valiosa ela é.

Transforme -1º em +1º.

Viva com *Areté*. O dia todo, todos os dias.

Especialmente...

HOJE.

EM DÚVIDA ENTRE UMA COISA E OUTRA?

OBTENHA O MÁXIMO POSSÍVEL DAS DUAS

Ray Dalio compartilha muita sabedoria em seu excelente livro *Princípios*.

Aqui está uma ideia a que sempre recorro em minhas sessões de coaching e no meu próprio pensamento estratégico. É mais ou menos assim...

Quando você estiver em dúvida entre uma coisa e outra, pare um pouco, dê um passo atrás e pense em como pode obter o máximo possível de AMBAS.

Para Dalio, é como conseguir alto retorno num investimento de baixo risco.

Não dá para ter as duas coisas ao mesmo tempo, certo?

Não necessariamente.

Descobrir como tirar proveito de ambos os lados é uma das principais razões pelas quais ele obteve tanto sucesso.

E quanto a VOCÊ? Há alguma dicotomia na *sua* vida?

Pare um pouco.

Anote o problema num papel.

Recue, reflita, pense um pouco mais.

Será que não dá para obter o máximo possível de uma COISA e de OUTRA?

REGRAS DE OURO E DE PLATINA

COMO TRATAR OS OUTROS E A SI MESMO

Todos nós já ouvimos falar da Regra de Ouro. Mas sabe quanto ela está presente em todas as culturas? E da Regra de Platina? Já ouviu falar?

Mais importante: você tem praticado as duas?

Comecemos com a Regra de Ouro. Adoro como Dale Carnegie a aborda em seu livro *Como fazer amigos e influenciar pessoas*.

Ele nos diz: "Há milênios filósofos vêm especulando sobre as regras dos relacionamentos humanos e, de todas essas especulações, desenvolveu-se apenas um único preceito fundamental. Ele não é novo. Na verdade, é tão antigo quanto a própria história. Zoroastro o ensinava a seus seguidores na Pérsia 2.500 anos atrás. Confúcio o pregava na China 2.400 anos atrás. Lao-Tsé, fundador do taoismo, o transmitia a seus discípulos no vale do Han. Buda pregava sobre o assunto à margem do sagrado Ganges 500 anos antes do nascimento de Cristo e os livros sagrados do hinduísmo o ensinavam mil anos antes. Jesus promoveu os mesmos ensinamentos nas colinas pedregosas da Judeia há mais de 19 séculos e resumiu tudo em um pensamento, provavelmente a regra mais importante do mundo: 'Fazei aos outros aquilo que quereis que vos façam.'"

Eis o que as outras culturas têm a dizer sobre isso...

Zoroastrismo: "Não faças aos outros o que é prejudicial a ti mesmo."

Confucionismo: "'Existe uma palavra que possa guiar toda uma vida?' O mestre respondeu: 'Talvez a palavra *shu*. Não faças aos outros aquilo que não gostarias que fizessem a ti.'"

Taoismo: "Para aqueles que são bons comigo, eu sou bom. Para os que são maus, também sou bom. Assim todos recebem o bem."

Buda: "Não faças aos outros o que tu mesmo consideras doloroso."

Hinduísmo: "Teu dever é basicamente não fazer aos outros o que te causa sofrimento."

Que mina de ouro, todos esses ensinamentos!

Agora vejamos a Regra de Platina. Em *Seja mais feliz*, Tal Ben-Shahar reflete: "Por que somos generosos com o próximo e avarentos conosco? Proponho adicionarmos ao nosso código moral uma regra nova, que podemos chamar de Regra de Platina: 'Não faças a ti mesmo o que não farias aos outros.'"

Já em *The Pursuit of Perfect*, Tal acrescenta a seguinte pérola: "Quando pediram ao Dalai Lama que esclarecesse se a compaixão poderia ser voltada ao próprio eu, ele disse: 'Primeiro vem você e, a partir daí, a aspiração abrange os outros. De certa forma, uma compaixão intensa nada mais é do que um estado avançado de interesse próprio. Por isso pessoas que se odeiam têm dificuldade de sentir compaixão genuína pelos outros: porque não há âncora, não há base para começar.'"

Regras de Ouro *e* de Platina.

Vamos colocá-las em prática. HOJE.

ISSO NÃO É DA SUA CONTA

ASSUNTO DOS OUTROS E ASSUNTO DE DEUS

Byron Katie nos diz que existem três tipos de assunto em que podemos nos concentrar: assunto nosso, dos outros e de Deus.

Ela explica que, para reduzir nosso sofrimento, devemos ser MUITO sábios e nos dedicar *exclusivamente* àquilo que é da NOSSA conta.

Você já deve ter notado que é IMPOSSÍVEL controlar outra pessoa. Por mais que você tente, não existe um botão que possa apertar para mudar alguém. Portanto, pare de se meter na vida dos outros.

Note como você sofre quando se concentra no que *outra* pessoa deveria estar fazendo. Que tal inverter o foco para si mesmo?

Mais IMPOSSÍVEL ainda é controlar o que é da conta de DEUS.

Se de repente surge um tornado, um terremoto ou um tsunami... tudo isso é da conta de Deus. Não está sob seu controle direto. Ponto.

Quer sofrer?

Tente controlar essas coisas e depois reclame delas.

Quer parar de sofrer? Concentre-se no que está sob seu controle: no que é da SUA CONTA.

E o que é da sua conta é como VOCÊ se comporta no mundo: os pensamentos que se permite, as ações que decide tomar, os hábitos que procura desenvolver, as buscas heroicas que persegue, o amor que vivencia.

Em que você tem se concentrado? No que é da sua conta, da conta dos outros ou da conta de Deus?

ORAÇÃO DA SERENIDADE

SERENIDADE + CORAGEM + SABEDORIA = UM COMBO VENCEDOR

No nosso +1° anterior, aprendemos com Byron Katie a nos concentrar *exclusivamente* no que é da NOSSA conta.

As ÚNICAS coisas sobre as quais temos controle são nossos pensamentos e comportamentos, e todas as grandes tradições de sabedoria nos lembram essa mesma verdade.

É disso que trata a Oração da Serenidade, por exemplo.

"Deus, dê-me serenidade para aceitar o que não posso mudar, coragem para mudar o que posso e sabedoria para que eu saiba a diferença."

Nossa missão para esse +1° é memorizar essa oração.

"Deus, dê-me serenidade para aceitar o que não posso mudar, coragem para mudar o que posso e sabedoria para que eu saiba a diferença."

Leia com atenção, faça uma pausa e veja se consegue recitá-la de cor. Se não conseguir, memorize uma parte de cada vez.

"Deus, dê-me serenidade para aceitar o que não posso mudar... coragem para mudar o que posso... e sabedoria para que eu saiba a diferença."

E, o mais importante, tenha essa oração sempre em mente. Recorra a ela quando perder a serenidade ou precisar de um pouco mais de coragem ou sabedoria.

HOJE.

UMA BREVE HISTÓRIA DOS GRAMADOS

NOSSO HORIZONTE DE POSSIBILIDADES

Yuval Noah Harari é um homem muito inteligente. Ph.D. em história pela Universidade de Oxford, escreveu uma série de best-sellers, entre os quais *Sapiens: uma breve história da humanidade*, *Homo Deus: uma breve história do AMANHÃ* (ênfase minha) e *21 lições para o século 21*.

Se quiser enxergar o mundo com olhos totalmente novos, leia esses livros. (E confira minhas ideias preferidas nas Notas do Filósofo, no aplicativo Heroic, em inglês.)

Por enquanto quero falar sobre gramados. Sim, gramados.

Para o professor Harari, devemos estudar história para aprender que nossas culturas modernas não são "naturais", "inevitáveis" nem "imutáveis". Quando reconhecemos esse fato, podemos ampliar nosso "horizonte de possibilidades" e reimaginar um futuro melhor.

Mas o que os gramados têm a ver com isso? Bem, você já parou para pensar em como eles surgiram?

Harari nos conta tudo em *Homo Deus*.

Na era medieval, os recursos eram escassos. Os camponeses simplesmente não dispunham de terra e água sobrando.

Mas alguém dispunha. Sabe quem?

O rei Francisco I.

Procure na internet as imagens do castelo épico no Vale do Loire. E depois procure as imagens dos castelos dos duques franceses.

Hoje em dia vemos gramados em todos os parques públicos e campos de futebol.

Mas... para otimizar nossa vida e ativar nosso potencial heroico, devemos perceber que viver numa cultura que valoriza coisas como "gramados" não é "natural, inevitável e imutável".

E isso abre nossos olhos para todas as outras coisas da nossa cultura que TAMBÉM não são "naturais, inevitáveis e imutáveis".

Sabe aquelas férias dos sonhos? São outro exemplo de um mito tão profundamente arraigado na cultura do "consumismo romântico" que já o naturalizamos.

E o que dizer de todo o açúcar e farinha que você come?

Nada é natural, inevitável OU heroicamente ideal só porque todo mundo também faz. Como disse Krishnamurti: "Não é sinal de saúde estar bem ajustado a uma sociedade profundamente doente."

Claro que SEMPRE teremos restrições impostas pela cultura, mas podemos expandir nosso horizonte de possibilidades, criando uma vida com um sentido pessoal mais profundo.

Como diz Harari: "Não há como sair da ordem imaginada. Quando pulamos o muro da prisão rumo à liberdade, entramos no pátio espaçoso de uma prisão maior."

Mas... "Alguma liberdade é melhor que nenhuma."

E tudo isso nos leva ao nosso +1°.

Quando vir um gramado hoje – na frente de um prédio ou numa praça –, lembre-se de como tudo começou.

Talvez possamos contemplar o gramado sabendo que é apenas um dentre infinitos exemplos de supostas necessidades que não resistem a uma reflexão mais profunda.

E o mais importante: com essa nova perspectiva, podemos renovar nosso compromisso humilde (mas iconoclasta e heroico) de ajudar a criar um mundo em que 51% das pessoas possam florescer até 2051.

Começando por nós.

HOJE.

SEU EU DE 110 ANOS

PRONTO PARA UMA VIAGEM NO TEMPO?

Em *Seja mais feliz*, Tal Ben-Shahar afirma que já temos dentro de nós toda a sabedoria de que precisamos – como comprova o indivíduo que sofre uma experiência traumática e transforma radicalmente a própria vida.

Tal nos ensina um jeito divertido e poderoso de acessar essa sabedoria inata. Eis minha versão:

Vamos imaginar que a Nasa tenha inventado uma máquina do tempo.

Essa máquina pode magicamente levar você para o futuro, onde encontrará sua versão de 110 anos.

Vamos entrar. Feche a porta e se acomode. (Mantenha as mãos e a cabeça dentro do veículo o tempo todo.)

E... BUM!!! Chegamos.

Imagine sua versão de 110 anos diante de você, irradiando graça, beleza, amor, sabedoria e carisma.

Peça a essa versão que compartilhe a lição mais importante que aprendeu na vida. Peça que comente sobre os desafios e oportunidades da sua vida atual.

O que ela tem a lhe dizer?

Sério, imagine que sua versão mais incrível está diante de você *agora* e tem 110 anos.

Feche os olhos.

Visualize.

O QUE ELA DIZ?

Agora saiba que...

Essa versão mais sábia de você está aí O TEMPO TODO.

Preste atenção no que ela tem a dizer.

HOJE.

O TEMIDO "U"

E COMO CONQUISTÁ-LO

Imagine-se no começo de uma jornada heroica. Você está observando um cânion. Do outro lado vê um oásis: épico, ensolarado, radiante e incrível. Todo seu.

Você o reconhece. Pode senti-lo.

E então volta à jornada.

Desce até as profundezas do cânion para chegar ao outro lado. Está escuro lá embaixo. Precisa abrir caminho entre árvores densas.

Você olha para cima e não consegue mais ver aquela paisagem épica.

Agora entra em ação aquela voz na sua cabeça que pergunta que diabos você está fazendo e questiona por que está nessa floresta infestada de mosquitos.

Todd Henry chama essa parte da jornada de "intervalo" em seu livro *Die Empty* (Morra vazio).

Veja como ele explica: "O intervalo é a lacuna entre a causa e o efeito. É o período entre plantar uma semente e fazer a colheita. É a hora em que todo o trabalho que você fez parece não ter retorno ou qualquer recompensa visível, e quase nada no horizonte indica que as coisas vão melhorar."

Já esteve nesse lugar?

Eu também, é claro!

O que fazer lá?

Todd responde: "No intervalo, as únicas coisas que fazem você continuar são (a) confiança na sua missão e capacidade de concretizá-la, (b) sabedoria para dizer não ao que tenta desviá-lo de seu percurso e (c) progresso diário, diligente e insistente."

Nosso +1°...

Como está SEU intervalo?

Primeiro, celebre o fato de que você TEM um. (E, se ainda não chegou lá, tente um pouco mais. Esforce-se. Insista!)

Segundo, como você tem lidado na prática com o intervalo? O que pode fazer para aumentar sua confiança e seu foco e fazer "progresso diário, diligente e insistente?"

Ótimo. Faça isso.

Vejo você do outro lado!

P.S.: Foi Todd quem definiu "mediocridade" para nós. Você deve lembrar que a palavra vem do latim *medius* + *ocris* e significa literalmente estar "preso no meio de uma montanha escarpada".

Como já vimos, mediocridade tem um monte de sinônimos, mas apenas *um* antônimo: EXCELÊNCIA.

Então... se você quer chegar ao topo e não quer ficar preso no intervalo da mediocridade, precisa praticar EXCELÊNCIA. Repetidas vezes. ESPECIALMENTE quando não estiver com vontade.

A BUSCA DA FELICIDADE

NÃO CORRA ATRÁS DELA, PRATIQUE-A

Sabemos que foi Thomas Jefferson quem escreveu estas belas palavras na Declaração de Independência dos Estados Unidos:

"Consideramos estas verdades como autoevidentes: que todos os homens são criados iguais, que são dotados pelo Criador de certos direitos inalienáveis, que entre eles estão a vida, a liberdade e a busca da felicidade."

Mas... Quando Jefferson escreveu "a busca da felicidade", não quis dizer "correr atrás dela" ou "persegui-la" no sentido que pensamos hoje.

Naquela época em que homens usavam peruca empoada e pena para escrever, a "busca" por algo significava PRÁTICA.

Então repito: você não deve *correr atrás* da felicidade.

Deve PRATICÁ-LA.

Mostre gratidão pelo esforço sábio, disciplinado, amoroso e corajoso de seus antepassados comprometendo-se novamente a PRATICAR sua filosofia.

Elimine as lacunas.

Viva com *Areté*.

A serviço de algo maior que você.

HOJE.

A ÚLTIMA PALESTRA

QUAL É A SUA?

Você já assistiu à "Última Palestra" de Randy Pausch? Mais de 21 milhões de pessoas assistiram. Se você foi uma delas, sabe quão magnético e inspirador Randy era.

Caso ainda *não* tenha assistido e não saiba quem foi Randy Pausch, aqui está um pouco da história dele…

Professor de ciência da computação na Universidade Carnegie Mellon, Randy foi diagnosticado com câncer no pâncreas. Quando entrou em estado terminal, deu sua "última palestra", que foi gravada e viralizou. Também escreveu um excelente livro, *A lição final*, que ampliou as ideias do vídeo.

O livro é dividido em 53 microcapítulos cheios de sabedoria – cada um contando uma história diferente da vida de Randy.

Na introdução, ele conta que tem três filhos pequenos, e foi para eles que escreveu o livro e gravou a palestra. Randy queria registrar seus ensinamentos valiosos, já que não poderia acompanhar o crescimento dos filhos. (Eu me arrepio só de digitar isso.)

Nosso +1° é simples, mas profundo.

Se você tem filhos ou deseja ter… o que ensinaria a eles se tivesse apenas algumas semanas de vida? Sério.

Não precisa preparar uma palestra ou escrever um livro (embora não seja má ideia). O que DE IMEDIATO lhe vem à mente?

Que duas ou três coisas você DEFINITIVAMENTE gostaria que seus filhos soubessem para viver uma vida boa, nobre e heroica?

Faça uma pausa por um momento e conecte-se com seu *daimon*.

Agora considere essas três coisas…

Se eu tivesse apenas uma semana de vida, gostaria de garantir que meus filhos soubessem o seguinte:

1. ______________________________

2. ______________________________

3. ______________________________

Incrível. Abençoada seja sua sabedoria.

Agora uma pergunta MUITO mais desafiadora...

Você VIVE COM INTEGRIDADE essa sabedoria?

Porque, como você sabe, nossos filhos estão "lendo o livro" da nossa vida e absorvendo nossos ensinamentos TODOS OS DIAS.

Se isso não abre seus olhos, não sei o que mais poderia abrir.

Por meio das suas atitudes, mostre como eles devem agir pelos próximos anos e décadas.

Memento mori, Herói.

Hoje é o único dia garantido. Portanto, ofereça seu melhor e aja com vontade.

Por seus filhos, pelos filhos deles e por todos que amamos.

Concluída mais uma etapa.

Dia 1. Agora é pra valer.

VAMOS NESSA.

A ÚLTIMA CARTA

QUE ESCREVI PARA MEU IRMAO

A ciência diz que escrever e ler uma "carta de gratidão" para alguém pode ser uma experiência incrível.

Robert A. Emmons falou sobre isso em *Gratitude Works!*: "Que efeito a carta de gratidão teve sobre os participantes do experimento? Uma semana após o exercício, eles relataram estar mais felizes e menos deprimidos, e isso se manteve nas avaliações seguintes, uma semana e um mês depois. Para a surpresa de Seligman (que uma vez me confidenciou: 'Bob, não sou muito grato'), o exercício da gratidão deixou as pessoas menos deprimidas e mais felizes como nenhuma outra intervenção da psicologia positiva."

Li esse livro pouco antes de meu irmão falecer de câncer no pâncreas. Quando li o capítulo sobre as cartas de gratidão, soube na mesma hora que tinha que escrever uma para ele.

E assim o fiz. Li a carta literalmente em seu leito de morte.

Foi um dos momentos mais significativos da minha vida – daqueles que guardarei para sempre. Fico muito feliz por ter tido essa experiência, já que pude me despedir num clima de profunda conexão e amor.

Como um tributo a ele, gostaria de compartilhar essa carta com você. Espero que sirva de inspiração para que faça algo semelhante com alguém que mereça saber que é amado.

Também compartilhei essa carta na cerimônia de despedida do meu irmão.

Só para você saber: sou o mais novo de cinco irmãos de uma boa e velha família católica. Minha mãe se casou com meu pai aos 17 anos e teve meu irmão com 18. E aí vieram três meninas. Só depois de TREZE anos meu irmão conseguiu o irmãozinho que tanto queria.

O título da minha carta é: "Amo você, Rick."

Meu querido irmão,

Quero que saiba quanto te amo.

Obrigado por me apoiar nesses últimos 45 anos.

Sei que esperou muito tempo para ter um irmão mais novo e quero que saiba que você foi um ótimo irmão mais velho.

Dia desses, eu estava lendo um livro sobre gratidão (você me conhece!) que falava sobre o poder de escrever uma carta para agradecer a alguém que nos apoiou e tornou nossa vida melhor.

IMEDIATAMENTE pensei em você. Antes de qualquer outra pessoa.

O autor fez um monte de perguntas, como: "Quem ensinou você a jogar beisebol?" Nessa hora eu ri. Depois comecei a chorar.

Não tenho certeza se foi você quem me ensinou a jogar beisebol (provavelmente foi, obrigado!), mas sei que se esforçou para que minha primeira palavra fosse "bola"!

(E pouco tempo depois eu já estava ajudando você a entregar jornais.)

Enquanto eu pensava em você, em beisebol, em esporte e na pergunta do livro, a imagem que me veio à mente foi você me ajudando a praticar lances livres antes daquela competição no 8º ano. Não sei se você se lembra, mas eu devia ter uns 12 anos e você, 25. Fomos até o parque (caminhando ou no seu Celica azul que eu provavelmente tinha acabado de encerar) e você fez inúmeros lances e passes velozes, nem precisei me mover enquanto recebia um lance após outro.

Ao recordar, me pergunto: "Que cara de 25 anos faz isso pelo irmão mais novo?"

Um cara legal.

(A propósito: arrasamos naquela competição. Empatamos em primeiro lugar e acertamos quase todos os lances. Foi incrível!)

Então me lembrei de quando você treinou meu time da Liga Infantil de Beisebol. Ali começou sua carreira de técnico. Ainda vejo você lá, na linha da terceira base, torcendo por mim enquanto eu deixava minha zona de strike invisível e tentava rebater a bola em sua direção. Posso não ter ido muito bem, mas você fez o possível para extrair o melhor de mim.

Também me lembrei de todas as viagens nos fins de semana para a sua casa, a mais de uma hora de distância, onde jogávamos dardos a noite toda e voltávamos com o teto solar aberto e você escovando seu cabelo estiloso! (Ah, os dias em que tínhamos cabelo...)

Lembrei que eu me pendurava em seus braços – tão grandes e fortes, de super-herói, que eu nem conseguia envolvê-los com as mãos.

Vi você jogando softball e maravilhando a todos com seus *home runs* e defesas surpreendentes.

Recordei a honra de ter sido seu padrinho de casamento. Acredita que isso já tem 25 anos?!

E fui relembrando incontáveis outros momentos de companheirismo, incluindo nossa conversa sobre meu segundo negócio. Eu estava arrecadando dinheiro e, quando cheguei ao final da minha proposta, você disse: "Irmão Brian, não precisa me dar tantos detalhes. É você. Vai funcionar. Estou dentro."

Esse foi um dos momentos mais tocantes da minha vida – sentir-me 100% apoiado e saber quanto você acredita em mim.

Tudo isso para dizer: eu te amo. E sou grato.

Quero que saiba que eu não seria quem sou hoje sem você e seu apoio.

Obrigado, meu irmão.

Com amor,
Seu irmãozinho Brian

OBJETIVOS: TELESCÓPIOS E MICROSCÓPIOS

COMO DOMINAR O DIA E A DÉCADA

Já discutimos aqui algumas ideias que Brian Cain desenvolveu em seus livros *One Percent Better* e *The 10 Pillars of Mental Performance Mastery*. Gostaria de revisitar alguns desses ensinamentos.

Vamos falar sobre os objetivos que você tem na vida e convidaremos Cain para nos ajudar a vê-los de outra perspectiva.

Em *10 Pillars*, no capítulo sobre motivação e compromisso, ele nos diz o seguinte: "Grandes objetivos são ótimos, mas se tornam grandes armadilhas se não forem os objetivos certos. Objetivos familiares devem vir na frente dos financeiros, ou você não terá uma família com quem dividir o sucesso. Você também precisa de objetivos telescópicos e microscópicos. Os telescópicos são aqueles que você pode ver no futuro e, em seguida, por engenharia reversa, retroceder aos objetivos diários. Eles serão atingidos em três, cinco ou mais anos; já os microscópicos são aqueles que você fará nas próximas 24 horas. Lembre-se de que estabelecer objetivos é mais fácil aos poucos do que de uma vez só."

Para Cain (e para todos os grandes mestres do alto desempenho), uma das coisas mais importantes que podemos fazer para obter e (sustentar) níveis elevados de motivação é definir objetivos claros.

Eu ADORO a maneira como ele nos ajuda a fazer isso.

Então... prepare seus telescópios e microscópios e comece a agir.

Primeiro, o telescópio. Quais são seus objetivos mais inspiradores para daqui a um, três, cinco anos?

(Reflita. Quais são eles?)

Faça um rápido levantamento dos seus objetivos de longo prazo relacionados à Grande Tríade: Energia, Trabalho e Amor.

Lembre-se: se não priorizarmos o Amor junto ao Trabalho, talvez não tenhamos a oportunidade de celebrar nosso sucesso com as pessoas mais importantes da nossa vida.

E se a Energia não estiver onde precisa estar, não teremos força para nos expressar no Trabalho e no Amor, então...

Aplique a Grande Tríade para vencer!

Este é meu objetivo nº 1 de ENERGIA para daqui a cinco anos:

____

____

Este é meu objetivo nº 1 de TRABALHO para daqui a cinco anos:

____

____

Este é meu objetivo nº 1 de AMOR para daqui a cinco anos:

____

____

Agora é hora de preparar o microscópio.

Existe um jeito muito simples e fácil de descobrir o que você deve fazer HOJE para ser alguém capaz de REALIZAR esses objetivos...

Passo 0. Estabeleça seu protocolo da Grande Tríade descobrindo quem você é quando está no seu melhor em termos de Energia, Trabalho e Amor. Identifique as virtudes dessa sua versão otimizada e as coisas que você precisa fazer HOJE para honrá-la.

Passo 1. Comprometa-se a ser essa pessoa e a fazer essas coisas HOJE.

(Lembre-se: resoluções de ano-novo são muito legais, mas também são vagas. Precisamos de resoluções diárias se quisermos manter um alto desempenho a longo prazo.)

Passo 2. Acerte seus alvos. TODOS OS DIAS, O DIA INTEIRO. ESPECIALMENTE HOJE!

E, ainda mais importante: reforce seu compromisso nos dias em que estiver *menos* disposto. É assim que se forja uma confiança invencível e antifrágil.

Passo 3. Repita. Para sempre.

Veja pelo telescópio seus objetivos de longo prazo e, pelo microscópio, os próximos passos. Comprometa-se a acertar seus alvos todos os dias (o aplicativo Heroic, em inglês, pode ajudá-lo nisso). E entregue seu melhor, Herói. HOJE.

PROGRAME SUA MENTE

DEIXE-A ENERGIZADA, PRODUTIVA E CONECTADA

Criamos o protocolo da Grande Tríade para ajudá-lo a entender quem você é quando está no seu melhor.

Queremos que você identifique as melhores VIRTUDES que incorpora nos quesitos Energia, Trabalho e Amor.

Queremos também definir os comportamentos que você deve adotar para honrar sua verdadeira identidade.

E queremos que você reserve uns três minutos pela manhã (TODAS AS MANHÃS!) para se comprometer de novo a SER a melhor e mais heroica versão de si mesmo: energizada, produtiva e conectada.

Isso pode parecer muito simples (ou muito chato) para ser eficaz, mas pesquisas recentes mostram que passar um a três minutos todos os dias no aplicativo Heroic, renovando seu compromisso, pode render um aumento de 40% na sua energia, 20% na sua produtividade e 15% na sua conexão.

Como isso é possível?

Ao definir uma INTENÇÃO clara todo dia pela manhã, sua ATENÇÃO tende a segui-la e você fica mais propenso a se lembrar (e a encontrar maneiras) de FAZER as coisas que sabe que são melhores para você.

Não acredita? Experimente.

Aqui está uma razão pela qual isso é tão poderoso: você já comprou um carro?

Caso tenha comprado, responda à seguinte pergunta: pouco antes e depois de comprá-lo, você começou a ver esse modelo de carro em TODO LUGAR?

Claro que viu. Mas por quê?

É simples.

Nosso cérebro evoluiu para filtrar a quantidade EXTRAORDINÁRIA de estímulos a que somos expostos o tempo todo.

E sabe como uma das regiões mais primitivas do cérebro filtra todos esses estímulos? "Decidindo" o que entra na consciência com base no que você "disse" que era importante.

Resultado: se você está pensando em comprar um carro de determinado modelo, de repente começa a vê-lo em todos os lugares.

O mesmo se aplica a TUDO em que você pensa. Seu cérebro (mais especificamente, o sistema de ativação reticular) presta atenção CONSTANTE no que você está pensando e enfatiza isso – o que é maravilhoso, embora nem sempre.

Se você fica pensando em todas as coisas que estão dando ERRADO na sua vida e no mundo, adivinha só: verá cada vez mais fracassos.

Por outro lado, se pensar naquilo que você gostaria de ver MAIS na sua vida, você verá mais disso.

Por exemplo, SE VOCÊ LEMBRAR A SI MESMO QUEM VOCÊ É NO SEU MELHOR E QUAIS VIRTUDES E COMPORTAMENTOS ESPECÍFICOS VOCÊ QUER ADOTAR DIARIAMENTE, adivinha o que você verá mais na sua vida...

Verá mais oportunidades de ser essa pessoa.

Isso é transformador.

E... É nosso +1°.

Programe sua mente para notar aquilo que você mais quer ver.

Depois enxergue todas as oportunidades de ser sua versão mais heroica.

HOJE.

A ESTÁTUA AMBULANTE
É VOCÊ

Aprendemos muito até aqui.

Começamos com a história original da Grande Tríade, depois falamos sobre nossa Energia (onde tudo começa), nosso Trabalho (que seja genial) e nosso Amor (que é encorajar uns aos outros heroicamente).

Depois multiplicamos a Grande Tríade por 2 e aprendemos sobre nossa Identidade (quem realmente somos), nossas Virtudes (aquelas que incorporamos melhor) e nossos Comportamentos (o que fazemos quando somos nossa melhor versão).

Antes de finalizarmos este objetivo, voltemos ao ateliê de Michelangelo mais uma vez.

Imagine encontrar ali sua melhor versão heroica esculpida em mármore.

Imagine-se ENTRANDO nessa estátua.

Agora saia do ateliê.

Somos essa estátua que respira e está viva. E o ateliê da nossa vida *é infinito*.

Somos (quase literalmente!) esculpidos a cada segundo da nossa vida.

A ciência é clara: CADA milissegundo de pensamento molda nosso cérebro.

Momento a momento esculpimos a obra-prima em constante evolução que é nossa vida, à medida que aceitamos as limitações do nosso mármore imperfeito e nos comprometemos a dar ao mundo tudo que temos.

Como?

Com *Areté*.

Quando?

Como sempre...

HOJE.

E assim... chegamos ao nosso próximo objetivo. Está na hora de criar dias magistrais.

HOJE É O DIA!

FAÇA DELE UMA OBRA-PRIMA

Bem-vindo ao Objetivo IV. Já conhecemos o jogo decisivo e aprendemos a forjar uma confiança antifrágil e otimizar nossa Grande Tríade (Energia, Trabalho e Amor).

Agora está na hora de arquitetarmos sistematicamente nossos dias magistrais.

Antes de avançarmos, quero resumir este objetivo em quatro palavras grifadas para você não esquecer.

HOJE É O DIA!!!

Repito: HOJE é o dia para avançar da teoria à prática e da prática à maestria, Herói.

É simples: para que sua VIDA seja uma obra-prima, seu DIA precisa ser magistral.

Tenho duas intenções com este objetivo. Primeira, que você *realmente* reconheça que HOJE é o dia para oferecer seu melhor. Segunda, quero ajudá-lo a se tornar expert em tornar o presente maravilhoso.

Antes de iniciar os trabalhos, um pequeno exercício de reflexão...

Em *Die Empty*, Todd Henry pede que passemos o dia inteiro imaginando um repórter nos seguindo e anotando cada detalhe do que fazemos. Depois de registrar nosso comportamento durante o dia, o repórter vai embora e escreve um relatório detalhado das nossas atividades.

Esse relatório serve para resumir *toda a nossa vida* – um ótimo incentivo para vivermos *hoje* nossos valores mais profundos.

E adivinha só: esse repórter *está mesmo* nos acompanhando todos os dias.

Vamos deixá-lo orgulhoso.

HOJE.

CHECKLIST DE UM DIA MAGISTRAL

COMO REDUZIR AS TAXAS DE MORTALIDADE EM 47%

Atul Gawande é um cirurgião de renome internacional. Em seu livro *Checklist: como fazer as coisas bem-feitas*, ele nos mostra o impressionante poder de um simples checklist.

Conheci esse livro após ler os elogios de Teresa Amabile em *O princípio do progresso*.

A professora Amabile é líder de pesquisa na Harvard Business School. Ela diz: "Os resultados são impressionantes. Num experimento de três meses em oito hospitais diferentes pelo mundo, a taxa de complicações graves entre pacientes operados caiu 36% após a introdução de um checklist, e as mortes caíram 47%. Até o próprio Gawande, um cirurgião com anos de experiência, notou que seu próprio desempenho melhorou bastante depois que começou a usar o checklist. Para ele, uma cirurgia, como qualquer outra tarefa complexa, requer uma checagem regular de todos os fundamentos – o que deixa a equipe mais livre para se concentrar no trabalho e em quaisquer circunstâncias inesperadas que possam acontecer."

O checklist de cirurgia é *muito* simples. Tão simples que muitos cirurgiões (treinados por décadas para fazer o que fazem) consideram inútil.

Inclui coisas muito básicas como cada membro da equipe cirúrgica se apresentar e confirmar de que lado do corpo do paciente a cirurgia será realizada. Mas os resultados desse checklist tão simples foram impressionantes: houve 47% menos óbitos.

Repito em destaque:

APÓS O USO DE CHECKLISTS,
AS TAXAS DE MORTALIDADE CAÍRAM 47%.

A pesquisa é clara. Você pode (e deve!) usar checklists para otimizar qualquer atividade complexa – seja você um cirurgião, um piloto ou um Herói em sua jornada para criar uma vida magistral.

Um bom checklist tem que ser curto, preciso e, o mais importante, MUITO PRÁTICO.

Para nossos propósitos heroicos, é essencial um checklist simples para reduzir a taxa de mortalidade dos nossos dias magistrais.

Então… o que precisa constar na sua lista?

Crie uma primeira versão simplificada do seu checklist. Lembre-se: ele precisa ser curto, preciso e prático. Quais são as TRÊS coisas que você faz quando está nos seus melhores dias?

Pense nisso por um momento.

Quais são elas?

1. ______________________________

2. ______________________________

3. ______________________________

Descubra o passo a passo para um ótimo dia e crie um checklist para segui-lo.

Torne o dia de HOJE uma obra-prima.

P.S.: O aplicativo Heroic (em inglês) foi projetado com essa ideia em mente. Use-o para montar seu checklist e observe as taxas de mortalidade dos seus planos caírem PELO MENOS 47%.

BLOCOS DE TEMPO

A FERRAMENTA Nº 1 PARA TER ÓTIMOS DIAS

Gary Keller criou a maior agência imobiliária do mundo, além de escrever, junto com Jay Papasan, o livro *A única coisa*, no qual conta como alcançou seu incrível sucesso.

De acordo com o subtítulo do livro, Gary nos ensina "a verdade surpreendentemente simples por trás de resultados extraordinários".

E qual é essa verdade?

FOCO.

Para ele, é preciso se concentrar *implacavelmente* no que importa. Ele leva ao extremo o princípio 80/20 e nos encoraja a estreitar nosso foco até chegarmos à ÚNICA coisa que impulsiona tudo.

Ele nos ensina a priorizar o que precisamos fazer HOJE para tornar aquela ÚNICA coisa realidade – derrubando um único dominó que derrubará todos os outros na sequência.

É claro que *descobrir* qual é sua ÚNICA coisa (hoje e a longo prazo) exige clareza de raciocínio e algum Trabalho Focado.

O que nos leva à dica prática nº 1 que Gary compartilha: blocos de tempo.

A ideia básica é criar um bloco de tempo no qual você elimine TODAS as distrações, concentrando-se somente no que considera a coisa MAIS importante.

E, então, tornar isso um hábito DIÁRIO.

Para ativar seu potencial heroico, blocos de tempo são essenciais.

A importância desse hábito é óbvia no Trabalho, mas nem um pouco óbvia no Amor.

Pessoalmente, reservo um bloco de tempo de Trabalho Focado TODAS AS MANHÃS, por 30, 60 ou 90 minutos, logo após minha meditação.

Essa é minha arma secreta para uma produtividade heroica. Não abro mão. Com *raras* (mas importantes) exceções, faço isso toda manhã.

Para o Amor, gosto de criar blocos de tempo todas as noites da semana, após o trabalho, para ficar com as crianças. Sem celular. Sem distrações. Apenas eu e minha família. E gosto de criar blocos de tempo ainda MAIORES nos fins de semana.

Essas são minhas armas secretas para uma conexão heroica.

Quais são as SUAS?

Como você pode administrar melhor seu tempo no Trabalho *e* no Amor?

Vai fundo!

HOJE.

SUA MELHOR VERSÃO ANTERIOR
= SEU NOVO PARÂMETRO

Está na hora de pegar papel e caneta para criar nosso protocolo. Nossa meta assumidamente ambiciosa é transformar sua melhor versão anterior em seu novo parâmetro.

Para isso precisamos passar um tempo pensando nos seus melhores momentos do passado.

Que tal pegar uma folha de papel?

Escreva no alto "QUANDO ESTOU NO MEU MELHOR". Embaixo, trace uma linha vertical. No lado esquerdo escreva "EU FAÇO". No direito, "EU NÃO FAÇO".

Agora escreva algumas coisas que você FAZ e NÃO FAZ nos seus melhores momentos.

Não pense demais. Apenas escreva o que lhe vier à mente. Certifique-se de anotar o que faz e *não* faz em termos de Energia, Trabalho e Amor.

Anotou? Ótimo.

Agora um sábio conselho: para se sentir cada vez *melhor*, pratique mais as coisas do lado "EU FAÇO" e menos as coisas do lado "EU NÃO FAÇO". Embora não seja *fácil*, é simples assim. (Sério mesmo.)

Releia com atenção todos os comportamentos que você anotou. Qual a principal coisa que você pratica quando está no seu melhor e atualmente *não* está realizando, mas que faria uma enorme diferença na sua vida se você praticasse hoje?

Identificou? Muito bem.

Circule-a.

Agora imagine sua vida se você adotasse ESSE hábito junto com todos os outros da lista "Eu faço". E imagine-se eliminando todos (sim, todos!) os maus hábitos da lista "Eu não faço".

SABEMOS que isso é possível porque você JÁ fez no passado.

Lembra o que aprendemos sobre a ciência da autoeficácia? Uma das melhores maneiras de aumentarmos nossa confiança em relação aos desafios *atuais* é relembrar momentos do passado em que demonstramos maestria.

Com isso em mente, transforme sua melhor versão anterior em seu novo parâmetro.

No próximo objetivo abordaremos a arte e a ciência da mudança comportamental para que você possa adotar e eliminar hábitos como um ninja.

Por enquanto, lembre-se de identificar o que ativa seu potencial heroico e de colocar isso em PRÁTICA estando ou não disposto. *Especialmente* se não estiver disposto.

Forje sua confiança antifrágil e transforme sua melhor versão anterior em seu novo parâmetro, Herói.

CARPE DIEM

APROVEITE O DIA! (OU SERIA "COLHA O DIA"?)

Carpe diem!

Não sei você, mas só de escrever isso já me empolgo.

Hoje vamos nos divertir analisando as raízes latinas dessa conhecida expressão e ver como aplicá-la para otimizar nossa vida.

Carpe diem (aproveite o dia!) chegou a nós pelas *Odes* de Horácio escritas há mais de 2 mil anos. (Bem, tecnicamente a maioria de nós a conheceu pelo personagem de Robin Williams no filme *Sociedade dos Poetas Mortos*.)

Mas fique sabendo o seguinte:

"Aproveitar" não é a melhor maneira de captar a essência da palavra latina *carpe*.

Embora não soe tão legal, a tradução mais precisa para *carpe diem* seria "colha o dia". Por exemplo, colha hoje da árvore da vida – as frutas estão maduras!

A diferença é sutil, porém significativa.

Imagine uma fruta madura numa árvore. Suculenta e pronta para ser desfrutada. Para "aproveitá-la", você precisa colhê-la. ESSA é a essência do que Horácio disse.

A vida é preciosamente curta. Hoje – mais precisamente, ESTE MOMENTO! – é algo para ser desfrutado e vivido em sua plenitude.

Então... Nosso +1°.

Colha o dia!
Aprecie-o como sua fruta predileta.
E saboreie cada mordida.

CARPE PUNCTUM

NÃO DÁ PARA COLHER UM DIA – APENAS UM MOMENTO

No nosso +1° anterior, falamos sobre as antigas raízes de *carpe diem*. Aprendemos que uma tradução mais precisa seria "colha o dia", como se o dia estivesse maduro e pronto para ser desfrutado.

Mas eis a questão.

Na verdade, não podemos colher nem aproveitar um DIA. Podemos apenas colher ou aproveitar (ou desperdiçar!) um MOMENTO.

Portanto, como Dan Millman diz sabiamente em *Everyday Enlightenment* (Iluminação diária), a expressão que *realmente* deve nos empolgar é *carpe punctum* – "aproveite o momento".

Carpe punctum.

A cada instante temos a oportunidade de eliminar as lacunas entre quem *somos* e quem *podemos ser* para ativar nosso potencial heroico.

Carpe punctum.

A cada instante temos a oportunidade de viver com *Areté* e experimentar a alegria de cumprimentar nosso *daimon* interior.

Carpe punctum.

Nosso +1°...

Vamos ver quantos momentos podemos colher enquanto desfrutamos a alegria eudemônica de uma vida bem vivida.

SERES ILUMINADOS
NÃO EXISTEM

No nosso +1° anterior, falamos sobre o fato de que não podemos aproveitar o *dia* em si – apenas o *momento.*

Carpe punctum.

No livro *Everyday Enlightenment*, Dan Millman traz outra ideia brilhante. Para ele, NÃO existem seres iluminados. Existem MOMENTOS *mais* ou *menos* iluminados.

Veja como ele explica: "Ninguém se sente da mesma forma o tempo todo. Mesmo que você esteja com raiva, deprimido, agitado, com medo ou sofrendo, terá momentos de distração. Não existem pessoas iluminadas, legais, ruins, inteligentes ou ignorantes – apenas pessoas com momentos mais (ou menos) iluminados, legais, ruins, inteligentes ou ignorantes."

Essa é uma diferença realmente poderosa (e empoderadora).

Seria incrível, mas NINGUÉM se torna tão perfeito a ponto de não ter mais trabalho pela frente.

Nossa pretensão não é alcançar um estado de "Enfim me aperfeiçoei por completo e minha vida está irretocável". O que queremos é reunir cada vez mais MOMENTOS iluminados no nosso dia a dia.

E adivinha qual é o melhor momento para praticar sua nova iluminação. Isso mesmo. AGORA.

Elimine as lacunas. Viva com *Areté.*

Lembre-se: não existem pessoas iluminadas, apenas momentos mais ou menos iluminados. Então... *carpe punctum*!

O INÍCIO E O FIM DO DIA
80% DO TRABALHO É AJUSTÁ-LOS

Já que decidimos que HOJE será um dia magistral, aqui está a primeira coisa que você precisa saber...

Caso seja como a maioria das pessoas, você tem mais controle sobre o início e o fim do seu dia do que sobre o meio.

Em seu livro *O efeito cumulativo*, Darren Hardy (ex-editor da revista *Success*) chama atenção para isso.

Saiba que, se você conseguir ajustar muito bem o início e o fim do seu dia, já terá andado 80% do caminho. É por isso que enfatizamos tanto esse detalhe no aplicativo Heroic e no programa de coach.

Queremos descobrir como integrar ao início e ao fim do seu dia as vitórias de maior alavancagem na Energia, no Trabalho e no Amor. Assim, você se tornará mais revigorado, produtivo e conectado do que nunca, sendo a melhor e mais virtuosa versão de si mesmo.

Também precisamos entender que, paradoxalmente, o dia começa na noite anterior. Portanto, enquanto arquitetamos dias magistrais, devemos começar pelo fim.

À medida que nosso fim de dia for ficando cada vez melhor, acordaremos nos sentindo mais energizados.

Quando isso acontecer, você começará o dia se sentindo mais forte para conquistar vitórias na Grande Tríade.

Por enquanto… Reserve um momento e imagine SEU dia ideal.

Como ele é? Que ritual noturno você precisa criar para acordar mais energizado e pronto para um excelente dia?

Talvez o mais importante: o que você precisa PARAR de fazer à noite para acordar mais energizado e pronto para um excelente dia?

Então… Tendo otimizado seu fim de dia, como você COMEÇARIA o dia seguinte para torná-lo magistral? E como *não* começaria?

Entendeu? Ótimo.

Repito: hoje é o dia, Herói.

Vamos passar da teoria à prática e da prática à maestria enquanto otimizamos o início e o fim de cada dia e ativamos nosso potencial heroico.

HOJE.

PASSOS ILIMITADOS

GANHOS EXPONENCIAIS RUMO À VITÓRIA

Lembra nossa conversa sobre a Team Sky e o poder dos "ganhos marginais"? Quando agregamos e aumentamos uma infinidade de microganhos por um longo período de tempo, obtemos ganhos ENORMES.

E o que você acha que aconteceria se aproveitássemos não apenas o poder dos ganhos "marginais", mas também os ganhos ALTAMENTE ALAVANCADOS?

Resposta: experimentaríamos o poder de um crescimento *exponencial*!

Vamos convidar Jim Kwik, autor do livro *Sem limites*, para apresentar melhor essa ideia. Ele é um dos maiores especialistas em aprimoramento da memória, otimização do cérebro e aprendizagem acelerada.

E qual é a melhor parte da história de Jim?

Depois de ter sofrido uma lesão cerebral no jardim de infância, foi descrito por uma professora como "o garoto com o cérebro quebrado". Ele teve dificuldades na escola durante grande parte da vida. Então tornou-se antifrágil e estudou (e aplicou!) a ciência da aprendizagem.

Agora, décadas depois, ele é "o coach cerebral de astros de Hollywood, atletas profissionais, líderes políticos e magnatas dos negócios". (Isso que é antifragilidade heroica!)

Jim nos diz que: "Avançar e crescer é um grande sinal de progresso. Cada passo dado no processo de se tornar sem limites é um passo a mais na direção certa. E se você pudesse ampliar seu talento de forma exponencial? Afinal, se dermos trinta passos normais, chegaremos ao final da rua. Mas, se dermos trinta passos exponenciais, completaremos mais de vinte voltas na Terra."

Isso não é FASCINANTE?

Pare um pouco e pense nisso.

Se dermos trinta passos normais avançaremos cerca de 30 metros rua acima.

O que é ótimo. Estamos progredindo. Vamos em frente!

Mas, se descobrirmos como dar trinta passos EXPONENCIAIS, seremos capazes de dar a volta na Terra MAIS DE VINTE VEZES!

Que *loucura* nosso progresso exponencial! VAMOS EM FRENTE!

O Google nos informa que a Linha do Equador tem uns 40 mil quilômetros de extensão. Supondo que a cada passo avancemos cerca de 1 metro, para completarmos uma volta ao redor do nosso lindo planeta precisaríamos dar uns 40 milhões de passos.

Vinte voltas ao redor da Terra equivaleriam a uns 800 milhões de passos – o que é *ligeiramente* mais do que os trinta passos necessários para avançar 30 metros na rua, certo?

E tudo isso nos leva a outra pergunta prática...

Como dar trinta passos metaforicamente *exponenciais*?

É simples.

Descubra quais são as otimizações de maior alavancagem que você pode fazer e, em seguida, execute essas mudanças de comportamento SISTEMATICAMENTE enquanto agrega e aumenta os ganhos ao longo do tempo.

Entra em ação a MAGIA da rotação da Terra.

E quer saber? Não acredito que essas otimizações de maior alavancagem sejam necessariamente coisas especiais reservadas para poucos abençoados. São atitudes simples e comuns que TODOS podemos tomar.

Coisas como desligar os aparelhos eletrônicos à noite para ter uma ÓTIMA noite de sono. (Sério, essa ÚNICA mudança pode *literalmente* mudar sua rotina da noite para o dia.)

E que tal reduzir ou eliminar o açúcar e os alimentos ultraprocessados da sua dieta? (Essa ÚNICA mudança pode *literalmente* mudar sua vida.)

E se você resistisse à tentação de olhar o celular assim que acorda e começasse a meditar por um minuto e depois aumentasse para 11 minutos todos os dias? (Essa ÚNICA mudança pode *literalmente* mudar sua vida.)

E se você REALMENTE se sentisse inspirado e se concentrasse, como um laser, na Energia incrível que cultivou na tarefa mais importante do seu dia, durante um bloco de tempo de Trabalho Focado? E fizesse isso todos os dias? (Essa ÚNICA mudança pode *literalmente* mudar sua vida.)

E se você decidisse manter seu celular distante e desligado enquanto estiver em família para se mostrar presente aos seus entes queridos? (Essa ÚNICA mudança pode *literalmente* mudar sua vida.)

E se você se divertisse acrescentando outros 25 passos de otimização?

Resposta: você mudaria RADICALMENTE sua vida e completaria mais de vinte voltas na Terra.

Então, meu amigo heroico... Qual é o próximo passo mais exponencialmente poderoso que VOCÊ pode dar?

Enquanto reflete sobre isso, fique com a sabedoria de Krishnamurti: "Para ir longe você precisa começar perto, e o passo mais próximo é o mais importante."

Vamos dar o próximo passo.

HOJE!

ALTOS MAIS ALTOS E BAIXOS MAIS ALTOS

UM RETORNO À FORJA

Oficialmente chegou a hora de retornarmos ao único lugar onde podemos levar nossa confiança antifrágil a um nível heroico. É o momento de retornarmos à Forja.

Como você deve se lembrar, quando somos *antifrágeis*, deixamos de ser *frágeis*, ou seja, de sucumbir aos desafios da vida. Ficamos mais *resilientes* (lidamos melhor com os desafios e nos recuperamos um pouco mais rápido quando derrubados), mas não é só isso.

Ser ANTIFRÁGIL é usar todos os desafios como COMBUSTÍVEL para nosso crescimento sem fim.

E quando fazemos isso, adotando nossa melhor Identidade heroica e batalhando com ou sem disposição, criamos uma verdadeira, sustentável e INTENSA confiança em nós mesmos.

Essa é a essência da confiança antifrágil.

Eu repito... Forjamos essa confiança antifrágil por meio de uma fórmula muito simples: quanto *pior* nos sentimos, *mais comprometidos* ficamos com nosso protocolo.

Mas para isso precisamos TER um protocolo. E, claro, ter disciplina para realmente EXECUTAR esse protocolo nos momentos de hesitação.

Pare um pouco e sinta o poder quase *invencível* que você terá quando for capaz de virar essa chave na sua mente. Imagine que quanto PIOR você se sente, MAIS se compromete a mostrar sua melhor versão. Isso é um superpoder.

Mais uma pergunta: o que você faz *atualmente* quando se sente hesitante?

Se for como a maioria de nós (e como eu fui durante um tempo), você perde o foco e começa a ter comportamentos nocivos.

E a partir daí é ladeira ABAIXO.

Mas… E SE… no futuro, quando você tivesse esses mesmos medos, dúvidas, estresses e instabilidades, em vez de ser puxado para baixo, você fosse capaz de se comprometer AINDA MAIS PODEROSAMENTE com suas metas?

A partir daí, seria ladeira acima. E, o mais importante, você SABERIA que agora é o tipo de pessoa que, além de lidar com qualquer desafio, também fica mais forte a cada obstáculo.

Ou seja, você FORJARIA UMA CONFIANÇA ANTIFRÁGIL.

Como já vimos, sempre teremos "altos" e "baixos" porque (a) somos humanos e (b) ninguém é perfeito.

Mas… nossos ALTOS serão mais ALTOS e nossos BAIXOS serão mais ALTOS *também*.

Meus dias "ruins" hoje são, sob vários aspectos, bem superiores aos meus "melhores" dias do passado. E isso me EMPOLGA.

Acredito que poucas coisas são mais encorajadoras do que saber que somos o tipo de pessoa que fica MAIS FORTE quando a vida apronta.

É também *muito* difícil ter uma sequência de dias ruins quando se pratica o algoritmo "Quanto pior me sinto, mais comprometido fico com meu protocolo".

Não acredita em mim? Faça o teste.

Sério. Experimente.

HOJE.

DEDOS GIRATÓRIOS

COMO RECUPERAR RAPIDAMENTE SEU EQUILÍBRIO

Eis um pequeno exercício para você tentar:

Escolha um lugar onde possa rodar até ficar tonto. (Não faça isso se achar perigoso.)

Gire, gire e continue girando.

Agora tente ficar parado. Olhe ao redor do ambiente, para cima, para baixo...

Como você se sente olhando em volta fora do eixo?

Se você for como eu e os milhares de pessoas com quem fiz esse exercício, você se sente MAIS TONTO.

Essa foi a Parte I do exercício. Agora a Parte II: recupere o equilíbrio e faça de novo.

Gire, gire e continue girando.

Agora tente ficar parado. Desta vez, não olhe aleatoriamente ao redor. Quero que você junte as mãos como se estivesse rezando, com as palmas e os dedos unidos.

Levante as mãos BEM na frente do seu rosto e olhe para a ponta dos dedos.

O que acontece quando você concentra sua atenção desse jeito?

Se você for como eu e os milhares de pessoas com quem fiz esse exercício, você recupera rapidamente o equilíbrio.

Adivinha só: quando a vida nos tira do eixo e nos deixa tontos, convém CONCENTRAR TODA A NOSSA ENERGIA no nosso protocolo e simplesmente fazer as coisas que *sabemos* que podemos fazer.

É impressionante quão rápido recuperamos o equilíbrio à medida que forjamos uma confiança antifrágil que nos torna invencíveis.

E qual é o foco principal?

Areté.

Elimine as lacunas.

Seja o seu melhor.

HOJE.

JOGO DA TRANQUILIDADE

COMO JOGÁ-LO COMO UM IMPERADOR

No nosso +1° anterior, falamos sobre como recuperar rapidamente o equilíbrio na vida.

Lembrete: CONCENTRE-SE NO SEU PROTOCOLO.

Pois trago agora outra de minhas práticas favoritas, desta vez inspirada em Marco Aurélio. Em *Meditações*, ele escreveu para si mesmo: "Quando estiver transtornado por força das circunstâncias, volte depressa a si mesmo e não saia do ritmo além do necessário, porque quanto mais frequentemente você voltar à harmonia, mais a dominará."

(Lembre-se: é um *imperador* escrevendo um lembrete para *si mesmo* – ele NUNCA teve a intenção de publicar essas palavras, o que acho incrivelmente inspirador.)

Eu chamo isso de Jogo da Tranquilidade. Quando for nocauteado, entre no jogo e tente se recuperar o mais rápido possível.

Você ficará muito bom nisso com a prática.

Então… quando for nocauteado (e você será), veja quão rápido recupera sua tranquilidade.

Lembre-se: com a atitude correta, tudo vira um grande jogo.

Vamos jogá-lo bem.

HOJE.

SIMPLIFIQUE O CAMPO DE BATALHA
COM FOCO DE VISTA FRONTAL

Nos últimos capítulos abordamos quão rápido recuperamos a tranquilidade quando a vida nos tira do eixo. Eis outro modo de pensar sobre isso.

Aprendi essa ideia com Mark Divine.

Mark é ex-comandante dos Navy SEALs e autor de alguns dos meus livros favoritos sobre resistência mental e desempenho máximo. Também é investidor da Heroic e um amigo querido.

Mark nos diz que, no caos da guerra, os SEALs são ensinados a "simplificar o campo de batalha".

Quando a luta esquenta e as coisas estão confusas, Mark nos diz que é *absolutamente* essencial simplificarmos *tudo*.

Segundo ele, precisamos identificar o próximo alvo MAIS importante e depois dedicar TODA a nossa energia a executar com sucesso essa micromissão. É o que ele chama de "manter o foco de vista frontal".

Simplifique o campo de batalha. Identifique o próximo alvo mais importante. Mantenha o foco. Execute essa micromissão. E repita o processo.

HOJE.

CENTRE-SE

QUÃO RÁPIDO VOCÊ RECUPERA O EQUILÍBRIO?

Agora que já discutimos como um grande imperador-filósofo e os grandes SEALs recuperam a tranquilidade, vamos convidar um dos maiores praticantes de artes marciais para aprender como *ele* aborda o mesmo desafio.

Em *The Art of Connection* (A arte da conexão), Michael J. Gelb nos mostra a importância de sermos capazes de recuperar o equilíbrio e a tranquilidade nas interações sociais diárias. E compartilha uma história sobre Morihei Ueshiba (fundador do aikido) para ilustrar o que quer dizer.

O-Sensei, como era conhecido, foi um dos maiores praticantes de artes marciais. Um mestre absoluto.

Um dos seus alunos mais experientes uma vez lhe disse: "Suas técnicas são perfeitas! Você não comete erros. Nunca perde o equilíbrio!"

Ao que O-Sensei respondeu: "Eu perco o equilíbrio com frequência. Acabei de encontrá-lo de novo, mas tão rapidamente que você nem percebeu."

E VOCÊ? Com que rapidez recupera o equilíbrio?

Da próxima vez que for tirado do eixo, faça disso um jogo. Veja quão rápido consegue se recuperar.

Como disse Marco Aurélio, "quanto mais frequentemente você voltar à harmonia, mais a dominará".

LIMITES SÃO ÓTIMOS

POR QUE OS JOGOS SÃO TÃO DIVERTIDOS

Aqui está a regra nº 1 para criar dias incríveis: faça disso um jogo.

Pergunta rápida: sabe o que TODOS os jogos têm em comum?

Resposta: todos eles têm LIMITES. Por isso certa vez Alan Watts disse: "Tênis é mais divertido dentro das quatro linhas."

Tendemos a pensar que os limites são ruins. Porém os mais sábios entre nós entendem que o jogo só se torna um JOGO quando traçamos essas linhas no chão e definimos algumas regras (também conhecidas como LIMITES!) para podermos dizer "Foi dentro!" ou "Foi fora!".

Usemos como exemplo o jogo mais popular do mundo: futebol. Sabe quantas pessoas são fãs de futebol?

QUATRO BILHÕES.

Como você já deve saber, as regras são quase risíveis.

Desenhe um retângulo num grande campo gramado. As medidas não devem ultrapassar 75 metros de largura por 110 metros de comprimento. Coloque duas traves afastadas mais ou menos 7 metros uma da outra nas duas extremidades do campo, conecte as duas traves por um travessão no alto e instale uma rede. Chamaremos isso de "gol".

Agora pegue uma bola. A circunferência deve ser de 68 a 70 centímetros e o peso deve estar entre 410 e 450 gramas. Encha a bola de ar com pressão entre 8,5 e 15,6 psi ao nível do mar. (Nem mais nem menos, hein!)

Monte dois times, cada um com onze jogadores. Eles podem tocar a bola com os pés ou outras partes do corpo – *exceto* com as mãos –, enquanto tentam levar a bola ao gol do time adversário.

Ah! Na verdade a única pessoa que pode usar as mãos é o goleiro. Mas ele só pode usar as mãos dentro da área do gol.

Etc., etc., etc.

Sabe o que acontece quando criamos e aceitamos limites como esses? Tudo fica MUITO MAIS divertido.

É por isso que grandes artistas aceitam limites quando escrevem um haicai (apenas três versos e dezessete sílabas poéticas!) ou compõem um concerto (com seus três movimentos característicos).

É por isso que o grande compositor Igor Stravinsky certa vez disse: "Quanto mais limites nos impomos, mais nos libertamos. E as arbitrariedades dos limites servem apenas para permitir uma execução mais precisa."

E o que isso tem a ver com criar dias magistrais?

Tudo.

O FIM DO DIA
HOJE COMEÇOU ONTEM

Estamos aprendendo a criar dias magistrais dentro dos limites idiossincráticos da nossa realidade. Agora paremos um pouco para recordar dois de nossos principais objetivos.

Primeiro, precisamos entender que HOJE É O DIA para avançar da teoria à prática e da prática à maestria. Segundo, precisamos ficar craques em otimizar o dia de hoje.

Aqui está uma ideia capaz de transformar sua vida: HOJE na verdade começou ONTEM À NOITE.

Essa ideia é tão simples (e óbvia) que você pode querer pular para algo mais interessante. Eu entendo, é claro. Fique à vontade...

Mas olha que engraçado: recentemente conversei com um dos nossos coaches heroicos. Ele estava perto de finalizar nosso programa de treinamento e rimos do fato de que ele *pulou* a aula sobre "o final do dia".

Foi só mais tarde no programa que ele percebeu que ajustar o final do dia era o elo que faltava. Depois de otimizar seus rituais noturnos, ele passou a dormir melhor e, com isso, a Energia, o Trabalho, o Amor... TUDO melhorou na vida dele.

Então repito: enquanto as outras pessoas planejam o dia pela manhã, planeje o seu na noite anterior.

Quero que você VEJA a conexão entre suas rotinas matinais e noturnas. Quero que perceba como as decisões tomadas no fim do dia estão impactando a qualidade do seu sono, o que, por sua vez, impacta a Energia com que você acorda na manhã seguinte, afetando TODA A SUA VIDA.

Se vidas magistrais são criadas dia a dia, a surpreendente verdade é que ter um fim de dia magistral é o que realmente faz diferença.

+1 HORA DE SONO
PODE MUDAR SUA VIDA

Como você acha que se sentiria se tivesse mais UMA hora de sono?

A realidade é que muitas pessoas não dormem as sete ou oito horas recomendadas todas as noites.

Em seu livro *Por que nós dormimos*, o principal cientista do sono, Matthew Walker, nos diz que: "Dois terços dos adultos em todos os países desenvolvidos não seguem a recomendação de ter oito horas de sono por noite."

E continua: "Duvido que esse dado tenha surpreendido você, mas talvez as consequências o espantem. O hábito de dormir menos de seis ou sete horas por noite abala o sistema imunológico e mais do que duplica o risco de câncer."

Credo!

Além disso, destrói nossa Energia de Viver, minando nossa força (e nossa alegria!) no Amor e no Trabalho.

Pergunta pessoal: quantas horas VOCÊ dormiu noite passada?

Saiba o seguinte: se você for como a grande maioria das pessoas que dormem menos que o recomendado, ajudá-lo a ter mais UMA hora de sono é minha prioridade nº 1 neste momento.

PARÂMETRO REDEFINIDO
QUANTO PIOR A PESSOA É...

Você deve estar pensando: "Eu não preciso dormir as sete ou oito horas recomendadas."

Então me deixe fazer uma pergunta: sabe quais são as chances de VOCÊ ser uma das poucas pessoas capazes de viver bem dormindo pouco e ainda ter um desempenho excepcional?

O professor Walker, nosso guru do sono, nos diz que as chances de sermos abençoados com essa mutação genética rara são as mesmas de sermos atingido por um raio.

Sabe quais são essas chances?

Cerca de 1 em 12.000.

Sabe qual é o percentual disso, arredondando para o número inteiro mais próximo?

0%.

"Ah", você diz. "Não é tão ruim assim. Eu me sinto bem com menos horas de sono."

Ao que o professor Walker responde (em letras maiúsculas no livro dele, e eu acrescento o negrito): **"VOCÊ NÃO SABE ATÉ QUE PONTO ESTÁ PRIVADO DE SONO QUANDO ESTÁ PRIVADO DE SONO."**

Walker chama esse problema de "parâmetro redefinido" e nos diz que: "Com restrição crônica do sono por meses ou anos, um indivíduo se acostuma a ter baixo desempenho, falta de atenção e pouca energia. Esse nível de exaustão torna-se a norma, o parâmetro."

Outro "credo"!

E continua nos dizendo que MILHÕES de pessoas no mundo todo estão, de forma involuntária, passando anos "num estado de funcionamento psicológico e fisiológico abaixo do ideal, nunca aproveitando todo o potencial da mente ou do corpo, porque insistem cegamente em dormir muito pouco."

Sêneca me vem à mente agora.

Há 2 mil anos ele disse o seguinte: "Quanto pior uma pessoa é, menos ela sente isso."

E você?

DESCONEXÃO TOTAL

DICA DE TRABALHO Nº 1 PARA O FIM DO DIA

Sabe os limites da quadra de tênis (e do campo de futebol) que deixam o jogo mais divertido?

Bem, a mesma ideia básica se aplica ao Trabalho: algo mágico acontece quando traçamos limites e decidimos o que está fora deles.

Em *Trabalho focado*, Cal Newport nos conta sobre seu ritual de "desconexão total". No fim de um dia de trabalho (por volta das 18h) ele faz uma última checagem para ver se está tudo certo e, como num ritual, desliga o computador e diz a si mesmo: "Desconexão total."

A partir desse momento, o dia de trabalho está encerrado: ele não volta a checar o e-mail nem pensa nos afazeres. Ele DESLIGA o cérebro. E nos diz: "Quando trabalhar, trabalhe pesado. Quando terminar, dê por encerrado."

Essa não é uma ideia inovadora de desempenho máximo. Há 2 mil anos, Sêneca já falava o mesmo. Em *Sobre a brevidade da vida*, ele nos ensina a importância de dar à mente um tempo para descansar.

Especificamente, ele diz: "A mente deve relaxar; ela voltará melhor e mais afiada após uma boa pausa. Assim como não devemos forçar os campos férteis, pois colheitas abundantes e ininterruptas esgotam rapidamente essa fertilidade, o trabalho incessante destrói a vivacidade da mente, que só recupera suas forças após desfrutar de um pouco de descanso e tranquilidade. O trabalho contínuo produz uma espécie de torpor e lentidão."

De acordo com Sêneca, o Senado romano não abordava nenhum tema importante após a décima hora. Dependendo da estação do ano, essa "décima hora" no velho relógio de sol correspondia às quatro da tarde no inverno e às seis da tarde no verão.

Se essa política era boa o bastante para o Senado romano, eu digo que é boa o bastante para nossa vida – por isso sigo as mesmas regras básicas com meu próprio ritual de desconexão na "décima hora".

Com raras exceções, não trabalho após as 16h no inverno e as 18h no verão. PONTO.

De novo: precisamos dar à nossa mente a chance de descansar, e por um tempo razoável. Do contrário teremos dificuldade para PEGAR NO SONO e muito mais para nos MANTER DORMINDO.

Portanto... Termine seu dia de trabalho numa hora razoável.

Desligue seu cérebro.

"Desconexão total!"

Essa é a dica de trabalho nº 1 para o fim do dia.

DO TRABALHO PARA O AMOR

TRANSIÇÃO NO FIM DO DIA

Quando praticamos o ritual de "desconexão total" no trabalho, não só damos à mente uma chance de se recuperar, como também nos preparamos para uma boa noite de sono.

ALÉM DISSO, ganhamos uma ótima oportunidade de criar níveis de conexão *muito* mais profundos – é por isso que a desconexão total do Trabalho é nossa dica nº 1 para otimizar o Amor no fim do dia.

Com a "desconexão total", podemos fazer uma transição realmente poderosa e gradativa do Trabalho Focado para o Amor Focado, de modo a estarmos 100% presentes com a família.

Para conseguir isso, vou encorajá-lo a criar cada vez mais períodos de tempo nos quais seu celular fique no modo avião, longe das mãos e da vista.

Daqui a pouco falaremos sobre os efeitos negativos do que os pesquisadores chamam de "Efeito iPhone".

Por enquanto, comprometa-se a estar 100% presente com sua família e saiba que seu celular é o obstáculo nº 1.

A sua melhor e mais heroica versão está conectada com sua família, e não olhando para uma tela.

EFEITO IPHONE

A MANEIRA MAIS RÁPIDA DE OTIMIZAR SEUS VÍNCULOS

Você conhece o "Efeito iPhone"? É algo poderoso. Vamos a um resumo.

Reúna algumas pessoas num laboratório. Divida-as em dois grupos. Um grupo se senta e conversa com um desconhecido enquanto um *celular* está visível numa mesa próxima. O outro grupo se senta e conversa com um desconhecido enquanto um *caderno* está visível, em vez de um celular.

Adivinha só: o grupo com o celular à vista vai dizer que a interação foi bem menos interessante.

O celular não precisa estar ligado nem PERTENCER a uma dessas pessoas. A mera PRESENÇA de um celular diminuiu a qualidade das interações.

É o chamado Efeito iPhone.

Da próxima vez que estiver com alguém (seja um colega, um filho ou a pessoa amada), lembre-se do Efeito iPhone e deixe o celular fora de alcance para que você fique totalmente focado e presente.

Mas… faça isso apenas se quiser melhorar a qualidade das suas interações, é claro.

P.S.: Se existe UMA maneira *incrível e fácil* de melhorar IMEDIATAMENTE seu vínculo com seus entes queridos, é essa.

PÔR DO SOL DIGITAL

HORA DE COLOCAR SUAS LUZES PARA DORMIR

Já vimos como fazer a transição do Trabalho Focado para o Amor Focado (colocando o celular em modo avião, fora do alcance das mãos e da vista). Agora vejamos a dica nº 1 de Energia para o fim do dia.

Desligue os eletrônicos PELO MENOS uma hora antes de dormir.

Chamo isso de "pôr do sol digital".

Nosso cérebro precisa sair de um estado ativo, LIGADO, para um estado mais tranquilo, DESLIGADO.

O primeiro passo é adotar o ritual de desconexão total ao fim do dia de trabalho. O segundo passo é limitar a exposição à luz azul dos aparelhos eletrônicos pelo menos uma hora antes de dormir.

Ainda vamos abordar esse assunto com mais profundidade, mas por enquanto saiba que evoluímos por MILHÕES de anos *sem* luz azul à noite. O sol era a única fonte de luz azul. Quando se punha, nosso corpo sabia que era hora de fazer a transição para o sono.

Após estimular seu cérebro com toda essa luz azul que induz a produção de cortisol, não dá para esperar que ele se inunde de melatonina e deixe você calmo e relaxado para ter uma noite de sono profundo e restaurador assim que colocar a cabeça no travesseiro.

A última coisa que a maioria das pessoas faz antes de dormir é olhar o celular. Faça diferente. Olhe o celular NO MÁXIMO 30 a 60 minutos antes de dormir (o ideal são duas horas).

Pôr do sol digital. Faz bem à mente, ao corpo e à alma.

A REGRA DAS 10.008 HORAS + 36 MINUTOS

O QUE CARACTERIZA UM GRANDE DESEMPENHO

Talvez você já conheça "a regra das 10 mil horas" que Malcolm Gladwell popularizou em seu livro *Fora de série*. A pesquisa que inspirou Gladwell foi conduzida por Anders Ericsson.

Embora não se resuma a "dedique 10 mil horas de trabalho árduo e você será ótimo!", a principal descoberta da pesquisa é clara: os melhores profissionais em qualquer área se dedicaram deliberadamente à prática.

Isso é muito empolgante porque significa que a excelência não consiste em ganhar na loteria genética, e sim em usar o dom da adaptação para explorar a mentalidade de crescimento.

Mas... veja bem: o poder da prática deliberada foi apenas UMA das grandes descobertas da pesquisa.

Sabe qual é o segundo fator mais importante que diferencia os melhores profissionais?

A quantidade de tempo que passam dormindo!

Os melhores dormem, em média, 8 horas e 36 minutos a cada 24 horas – bem mais que aqueles de desempenho mediano.

(A propósito, isso inclui uma média de 2,8 horas de COCHILO por semana – duas horas a mais que a média. Ou seja, um pouco mais de 20 minutos de cochilo por dia.)

Por que isso é importante?

Bem, prática deliberada é TRABALHO ÁRDUO.

Não conseguimos sustentar um nível extraordinário de atenção se estivermos cansados. Precisamos recarregar as baterias para obter sucesso.

Tudo isso nos leva à pergunta...

Como anda o SEU sono?

Você se parece mais com os melhores profissionais e dorme mais de oito horas e meia por noite? Ou... se parece com a maioria dos americanos que dorme menos de sete horas por dia?

FAÇA AS CONTAS!

Se você deseja ter o melhor desempenho heroico sempre, precisa entender que o sono REALMENTE importa.

Então... que pequena atitude você pode tomar HOJE para dormir melhor?

Dica valiosa: desligue o celular e deixe-o longe da cama.

Como já vimos, a pesquisa é clara: se você olhar seu celular antes de dormir, vai demorar mais tempo para adormecer profundamente e passará menos tempo dormindo. Então... desligue o celular! *Pelo menos* uma hora antes de dormir.

Lembre-se da regra das 10.008 horas e 36 minutos e veja seu desempenho disparar.

COCHILE
E MUDE SUA VIDA

No nosso +1° anterior, abordamos a regra das 10 mil horas. Aprendemos que os melhores profissionais são aqueles que mais dormem: mais precisamente, uma média de 8 horas e 36 minutos a cada período de 24 horas.

Também aprendemos que eles cochilam em média mais de 20 minutos todos os dias – o que me dá vontade de falar sobre a ciência do cochilo.

Sim, existe uma ciência do cochilo. E sabe o que ela diz? Que cochilar é ótimo.

Sabia que somos os ÚNICOS animais que tentam dormir num único ciclo? Todos os outros animais do planeta são "multifásicos", ou seja, possuem múltiplas fases de sono.

Nós, humanos, também *costumávamos* ser multifásicos. Foi só recentemente que eliminamos da nossa vida o cochilo da tarde.

Como Sara C. Mednick, uma das principais pesquisadoras do sono (e do cochilo), nos diz em seu livro *Take a Nap! – Change Your Life* (Tire um cochilo, mude sua vida), os cochilos *literalmente* estão inscritos em nosso DNA.

Eles também costumavam estar inscritos em nosso DNA *cultural*.

Na Roma Antiga, havia uma hora exata em que se deveria diminuir o ritmo e tirar um cochilo. Era a sexta hora, aproximadamente meio-dia para nós. Eles chamavam isso de *sexta*.

A prática de cochilar na sexta hora do dia deu a origem à "sesta" moderna.

Cochilar por volta do meio-dia deixou de ser uma norma cultural em nossa sociedade moderna, mas convém lembrar que essa mudança é um fenômeno recente.

Voltando à pesquisa, Sara nos diz que: "Aprender depois de um cochilo é o mesmo que aprender depois de uma boa noite de sono." E que: "O desempenho daqueles que não cochilaram piorou ao longo do dia."

Na verdade, pesquisadores de Harvard nos explicam que um cochilo curto de seis minutos (sim, SEIS MINUTOS!) pode aumentar bastante nossa capacidade mental. (*Seis* minutos! É impressionante.)

Tudo isso para dizer que…

Se quiser ter muita energia e alegria heroica, tire um cochilo. Isso pode mudar sua vida.

CIRCADIANOS E ULTRADIANOS

OS RITMOS DA VIDA

Já estamos familiarizados com a ideia dos ritmos circadianos.

A palavra *circadiano* vem do latim *circa* + *dies*, que significa literalmente "ao redor de um dia". Um número impressionante de processos biológicos está ligado aos ciclos de 24 horas.

(É óbvio que muitos de nós IGNORAM os ritmos naturais ao longo de um dia, mas essa discussão fica para depois.)

O foco de hoje é o seguinte: você já ouviu falar em "ritmos ultradianos"?

Ultra significa "além". A palavra *ultradiano* teve origem na década de 1960 e significa "além da frequência dos ritmos circadianos" – ou seja, indica algo que acontece com mais frequência do que a cada 24 horas. Especificamente, os ritmos ultradianos referem-se a períodos de 90 minutos.

Eis o que precisamos saber: as pesquisas mostram que nosso limite máximo para um alto desempenho em qualquer atividade é cerca de 90 minutos.

Após esse período sem intervalo, o desempenho começa a atrofiar. Claro que podemos passar esse limite consumindo cafeína e açúcar ou ativando nossos hormônios de estresse, mas seria melhor reconhecer o limite natural e fazer uma pausa.

Quando ignoramos nossos ritmos ultradianos, experimentamos o que os pesquisadores chamam de "estresse de resistência".

Tenha esse hábito e prepare-se para a fadiga crônica e a depressão que, por sua vez, reduzirão seu desempenho.

Nosso +1° é simples…

Trabalhe por 90 minutos e, então, faça uma pausa de 15 a 20 minutos.

E, enquanto faz isso, lembre-se: nem todas as pausas são iguais.

Quando fizer um intervalo, pare de verdade! Fique off-line e saia para caminhar ou apenas relaxe.

Ficar nas redes sociais, checar o e-mail ou navegar na internet *não* proporciona a recuperação ideal de que você precisa para voltar mais forte.

Circadianos e *ultradianos*.

Lembre-se dos ritmos da vida.

CRIE ONDAS

SURFE-AS NA DIREÇÃO DO SEU MAIS ALTO POTENCIAL

No nosso +1° anterior, abordamos a importância de respeitar os ritmos ultradianos – lembrando que o desempenho atrofia após 90 minutos de trabalho.

A menos que você queira ter um desempenho baixo, fadiga crônica e depressão, convém fazer pausas regulares para recarregar.

Vamos falar mais sobre isso.

Tony Schwartz é um dos principais especialistas do mundo em gestão da energia. Escreveu *The Power of Full Engagement* (O poder do engajamento total) e dirige uma empresa focada nesse tema.

Ele diz que a vida é rítmica.

Pense: maré alta e maré baixa, dia e noite, inverno e verão, e por aí vai...

Para ativarmos nosso potencial heroico, precisamos seguir os ritmos naturais do nosso mundo e "criar ondas" – oscilando entre estar ATIVO e INATIVO.

E, se quisermos MESMO levar tudo ao próximo nível, precisamos *expandir a amplitude* dessas ondas o máximo que pudermos – ficando intensamente focados quando ativos e igualmente relaxados quando inativos.

Ondas... oscilando... com grandes amplitudes.

No livro *Maximize Your Potential* (Maximize seu potencial), Tony explica que a maioria das pessoas passa o dia num estado estacionário, longe dos altos e baixos: elas nem se dedicam nem se desligam.

Como de costume, fazer o que a maioria das pessoas faz é uma excelente maneira de ter uma vida medíocre. Não funciona para uma vida extraordinária.

(Sempre dou risada quando me lembro da citação de Mark Twain: "Toda vez que você se encontrar do lado da maioria, pare e reflita.")

Então, nosso +1°...

Como estão as *suas* ondas?

Quando você está ligado, está REALMENTE engajado ou no piloto automático?

Quando faz uma pausa, está REALMENTE descansando ou só fazendo de conta?

Faça ondas. Das grandes.

Surfe-as até seu potencial mais alto.

A JORNADA DE TRABALHO DE 4,5 HORAS

O NÚMERO MÁGICO PARA A EXCELÊNCIA

Continuando no tema "como surfar ondas até a grandeza", vamos aprender um pouco mais sobre como Tony Schwartz aplica essa sabedoria na vida dele.

Antes, voltemos à pesquisa de Anders Ericsson. Lembra que nosso caminho para a maestria e o alto desempenho deve ser pavimentado com mais de 10 mil horas de prática deliberada?

Mas saiba que sair da zona de conforto e fazer esse trabalho árduo não é nada fácil.

Requer *muita* energia.

A realidade é que não dá para fazer *tanta* coisa num dia só.

Em seu estudo, Anders descobriu que os melhores violinistas dedicavam 4,5 horas de prática deliberada por dia. Só isso.

(Ah, e eles cochilavam e dormiam mais que os violinistas medianos. Trabalho árduo requer recuperação profunda!)

Ao escrever um livro, Tony costumava trabalhar duro durante um dia inteiro – ignorando as oscilações ultradianas e consequentemente tendo um baixo desempenho.

Até que decidiu escrever o livro seguinte parando a cada 90 minutos. Não a cada 89 ou 95 minutos: a cada exatos noventa.

Ele se concentraria PROFUNDAMENTE nesse período e depois se recuperaria PROFUNDAMENTE por 15 a 20 minutos.

Depois repetiria.

Quantas vezes? TRÊS.

Ou seja, 4,5 horas de trabalho no total.

E adivinha só: ele escreveu o livro numa fração do tempo que levou para escrever suas obras anteriores.

É engraçado porque, enquanto eu estava aperfeiçoando meu dia magistral, cheguei ao mesmo resultado: três blocos de tempo de Trabalho Focado num total de 4,5 horas.

Quando estou *muito* concentrado tento manter o alto desempenho por umas cinco horas. Se der certo, prossigo, mas sem passar de sete horas no total. Contudo, 4,5 é com certeza um número mágico.

E VOCÊ?

Qual é seu objetivo EXTREMAMENTE importante (aquele que direciona *tudo* que você faz em termos de trabalho)?

Imagine seu dia magistral.

Se ele exigir um esforço individual e concentrado, divida seu Trabalho Focado em blocos de 90 minutos.

Redistribua seus afazeres em cada bloco e tenha em mente o número mágico para a grandeza.

A jornada de trabalho (genial) de 4,5 horas.

Adoro essa ideia.

MANHÃS MILAGROSAS

SEIS PRÁTICAS-CHAVE E TRÊS FASES

Hal Elrod é um ser humano incrivelmente inspirador. Aos 20 anos foi atropelado por um motorista bêbado a mais de 100 quilômetros por hora. E foi dado como morto!

Depois de seis minutos num estado de quase morte, ele ficou vários dias em coma e acordou para descobrir que sofrera danos cerebrais e talvez nunca mais andasse.

Mas enfrentou as adversidades e provou que somos capazes de superar os obstáculos enquanto criamos a vida dos nossos sonhos.

Anos depois, meio desanimado, descobriu que, se conseguisse ajustar sua rotina matinal, ativaria seu potencial heroico.

Então… escreveu um livro chamado *O milagre da manhã*, no qual compartilha "o segredo para transformar sua vida (antes das 8 horas)".

O livro foi traduzido para 37 idiomas e transformou a vida de *milhões* de pessoas. Incrível.

Como já era de esperar, Hal disse que o início do dia é *muito* importante. Grandes vidas são criadas a cada grande dia. E grandes dias são criados a cada grande MANHÃ.

Mas como fazer da nossa próxima manhã um milagre?

Hal nos diz que precisamos integrar seis práticas-chave: silêncio, afirmações, visualizações, exercícios, leitura e escrita.

Junte tudo isso e tenha uma manhã milagrosa.

Confira o livro e as Notas do Filósofo (no aplicativo Heroic, em inglês) para aprofundar o tema.

Neste +1°, quero abordar uma das minhas ideias favoritas quando o assunto é adoção de hábitos. Tenha isso em mente se quiser transformar sua vida.

Vejamos qual é ela…

Hal escreveu um ÓTIMO capítulo resumindo três fases da formação de hábitos – cada uma com duração de dez dias mais ou menos.

Ele diz que funciona assim…

Primeiro, o novo hábito é INSUPORTÁVEL.

É doloroso, desagradável. Mas persistimos.

A segunda fase é DESCONFORTÁVEL.

Não é tão ruim quanto a primeira, mas também não é tão legal… ainda!

A terceira fase é quando nos tornamos IMBATÍVEIS.

Sentimos os benefícios de adotar aquele hábito, não precisamos mais de tanta força de vontade para mantê-lo e agora ninguém nos segura.

Insuportável.

Desconfortável.

Imbatível.

É bem assim mesmo. Tenha ISSO em mente enquanto avança da teoria à prática e da prática à maestria fazendo de *toda a sua vida* um milagre, Herói!

A DOR DA PROCRASTINAÇÃO
ESTÁ NA ESPERA

A Dra. Barbara Oakley ministrou um dos cursos mais populares do mundo, chamado "Aprendendo a Aprender". Também escreveu um livro de mesmo nome, que aborda a procrastinação e compartilha algumas pesquisas fascinantes.

Você sabia que, ao examinar o cérebro de uma pessoa que odeia matemática, você consegue realmente VER os centros de dor se acendendo quando ela pensa em números?

É verdade.

Mas eis a questão. Esses centros de dor se DESLIGAM assim que a pessoa começa a fazer contas de fato.

A ANTECIPAÇÃO é que é dolorosa. Agir? Nem tanto.

Tudo isso nos leva a você... O que VOCÊ tem procrastinado?

Porque é claro que anda procrastinando. Afinal, você é humano.

Lembre-se: a dor da espera é MUITO maior que a dor de realmente fazer. O que tem estressado você é a antecipação.

Com isso em mente, vá fazer aquilo que está evitando.

Elimine as lacunas. Viva com *Areté*.

Ative seu potencial heroico.

AGORA.

SEU EU FUTURO
SE PARECE MAIS COM VOCÊ OU COM UM ESTRANHO?

No nosso +1° anterior, aprendemos que a dor está na ANTECIPAÇÃO de fazer algo – e não em realmente fazê-lo. (Bom saber!)

Vamos prosseguir com a ressonância magnética e escanear um pouco mais o cérebro.

Walter Mischel é um dos principais pesquisadores da força de vontade.

(Foi ele que fez o estudo dos marshmallows com as crianças – do qual falaremos mais tarde.)

Walter nos diz que, se você escanear o cérebro de uma pessoa e pedir que ela pense em si mesma, verá um padrão distinto se iluminar na imagem. Os pesquisadores chamam isso de "centro do ego".

Se pedir que ela pense em alguém desconhecido, verá um padrão diferente se iluminando. É o chamado "centro do estranho".

Agora, se você pedir que ela pense em si mesma no futuro, daqui a dez anos…

Adivinha só…

Em *algumas* pessoas, isso acenderá o "centro do ego".

MAS… em *outras*, acenderá o "centro do estranho".

Não é fascinante?

As pessoas cuja versão no futuro se parece mais com um estranho têm MENOS força de vontade do que aquelas cujo eu futuro se parece mais com o eu atual. Também são menos propensas a adiar a gratificação e costumam ser impulsivas e se envolver em comportamentos nocivos.

Moral da história? Precisamos fortalecer a conexão entre nosso eu *futuro* e nosso eu *atual*.

Como?

Existem muitas maneiras de fazer isso, mas para +1° vamos reconhecer o fato de que as decisões que estamos tomando HOJE estão construindo as bases para nossa versão de amanhã, da próxima semana e do ano seguinte.

Pare um pouco e imagine seu eu futuro daqui a, digamos, dez anos. Sorria ao se ver no futuro acenando para seu eu de agora, IMPLORANDO que você faça as coisas que vão tornar sua vida (sua vida futura!) mais incrível.

Você também pode imaginar sua versão futura daqui a DEZ MESES, DEZ DIAS, DEZ HORAS ou DEZ MINUTOS.

Ela verá suas escolhas ATUAIS como um presente ou uma maldição?

CONECTE o que você faz AGORA com quem está se tornando nos próximos dias, anos e décadas. Então elimine as lacunas.

E viva com *ARETÉ*.

Hoje é o dia.

VAMOS, HERÓI!

SEU CENTRO DE VÍCIO
COMO DESLIGÁ-LO

Nos últimos capítulos nos divertimos escaneando o cérebro e descobrindo coisas fascinantes.

Vamos permanecer na máquina de ressonância para mais um estudo.

Desta vez, vamos olhar como o cérebro se ilumina de maneiras diferentes dependendo do alimento que consumimos.

Primeiro, um pouco de contexto...

David Ludwig é professor e pesquisador de Harvard, Ph.D. em medicina e um dos principais pesquisadores do mundo sobre a ciência da nutrição. Supervisionou dezenas de estudos sobre dieta e é autor de mais de cem artigos científicos.

Em seu livro *Emagreça sem fome*, ele apresenta algumas pesquisas fascinantes, inclusive o seguinte estudo...

Pesquisadores pediram a voluntários que bebessem um dentre dois milkshakes idênticos em todos os aspectos, exceto um. O primeiro continha carboidratos de "rápida absorção" e o outro, de "lenta absorção".

Horas depois, essas pessoas passaram por um exame de ressonância magnética do cérebro.

Adivinha só...

Antes mesmo de entrarem na máquina de ressonância, os indivíduos que tinham consumido carboidratos de rápida absorção relataram mais fome e apresentaram menos glicose no sangue do que aqueles que tinham consumido carboidratos de lenta absorção.

E algo incrível foi observado no exame de imagem.

No grupo da "rápida absorção", uma pequena parte do cérebro estava iluminada: o núcleo accumbens. Esse núcleo é o principal centro de recompensa do cérebro. Está associado à dependência de álcool, tabaco e cocaína. É o que leva uma pessoa viciada a consumir alguma substância compulsivamente.

E essa região se ILUMINA quando consumimos carboidratos de rápida absorção.

Então, quando os níveis de açúcar caem e a fome aumenta, o núcleo accumbens grita para que comamos mais doces. Não é uma combinação campeã.

A solução?

Primeiro, reflita sobre como suas escolhas alimentares afetarão você daqui a minutos ou horas (ou dias, meses, anos, décadas), conforme nosso +1° anterior.

E reduza ou elimine esses carboidratos de rápida absorção.

Quais são eles, afinal? Incluem obviamente o açúcar (em todas as suas formas!), além de pães e massas.

Vamos acalmar o núcleo accumbens à medida que otimizamos nossa alimentação a cada mordida.

-1° = +1°

-1° = +1°

-1° = +1°

P.S.: Sabe qual a maneira MAIS FÁCIL de -1° ser igual a +1°? Siga a regra alimentar nº 1 (da qual falaremos no Objetivo VI) e abandone as bebidas açucaradas. HOJE.

SACRIFÍCIOS VS. DECISÕES

HÁ UMA GRANDE DIFERENÇA ENTRE OS DOIS

Georges St-Pierre, também conhecido como GSP, é um dos maiores praticantes de artes marciais do mundo.

Claro que ele nem sempre foi um dos melhores. Em determinado momento, era apenas um *jovem gari* que DECIDIU ser o melhor do mundo.

As pessoas em volta o chamavam de louco.

(Compreensível. Quem tem pretensões tão altas assim? Dica: pessoas que têm chance de fazer acontecer.)

Então, quando GSP *decidiu* que seria o melhor do mundo, também decidiu o que NÃO iria fazer.

"Treino, em vez de festa. Trabalho, em vez de diversão. Prática perfeita, em vez de repetição casual."

Ele investiu TODA a energia em seu objetivo e seu sonho. (A rotina dele é de uma disciplina impressionante, você precisa ver.)

Em seu livro *The Way of the Fight* (O caminho da luta), GSP faz questão de esclarecer que as coisas que deixou de fazer não foram *sacrifícios*. Foram *decisões*.

Sacrifícios vs. Decisões. Há uma enorme diferença entre os dois.

Um deles vem acompanhado de lamento; o outro, da confiança calma e do poder autêntico de um ser humano heroicamente comprometido.

Agora, para nossa aplicação prática de +1°...

Quem VOCÊ está comprometido a ser?

Que *decisões* você precisa tomar para canalizar melhor sua energia?

A raiz da palavra *decidir* significa "eliminar". Quando tomamos uma decisão verdadeira, ELIMINAMOS todas as outras opções e VAMOS COM TUDO.

Faça isso.

HOJE.

BONS DIAS RUINS

DOMINANDO A ARTE DE JOGAR BEM QUANDO TUDO VAI MAL

Jack Nicklaus certa vez disse que o segredo para ser um grande jogador de golfe é "jogar bem num dia ruim". Mais precisamente, ele disse: "A maior e mais difícil arte no golfe é 'jogar bem num dia ruim'. Todos os melhores jogadores são mestres nisso."

Uma coisa é jogar bem quando tudo favorece. Outra é jogar bem quando tudo vai *mal*.

Jim Afremow, um dos principais coaches de resistência mental do mundo e autor de *The Champion's Mind* (A mente do campeão), chama isso de "feiura eficaz" e de "bons dias ruins".

É necessário dominar a arte de ter bons dias ruins. Como?

Primeiro, espere ter dias ruins e cometer erros de vez em quando.

Esqueci qual jogador de golfe disse isso, mas ele sempre *esperava* um número *x* de tacadas ruins, em qualquer rodada, e aí, quando dava a inevitável tacada ruim, não desanimava. Apenas dizia "Aí está!" e então prosseguia.

Precisamos fazer o mesmo.

Esperar pelos erros. Esperar por fases ruins quando não estivermos nos dedicando como gostaríamos.

Esse é o primeiro passo para não cairmos no ciclo destrutivo de achar que há algo errado conosco.

Devemos reconhecer que não estamos em nosso melhor.

E depois?

Devemos seguir nosso protocolo, sempre aplicando o algoritmo "Quanto PIOR me sinto, MAIS COMPROMETIDO fico com meu protocolo".

Forje uma confiança antifrágil à medida que domina a arte de jogar bem num dia ruim.

EU GANHEI?

COMO ACERTAR UMA TACADA DE 1 MILHÃO DE DÓLARES

O medalhista de ouro Lanny Bassham, autor e coach de resistência mental, se concentra no PROCESSO de atingir metas. Ele nos conta uma ótima história sobre um dos seus clientes, um jogador profissional de golfe.

Esse jogador estava com algumas dificuldades para estabelecer suas metas do ano. Lanny então o orientou a não pensar em ganhar torneios, mas a colocar toda a sua atenção em dominar o *processo* de jogar bem – identificando os componentes principais de uma tacada de sucesso e então, literalmente, dando uma tacada de cada vez.

O jogador aceitou os sábios conselhos. Agora, no início da temporada, está na rodada final de um grande torneio. Ele alinha sua tacada, seguindo o processo que ele e Lanny estabeleceram. E acerta o buraco.

O adversário o cumprimenta e o parabeniza. Então ele percebe que algo deveria estar acontecendo quando sua esposa *corre para o campo, eufórica*.

"Eu ganhei?", pergunta ele.

Sim.

Você acabou de ganhar o torneio e 1 milhão de dólares, Herói!

Imagine isso. Imagine estar *tão focado* em executar o próximo passo no seu processo que você nem percebe que está acertando uma tacada de 1 milhão de dólares.

E adivinha só: você tem (é claro) muito mais chances de pontuar quando concentra cada grama de sua energia criativa em dar seu melhor, em vez de se perguntar se está indo bem o bastante.

Processo vs. Resultado.

Onde está o *seu* foco?

DIAS DE REBOTE

O QUE FAZER APÓS UM DIA IMPERFEITO

Você já teve dias em que ficou aquém dos seus padrões superelevados e se perguntou o que tinha acontecido? Eu já.

Felizmente, conforme evoluímos, esses "dias ruins" tornam-se menos dramáticos do que os dias ruins anteriores, mas ainda continuam ocorrendo à medida que nos desafiamos com padrões cada vez mais altos.

Então, passo 1.

Lembre a si mesmo que o crescimento não acontece numa linha reta e perfeita, indo de onde você está até o ponto aonde quer chegar. O crescimento está mais para uma linha em zigue-zague.

George Leonard nos conta que, conforme trilhamos o caminho rumo à maestria e largamos os antigos hábitos, precisamos ter "disposição para dar um passo atrás a cada dois passos à frente, às vezes vice-versa".

Adoro esse "às vezes vice-versa".

Às vezes você volta dois ou três passos e depois só consegue avançar um.

É assim que funciona. E tudo bem.

Quando sabemos disso, sacudimos a poeira e analisamos o que "dá para melhorar". Pensamos no que poderíamos ter feito diferente e forjamos nossa confiança antifrágil – garantindo que o dia *após* nosso desempenho ruim seja INCRÍVEL.

Gosto de chamar esses dias seguintes de "dias de rebote".

Queremos que sejam ÉPICOS.

Queremos acordar *ainda mais* comprometidos com as pequenas coisas, aceitando o caminho da maestria e esquecendo todo o processo vergonhoso, enquanto voltamos para arrasar.

Então, em vez de RETROCEDERMOS numa espiral, usamos esses dias como um catalisador *PARA A FRENTE.*

Imagine-se jogando uma dessas bolinhas de borracha contra o chão. O que acontece? Quanto mais forte você joga, mais alto ela pula, não é mesmo?

Vamos fazer isso. No estilo antifrágil.

Dias ruins nos tornam melhores. Obrigado, imperfeições.

Lembre-se de dominar os dias de rebote.

AS QUATRO DISCIPLINAS DA EXECUÇÃO

1 + 2 + 3 + 4

O filho de Stephen Covey, Sean, escreveu um ótimo livro em parceria com outras mentes brilhantes (Jim Huling e Chris McChesney) chamado *As 4 disciplinas da execução.* Adquiri essa obra fantástica por recomendação de Cal Newport.

Para os autores, existem quatro disciplinas da execução, que eles chamam de "4DX". Eis um resumo:

Disciplina nº 1. Precisamos nos concentrar nas metas crucialmente importantes. Ênfase no CRUCIALMENTE.

Ou seja, devemos priorizar os objetivos ultraimportantes que nos estimulam e realmente vão fazer diferença na nossa vida.

Nota: não é necessário estabelecer muitos; no máximo dois.

A estrutura de uma boa meta crucialmente importante (MCI) consiste em avançar de um ponto *x* até *y* passando por *z*.

Disciplina nº 2. Os idealizadores das 4DX nos dizem que nossa MCI é uma "medida histórica". *Fica no passado* em relação ao que você fará para alcançar esse objetivo.

O que produz os resultados? Eles chamam de "medidas de direção". É necessário foco nelas.

Disciplina nº 3. Uma vez definidas sua MCI e sua medida de direção, é hora de ficar de olho nos resultados. Você precisa saber o que está acontecendo.

O placar principal que deseja acompanhar não é o que deveria ter conquistado, e sim como está indo na sua DIREÇÃO.

Muitas pessoas ficam obcecadas com as medidas históricas. Não queremos ser como a maioria. Fique obcecado pelas metas do processo que *criam* os resultados.

Disciplina nº 4. Já temos uma meta clara e crucialmente importante. Sabemos o que precisamos fazer para alcançá-la. Estamos acompanhando nossa medida de direção. Agora precisamos manter "uma cadência de responsabilidade".

Não dá para ficar motivado durante um fim de semana e desanimar na semana seguinte.

Então, essas são as quatro disciplinas da execução.

Como você lida com elas?

Qual você domina? Qual precisa melhorar?

E, como sempre, o mais importante: o que você pode fazer HOJE para ativar seu potencial heroico?

+1° e +4 disciplinas com sucesso!

FIQUE DE OLHO NO PLACAR

E VEJA SEU DESEMPENHO DISPARAR

No nosso +1° anterior, conhecemos um pouco mais das quatro disciplinas da execução.

Pergunta rápida: consegue lembrar quais são as 4DX?

Resposta rápida: (1) saiba qual é sua meta crucialmente importante; (2) concentre-se nas suas medidas de direção; (3) fique de olho nos resultados; e (4) seja responsável.

Vamos falar mais sobre a importância de acompanhar o placar. Como já dito pelos idealizadores das 4DX, observar os resultados é importante. Na verdade, é *super*importante.

Eles pedem que nos imaginemos jogando boliche com uma cortina na frente. Não é nada divertido ver a bola desaparecer atrás de uma cortina e não saber o resultado. Você provavelmente pararia de jogar se não pudesse ver seu desempenho. (Certo?)

Eles também pedem que imaginemos Venus Williams jogando com sua irmã Serena. Num dos cenários, elas estão jogando apenas por diversão, sem contabilizar os pontos. Em outro, estão marcando a pontuação e disputando o campeonato em Wimbledon. Qual cenário tem mais energia? Aquele em que estão marcando pontos e jogando para vencer. (Certo?)

É por isso que precisamos olhar os resultados em nossa vida.

É um jeito REALMENTE poderoso de subirmos de nível e ativarmos nosso potencial heroico.

Está lembrado do estudo em que um grupo contabilizava os próprios passos e o outro não? O grupo que "acompanhava os resultados" com o passômetro caminhou um quilômetro a mais.

Outra pergunta: lembra O QUE os idealizadores das 4DX dizem que devemos acompanhar?

Não devemos apenas acompanhar os objetivos que atingimos ou não (medidas históricas), mas se fizemos ou não *tudo que nos ajudaria a atingi-los* (medidas de direção).

Então… Qual é sua meta crucialmente importante?

E qual é sua medida de direção para alcançá-la?

DE OLHO NO PLACAR!

Ajuste a intensidade.

E divirta-se ativando seu potencial heroico.

HOJE.

DOIS CARTÕES DE ESCORE

UM PARA A DIREÇÃO E OUTRO PARA O HISTÓRICO

Já que estamos indo bem com as quatro disciplinas da execução, vamos falar sobre direção e histórico.

Conceitos MUITO importantes de se dominar.

Recapitulando: nossa "medida histórica" é a "meta crucialmente importante" que queremos alcançar. Precisamos identificar claramente esse objetivo e saber por que queremos atingi-lo.

Também precisamos reconhecer que, embora possamos *influenciar* o resultado, não podemos controlá-lo por completo.

Imagine um jogador profissional de golfe. O objetivo histórico é pontuar o suficiente para ganhar o torneio. Ótimo. Mas... concentrar-se exclusivamente NISSO, quando deveria se ocupar do próprio desempenho, não vai levá-lo ao resultado desejado. Pelo contrário, seria uma boa maneira de ter um bloqueio psicológico.

Já a medida de DIREÇÃO é o que você faz para alcançar a medida histórica. Esses comportamentos são tão poderosos porque (a) estão sob nosso controle direto e (b) executá-los em alto nível é o que cria os resultados desejados.

Voltemos ao nosso jogador de golfe. Ele precisa identificar claramente os comportamentos que, executados de maneira sistemática, aumentarão as chances de sucesso. Para isso, é necessário que ACOMPANHE a frequência com que adota esses comportamentos.

No livro *Finding Your Zone* (Encontrando sua zona), o guru de alta performance Michael Lardon afirma que esse é um conceito muito importante e pede que seus jogadores mantenham DOIS cartões de escore.

Um cartão é para a medida histórica e as tacadas que acertam. O outro (muito mais importante!) é para registrar se eles executaram ou não o que deveria ser feito antes de cada tacada.

Tudo isso nos traz de volta a VOCÊ. Como andam *seus* dois cartões de escore?

Seja claro. Saiba o que quer alcançar. Entenda o que precisa fazer para conseguir.

E tenha disciplina para executar.

HOJE.

P.S.: É aqui que entra o aplicativo Heroic (em inglês). Sou suspeito para falar, mas o protocolo da Grande Tríade é um ótimo cartão de escore para medir as metas de *direção* que ajudarão você a ganhar o jogo decisivo da vida.

É por isso que eu, pessoalmente, estabeleço para mim 101 metas diárias.

Segundo pesquisas, basta conquistar três a cinco metas diárias para aumentar a energia em 40%, a produtividade em 20% e o engajamento em 15%.

DIAS MAGISTRAIS ROMANOS

COM HORAS DE 45 A 75 MINUTOS

Como discutido brevemente, o Senado romano possuía seu próprio ritual de "desconexão total".

De acordo com Sêneca, eles não abordavam nenhum tema importante após a décima hora.

Eu sabia que a "sexta hora" era por volta do meio-dia (daí a conhecida "sesta") e, portanto, a "décima hora" seria por volta das quatro da tarde.

Mas… continuava curioso para saber como os romanos organizavam seus dias, então consultei meu confiável amigo, o Sr. Google.

O resultado da pesquisa mostrou alguns fatos históricos fascinantes sobre os dias magistrais romanos.

Aparentemente, MUITO tempo atrás (antes de os relógios de sol começarem a ser usados em 263 a.C.), os romanos dividiam seus dias em duas partes: antes e depois do meio-dia. No idioma deles: *ante meridian* e *post meridian*.

Parece familiar?

Foi daí que vieram "*a.m.*" e "*p.m.*" em inglês.

Fascinante.

Mais tarde, quando adotaram o relógio de sol, dividiram os dias em doze horas.

Do nascer ao pôr do sol = doze horas.

Mas eles não usavam 60 minutos por hora; ajustavam a quantidade de minutos dependendo da estação do ano.

Na latitude mediterrânea, o inverno tinha apenas nove horas de luz solar, enquanto o verão tinha quinze.

Portanto, a "hora" romana no inverno tinha apenas 45 minutos, enquanto no verão tinha cerca de 75. Acho isso incrível por muitos motivos.

Primeiro: como nos lembra Yuval Noah Harari, muitas das coisas que damos como certas (como gramados e horas de 60 minutos) não são nem naturais nem inevitáveis (muito menos imutáveis).

Segundo: sempre achei que fazia MUITO mais sentido estruturar os dias com base no nascer e no pôr do sol, e me divirto usando essa ideia antiga em meu próprio cotidiano.

Por enquanto...

Tenha um ótimo dia.

Do nascer ao pôr do sol.

HOJE.

O EFEITO ZEIGARNIK

COMO USÁ-LO A SEU FAVOR

Hoje vamos conhecer a psicóloga russa Bluma Zeigarnik, autora de uma pesquisa fascinante. Na década de 1920, seu professor de pós-graduação, Kurt Lewin, percebeu que os garçons lembravam melhor os pedidos que ainda não tinham sido pagos. (Fascinante.)

Bluma realizou uma série de pesquisas sobre essa observação e a quantificou no que é conhecido como efeito Zeigarnik. A ideia básica é a seguinte: costumamos nos lembrar melhor de tarefas incompletas.

Kurt Lewin descreveu esse conceito como "tensão específica da tarefa". Até concluir algo considerado importante, parte da mente estará concentrada nessa missão.

Vejamos como usar isso a nosso favor.

Primeiro, criativamente: saber que uma parte da mente continuará enfocando algo importante até que seja concluído nos faz seguir o exemplo de alguns dos maiores matemáticos e escritores do mundo.

Ao fim do dia, passe alguns minutos pensando naquilo que for mais relevante para você.

Ou, como Jason Selk aconselha em *Organize Tomorrow Today* (Organize o amanhã hoje), simplesmente faça uma lista de prioridades para amanhã antes de encerrar o dia de hoje e, nesse processo, prepare seu inconsciente para trabalhar nisso!

Segundo, psicologicamente: saber que uma parte da mente continuará concentrada em algo importante até que seja concluído nos faz observar com que frequência as coisas nos estressam porque não foram resolvidas. (Já notou isso?)

Quer parar de remoer? Encontre uma solução!

Sugiro o seguinte...

1. Hoje, no fim do dia, pense na coisa mais importante que você estiver planejando para amanhã. Imagine-se realizando a tarefa e deixe sua mente trabalhar inconscientemente nisso.

2. Tem algum pensamento negativo surgindo toda hora na sua mente? O que você pode fazer para encontrar uma solução para o problema?

Divirta-se.

Deixe Bluma orgulhosa!

P.S.: Sabe quem mais conhece tudo sobre o efeito Zeigarnik? Produtores de TV. Eles prendem sua atenção com os ganchos no fim dos episódios, por exemplo.

Fique atento. Não morda a isca.

LEÃO VS. SELVA

SEJA LEGAL COM SEU SISTEMA LÍMBICO, POR FAVOR

Alberto Villoldo diz que evoluímos para lidar com um leão de cada vez.

O rugido do leão aciona uma reação de fuga ou enfrentamento (para que possamos viver e contar a história mais tarde).

O mais importante é notar que o estresse envolvido nesse mecanismo, embora extremamente forte, também é bem efêmero. Respondemos ao desafio e seguimos em frente. Nosso sistema nervoso se reinicia e fica tudo bem.

Só que o Dr. Villoldo explica que o mundo que temos criado para nós é bem diferente do que já foi no passado.

Expostos aos meios de comunicação 24 horas por dia, acompanhamos cada coisa horrível que acontece no planeta.

Instantaneamente. O tempo todo.

E por algum motivo bizarro, quando desaceleramos um pouco para refletir sobre tudo, passamos a assistir aos horrores ficcionais na televisão e no cinema como forma de "entretenimento".

Tudo isso REALMENTE compromete nosso sistema límbico primitivo que evoluiu para lidar com apenas um leão de cada vez num momento agudo de estresse.

Agora é como se TODA A SELVA estivesse nos ameaçando TODOS OS DIAS, O TEMPO INTEIRO. Isso é extraordinariamente estressante e as consequências são graves.

Seu sistema límbico não consegue assimilar toda essa tragédia no noticiário e na TV e dizer: "Está tudo bem, não é comigo."

Sua amígdala é provocada e reage COMO SE ESTIVESSE ACONTECENDO COM VOCÊ AGORA.

Você sabia que as pessoas que assistiram a mais do que seis horas de notícias sobre o atentado a bomba na Maratona de Boston de 2013 tiveram *mais* sintomas de estresse pós-traumático do que quem esteve lá e de fato viveu o trauma?

Pense um pouco nisso.
E dê uma folga para o seu sistema límbico.
HOJE.

25 QUILOS = 10

COMO DOMINAR O MEDO DA ARTE

É seu primeiro dia na aula de artes, num curso de introdução à cerâmica. A professora faz algo um pouco esquisito.

Ela aponta para metade da classe e diz: "No último dia de aula, vou trazer uma balança. Se vocês produzirem 25 quilos de jarros, vão ganhar nota 10; para 20 quilos, 9; para 15 quilos, 8."

Depois aponta para a outra metade da classe e diz: "Vocês ganharão 10 se criarem um jarro maravilhoso. De vocês só espero um único jarro. Mas tem que ser incrível."

Avancemos até o final do semestre.

Quem você acha que criou os jarros mais bonitos?

Resposta: o grupo que produziu 25 quilos para ganhar 10.

Por que isso acontece?

Bem, como explicam os autores de *Arte e medo*: "Parece que o grupo da 'quantidade' estava ocupadíssimo com pilhas de trabalho e aprendeu com os próprios erros; enquanto o grupo da 'qualidade' teorizou sobre a perfeição, e no final ficou com um monte de argila desperdiçada."

Pergunta: como VOCÊ aborda a *sua* criatividade?

Você está tentando criar o "jarro perfeito"? Ou está disposto a produzir uma TONELADA de coisas – aprendendo com seus erros e ficando cada vez melhor?

Nosso +1° é este...

Crie um monte de jarros metafóricos.

E lembre-se: com 25 quilos você ganha nota 10.

P.S.: Quem me vem à mente é Abraham Maslow. Ele nos diz que "o necessário é não ter medo dos erros, é mergulhar de cabeça, fazer o melhor que se pode, esperando aprender o bastante com os erros para no final corrigi-los".

O PRINCÍPIO 80/20

O QUE FUNCIONA? FAÇA MAIS DISSO

Era uma vez (1897 para ser mais exato) um economista italiano chamado Vilfredo Pareto, que estudava distribuição de renda e riqueza na Inglaterra.

Ele descobriu que uma pequena porcentagem de pessoas possuía a maior parte das terras e da riqueza. Na verdade, 20% da população detinha 80% da riqueza e da renda.

Posteriormente, dizem que ele descobriu que esse princípio se aplicava não apenas a diferentes países e épocas, mas também a seu próprio jardim – onde percebeu que 20% das vagens rendiam 80% das ervilhas colhidas!

Desde que nosso amigo Vilfredo identificou essa tendência, vários pesquisadores vêm acrescentando muitas aplicações modernas.

Eis algumas das mais curiosas:

- 20% do seu tapete provavelmente sofre 80% do desgaste
- 20% das ruas são responsáveis por 80% do tráfego
- 20% dos consumidores de cerveja consomem 80% das cervejas vendidas

Tudo isso é muito legal, mas o que tem a ver com a ativação do nosso potencial heroico?

Bem, as mesmas taxas tendem a se aplicar nesse caso.

Por exemplo, para nossos propósitos: 20% dos nossos comportamentos *provavelmente* são responsáveis por 80% da nossa qualidade de vida.

O segredo? IDENTIFICAR esses 20%.

Como Richard Koch explica em seu livro *O princípio 80/20*: "Vinte por cento do que fazemos leva a 80% dos resultados; porém 80% nos levam a apenas 20%. Estamos desperdiçando 80% de nosso tempo em resultados de baixo valor."

E aconselha: "Acalme-se, trabalhe menos e concentre-se num número limitado de objetivos muito valiosos. Deixe o princípio 80/20 trabalhar por você."

Então, quais são as poucas coisas vitais que você faz e que lhe trazem mais benefícios?

Mais especificamente, quais são as TRÊS coisas que você faz quando está no seu melhor? Essas coisas evitam que o dia seja ruim e fazem com que ele seja ÓTIMO?

Por exemplo, eu consigo identificar alguns comportamentos que me mantêm sintonizado com minha melhor versão:

1. Durmo entre nove e dez horas por noite para garantir um sono revigorante. Simplesmente NÃO CONSIGO dar meu melhor se estiver cansado; por isso, essa é uma prioridade inegociável.

2. Treino como um atleta todos os dias enquanto me divirto com meu programa "1 + 10 + 100 + 1.000 + 10.000": uma saudação ao sol, dez flexões de braço, cem *burpees*, mil metros de remo e 10 mil passos.

3. Sou criativo antes de ser reativo, fazendo um Trabalho Focado visando à minha VITÓRIA nº 1.

+1. Faço questão de criar micromomentos sem celular com minha esposa e meus filhos.

Se TUDO que eu fizesse fosse essas três coisas (+1), eu já teria um dia incrível. Ainda que não seja exatamente 80/20, chega bem perto.

E VOCÊ? Quais são os *seus* três comportamentos principais que mais o ajudam a ser sua melhor e mais heroica versão?

Seja claro.

Domine-os.

HOJE.

P.S.: Pontos extras se você colocar esses comportamentos num checklist.

CALCULADORA MOTIVACIONAL

RESOLVENDO O PROBLEMA DA PROCRASTINAÇÃO

Piers Steel é um importante cientista e pesquisador. Após analisar centenas de estudos, ele formulou uma equação que capta a essência da motivação.

À primeira vista é um pouco abstrata, mas vale a pena incorporá-la e praticá-la como uma de nossas ferramentas. Recomendo ter essa equação em mente e usá-la com frequência para ver onde sua motivação está diminuindo e como fortalecê-la.

Aqui está a equação: **M = E × V / I × D**

Motivação = Expectativa × Valor / Impulsividade × Demora

Para quem não entende muito de matemática, basta notar que, se você quiser ter muita motivação, é melhor ter um numerador grande e um denominador pequeno.

Ou seja, é preciso aumentar a expectativa e o valor e diminuir a impulsividade e a demora.

Expectativa. Neste caso, é sinônimo de confiança.

Você precisa acreditar que seu objetivo será alcançado. Você tem que SABER que *pode* fazer isso. Independentemente do resultado, precisa acreditar profundamente na sua capacidade.

Se ainda não acredita, das duas uma: ou você tem que adquirir mais confiança ou simplificar seu objetivo.

Valor. Se eu fosse escrever essa equação, começaria por aqui.

Antes de nos perguntarmos se somos capazes de alcançar nosso objetivo, temos que nos perguntar se realmente *queremos* alcançá-lo.

Nosso DESEJO precisa ser extremamente alto. Napoleon Hill chamava isso de "desejo ardente".

Então, uma pausa rápida: o que você quer (*com todas as forças*) alcançar na vida? Sua motivação está elevada?

Caso não esteja, pergunte-se: estou indo atrás de algo que REALMENTE desejo? Se a resposta for sim, você REALMENTE acredita que pode conseguir? Se a resposta for não, a ciência e o bom senso dizem que sua motivação será fraca.

Ajuste essas duas variáveis para ter alguma chance de manter sua motivação lá em cima.

Agora vejamos o que acaba com a motivação.

Impulsividade. Você concentra sua atenção no que é mais importante? Ou está sempre se distraindo com e-mails, notificações no celular ou qualquer outra coisa?

Quanto mais alto o nível de impulsividade, menor o de motivação. Precisamos reduzir ou eliminar todas as distrações executando um Trabalho Focado que nos impulsione para a frente. Ponto.

Demora. Outra maneira excelente de acabar com a motivação é definir uma meta muito fora de alcance. Isso não ajuda.

A solução? Criar micro-objetivos (hoje, esta semana!) que possibilitem um fluxo constante de microvitórias – a maneira PERFEITA de sustentar a motivação dia após dia.

De novo, essa fórmula pode parecer muito abstrata, mas afirmo por experiência própria que é incrivelmente eficaz.

Quando minha motivação diminui, adoro pegar um papel e escrever essa equação, buscando pequenas maneiras de otimizar cada variável.

Experimente.

Funciona.

MOTIVAÇÃO = ENERGIA × (VALOR × EXPECTATIVA / IMPULSIVIDADE × DEMORA)

UM OLHAR DIFERENTE SOBRE A CIÊNCIA DA MOTIVAÇÃO

No nosso +1° anterior, falamos sobre nossa equação motivacional:

Motivação = Expectativa × Valor / Impulsividade × Demora

Recapitulando: nossa motivação sempre será estimulada por quão entusiasmados estamos para conseguir algo (valor) e quão confiantes estamos de que podemos alcançá-lo (expectativa).

Quando REALMENTE queremos algo e REALMENTE acreditamos que somos capazes, há mais dedicação e trabalho duro.

Por outro lado, não podemos dissipar toda essa motivação sendo distraídos por coisas como o celular (impulsividade). Além disso, precisamos alcançar uma série de micro-objetivos para estar sempre progredindo (evitando a demora).

Tudo isso é muito poderoso.

Aplique essa equação na sua vida e veja como aumentar seu entusiasmo.

Mas... para mim falta uma variável MUITO importante nessa equação.

Veja como acho que ela deveria ser:

Motivação = **ENERGIA** × (Valor × Expectativa / Impulsividade × Demora)

O fato é que, se a energia não estiver boa por conta de um estilo de vida pouco saudável, toda a equação irá por água abaixo. Quando está cansado, você vê o mundo de outra forma. Literalmente.

Sabia que pessoas com privação de sono têm memória ruim para coisas boas e memória boa para coisas ruins? É verdade.

Portanto, nossa prioridade nº 1 é a seguinte: otimize heroicamente sua Energia.

Repito: se você tiver dificuldade de sair da cama por conta de escolhas erradas no seu estilo de vida, terá dificuldade de ativar seu potencial heroico.

Então...

Qual é a medida nº 1 que você pode tomar em termos de alimentação, exercício físico, sono, respiração e foco, começando HOJE?

E qual é a primeira coisa que você vai PARAR de fazer hoje?

Otimize sua Energia.

Está na hora de ativar seu potencial heroico.

AFASTAMENTO DIGITAL

PAUSE PARA SE DISTRAIR, NÃO PARA FOCAR

Vamos revisitar o livro *Trabalho focado*, de Cal Newport. Como já vimos, em nosso mundo moderno, o Trabalho Focado é tão RARO quanto VALIOSO. Infelizmente muitas pessoas passam tempo demais perdidas na superficialidade.

Uma das melhores maneiras de manter o foco é se desconectar das distrações sem sentido, desligando o Wi-Fi e o celular.

Mas eis a questão.

Cal nos diz que costumamos nos afastar da tecnologia para podermos nos concentrar no Amor ou no Trabalho.

MAS... esse não deveria ser nosso estado normal. A distração deveria ser a *exceção*, não a regra.

Bem que poderíamos, de vez em quando, nos afastar do nosso Trabalho Focado (ou do Amor Focado, da Vida Focada) para mergulharmos de cabeça na tecnologia apreciando todo o seu valor – SEM sermos sugados pelo vórtice que ameaça (literalmente) desperdiçar vidas inteiras.

Como Cal explica tão perfeitamente: "Não faça pausas no seu estado natural de distração. Faça pausas no seu estado natural de foco."

E completa: "Proponho uma alternativa ao afastamento da internet. Em vez de você parar de *se distrair* para poder focar, faça o contrário: de vez em quando, pare de *focar* para poder se distrair."

Amém.

Nosso +1° é simples, mas não é fácil...

Concentre-se. Em cada aspecto da sua vida.

HOJE.

ACERTE TRÊS DE DEZ

E ENTRE PARA O HALL DA FAMA (NA VIDA E NO BEISEBOL)

Não sei você, mas ainda estou meio apegado à ideia de que eu nunca deveria errar. Quer dizer, racionalmente eu sei que errar é inevitável. Devemos nos lembrar de ter uma mentalidade de crescimento. Afinal, não há grandes sucessos sem obstáculos e nenhum filme é gravado numa só sequência perfeita.

Mas, quando se trata de MIM e de VOCÊ, a coisa muda de figura. Queremos ser perfeitos, não é mesmo?

Como abordo numa de minhas aulas, eu costumava ser tão perfeccionista que, no meu primeiro emprego, me estressava tentando *grampear* impecavelmente as páginas. O grampo precisava ficar numa linha horizontal perfeita. (Hoje rio e me compadeço do meu eu de 22 anos.)

É... percorri um longo caminho.

Aqui está outro pequeno detalhe que me ajudou com o passar do tempo. (Eu adoro beisebol desde criança, então essa metáfora faz muito sentido para mim.)

Sabe com que frequência um jogador de beisebol do HALL DA FAMA acerta as rebatidas? Se for fã de beisebol, você sabe que uma média de .300 é incrível.

Se o rebatedor acertar três rebatidas em cada dez ao longo da carreira, será *historicamente* excelente e talvez entre para o Hall da Fama.

Pois veja alguns fatos curiosos.

No momento em que escrevo este capítulo, 270 jogadores foram incluídos no Hall da Fama do beisebol. Somente 114 tiveram uma média de rebatidas superior a .300.

Ty Cobb conseguiu uma média de .368 em 24 anos de carreira, o que é impressionante! Ted Williams, uma média de .344; Babe Ruth, .342; e Hank Aaron, .305.

Continue lendo a lista e verá MUITOS jogadores com média inferior a .300 (inclusive alguns TREINADORES do Hall da Fama que não conseguiram chegar nem perto, como Tony La Russa, cuja média de rebatidas foi de apenas .199 em 132 jogos durante seis temporadas).

Tudo isso para dizer: se você consegue acertar TRÊS rebatidas a cada dez, está entre os *melhores*. Você pode fracassar outras sete vezes e AINDA estará no Hall da Fama.

Três de dez. É isso.

Agora estamos chegando ao nosso +1°.

Adivinha só: os melhores criadores e empreendedores têm a mesma média de sucessos.

No livro *Originais* Adam Grant, professor da Universidade da Pensilvânia, nos diz o seguinte: "Esteja você produzindo ou avaliando novas ideias, o melhor que pode fazer é medir o sucesso com base no parâmetro que os batedores usam no beisebol. Como diz Randy Komisar: 'Se atingi uma média de rebatidas de .300, então sou um gênio. Afinal, o futuro não pode ser previsto. Quanto mais cedo você entender isso, mais rápido se tornará excelente.'"

Para quem não sabe, Randy Komisar é um bem-sucedido empresário e capitalista de risco. Se ELE acredita que três acertos em dez fazem dele um gênio, acho que podemos adotar o mesmo padrão.

Então, da próxima vez que você errar uma rebatida, lembre-se dos jogadores do Hall da Fama.

Volte lá e dê seu melhor.

P.S.: Babe Ruth rebateu uma média de .342 durante a carreira, um feito épico, considerando que ele também era arremessador.

Como já vimos, em determinado momento ele liderou a liga em *home runs* E em *strike outs*. É assim que funciona. Você faz tudo para acertar, mas nem sempre consegue. Permaneça antifrágil e saiba que esses erros costumam ser indicadores reversos. Prepare-se para rebater com alegria e determinação.

MEDITAÇÃO NOTURNA DE PITÁGORAS
COM SEUS VERSOS DE OURO

Donald Robertson é um dos principais estudiosos do estoicismo, além de terapeuta clínico e autor de *Pense como um imperador*.

Ele nos explicou toda a diferença entre "guerreiros" e "bibliotecários", lembrando que não basta ESTUDAR filosofia: os antigos filósofos a PRATICAVAM.

Além de nos presentear com uma biografia fantástica de Marco Aurélio, o livro de título instigante também está repleto de práticas estoicas.

Quer pensar como um imperador romano? Siga Pitágoras e faça uma boa análise do seu dia.

Donald nos diz: *Esta passagem famosa dos "Versos de Ouro" de Pitágoras, que Epicteto citou para seus estudantes, descreve a meditação da noite.*

Não permita que o sono feche suas pálpebras
Até examinar todas as ações do dia:
"Onde errei? O que fiz?

O que omiti que deveria ter feito?"
Se nesse exame descobrir que fez algo errado,
Reprove-se severamente por isso;
E, se fez algum bem, regozije-se.

Esse é nosso +1°...
Que tal repetir os versos em voz alta?
Aumente a temperatura um grau de cada vez.
No estilo dos antigos filósofos.
HOJE.

PRIMEIRO O MAIS IMPORTANTE

ESQUEÇA O QUE FOR SECUNDÁRIO

Um dos sete hábitos das pessoas altamente eficazes, segundo Stephen R. Covey, é fazer "primeiro o mais importante". Ele até escreveu um livro de mesmo nome para abordar esse assunto.

Sabe de onde ele tirou essa expressão? De Peter Drucker – que também disse que deveríamos ignorar o que é secundário.

Ele explicou: "Se existe um 'segredo' para a eficácia, é a concentração. Executivos eficazes fazem o mais importante primeiro e uma coisa de cada vez."

E *também* disse: "Não há nada tão inútil quanto fazer com grande eficiência algo que não deveria ser feito."

A verdade é que, em qualquer momento, sempre existe UMA única coisa mais importante a ser feita. É isso que os melhores entre nós fazem. Repetidas vezes.

Claro que isso não se aplica apenas aos executivos.

Veja como Michael Phelps aplicou essa sabedoria em sua vida. No decorrer de cinco Olimpíadas (o que já é uma conquista épica), ele ganhou 28 medalhas – 23 de ouro.

Em seu livro *Sem limites*, ele conta que aprendeu um de seus segredos de sucesso com o coach Bob Bowman.

Trata-se de uma pergunta muito simples: o que é importante agora?

O que é importante agora? Microvitórias.

E neste momento? Microvitórias.

E agora? Microvitórias.

Repetidas vezes.

Phelps criou microvitórias todos os dias, durante seus treinos e antes de suas competições. E essas microvitórias contribuíram para uma TONELADA de vitórias enormes.

Então…

No decorrer do dia de hoje, pergunte-se:

O QUE É IMPORTANTE AGORA?

P.S.: É claro que isso não significa trabalhar o tempo todo, ou de maneira obsessiva, em qualquer aspecto da vida. Significa ter uma visão geral e saber quando a coisa mais importante NÃO está funcionando. Significa se desconectar da tecnologia para se conectar com a família, com seu eu superior ou com aquilo que for mais relevante para você.

Isso é VENCER de verdade. Lembre-se: primeiro o mais importante. E esqueça o que for secundário.

P.P.S.: A respeito desse assunto, o monge budista e professor de meditação Matthieu Ricard observa: "Uma terceira forma de preguiça é não ter a determinação de fazer imediatamente o que você sabe ser a coisa mais importante e desperdiçar o tempo com atividades menores. Para remediar isso, estabeleça prioridades entre seus projetos e lembre-se de que, embora seus dias sejam contados, atividades comuns são como ondas no oceano – infinitas."

TEMPO

O QUE É O AMOR PARA AS CRIANÇAS

Dia desses Alexandra imprimiu um monte de frases inspiradoras. Gostei tanto de uma delas que tirei uma cópia para mim.

Aqui está ela: "Para uma criança, amor significa TEMPO."

Esse é nosso +1°.

Você tem filhos? Lembre-se: para eles, amor significa TEMPO.

Deixe de lado o celular e todas as outras coisas "superimportantes" por um momento e esteja plenamente presente para seus filhos.

HOJE.

Nota: é claro que, para TODOS NÓS, amor significa TEMPO.

Então, deixe de lado o celular e todas as outras coisas "superimportantes" por um momento e ESTEJA PRESENTE para cada ser humano com quem você tem a bênção de interagir.

HOJE.

EFICIÊNCIA VS. EFICÁCIA

UMA É BOA PARA O TEMPO, A OUTRA, PARA AS PESSOAS

Aqui está outra ideia transformadora que Stephen R. Covey apresenta em seu livro *Os 7 hábitos das pessoas altamente eficazes*.

Segundo Covey, podemos ser *eficientes* com o tempo e as tarefas, mas precisamos nos concentrar em sermos EFICAZES com as pessoas.

Pense nisso por um momento...

Eficiência vs. ***Eficácia***.

Você já deve ter notado que, quando tentamos ser *eficientes* com as pessoas (em especial com os filhos, para quem amor significa tempo), às vezes nos sentimos *eficientes* mas INEFICAZES.

A verdade é que os relacionamentos podem ser bastante complexos e sempre exigem nossa presença.

Então... vamos mostrar aos nossos entes queridos quanto os amamos reservando mais tempo para eles – um tempo de qualidade. Sem esquecer que nosso maior obstáculo a isso é quase sempre a tecnologia.

Para que tanta pressa com as pessoas que amamos? Para termos mais tempo de mexer no celular?

Recupere esses momentos (e minutos) desperdiçados e os dedique aos seus relacionamentos.

HOJE.

TRANSFORME NUM JOGO

ENCARE AS TAREFAS COMO PRESENTES

Meus filhos foram presenteados pelos avós com relógios inteligentes no último Natal. Minha esposa tentou sincronizá-los, mas não deu certo, então eles foram deixados na gaveta da cozinha e só começaram a funcionar este ano.

Depois da primeira noite usando seu novo relógio, Emerson pulou da cama para verificar seu sono (ele tinha dormido 9 horas e 40 minutos!) e começou a contar os próprios passos.

– Nossa! Já dei 27 passos! – disse ele, saindo do banheiro até meu escritório.

– Incrível, filho – falei, sorrindo. – Bom trabalho!

– Aposto que vou dar mais passos que você hoje!

– Com certeza. Será ótimo!

Logo veio a irmã ao meu escritório e verificou quantas horas tinha dormido. (Foram dez horas ao todo e agora ela também estava contando os passos.)

Então teve início a brincadeira. Os dois começaram a correr pelo corredor de um lado para o outro, depois saíram, andaram na trilha e voltaram, suados, após quase 30 minutos.

– Completamos QUATRO voltas – anunciou Emerson. – Já demos 7 mil passos. Quantos você deu?

– Nossa. Impressionante! – exclamei. – Estou apenas com 1.487.

E era impressionante mesmo porque, embora Emerson adorasse correr e brincar, não era *muito* fã de sair e fazer exercícios, a menos que tivesse uma boa razão. Já Eleanor gostava mais de se movimentar, mas nada parecido com isso.

Até que... Tudo virou um JOGO.

Que é o objetivo deste +1°.

Um dos temas recorrentes das minhas sessões de coaching na comunidade Heroic é mostrar que, muitas vezes, nossas metas são encaradas como TAREFAS – coisas que *temos* que fazer.

Porém, seguindo os ensinamentos de Michelle Segar sobre adoção de comportamentos saudáveis, enfatizo a importância de transformar essas "tarefas" em PRESENTES para nosso eu futuro.

Precisamos lembrar que comer bem, mover o corpo e garantir uma boa noite de sono aumenta MUITO as chances de ativarmos nosso potencial heroico.

Queremos experimentar a eudemonia hedônica e captar a verdade desta declaração de Sêneca: "*Quão preferível é seguir uma linha reta e alcançar o destino onde o agradável e o honroso enfim se tornam, para você, a mesma coisa.*"

Sabe qual é uma das melhores maneiras de fazer isso?

Dê vazão à sua criança interior e...

TRANSFORME TUDO NUM JOGO.

HOJE.

CRIATIVO VS. REATIVO

COMECE PELA CRIATIVIDADE

Do meu ponto de vista, se quisermos ativar nosso potencial de produtividade heroica, DEVEMOS ser *criativos* antes de *reativos*.

Pode até não parecer uma ideia transformadora, mas acredito que seja o tempero secreto da produtividade heroica.

As pessoas costumam pensar que sou um sujeito prolífico – e acho que sou mesmo. Também pensam que trabalho o tempo todo e que vivo num estado constante de pressa para cumprir meus prazos – o que não é verdade.

O motivo nº 1? Eu nunca (sério, NUNCA) me permito ser *reativo* antes de ser *criativo*.

Todas as manhãs, priorizo a criatividade.

Começo o dia conquistando minha VITÓRIA mais importante por meio de um Trabalho Focado, logo após a meditação e antes de qualquer outra coisa.

Enquanto isso meu telefone fica em modo avião, desligado e bem guardado. Nada de e-mail ou notícias. Sou CRIATIVO antes de ser reativo.

S E M P R E.

Mesmo que nem toda sessão de Trabalho Focado seja incrível, muitas outras são. E o mais importante: como diria Cal Newport, sempre "agrego" valor.

E o que acontece quando acumulamos essas pequenas vitórias ao longo do tempo? Mágica.

Então... O que é REALMENTE importante para *você*?

Qual é seu objetivo nº 1 CRUCIALMENTE importante?

Sua missão neste capítulo é a seguinte: injete criatividade no seu projeto mais importante ANTES de ser reativo.

Advertência: todos temos ritmos diferentes. Por exemplo, minha esposa "reage" aos nossos filhos. Ou, para ser mais preciso, criar nossos filhos é seu trabalho criativo mais importante agora.

Claro, você precisa estabelecer seu próprio ritmo para cumprir com mais eficácia as obrigações da *sua* vida.

MAS... pegar o celular não precisa ser a primeira coisa a fazer logo de manhã. (Certo?)

Seja CRIATIVO!

Antes de ser reativo.

Mas apenas se quiser ativar seu potencial heroico.

PRATIQUE O QUE VOCÊ PREGA

O SERMÃO DO BOM SAMARITANO

Quando morávamos em Ojai, na Califórnia, eu, Alexandra e Eleanor saímos para uma caminhada e vimos um cachorro que parecia perdido. Ele tinha identificação e agia de maneira amigável, mas assustada.

Claro que se fosse nosso cachorro (Zeus!), iríamos querer que alguém nos avisasse. Mas infelizmente estávamos sem celular (em prol do minimalismo digital) e não pudemos ligar para o dono. Então ficamos ali com o cachorro, esperando alguém passar.

Tivemos sorte e logo veio um casal. Eles foram superprestativos – ligaram para o dono (caiu na caixa postal) e para a Humane Society (ninguém atendeu, pois era feriado).

Enquanto pensávamos no que fazer, o dono do cachorro apareceu. Caso resolvido! Um reencontro feliz.

Nesse meio-tempo, conversamos com o casal. Um privilégio do minimalismo digital: micromomentos de ressonância positiva, no estilo Amor 2.0.

Um dos nossos novos amigos trazia uma tatuagem no pulso direito: *oṃ maṇi padme hūṃ* – mantra sagrado budista que capta a essência de uma vida compassiva.

Eu os estava elogiando por colocarem esse lema em prática e mencionei um curioso estudo.

Veja isto: pesquisadores prepararam um experimento no qual seminaristas teriam que dar uma palestra sobre o Bom Samaritano – parábola que conta como religiosos muito devotos ignoraram uma pessoa necessitada, que só foi acudida por um samaritano pouco religioso.

Bem, os pesquisadores mexeram os pauzinhos para que os seminaristas saíssem um pouco atrasados para a palestra.

E, no caminho até lá, puseram um ator malvestido, lamentando-se na sarjeta (*claramente* pedindo ajuda). Os seminaristas quase tinham que passar por cima do homem para entrar no edifício onde dariam a palestra.

Adivinha o que aconteceu.

Noventa por cento daqueles religiosos – QUE ESTAVAM PRESTES A ENSINAR SOBRE COMPAIXÃO – ignoraram a pessoa necessitada.

Pois é. De vez em quando TODOS nós fazemos isso. Faz parte da natureza humana.

Há uma citação de Martin Luther King que resume isso muito bem: "A primeira pergunta que o sacerdote e o levita fizeram foi: 'Se eu ajudar esse homem, o que acontecerá comigo?' Mas… o bom samaritano inverteu a pergunta: 'Se eu não ajudar esse homem, o que acontecerá com ele?'"

Esse é nosso +1°.

Vamos praticar o que pregamos.

HOJE.

GESTÃO DO TEMPO NO ESTILO DRUCKER

EFICÁCIA 1 + 2 + 3

Peter Drucker é considerado o maior pensador de negócios do século XX. Em *O gestor eficaz*, ele nos conta que o TEMPO é nosso bem mais precioso. Você pode perder dinheiro e recuperá-lo, pode até perder a saúde e tê-la de volta. Mas, uma vez que seu tempo passa, já era. Ponto.

Infelizmente, poucos de nós prestam atenção na advertência de Aristóteles de que "Devemos contar o tempo pelas palpitações do coração".

Drucker nos apresenta um processo de três etapas para otimizar o uso do tempo. Vou resumir rapidamente:

Primeiro, devemos começar MONITORANDO nosso tempo para saber com mais clareza onde ele está sendo gasto.

Como já vimos, o simples ato de monitorar *qualquer coisa* melhora de imediato o desempenho numa atividade. Por exemplo, se você estiver monitorando sua alimentação, ficará menos inclinado a anotar "três biscoitos" na hora do almoço. Certo? O mesmo acontece com nosso tempo.

Temos que saber para onde ele está indo. Assim, identificamos o tempo desperdiçado e descobrimos que talvez nosso trabalho seja menos focado e eficaz do que imaginávamos.

Em seguida, GERENCIAMOS melhor nosso tempo. E a primeira atitude a tomar nessa parte do processo é eliminar *brutalmente* os desperdícios.

De novo, a regra nº 1 para otimizar *qualquer coisa* – seja a saúde, os relacionamentos ou seu tempo – é SE LIVRAR do que faz mal a você.

Biscoitos? Fora. Brigas? Fora. Joguinhos de celular? Fora.

Por fim, devemos CONSOLIDAR nosso tempo. Para Drucker, esse processo consiste em criar os maiores blocos de tempo possíveis para realizar um trabalho realmente importante e focado.

Para ele, esses blocos não se limitam a 90 minutos, mas se estendem pela "metade de um dia" e até por *semanas* de trabalho ininterrupto.

Recapitulando:

1. Para onde está indo seu tempo? Monitore.

2. O que tem desperdiçado seu tempo? Elimine.
3. Como criar grandes blocos de tempo? Consolide.

Esse é o 1 + 2 + 3 da gestão do tempo no estilo Drucker. Faça valer cada batida do seu coração.

HOJE.

SER MULTITAREFA É UM MITO

O QUE FAZEMOS É INTERCALAR TAREFA (E ISSO COBRA UM PREÇO ALTO)

Ser multitarefa é um mito. Nosso cérebro não é como um computador com processadores paralelos. Na verdade, não conseguimos fazer várias coisas ao mesmo tempo. Ninguém é de fato "multitarefa"; seria mais apropriado dizer que "intercalamos tarefas".

Mas por que devemos nos importar com isso?

Sabe a equação do Trabalho Focado?

Trabalho de Alta Qualidade = Tempo Gasto × Intensidade de Foco

Significa basicamente o seguinte: se quiser produzir um grande volume de trabalho excelente sem passar a vida inteira trabalhando nisso, você precisa aumentar a intensidade do seu foco.

O problema é que, se toda hora você interrompe sua atenção pulando de uma tarefa para outra, seu foco diminui.

Pesquisadores testaram isso em laboratório e descobriram que intercalar tarefas compromete drasticamente o desempenho.

Uma das razões para isso é que toda essa troca de tarefas cria algo chamado "resíduo de atenção". Parte do seu foco ainda permanece na *última* coisa que você fez. Esse *resíduo* de atenção impacta negativamente a habilidade de lidar com a tarefa da vez.

A solução? Criar um bloco de tempo de Trabalho Focado – um período em que você se concentre EXCLUSIVAMENTE numa ÚNICA tarefa.

Quando?

Que tal todos os dias?

Especialmente…
HOJE.

INTERCALAR TAREFAS SAI CARO

VEJA COMO CALCULAR OS CUSTOS

Façamos um pequeno exercício para ver quanto nos custa intercalar tarefas. Por favor, pegue um cronômetro.

Primeiro, calcule o tempo que você leva para recitar o mais rápido possível o alfabeto de *A* a *J*.

Tudo pronto? VALENDO!

Quanto tempo levou?

Agora faça o mesmo contando de 1 a 10.

Um, dois, três e… já!

Quanto tempo levou?

Agora faça a mesmíssima coisa alternando entre letra e número. Assim: A-1, B-2… até J-10.

Preparado? VAI!

Quanto tempo levou?

Se for igual a mim e a Alex Soojung-Kim Pang, que me apresentou a esse exercício em seu livro *The Distraction Addiction* (O vício da distração), você levou provavelmente um segundo e meio para contar de 1 a 10 e outro segundo e meio para o alfabeto de *A* a *J*. E levou *pelo menos* dez segundos para contar a série de A-1 a J-10.

Eis aqui a análise óbvia…

Você pode fazer uma tarefa muito simples em um segundo e meio e outra muito simples em mais um segundo e meio.

PORÉM… Duas tarefas muito simples que levariam três segundos, quando combinadas, levam TRÊS VEZES mais tempo para serem concluídas.

Além disso, o cérebro fica cansado.

Embora seja um exemplo muito trivial, devemos reconhecer que intercalar tarefas acarreta um custo *enorme* em termos de eficiência – sem mencionar o prejuízo de energia quando sobrecarregamos nosso sistema nervoso com um estímulo estressante atrás do outro.

Lembre-se: intercalar tarefas sai caro.

Então... FOCO.

HOJE.

ARRASADOR
VS. A LEBRE E A TARTARUGA

Em seu livro *10X: a regra que faz a diferença entre o sucesso x fracasso*, Grant Cardone explica que entendemos errado a fábula "A lebre e a tartaruga".

Nessa clássica história, a tartaruga aposta corrida com a lebre, que larga em disparada e até cochila no meio do caminho, tamanha é sua vantagem. Aproveitando o cochilo da rival, a tartaruga vence a corrida com seus passos lentos, mas persistentes.

Grant pergunta: e se combinássemos num só animal as melhores qualidades da tartaruga e da lebre?

Esse animal – rápido como a lebre e persistente como a tartaruga – ARRASARIA com os dois!

Dessa forma a fábula se chamaria "Arrasados".

E qual seria o nome desse animal fictício?

Gosto de chamá-lo de Arrasador.

O arrasador aguenta o tranco! Tem a velocidade espetacular da lebre... e também sabe se manter no jogo por muito tempo, administrando a própria energia.

E você?

DESCANSE ANTES DE FICAR CANSADO

PENSE NOS BILHÕES DE BATIDAS DO CORAÇÃO

Sabe quantas vezes seu coração bate durante a vida? É óbvio que isso depende de inúmeros fatores, mas digamos que a frequência cardíaca média seja de 70 batimentos por minuto.

Isso significa 4.200 batimentos por hora. Cerca de 100 mil batimentos por dia. Mais de 35 milhões por ano. E, se você viver até os 100 anos, seu coração terá batido mais de 3,5 *bilhões* de vezes. Tudo sem você nunca ter pensado nisso.

Então... uma pergunta: como o coração consegue trabalhar *tanto* por anos a fio sem dar uma pausa?

Na verdade, essa é uma pergunta capciosa. O coração consegue trabalhar tanto assim JUSTAMENTE porque faz muitas pausas.

No livro *Como evitar preocupações e começar a viver*, Dale Carnegie aborda a importância de lidar com o *cansaço* para enfrentar a *preocupação*.

Ele conta que o Exército americano faz seus soldados descansarem por 10 minutos a cada hora de marcha – descansar ANTES de ficar cansado aumenta o rendimento geral.

Carnegie também menciona Winston Churchill, que trabalhava dezesseis horas por dia, com quase 70 anos, durante a Segunda Guerra Mundial. Um dos seus segredos? Ele gostava de trabalhar na cama e tirava um monte de cochilos.

Depois vem Rockefeller – que viveu até os 96 anos e tirava um cochilo de 30 minutos todos os dias ao meio-dia. E temos Thomas Edison, que atribuiu sua enorme energia e resistência ao hábito de dormir na hora que tivesse vontade.

Agora voltemos ao coração.

Carnegie cita Walter B. Cannon, médico de Harvard que nos diz o seguinte: "A maioria das pessoas pensa que o coração trabalha o tempo todo. Na verdade, existe um período de descanso após cada contração. Ao bater numa frequência moderada de 70 pulsações por minuto, o coração trabalha por apenas nove horas ao dia. São quinze horas de descanso diário."

O segredo da longevidade do coração?

Recuperação.

Ele trabalha e se recupera. E se recupera um pouco mais. Quinze horas de descanso para nove horas de trabalho.

E VOCÊ?

Descansa antes de ficar cansado?

Priorizar o descanso e a recuperação é algo difícil de fazer num mundo obcecado por produtividade, mas é incrivelmente importante se quisermos manter níveis sustentáveis de desempenho.

Eis nosso +1°...

Que pequena atitude você pode tomar hoje para descansar *antes* de ficar cansado?

Faça isso.

E lembre-se do segredo dos bilhões de batimentos do coração.

SINERGIA

QUANDO 1 + 1 = 3 (OU MAIS)

Sinergia.

O hábito nº 6 das pessoas altamente eficazes, segundo Stephen R. Covey.

O dicionário nos diz que sinergia é "a interação ou cooperação de duas ou mais organizações, substâncias ou outros agentes para produzir um efeito combinado maior do que a mera soma dos seus efeitos".

Ou seja, quando o todo é maior que a soma das partes.

Quando 1 + 1 não é igual a 2... E sim a 3.

Exemplos são abundantes na natureza. Coloque duas plantas próximas uma da outra e suas raízes vão se entrelaçar e melhorar o solo – ajudando cada planta a florescer mais do que se estivessem separadas.

1 + 1 = 3.

Junte duas peças de madeira e elas aguentarão mais que o dobro do peso.

1 + 1 = 3.

Para ilustrar isso, Dave Ramsey compartilha uma excelente história sobre cavalos belgas em seu livro *Líder empreendedor*.

Ao que parece, cavalos belgas são os mais fortes do mundo, capazes de puxar, sozinhos, mais de 3 toneladas. Junte dois cavalos belgas e eles puxarão entre 9 e 11 toneladas. Não duas vezes, mas TRÊS vezes mais.

1 + 1 = 3.

Mas olha que loucura. Se você criar e treinar os cavalos belgas juntos, eles ultrapassarão as 11 toneladas, podendo chegar a 14: não apenas *três*, mas QUATRO vezes mais que os cavalos que não se conheciam.

1 + 1 = 4.

Sinergia.

É um conceito poderoso.

Como você pode aplicá-lo na SUA vida HOJE?

DOMINE SUA VIDA
E MOSTRE SEU PODER

Stuart Wilde foi um dos líderes do movimento de autoajuda nos anos 1990, quando dava palestras com Louise Hay, Deepak Chopra e Wayne Dyer.

Também era um sujeito muito divertido e igualmente perspicaz, autor de um grande livro chamado *Infinite Self* (Eu infinito).

Uma passagem desse livro me saltou aos olhos e me conquistou.

Aqui está ela: "Ambientes bagunçados e uma vida desleixada refletem um estado psicológico e metafísico enfraquecido. Se você for poderoso, dominará sua vida, encontrará tempo para limpar e organizar as coisas e vai querer fazer isso como parte de sua disciplina pessoal. Bagunça é a manifestação externa da inquietação e da preguiça do ego."

Vamos frisar: "Ambientes bagunçados e uma vida desleixada refletem um estado psicológico e metafísico enfraquecido. Se você for poderoso, dominará sua vida, encontrará tempo para limpar e organizar as coisas e vai querer fazer isso como parte de sua disciplina pessoal. Bagunça é a manifestação externa da inquietação e da preguiça do ego."

Sou uma pessoa razoavelmente organizada, mas costumo ser um pouco preguiçoso com os detalhes da arrumação. Alexandra e eu já conversamos várias vezes sobre como a "inquietação" mental se reflete no nosso ambiente exterior.

Em especial na nossa cozinha. Quanto maior meu cansaço ou minha preguiça mental no fim do dia, maior a probabilidade de a cozinha estar bagunçada na manhã seguinte.

Tudo isso para dizer que está na hora de dominar sua vida.

Mais especificamente, UMA área da sua vida. Que ambiente poderia representar metaforicamente seu compromisso de ser sua melhor versão. Para mim, é minha cozinha.

Declaro sobre ti, cozinha, todo o meu domínio.

E VOCÊ?

Divirta-se tornando essa prática parte de sua disciplina pessoal.

Repito: "Se você for poderoso, dominará sua vida."

AMBIÇÃO E ROTINA
NUMA PESSOA INTELIGENTE

No livro *Os segredos dos grandes artistas*, Mason Currey apresenta pequenos exemplos dos hábitos de 161 dos mais iconoclastas escritores, cientistas e outros grandes pensadores da História – entre eles W. H. Auden, Charles Darwin, Carl Jung, Stephen King, Benjamim Franklin e Mozart.

É um prato cheio para quem quer saber como os maiores criadores de todos os tempos lidavam com suas atividades diárias. A incrível variedade de abordagens é inspiradora e, mais do que tudo, nos encoraja a assumir sem culpa nosso próprio estilo de vida.

Tenho que dizer que a primeira linha do livro é minha favorita.

Veja como Mason começa:

"'A rotina, num homem inteligente, é sinal de ambição', escreveu Auden em 1958. Se for verdade, então Auden foi um dos homens mais ambiciosos de sua geração. O poeta era obsessivamente pontual e viveu de acordo com um cronograma rigoroso durante toda a vida."

Repito: "A rotina, num homem inteligente, é sinal de ambição."

Quando li essa frase, logo disse a mim mesmo: "Que INCRÍVEL." E então me lembrei da reflexão de Robin Sharma de que grandeza é a persistência nos fundamentos.

Como discutiremos, os pormenores da sua rotina serão diferentes, dependendo do domínio que você deseja (negócios, esportes, criação de filhos, filosofia ou qualquer outra área), mas sua PERSISTÊNCIA disciplinada nos fundamentos escolhidos estará presente – na proporção da sua ambição, usando as palavras de Auden.

E então? Qual é a *sua* maior ambição?

Sua rotina reflete o tamanho da sua ambição e a profundidade da sua inteligência?

Estamos aqui para ativar seu potencial heroico.

Com um protocolo bem estruturado.

HOJE.

TRABALHO OU DIVERSÃO?

OS MESTRES NA ARTE DE VIVER

No nosso +1° anterior, falamos sobre a genial frase de W. H. Auden de que a rotina, numa pessoa inteligente, é sinal de ambição.

Checamos à *sua* rotina para ver se ela reflete tanto a profundidade da sua inteligência quanto o tamanho da sua ambição.

Hoje quero falar sobre diversão e trabalho.

Como disse Abraham Maslow ao refletir sobre as qualidades das pessoas realizadas, está na hora de "dissolver a aparente dicotomia" entre esses dois conceitos.

Veja minha abordagem favorita sobre o assunto.

Lawrence Pearsall Jacks nos diz que: "Um mestre na arte de viver não faz distinção entre trabalho e lazer, ofício e diversão, mente e corpo, estudo e divertimento. Mal sabe qual é qual. Ele simplesmente busca a excelência naquilo que estiver fazendo e deixa os outros decidirem se ele está trabalhando ou se divertindo. Para ele, é como se estivesse sempre fazendo os dois. É o suficiente, desde que faça bem."

Domine a arte de viver buscando excelência (*Areté*!) em tudo que faz.
Pergunta: você está trabalhando ou se divertindo agora?
Resposta: para nós, sempre estamos fazendo as duas coisas.

RESOLUÇÕES DE DIA-NOVO

É DIA 1 (DE NOVO!) (SEMPRE!)

O Ano-Novo é um dos meus feriados favoritos.

Junto com o Dia de Ação de Graças (não é maravilhoso reservar um dia inteiro para a gratidão?!), o Dia da Independência (adoro homenagear aqueles que deram a própria vida por nossa liberdade enquanto eu mesmo me liberto da tirania dos maus hábitos) e a Páscoa (lembre-se: para haver ressurreição, é preciso encarar a crucificação).

À medida que o Ano-Novo se aproxima, adoro pegar um calendário novo e folhear os doze meses pela frente.

Sem falar que é ótimo estabelecer resoluções de Ano-Novo para (FINALMENTE!) sermos nossa melhor versão. (Certo?)

Só que... Você sabia...?

De acordo com pesquisas feitas em 2016, apenas 9% dos americanos que fazem resoluções de Ano-Novo sentem que as cumprem com sucesso.

Ou seja, 91% FALHAM em cumpri-las.

Mas que fique claro: resoluções de Ano-Novo não são uma ideia boba, já que 46% das pessoas que as estabelecem se consideram bem-sucedidas após seis meses, contra APENAS 4% das pessoas que estabelecem metas semelhantes *sem* uma resolução.

Então... anime-se.

Estabeleça algumas resoluções inspiradoras para o novo ano, Herói!

Deixe claro quem VOCÊ será em termos de Energia, Trabalho e Amor. Seja sincero em relação às virtudes que vai incorporar e às metas que quer alcançar para subir de nível e se tornar mais bem-disposto, produtivo e conectado do que nunca.

E... por mais agradáveis e divertidas que sejam as resoluções para o novo ANO… o que *realmente* queremos priorizar são as resoluções para o novo DIA.

Não queremos esperar um dia específico para você se lembrar de que HOJE É O DIA de mostrar sua melhor versão.

É por isso que, REPITO, desenvolvemos nosso aplicativo Heroic para ajudá-lo a ser e celebrar seu melhor HOJE.

O que nos leva à pergunta…

Você se comprometeu de novo a dar o melhor de si esta manhã?

Lembre-se: hoje é o dia de avançar da teoria à prática e da prática à maestria.

É o DIA 1.

SEMPRE.

P.S.: Agora que já sabemos disputar bem o jogo decisivo, forjar uma confiança antifrágil, otimizar nossa Grande Tríade e fazer de hoje um dia magistral, está na hora de conversarmos sobre a arte e a ciência do autodomínio. É disso que trata nosso próximo objetivo.

I CONHEÇA O JOGO DECISIVO

II FORJE UMA CONFIANÇA ANTIFRÁGIL

III OTIMIZE SUA GRANDE TRÍADE

IV TORNE O DIA DE HOJE MAGISTRAL

V TENHA AUTODOMÍNIO

VI DOMINE OS FUNDAMENTOS

VII ATIVE SEU SUPERPODER

Q.I. VS. FORÇA DE VONTADE

UM DELES PREVÊ MELHOR O SUCESSO

Um fato curioso: sabia que a força de vontade prevê o desempenho acadêmico DUAS VEZES melhor que o Q.I.? Ou seja, é a força de vontade, e não o Q.I., que determina melhor quão bem uma criança se sairá na escola.

Pense nisso por um momento. Não é impressionante?

A força de vontade (também conhecida como autodisciplina, autodomínio, etc.) *também* prevê melhor quase *tudo* que queremos na vida: bons relacionamentos, saúde, riqueza... E o mais importante: autodomínio se ensina.

O que nos leva a algumas perguntas.

Quanto tempo seus filhos passam estudando autodomínio na escola?

E quanto tempo VOCÊ passa desenvolvendo o SEU autodomínio?

GUERREIROS VS. BIBLIOTECÁRIOS

DA TORRE DE MARFIM PARA A ARENA DA VIDA

Já falamos sobre Donald Robertson, um dos principais pensadores e praticantes da filosofia estoica no mundo. Entre seus vários livros está *The Philosophy of Cognitive-Behavioral Therapy* (A filosofia da terapia cognitivo-comportamental). Nessa obra, ele remonta ao estoicismo para abordar as raízes filosóficas da TCC.

Donald conta que os filósofos antigos não queriam apenas *entender* como viver da melhor maneira possível; também estavam comprometidos em VIVER assim. Eles não reconheceriam muitos dos filósofos modernos, que costumam se concentrar exclusivamente em ideias teóricas no conforto de suas torres de marfim.

Os filósofos da velha escola sabiam que era *muito* difícil viver de acordo com os ideais mais elevados. Por isso diziam que é preciso ser um GUER-

REIRO, não apenas um "bibliotecário" da mente. Ou seja: cada +1° que adquirimos até agora não é uma ideia a ser catalogada no cérebro. Precisamos VIVER esses ensinamentos a cada momento.

Então... identifique UMA ideia que você tenha catalogado na mente. Traga esse conhecimento para a arena da sua vida.

HOJE.

P.S.: Já abordamos várias vezes a metáfora, presente em todas as tradições, do guerreiro que vence a batalha entre o eu superior e o eu inferior.

Revisitemos a sabedoria de Sócrates e Rumi e vejamos o que o Buda também tem a nos dizer.

Sócrates diz: "Desejo apenas conhecer a verdade e viver da melhor forma possível. [...] E, com o máximo do meu poder, encorajo todos os outros a fazerem o mesmo. [...] Encorajo você a também participar do grande combate que é o combate da vida, maior do que qualquer outro conflito na Terra." O Buda afirma: "Quem conquista a si mesmo é maior que aquele que conquista mil vezes mil homens no campo de batalha."

E Rumi conclui: "O leão que rompe a posição do inimigo é um herói menor comparado ao leão que supera a si mesmo."

E digo mais: o diálogo da *Bhagavad Gita*, o livro de cabeceira de Gandhi, transcorreu num campo de batalha.

Vamos vencer a batalha entre o vício e a virtude.

Sejamos guerreiros heroicos da mente.

Vamos avançar da teoria à prática e da prática à maestria.

Juntos.

HOJE.

TRÊS FORMAS DE DISCIPLINA
REATIVA + ESTRUTURAL + EXPANSIVA

Phil Stutz nos explica que precisamos desenvolver TRÊS formas de disciplina: reativa, estrutural e expansiva. Eis um breve resumo de cada uma delas.

Comecemos pela disciplina reativa. Diante de um gatilho, você consegue ter autodomínio para ESCOLHER a melhor reação? Fantástico. Essa é a disciplina reativa.

A disciplina estrutural, por sua vez, consiste nos hábitos diários que nos dão suporte e nos mantêm conectados com nossa melhor versão. Ela é a base do protocolo que queremos seguir – ESPECIALMENTE quando não estamos dispostos.

E, por fim, temos a disciplina expansiva, que para Phil é a mais importante e a mais difícil das três. A CADA MOMENTO temos uma escolha. Você costuma avançar rumo ao crescimento ou recua para a segurança?

Se quisermos ativar nosso potencial heroico e experimentar tudo que somos capazes de ser, devemos cada vez mais gritar "PODE VIR!" ao mesmo tempo que escolhemos expandir, *expandir*, ***expandir*!**

Ou seja: precisamos fazer dessa expansão uma disciplina.

Que tal uma autoavaliação rápida?

Como você lida com essas três disciplinas na sua vida? Qual delas você domina? Qual precisa melhorar?

O que você poderia fazer um pouco diferente HOJE?

Celebre suas disciplinas.

Todas as três.

TESTE DO MARSHMALLOW

VOCÊ ESPERA PARA GANHAR O SEGUNDO?

Walter Mischel foi um dos principais pesquisadores da força de vontade. Talvez você conheça seu estudo mais clássico, o "Teste do marshmallow". Funciona assim: crianças em idade pré-escolar são levadas até uma saleta. Um adulto diz à criança que vai sair um pouco e que ela pode pegar UMA guloseima (um marshmallow, uma bala) AGORA. Mas que, se ela esperar um pouco, poderá comer DUAS guloseimas assim que ele retornar à sala.

Então o adulto sai e os pesquisadores ficam observando as crianças por trás de um espelho. Algumas pegam uma guloseima na mesma hora, enquanto outras esperam 20 minutos para receber duas.

Mas aí vem a parte mais fascinante do estudo: Mischel e sua equipe, depois desse simples experimento, acompanharam essas crianças por DÉCADAS. Para a surpresa deles, essa alta ou baixa capacidade de espera se mostrou proporcional ao desempenho acadêmico na adolescência e conseguiu prever até o índice de massa corporal que aquelas crianças teriam aos 30 anos. (Uau!)

Tenha duas coisas em mente:

1. A força de vontade é a "principal aptidão", a que melhor prevê todas as coisas que mais queremos na vida.

2. Ela também é maleável. Precisamos apenas praticá-la, e é basicamente isso que estamos fazendo agora.

P.S.: Às vezes, pegar um marshmallow AGORA é a melhor coisa a se fazer. Mas é importante ter autocontrole para esperar a segunda guloseima quando for apropriado. Saiba aproveitar todas as delícias ao longo da jornada.

QUER FORÇA DE VONTADE?
JOGUE NO ATAQUE, NÃO NA DEFESA

Às vezes é difícil encontrar força de vontade diante das tentações da vida.

Roy F. Baumeister, especialista mundial nesse assunto, explica que as pessoas que usam a força de vontade com sabedoria evitam a tentação.

Numa conversa que tive com ele, Roy me disse que pessoas com verdadeiro autodomínio jogam no ATAQUE, não na defesa. Mas como?

Digamos que você não queira mais comer biscoitos recheados. (Ótima decisão!) Nesse caso, jogar no ataque é simples: nunca mais compre esses biscoitos tentadores. Como diz Tom Rath, "use sua força de vontade na loja" para não precisar usá-la em casa.

E qual é a estratégia de defesa menos eficaz? Comprar o pacote de biscoitos e depois tentar não comê-los.

Reflita: quando você costuma comer esse tipo de besteira? Claro que é quando se sente na pior e sua determinação já escorreu pelo ralo. Por isso é tão importante jogar no ATAQUE.

Pense em alguns dos seus maus hábitos. Agora pense no que você pode fazer para criar um ambiente onde simplesmente não se exponha a essas tentações.

Pensou? Fantástico. Saia para o ataque e vença o jogo decisivo, Herói.

CONTRATO DE ULISSES

JOGUE NO ATAQUE COM SUA FORÇA DE VONTADE

Como já vimos, a força de vontade prediz o sucesso acadêmico DUAS VEZES melhor que o Q.I. (Você já digeriu essa informação por completo? Porque, quando digerir, aposto que vai querer intensificar sua disciplina e pedir a seus filhos que façam o mesmo.)

Também vimos que pessoas disciplinadas jogam no ATAQUE, não na defesa.

Hoje quero relacionar essa ideia a uma prática que os pesquisadores chamam de "Contrato de Ulisses", uma das melhores maneiras de demonstrar "pré-compromisso".

Recentemente li para os meus filhos o episódio em que Ulisses se encontra com as sereias. Aqui vai um resumo.

Depois de combater *dez* anos na Guerra de Troia, Ulisses está prestes a chegar em casa, em Ítaca, quando sua embarcação é levada pelos ventos. Ele vai parar na ilha da deusa Circe, que transforma sua tripulação em porcos. Circe aconselha Ulisses a ir até a Terra dos Mortos para se encontrar com um profeta e avisa que ele terá que passar pelas sereias – criaturas encantadoras que seduzem os marinheiros com seu canto.

Ulisses ri. Como *sereias* poderiam prejudicá-lo?

Circe pede que ele seja MUITO cauteloso. O canto sedutor das sereias já havia matado inúmeros marinheiros; na verdade, a ossada poderia ser vista nas margens da ilha!

Resumindo a história, sabe o que Circe recomenda a Ulisses? Que ele coloque cera de abelha nos ouvidos. Só que ele é teimoso demais e está disposto a ouvir o canto das sereias. Então a deusa sugere que seus homens o amarrem ao mastro do navio.

ISSO, meus amigos, é jogar no ATAQUE.

Psicólogos chamam esse tipo de compromisso de "Contrato de Ulisses".

Você SABE que será tentado, então assume um PRÉ-COMPROMISSO com uma determinada estratégia. É assim que se evita o canto das sereias. E tudo isso nos leva ao nosso +1°.

Que sereias têm seduzido VOCÊ ultimamente? É o seu celular? A bebida? A televisão? Certo tipo de alimento? Não tenha vergonha. Todos temos nossos vícios. Quais são os seus?

E, o mais importante, como você pode jogar um pouco mais no *ataque* e evitar bater contra as rochas?!

Faça isso. Complete sua jornada em meio às sereias. Vejo você em Ítaca, Herói!

SEREIAS

QUE MELODIA ELAS CANTAM PARA VOCÊ?

No nosso +1° anterior, falamos sobre Ulisses e o acordo que ele fez consigo mesmo para navegar em segurança ouvindo o canto das sereias. Os cientistas da força de vontade chamam as estratégias de pré-compromisso de "Contratos de Ulisses" em homenagem ao nosso épico Herói.

Ele foi amarrado ao mastro para não reagir às canções sedutoras das sereias, e seus marinheiros se comprometeram previamente a tapar os ouvidos com cera de abelha. É assim que se joga no ataque!

Agora quero que nos concentremos nessas sereias. Elas tinham o mau hábito de seduzir marinheiros com seu canto, levando-os a bater contra as rochas. Mas não era só isso...

Sabia que elas cantavam de modo que cada marinheiro ouvisse uma melodia diferente?

Pois é. Elas conheciam a fraqueza de cada marinheiro e sabiam tocar diretamente nesse ponto fraco. Tudo isso nos leva à pergunta...

Que melodia de sereia tem levado VOCÊ a bater contra as rochas?

Que tal descobrir hoje um jeito de evitar esse canto sedutor da próxima vez que ouvi-lo?

Navegue em segurança, Herói!

JASÃO E OS ARGONAUTAS

OUTRA ESTRATÉGIA PARA LIDAR COM AS SEREIAS

Há alguns anos, Emerson e eu estávamos adorando estudar mitologia grega juntos. Era muito divertido passar um tempo com Zeus, Hércules e outros deuses e deusas, heróis, heroínas e monstros.

Uma das histórias que lemos foi sobre Jasão e seu intrépido grupo de heróis, os argonautas. Pulemos os detalhes sobre sua busca pelo Velocino de Ouro e nos concentremos em como eles conseguiram passar pelas sereias. Essa estratégia também pode nos ajudar a lidar com as distrações e os vícios.

Primeiro, um rápido contexto.

Sereias são criaturas perigosas. Elas cantam melodias tão encantadoras que os meros mortais não resistem e acabam batendo sua embarcação contra as rochas. E, como já vimos, cada sereia usa uma melodia diferente – que seduz cada marinheiro em particular. (Que melodia elas cantam para VOCÊ?)

Os cientistas da força de vontade nos explicam que a melhor maneira de lidar com as tentações das sereias é jogar no ATAQUE, não na defesa. Como Ulisses, devemos reconhecer as tentações e nos comprometer previamente com uma ação virtuosa para tentar evitar o perigo.

Mas às vezes os planos de ataque não dão certo e precisamos nos *defender*. É aí que entram Jasão e os argonautas. Eles estavam navegando sem um plano de pré-compromisso (ops!) e se viram bem no meio de uma sinfonia de sereias. O que fizeram?

Felizmente, junto com nossos Heróis estava a bordo o lendário músico e cantor Orfeu. Sentindo o perigo iminente, Orfeu começou a tocar cada vez mais alto – sobrepondo as canções das sereias com sua música. Pronto. Sãos e salvos. Mas como isso se aplica à nossa vida?

Quem me vem à mente é Pema Chödrön. Em *Os lugares que nos assustam*, ela nos conta sobre uma prática que chama de "fazer algo diferente".

Veja o que ela diz: "Reconhecer que estamos fora de controle é o primeiro e mais difícil passo em qualquer prática. Sem esse reconhecimento compassivo, é impossível nos libertar da confusão. 'Fazer algo diferente' impede que continuemos cedendo às emoções. Podemos fazer qualquer coisa para eliminar um hábito ruim – algo que não seja habitual, como cantar, dançar ou correr pelo quarteirão. Temos que fazer qualquer coisa que não reforce os hábitos paralisantes. A terceira prática mais difícil é entender que não é algo que fazemos apenas uma ou duas vezes. Interromper hábitos destrutivos e despertar nosso coração é um trabalho para a vida inteira."

Sim. Essa é outra *ótima* maneira de lidar com os maus hábitos. Perceber que se está indo na direção errada é o primeiro passo – e o mais difícil. Então é necessário fazer algo diferente. QUALQUER coisa que não reforce os hábitos paralisantes.

Eis nosso +1°...

Que tal fazer como Orfeu e cantar e dançar da próxima vez que estiver indo de encontro às rochas? Lembre-se: essa é uma prática constante, da qual nunca estaremos livres. "Interromper hábitos destrutivos e despertar nosso coração é um trabalho para a vida inteira."

Vamos começar.

Elimine as lacunas e viva com *Areté*.

HOJE.

DEFINIÇÕES CLARAS

COMO FECHAR BONS ACORDOS CONSIGO MESMO

Abandonei a faculdade de Direito antes de terminar o primeiro semestre, mas me lembro de uma grande ideia que ouvi na aula de contratos. Os advogados gostam de dizer que um contrato bom é aquele com "definições claras" – quando tudo que foi acordado está *muito* óbvio.

Definições confusas? Não são tão boas. Queremos definições bem óbvias e CLARAS.

Pesquisadores se apropriaram dessa expressão e nos dizem que, ao desenvolver novos hábitos para construir nossa vida ideal, precisamos ter

DEFINIÇÕES MUITO CLARAS sobre o que é um comportamento aceitável ou não.

Por exemplo, quando quis parar de comer fast-food há mais de duas décadas, a regra vaga "Comer menos vezes no McDonald's" não me ajudou muito. Toda vez que eu passava pelo McDonald's perto de casa, eu me perguntava: "Será que hoje posso ir lá?"

E sabe quando eu ia? Quando estava na pior, é claro.

Até que um dia consegui tornar minhas definições MAIS CLARAS. Decidi que NUNCA mais comeria no McDonald's. E ponto final.

É claro que quebrei esse compromisso algumas vezes antes de incorporá-lo de vez, mas (e isso é muito importante!) pelo menos eu *sabia* que estava rompendo um contrato comigo mesmo.

Em determinado momento consegui eliminar de uma vez por todas o hábito de comer fast-food. Fiz o mesmo com sites de notícias, celular na cama e inúmeras outras coisas.

Definições confusas? Não ajudam.

DEFINIÇÕES 100% CLARAS? Funcionam como mágica.

E *você*? Que hábito gostaria de eliminar primeiro?

Como você pode tornar suas definições mais claras?

Pense nisso e faça valer.

HOJE.

É FÁCIL COMPROMETER-SE 100%

99%? NEM TANTO

Vimos no capítulo anterior que definições claras são muito importantes na hora de fechar acordos consigo mesmo. Eis outra maneira de abordar esse assunto, extraída do clássico *Os princípios do sucesso*, de Jack Canfield.

Para Canfield, quando assumimos um compromisso, temos que saber que assumi-lo 100% é MUITO mais fácil do que assumi-lo 90% ou até mesmo 99,99%. APOSTAR TUDO num compromisso economiza muita energia e facilita a continuidade.

O fato é que, quando não estamos 100% comprometidos, abrimos espaço para aquela voz chorosa começar a nos provocar justo quando mais precisamos ignorá-la.

Vejamos meu último exemplo. Na época em que não estava 100% comprometido em parar de comer fast-food, eu literalmente me perguntava se deveria ou não abrir uma exceção *toda vez* que passava por um McDonald's. Nada sensato. Claro que eu sucumbia à tentação nos dias ruins, quando menos podia me dar ao luxo de sair da linha.

Comprometer-se *100%* é MUITO mais fácil.

Como disse Canfield: "Pessoas de sucesso aderem à 'regra da não exceção' para suas disciplinas diárias. Uma vez 100% comprometidas com algo, não aceitam exceções. O acordo está fechado. É inegociável. Caso encerrado!"

Então... com que novo hábito você precisa se comprometer 100%?

Escolha um. (Não cem!) E se entregue 100%.

HOJE.

NOVO COMPROMISSO

QUANDO SEU COMPROMETIMENTO VACILA

Já falamos muito sobre a importância de assumir um compromisso firme (e um pré-compromisso!). Sabemos que estar comprometido 100% é paradoxalmente mais fácil do que se comprometer menos que isso. E... mesmo com um forte compromisso inicial (e com pré-compromissos bem-intencionados), ainda ficaremos aquém do padrão que estabelecemos para nós mesmos.

Então o que fazer? Levantar, sacudir a poeira e assumir um NOVO COMPROMISSO.

Pense nisso da seguinte maneira...

Imagine um avião. Digamos que você esteja voando de Los Angeles para Tóquio. Os pilotos, é claro, se comprometeram 100% em levar todos em segurança e a tempo. E assumiram um pré-compromisso com o plano de voo.

Mas adivinha só: embora tenham certeza do destino final e tenham se comprometido a chegar lá, eles também se DESVIAM DA ROTA durante boa parte da viagem, levados pelos fortes ventos. Nada de mais. É só fazer pequenos ajustes e voltar para a rota original. Repetidas vezes.

É assim que queremos agir também.

Passo 1. Deixe claro para onde você está indo. É preciso conhecer o destino para poder cumpri-lo.

Passo 2. Comprometa-se 100%. (Contanto que passe no seu teste DROP. Senão, continue aplicando o DROP até chegar a algo digno do seu compromisso!)

Passo 3. Aja. De maneira intensa, diligente, paciente e persistente.

Passo 4. Renove seu compromisso quando perder aquela empolgação inicial.

E repita todo o processo até chegar ao seu destino.

Então comece de novo.

SEU SONHADOR E SEU REALIZADOR

TENHA AMBOS EM MENTE HOJE

Barry Michels escreveu *O método* e *Coming Alive* (Ganhando vida) com Phil Stutz. Hoje abordaremos uma ideia incrível que ele compartilhou comigo numa de nossas conversas. Trata-se do relacionamento entre o que ele chama de "Sonhador" e "Realizador".

Primeiro, um pequeno contexto.

A essência de *Coming Alive* é o fato de que, dentro de você, ocorre uma batalha eterna entre sua melhor versão e aquela não tão boa assim. Phil e Barry chamam de "Parte X" aquela parte de nós que sempre atrapalha.

A Parte X é a voz que *constantemente* nos diz o que é impossível. "Não, você não pode realizar esse sonho." Ou: "Não, você não consegue parar com esse hábito ou desenvolver um novo." Coisas desse tipo.

Uma das melhores maneiras de lidar com ela é se tornar realmente bom em realizar as pequenas coisas *boas*, além de PARAR de fazer as pequenas coisas *ruins* que você sabe que são nocivas.

Num de nossos encontros, Barry disse que, embora não percebamos, é o autocontrole que cria a verdadeira confiança.

Primeiro porque, se você não tem autocontrole e se permite levar por todos os impulsos, nunca saberá quando sua vida está saindo dos trilhos.

Em segundo lugar, porque, se você não tem disciplina para executar o que considera importante, nunca saberá se realmente está indo na direção dos seus grandes sonhos.

É aí que o Sonhador e o Realizador entram em ação.

O Sonhador é sua versão que consegue ver seu potencial infinito. Ele sabe que você pode fazer muito mais do que já está fazendo. O Realizador é sua parte que de fato FAZ as coisas que são melhores para você.

Mas atenção: o Sonhador precisa confiar no Realizador. Precisa saber que o Realizador realmente fará o que é necessário para ativar seu potencial heroico.

Para ser mais direto: se o Sonhador não confiar no Realizador, você não terá (e nem DEVE ter) a confiança necessária para realizar aquilo a que está predestinado.

E repito: etimologicamente, a palavra *confiança* significa "certeza intensa". Neste caso, estamos falando sobre confiança entre o Sonhador e o Realizador.

Veja como Barry nos ensina a operacionalizar essa sabedoria: a cada escolha hoje (sim, a CADA uma delas) pergunte ao Realizador se o Sonhador aprovará o que você está prestes a fazer.

É isso. Momento a momento, estamos realizando coisas que nosso Sonhador apreciará ou não.

Eis o plano de uma palavra só para ajudar o Realizador a entrar em sintonia com o Sonhador hoje...

Areté.

DO DIFÍCIL PARA O FÁCIL

GOETHE SOBRE ESTALAR OS DEDOS E USAR O BANHEIRO

De acordo com a Wikipédia, Johann Wolfgang von Goethe foi "um poeta alemão, dramaturgo, romancista, cientista, estadista, diretor de teatro e crítico". E, de acordo com a citação heroica que Alexandra colou na porta da geladeira, ele disse: "Tudo é difícil antes de se tornar fácil."

Foi isso que pensei quando Emerson veio ao meu escritório me dizer que queria aprender a estalar os dedos.

– Como você consegue estalar os dedos? – me perguntou ele.

– Assim? – Estalei um dedo: *tec*.

– É!

– Bem, é só dobrar os dedos, apertar e então...

Fiz mais um *tec*!

– É muito difícil fazer isso!

– Claro que é! Até não ser mais! Lembre-se: tudo é difícil antes de se tornar fácil, certo?

– Certo!

– Então... como você acha que vai ficar bom nisso?

– PRATICANDO!

– Exatamente.

Avancemos para o fim do dia... O que se ouvia de Emerson era *tec*, *tec*, *tec*! Aqueles dedinhos estavam doloridos de tanto praticar, mas estalavam.

Aproveitamos para conversar sobre TUDO que era muito difícil antes de se tornar muito fácil: assoviar, ler, escrever, deixar de chupar o dedo, aprender a usar o banheiro sozinho...

E VOCÊ? Tem algo "difícil" na sua vida agora?

Perfeito. Aplique o método DROP e decida se está ou não disposto a aprender... e mãos à obra.

Não se esqueça: "Tudo é difícil antes de se tornar fácil."

COMANDAR E OBEDECER

NIETZSCHE DIZ: A VONTADE É A MENSAGEIRA DA ALEGRIA

Tenho um antigo relógio Timex Ironman na minha mesa, programado para bipar a cada 16 minutos e 40 segundos (ou seja, a cada mil segundos). Esse bipe é meu despertador/alarme/gatilho para me levantar e, se ainda não tiver feito meus cem *burpees*, adiantar uns onze.

Esse cronômetro de mil segundos disparou cerca de 90 segundos antes de eu começar a escrever este capítulo. São 7h15 da manhã. Terminei minha meditação e meus primeiros 30 minutos de Trabalho Focado no livro.

Então me levantei, fiz minha terceira sessão de onze *burpees* e pensei em Nietzsche.

Em *Assim falou Zaratustra* ele nos diz: "Quem não pode comandar a si mesmo deve obedecer. E muitos podem comandar a si mesmos, mas ainda falta bastante tempo para que também obedeçam a si."

Enquanto faço meus *burpees*, silenciosamente entoo para mim mesmo:

"COMANDAR *e* OBEDECER."

"COMANDAR *e* OBEDECER."

"COMANDAR *e* OBEDECER."

Uma coisa é nos obrigar a fazer algo. Outra coisa, *totalmente* diferente e muito mais importante, é realmente FAZER. É por isso que Nietzsche *também* diz: "Vontade – eis o nome do libertador e mensageiro da alegria."

Dominar nossa vontade é a ÚNICA maneira possível de alcançar *outra* afirmação nietzschiana: "Devo me aperfeiçoar."

Então... pense em UMA COISA que, se você fizesse sistematicamente, teria consequências *positivas* na sua vida. Pensou? Ótimo. Está na hora de se comprometer (de novo) a fazer isso.

E... muito mais importante... Está na hora de EXECUTAR. De comandar *e* obedecer.

Estamos aqui para nos aperfeiçoar e lembrar que Vontade é o nome do libertador e mensageiro da alegria.

Avancemos da teoria à prática e da prática à maestria.

Juntos.

HOJE.

BASES E TETOS

COMO SER UM IMPERFECCIONISTA

Stephen Guise escreveu um grande livro chamado *How to Be an Imperfectionist* (Como ser um imperfeccionista). Eu, um perfeccionista em recuperação, achei muito útil.

Para Stephen, pessoas com padrões elevados demais estabelecem objetivos muito agressivos. O que é ÓTIMO, já que padrões elevados são um aspecto-chave para uma vida extraordinária.

Mas... esses mesmos padrões elevados podem rapidamente agir contra nós (e nos paralisar) se não formos cuidadosos. Veja um jeito de lidar com isso.

Queremos fazer algo e queremos fazer com perfeição. Stephen chama isso de "base" e "teto". A base é "fazer". O teto é "fazer de forma impecável". Você vive entre os dois.

Quando sua base é IGUAL ao teto, você não tem espaço nem para viver no mundo. Você se sufoca com padrões irredutíveis, correndo o risco de cair na armadilha da procrastinação do perfeccionista e não fazer NADA.

Bases e tetos.

Como estão os seus?

PEPINOS E PICLES

SEU CÉREBRO VICIADO

Adam Alter é autor do livro *Irresistível*, no qual mostra como nos viciamos em tecnologia e como as empresas hackeiam nosso cérebro para capturar nossa atenção. Uma das minhas passagens favoritas é sobre pepinos e picles. Na verdade, é uma frase de uma terapeuta especializada em recuperação de vícios. Ela diz a cada um de seus pacientes: "Não esqueça que, depois que seu cérebro estiver em conserva, nunca mais será um pepino."

Uma frase MUITO poderosa.

Depois que você se torna viciado em alguma coisa (e TODOS nós temos nossos grandes e pequenos vícios), o cérebro muda fundamentalmente. É como se a mente deixasse de ser um *pepino* nesse quesito e passasse a ser PICLES. E quer saber? Uma vez picles, sempre picles. É um processo irreversível.

Mas o que isso significa na prática? Bem, pare um pouco e pense em algum dos seus vícios. (E lembre-se do que conversamos sobre a ciência da autocompaixão. Não há nada de errado com você. TODOS nós temos problemas. Bem-vindo à humanidade.)

Pensou? Ótimo. Agora perceba o seguinte: você pode ACHAR que consegue superar completamente esse vício específico, mas na verdade não consegue. Seu cérebro está em conserva. E todos nós precisamos ter um profundo respeito por esse fato. Sempre haverá um caminho perigoso de volta ao atoleiro tóxico do vício.

Nota: comprometer-se 100% é muito importante aqui.

Adam também nos alerta de que o momento mais perigoso para quem está se recuperando do vício é aquele em que sente que já o superou. Essa pessoa esquece a conserva e mergulha de volta no comportamento viciante... escorregando para dentro do atoleiro.

Então... saiba onde estão seus potes de picles.

E... não os abra.

AMOR ATIVO

COMO SAIR DE UM LABIRINTO MENTAL

Já se sentiu muito chateado com alguém, relembrando REPETIDAS VEZES a mágoa que essa pessoa lhe causou? Em seu livro *O método*, Phil Stutz e Barry Michels chamam isso de estar preso no "Labirinto" e apresentam uma ferramenta para sair dele: o "Amor ativo". Veja como praticá-lo.

O primeiro passo, como sempre, é *notar* que seu pensamento está distante. Perceber isso é MUITO importante para o processo, pois nossa intenção é (1) treinar essa habilidade e (2) nos ENTUSIASMAR diante do desafio.

Então respire fundo e imagine sua energia saindo da sua cabeça (onde está correndo num labirinto mental de negatividade) e indo para o seu coração.

Sorria gentilmente.

Respire fundo de novo para concentrar sua energia no centro do peito.

Então pense na pessoa que o está incomodando e enxergue o que ela tem de incrível. Se ela estiver passando por problemas, sinta compaixão.

E imagine-se irradiando amor para ela.

Veja a energia brilhando do seu coração para o mundo, em direção a essa pessoa.

Isso é AMOR ativo. Uma ferramenta poderosa.

Sugiro fortemente que você a use da próxima vez que se pegar num Labirinto mental.

TEVE UM PENSAMENTO NEGATIVO?

AFASTE-O COM UM POSITIVO

O grande professor de meditação Eknath Easwaran tem sua própria prática de "Amor ativo". Em *Conquest of Mind* (Conquista da mente), ele explica: "Sempre que alguém é indelicado comigo, procuro ver todas as boas qualidades dessa pessoa. De imediato, o equilíbrio se restabelece. Como acontece com a maioria das habilidades, é uma questão de prática. Quando entrar em conflito com alguém, um primeiro passo simples é sentar-se em silêncio e lembrar quantas vezes essa pessoa o apoiou. Assim você usa memórias positivas para afastar as negativas antes que se juntem e formem uma multidão, que é o ressentimento." Brilhante.

E ele reforça: "A primeira estratégia é literalmente 'trocar um pensamento por outro': um pensamento negativo por um positivo, um desagradável por outro agradável. 'Assim como um carpinteiro usa um pino pequeno para arrastar um maior', nos explicou o Buda, 'você pode usar um pensamento certo para afastar um errado.'"

Tem um pensamento negativo?

Afaste-o com um positivo.

AGORA O QUE PRECISA SER FEITO?

LEMBRE-SE: SENTIMENTOS SEGUEM COMPORTAMENTOS

David K. Reynolds escreveu o que pode ser o melhor livro de que você e grande parte das pessoas nunca ouviram falar. Chama-se *Constructive Living* (Vida construtiva).

David é aquele tipo de psicoterapeuta zen que mistura o Oriente com o Ocidente (e foi uma grande influência para Dan Millman, que me recomendou essa leitura há alguns anos).

O tema principal do livro é que sentimentos SEGUEM comportamentos. Muitos de nós acham que é o contrário.

David diz que, antes de fazer qualquer coisa, a maioria das pessoas se pergunta "Como me *sinto*?" e deixa que isso determine seus atos. O que não é nada bom.

A verdade (confirmada pela ciência) é que os sentimentos SEGUEM os comportamentos pelo menos tanto quanto o inverso. O simples fato de agir CRIA os sentimentos que supostamente precisavam estar presentes antes da ação.

David nos diz que criamos o tipo mais profundo de autoconfiança quando agimos como alguém que faz o que precisa ser feito, independentemente de *sentir* vontade ou não. Ele sugere que façamos uma pergunta muito prática nos momentos em que não estivermos nos sentindo bem, mas precisarmos agir como se estivéssemos.

É muito simples e, na minha experiência, igualmente poderosa: "Agora o que precisa ser feito?"

É isso. Não importa como você se sinta, basta se fazer essa pergunta.

"Agora o que precisa ser feito?"

Depois, claro, tome uma atitude.

Num momento de hesitação, faça essa pergunta simples e poderosa.

E então aja.

HOJE.

P.S.: Essa pergunta é realmente uma das maneiras mais poderosas de eliminar as lacunas e viver com *Areté*.

Não se esqueça...

"Agora o que precisa ser feito?"

"Agora o que precisa ser feito?"

"Agora o que precisa ser feito?"

TEFLON VS. VELCRO

SOMOS PROGRAMADOS PARA NOS APEGAR ÀS COISAS NEGATIVAS

Rick Hanson está entre os principais neurocientistas e professores de atenção plena do mundo. Escreveu diversos livros, entre os quais *O cérebro de Buda* e *O cérebro e a felicidade*.

Em *O cérebro de Buda*, ele explica que nosso cérebro evoluiu para se concentrar na negatividade, funcionando basicamente como um velcro para as coisas negativas e como um teflon para as positivas.

Por quê? Bem, porque coisas boas são legais (e a ciência mostra como isso é importante), mas num passado longínquo o que podia nos matar eram as coisas ruins. Sabe aquele lugar onde você quase foi capturado por um tigre-dentes-de-sabre? Pois é. É melhor se lembrar.

Do ponto de vista evolutivo, fazia sentido reter o que era negativo. Afinal, foram nossos ancestrais atentos ao que poderia matá-los que viveram o suficiente para repassar seus genes.

Mas hoje nos mantemos num modo constante de negatividade, todos os dias, nos bombardeando com notícias e postagens tóxicas nas redes sociais.

Então... nosso +1° tem três partes.

1. Perceba quão rápido você se prende no velcro da negatividade e como isso afeta sua mente.

2. Elimine da sua vida uma fonte desnecessária de negatividade.

3. Canalize sua mente para a alegria (como diria Rick) pensando em algum aspecto maravilhoso da sua vida.

Respire profunda e relaxadamente enquanto elimina dos seus pensamentos pelo menos um tigre-dentes-de-sabre e o manda de volta para a selva.

HOJE.

CRIAÇÃO DE FILHOS: TRÊS DICAS

LIÇÕES PARA SER UM ÓTIMO PAI

Após uma palestra que dei a um grupo de capitalistas de risco e empreendedores em Los Angeles, um dos CEOs me perguntou como aplicar aqueles ensinamentos à criação dos filhos. Outro cara que estava por perto me disse: "Eu também adoraria ouvir sua opinião sobre isso."

Fiquei impressionado. É muito inspirador ver esses homens bem-sucedidos e ambiciosos tão empenhados em ser ótimos pais.

Primeiro, expliquei que, do meu ponto de vista, nosso primeiro trabalho como pais é ajudar a trazer à tona e ativar o potencial latente (e heroico!) dos nossos filhos.

Depois listei o que considero as três melhores maneiras de trazer à tona essa grandeza. Veja quais são:

1. Seja um exemplo.

Pode parecer clichê, mas crianças não fazem o que você diz; elas fazem o que você faz. Portanto, a coisa mais importante que podemos fazer para nossos filhos é demonstrar aquilo que esperamos que eles sejam.

Nota importante: essa é, de longe, minha maior motivação como ser humano, homem e pai.

2. Esteja presente.

A segunda dica também é muito óbvia. Sempre que possível, coloque seu celular no modo avião e em outro cômodo quando estiver com seus filhos (ou com sua esposa ou qualquer outro ser humano). Esse simples ato remove a maior barreira à nossa presença e oferece o caminho mais rápido para nos conectarmos com nossos filhos. Assim conseguimos mostrar a eles como se deve interagir com outras pessoas num mundo cada vez mais hiperconectado (embora paradoxalmente desconectado).

3. Aceite os desafios.

A terceira dica que dei foi a importância de aceitar o que Carol S. Dweck chama de mindset de crescimento. Seu livro *Mindset* é meu manual de referência para a paternidade. Presto muita atenção nos conselhos de Dweck sobre aceitar os desafios e sempre recompensar o ESFORÇO, e não a "capacidade".

Por exemplo, no que diz respeito ao esforço, costumo dizer "Que ótima corrida!", em vez de "Você correu muito bem!". Ou, em vez de "Você é muito bom na escalada!", prefiro comentar coisas como: "Vi como você se esforçou para escalar aquela montanha – quase caiu, segurou firme e foi adiante. Adorei ver sua determinação!"

No que diz respeito aos desafios, Dweck recomenda que falemos sobre nossas próprias dificuldades e como as enfrentamos. Ela nos encoraja a "esfregar as mãos" com empolgação quando as coisas estiverem difíceis. Eu sou assim. Literalmente esfrego as mãos quando um desafio surge (até nas coisas mais banais) e digo: "Adoro desafios!"

Quando vejo meus filhos fazendo algo difícil – montando um Lego ou jogando xadrez com um adversário forte –, comento: "Incrível! É um desafio e tanto. Que divertido!"

É quase surreal ver como as crianças adotaram essa postura. Certa vez Emerson perguntou para a babá: "Você adora desafios? Eu ADORO!"

Pois bem... Voltemos à minha conversa com aqueles dois pais e ao nosso +1°...

Se você tem filhos, o que está funcionando na sua relação com eles? O que precisa melhorar? Quais são as SUAS três práticas parentais mais poderosas de todos os tempos? O que, especificamente, você pode fazer para trazer à tona o que há de melhor em você e nos seus filhos?

Vamos redobrar nossa força nos esforçando para ativar o potencial heroico em nós e nos nossos filhos.

HOJE.

ALGUM BAILARINO AÍ?

LINHA DA CABEÇA, POSTURA DE PODER E MARTELO DE THOR

Depois de falar com aqueles pais, tive uma conversa fascinante com uma ex-bailarina russa. Ela me disse que a primeira coisa que notou, quando comecei a palestra, foi minha postura. E isso lhe lembrou uma das lições mais importantes e básicas que tinha aprendido como bailarina: inflar e relaxar o corpo *ao mesmo tempo*.

Ela me disse que fiz isso tão bem que até parecia um bailarino. Agradeci.

Vamos então às três dicas para melhorar sua postura: linha da cabeça, postura de poder e martelo de Thor.

Primeiro, linha da cabeça.

Certa vez estudei a Técnica de Alexander numa pequena ilha da Grécia. Um dos principais aspectos desse treinamento é imaginar uma linha que vai da base da coluna até o topo da cabeça.

Para adotar uma postura respeitável, devemos *suavemente* puxar essa linha reta para *cima* – alongando (e ampliando) a coluna. Pratique fazer isso quando estiver sentado, em pé ou andando. Todos os dias. Esse é um dos segredos para manter a graça e a elegância.

Agora vamos à postura de poder.

Embora alguns detalhes de sua pesquisa tenham sido debatidos ao longo dos anos, em seu livro *O poder da presença*, Amy Cuddy (que foi bailarina) diz que uma das maneiras mais rápidas de se sentir poderoso é adotar uma "postura de poder".

Então imagine como sua melhor e mais heroica versão se senta, fica de pé e caminha. Aja como ela AGORA. Liberte seu Superman ou sua Mulher-Maravilha interior. Ao se sentar, ficar de pé ou caminhar. Todos os dias. Especialistas nessa área de pesquisa afirmam que essa é uma das maneiras mais eficazes de cultivar nossa presença e nosso poder.

Até mesmo atletas cegos, que nunca viram ninguém fazer isso, levantam os braços triunfantemente para o alto quando vencem.

Por fim, o martelo de Thor.

Eric Goodman é um dos maiores especialistas mundiais em biomecânica e autor de *True to Form* (Fiel à forma). Sabe quem escreveu o prefácio desse livro? Thor! Bem, na verdade, foi Chris Hemsworth, mas ele atribui seus superpoderes à sabedoria de Eric.

Toda vez que me disponho a invocar a melhor e mais heroica versão de mim mesmo, a voz de Eric surge na minha mente. Para ele, a maneira mais rápida de assumir uma postura apropriada (e poderosa!) é simples: "Peito para fora, queixo para baixo."

Tente agora. E continue. Todos os dias. "Peito para fora, queixo para baixo." Segundo Thor, é isso que faz um bom Herói.

Esse é nosso +1°. Incorpore (literalmente) a ideia da flutuabilidade ao ter ao mesmo tempo *leveza* e *gravidade*.

Não esqueça: linha da cabeça, postura de poder e martelo de Thor.

Vire a chave. VAMOS NESSA!

FOCO IMPLACÁVEL NA SOLUÇÃO

SESSENTA SEGUNDOS PARA SE LAMENTAR ANTES DE REAGIR

O Dr. Jason Selk é um dos maiores coaches de resistência mental. Ele conta que os melhores entre nós possuem um "foco implacável na solução".

Note: foco IMPLACÁVEL na solução.

Veja a regra que ele estabelece para seus atletas (e executivos) de elite: quando algo der errado, dê a si mesmo 60 segundos (isso mesmo, 60 segundos!) para se sentir mal, culpar alguém, etc.

Tique-taque, tique-taque, tique-taque. Pronto! Tempo esgotado. Agora é hora de encontrar uma SOLUÇÃO para o problema.

Você não precisa resolver tudo – nem deveria. Apenas descubra que MICROATITUDE poderia tomar agora para seguir numa direção mais positiva e construtiva.

Foco. Implacável. Na solução.

Repito: I M P L A C Á V E L.

Vamos dar uma olhada rápida no dicionário:

implacável | *adjetivo* | opressivamente constante; impossível de abrandar; inexorável

Nosso +1°...

O que mais tem estressado você neste momento? Dê a si mesmo 60 segundos para se lamentar. Comece agora... E... Tempo esgotado!

Qual é aquela pequena atitude que você pode tomar AGORA para melhorar essa situação em 1%?

Faça isso e ative seu potencial heroico.

POEIRA
UMA FERRAMENTA SECRETA PARA O DESAPEGO

Vamos falar sobre "poeira". É uma ferramenta secreta que aprendi com Phil há muitos anos.

Só para contextualizar, lembra o que falamos sobre Apolo, o deus patrono da filosofia? Ele era um arqueiro. E, como ele, precisamos de um alvo claro para o qual direcionar nossa força vital. Devemos nos EMPENHAR para atingi-lo e, paradoxalmente, não nos apegar muito a ele.

Nosso foco deve ser escolher o alvo com sabedoria e atirar a flecha em linha reta, abandonando qualquer apego aos resultados.

Claro que é mais fácil na teoria do que na prática. Mas essa ferramenta nos ajuda a obter esse foco totalmente comprometido, embora desapegado. Funciona da seguinte maneira:

Imagine que você está indo à festa do Oscar em Hollywood. Você está caminhando pelo tapete vermelho, em direção aos holofotes, e posando para fotos. Parabéns. Você conseguiu. Todos adoram você. Você é um astro!

Agora se imagine indo para uma casa decrépita no meio do nada, abandonada há anos. Você sobe até o sótão, que está *coberto* de poeira. Pegue um pouco dessa poeira e LANCE SOBRE OS HOLOFOTES da cena anterior.

Poeira. Qual a vantagem dessa ferramenta?

Bem, uma das coisas que mais nos prejudicam é achar que algo fora de nós pode DETERMINAR como nos sentimos. Aqueles holofotes? Simbolizam algo fora de você que o fisgou, que o convenceu de que eles são necessários à sua felicidade. Lance poeira sobre esses holofotes. Assuma o controle. Levante-se orgulhoso e forte e saiba que, no final, quem decide o que importa é você. *Nada* lá fora pode abalá-lo ou afastá-lo do seu eu mais elevado.

Quando me vejo apegado demais a um resultado (ou à opinião de alguém sobre mim), eu me imagino agachando-me num sótão, pegando um punhado de poeira e lançando no objeto do meu apego. Eu literalmente faço esse movimento com a mão. Sorrio todas às vezes que me lembro de fazer isso. Na mesma hora desvio minha atenção da fonte do apego. Meu poder retorna e eu me concentro no presente com muito mais facilidade.

Poeira.

Que tal aprender a arremessá-la?

VOCÊ, UM FAZENDEIRO E O CAVALO DELE

UMA FÁBULA ZEN SOBRE SORTE E AZAR

Era uma vez, numa terra muito distante, um fazendeiro que tinha um cavalo. Certo dia o cavalo fugiu.

– Poxa, que azar! – lamentaram os vizinhos.

– Quem sabe? As coisas são como são – respondeu o fazendeiro.

Dias depois, o cavalo voltou, seguido de um bando de cavalos selvagens.

– Nossa, que sorte! – exclamaram os vizinhos.

– Quem sabe? As coisas são como são – respondeu o fazendeiro.

O homem tinha um filho, que ficou muito empolgado com os novos cavalos. Em especial com um deles, o qual decidiu domar. Assim que o rapaz montou no cavalo... foi arremessado contra o chão e quebrou uma perna.

– Ah, não! Que azar! – disseram os vizinhos. – Agora seu filho não vai poder ajudá-lo no campo. Que *tragédia*!

– Quem sabe? As coisas são como são – respondeu o fazendeiro.

Até que um dia o exército apareceu marchando naquele pequeno vilarejo. Havia uma guerra em curso e o rei exigiu que todos os jovens saudáveis se juntassem a eles na batalha. O filho do fazendeiro, com a perna quebrada, foi poupado.

– Nossa! Seu filho escapou! Que sorte! – comentaram os vizinhos.

Ao que o homem respondeu...

Bem, a esta altura você já sabe o que ele respondeu.

Eis nossas perguntas para +1°...

Como VOCÊ reage aos eventos da vida? É tudo "sorte" ou "azar"?

Ou – quem sabe? – as coisas são como são?

P.S.: Shakespeare devia ter em mente essa história zen quando fez Hamlet dizer que "nada é bom ou mau em si; tudo depende daquilo que pensamos".

FAÇA A CONEXÃO

O QUE FUNCIONA? O QUE PRECISA MELHORAR?

Se você fosse uma mosquinha na parede aqui de casa, nos ouviria dizer com bastante frequência para nossos filhos: "Faça a conexão."

Por exemplo, Emerson não gosta de ficar doente de jeito nenhum. Felizmente nunca precisou tomar antibióticos e sua pior experiência foi febre e nariz escorrendo. Mas (e sorrio enquanto digito isto) ele realmente *detesta* nariz escorrendo. Eu adoro, porque tenho a oportunidade de ajudá-lo a *fazer a conexão* entre as coisas que ele faz e os resultados que experimenta.

Fizemos isso tantas vezes que ele já virou coach de si mesmo (e meu também!).

– Humm... – diz ele ao primeiro sinal de virose. – Acho que não foi uma boa ideia comer aquele cupcake com a vovó sem lavar as mãos depois de brincar no parque.

– É – concordo. – Pode ter sido isso mesmo.

Dessa forma analisamos o que "precisa melhorar" e conversamos sobre o que ele poderia ter feito diferente.

Nosso +1°...

Você passou por algum pequeno contratempo recentemente? Consegue *fazer a conexão* entre esse inconveniente e seus comportamentos? O que está funcionando? O que precisa melhorar?

Faça a conexão.

E divirta-se ativando seu potencial heroico.

HOJE.

DEDOS E BRONCAS

OUÇA SUAS PRÓPRIAS LIÇÕES

Por favor, estenda seu dedo indicador e o balance como se estivesse dando uma lição de moral em alguém – dizendo coisas como: "Você não deveria fazer isso, e isso, e isso! Faça assim e assado!"

Obrigado. Agora, enquanto faz esse movimento, olhe para sua mão e conte quantos dedos estão apontados para a pessoa e quantos estão apontados para você.

A menos que tenha perdido algum dedo, você vê um apontando para a pessoa e TRÊS apontados na sua direção.

É bom prestar atenção nisso da próxima vez que estiver dando sermão em alguém.

Debbie Ford nos conta que essa prática é uma ótima maneira de perceber nossa "sombra" – as coisas que ainda não integramos na nossa vida e, infelizmente, projetamos nos outros.

Ela diz que devemos "ouvir nossas próprias broncas" porque, na maioria das vezes, qualquer lição que damos a alguém pode ser aquela que NÓS mesmos precisamos desesperadamente ouvir.

Nosso +1°...

Da próxima vez que disser a uma pessoa todas as coisas que *ela* precisa fazer, imagine-se como um estudante anotando a lição que você mesmo está dando.

Talvez descubra que essa é a lição que VOCÊ mais precisa ouvir.

PROTETORES DE TOMADA

IRRITADO? PERGUNTE-SE: "SOU ASSIM TAMBÉM?"

Seguindo na mesma linha, falemos agora sobre uma grande ideia do livro *The Power of Full Engagement*. Nessa obra, Jim Loehr e Tony Schwartz apresentam um jogo muito divertido.

Pense em alguém que recentemente o irritou. Pensou?

Agora identifique o que *de fato* mais irrita você nessa pessoa. Ela é impaciente? Rabugenta? Interrompe as pessoas enquanto falam e nunca escuta ninguém? É meio aérea? Age como se soubesse de tudo? O que ESPECIFICAMENTE tira você do sério?

Identificou? Ótimo.

Agora se pergunte: "Sou assim também?"

E faça disso uma prática. O que você perceberá, se for como eu, é que costuma se irritar mais com pessoas que demonstram certas tendências que você ainda está tentando melhorar.

Para Debbie Ford, é como ter tomadas elétricas no peito. Quando reconhecemos e aceitamos nossa própria ganância (ou egoísmo, impaciência, etc.), é como se colocássemos protetores de tomada e ninguém pudesse se "conectar" a essas energias – podemos até sentir certa provocação, mas não somos mais *acionados* por elas.

MAS... quando encontramos alguém com características que *não* integramos à nossa vida, essa pessoa se "conecta" na tomada aberta e ficamos em choque (trocadilho proposital), tamanha a frustração.

A solução é (relativamente) simples: perceba quando estiver sendo supercrítico com outras pessoas e saiba que você está apenas observando algo dentro de VOCÊ que precisa enfrentar.

Depois celebre a oportunidade de crescer. Conte quantos dedos apontam na sua direção, preste atenção nas suas próprias broncas e pergunte-se: "Sou assim também?"

E então PARE de ser assim e volte ao trabalho.

QUANTO PIOR UMA PESSOA É
MENOS ELA SENTE ISSO

Há alguns milhares de anos, Sêneca disse: "Quanto pior uma pessoa é, menos ela sente isso." Reflita sobre essa frase por um momento...

Isso significa que quanto pior uma pessoa é, menos ela quer ouvir VOCÊ falar que ela é ruim!

E não é só isso... Quanto pior uma pessoa é, mais ela verá o *pior* em VOCÊ – o que nos leva a uma das minhas pérolas favoritas de Marco Aurélio.

Em *Meditações*, ele diz: "Não considero a aprovação de tais homens que nem consigo mesmos estão satisfeitos." Traduzindo: se alguém não gosta nem de SI MESMO, por que se importar se gosta ou não de VOCÊ?

Repita comigo agora... Quanto pior uma pessoa é, menos ela sente isso. E quanto pior uma pessoa é, menos vai gostar de si mesma (conscientemente ou não).

E… quanto menos ela gostar de si mesma, menos vai gostar dos outros.

PORTANTO… "Não considero a aprovação de tais homens que nem consigo mesmos estão satisfeitos."

Epicteto também tem algo divertido a dizer sobre esse assunto: "Quem são essas pessoas cuja admiração você busca? Não são elas que você costuma descrever como loucas? Bem, então é isso que você quer – ser admirado por lunáticos?"

Mantenha em mente essa sabedoria hoje.

Mas, antes de se sentir melhor que os outros, não se esqueça de inverter a situação. Saiba que quanto pior VOCÊ se sente, mais enxerga o PIOR nos outros.

Então, se você anda meio rude e impaciente com as pessoas ao redor, observe como se sente em relação a SI MESMO.

Em seguida, comprometa-se de novo com seu humilde protocolo, querido Herói.

O ESPAÇO

ENTRE O ESTÍMULO E A REAÇÃO

Viktor Frankl é um ser humano incrível. Ele era psicoterapeuta antes de sofrer os horrores dos campos de concentração nazistas. E transformou suas experiências num entendimento ainda mais profundo do comportamento humano, que compartilhou na forma da Logoterapia, uma abordagem terapêutica que ele mesmo desenvolveu.

Frankl captou a essência dessa filosofia em seu livro *Em busca de sentido*. Vejamos dois fatos históricos interessantes sobre essa obra:

Primeiro, Frankl escreveu esse que se tornou um dos melhores livros do mundo em apenas *nove* dias, logo após sua libertação. Segundo, ele pretendia publicá-lo anonimamente – usando apenas o número de prisioneiro (119104) em vez do seu nome. Ele não esperava que o livro se tornasse um best-seller e só concordou em colocar seu nome porque achava que era importante para ter o impacto que desejava.

Uma das principais ideias do livro (e da filosofia) de Frankl é a importância de reconhecer que somos livres para ESCOLHER nossa reação em qualquer circunstância. Como ele diz: "Tudo pode ser tirado de um homem, menos a última das liberdades humanas – escolher sua atitude diante de qualquer situação, escolher seu próprio caminho."

E continua: "Entre o estímulo e a reação existe um espaço. Nesse espaço reside nosso poder de escolher como reagir. Na reação residem nosso crescimento e nossa liberdade."

Saiba que… existe uma LACUNA entre o estímulo e a reação. É NESSA lacuna que reside o poder de escolher nossa melhor reação. E nessa reação reside a oportunidade de crescer e se tornar uma pessoa melhor.

Estímulo. Espaço. Reação.

( ) — ( )

Então… Que "estímulo" tem provocado você esses dias? Que "reações" imaturas precisam ser melhoradas?

Ocupe o espaço entre o estímulo e a reação. Avance na direção do seu crescimento.

Viva com *Areté*. Momento a momento.

HOJE.

COMO MULTIPLICAR POR 100 MIL O SEU DESEMPENHO

DUAS INTELIGÊNCIAS E CEM ALGORITMOS

Ray Dalio é uma das pessoas mais influentes (e ricas) do planeta. Em seu livro *Princípios*, ele conta COMO obteve sucesso e riqueza.

Além de aceitar suas fraquezas e aprender com seus erros enquanto executa seu "processo de cinco passos", Dalio também costuma usar Inteligência Artificial (IA) para alcançar seu sucesso extraordinário.

No princípio 5.11, ele diz: "Converta seus princípios em algoritmos e deixe o computador tomar decisões junto com você."

Para ele, se combinarmos inteligência humana com inteligência de máquina, aumentaremos nossa eficiência e eficácia em 100 mil vezes. No caso de Dalio, ele criou um supercomputador que, de maneira surpreendente, prevê as oscilações do mercado – com precisão bastante para tornar seus clientes (e ele mesmo) bilionários.

Como ele fez isso? Bem, além de alimentar o supercomputador com dezenas de milhões de dados, ele escreveu alguns algoritmos.

O que é um algoritmo? Dalio nos dá um exemplo muito simples. Imagine que você queira manter sua casa a uma temperatura ambiente de 20°C. O que você faz? Ajusta o termostato com um simples algoritmo: se estiver fazendo muito frio, você liga o aquecedor.

Essa é a forma mais fácil de alavancar o poder da "Inteligência Artificial". Ao fazer isso várias vezes, você cria uma ENORME eficiência. Mas acredito que existe outra IA ainda mais poderosa na ativação dos nossos propósitos heroicos: a Inteligência Antiga.

Volte 500 milhões de anos atrás, quando os gânglios basais apareceram nos vertebrados. Nossos gânglios basais são basicamente o que nos ajuda a colocar certos comportamentos no piloto automático. Programar nossa Inteligência Antiga para deixar ESSE supercomputador assumir o controle é o tempero secreto para ativar nosso potencial heroico.

Psicólogos concordariam comigo. Eles *também* nos dizem que temos que escrever algoritmos, só que os chamam de "intenções de implementação".

Modelo básico: se acontecer X, então farei Y.

Com isso em mente... programe sua IA.

Passo 1. Decida que quer ativar seu potencial heroico.

Passo 2. Comece programando seu supercomputador.

Vou dar alguns exemplos de algoritmos simples que implementei na minha vida.

Se eu acordar de manhã, então vou meditar e realizar meu Trabalho Focado antes de entrar na internet.

Se meu cronômetro de mil segundos disparar enquanto eu estiver trabalhando, então vou me levantar e fazer exercícios físicos.

Se eu sentir medo, então direi "Pode vir!" e farei o que precisa ser feito.

Se a noite chegar, então vou desligar todos os meus dispositivos eletrônicos.

Se isso... então aquilo. Celebremos a IA heroica todos os dias.

Como diz Dalio, a programação de Inteligência Artificial pode aumentar a produtividade em 100 mil vezes. Veja como eu faço essa matemática com nossa Inteligência Antiga.

Se você tomou UMA VEZ a decisão de fazer o seu melhor, então poupou o esforço (e uma enorme quantidade de força de vontade) de decidir mais de mil vezes.

Se tomou cem decisões sábias como essa, então aumentou sua eficiência de otimização em 100 mil vezes.

É o que fazemos. Na verdade, em nosso programa Heroic Coach, desafiamos e ajudamos você a criar cem microalgoritmos.

Pare um pouco e pense no primeiro algoritmo que gostaria de implementar HOJE e que melhoraria sua vida. Qual seria ele?

Enquanto reflete sobre isso, saiba que o algoritmo mais poderoso de todos é: "Se eu estiver vivo, então me esforçarei para eliminar as lacunas entre quem *posso* ser e quem *realmente* sou."

Em uma só palavra... *Areté*.

P.S.: Um dos motivos pelos quais Dalio adora trabalhar com seu computador é que, ao contrário dos humanos, a máquina não tem emoções. Apenas executa o que está programada para fazer. É por isso que precisamos da nossa Inteligência Antiga. Quando não estivermos no nosso melhor dia, precisamos deixar nosso supercomputador bem programado para assumir o controle.

SEJA PERSISTENTE!
COMO SER IMBATÍVEL

Alden Mills foi Navy SEAL e é autor de *Be Unstoppable* (Seja imbatível), que li há anos com Emerson. Agora, enquanto digito, percebo que preciso reler esse livro com Emerson *e* Eleanor.

É uma parábola fantástica sobre um jovem capitão que conhece um capitão-mestre mais velho e sábio que o ensina a ativar seu potencial heroico. Emerson e eu adoramos.

O capitão-mestre (que atende pelo sugestivo nome de Pete Persistente) ensina oito passos ao jovem pupilo. Emerson sabe todos eles de cor.

1. Entenda seu porquê
2. Planeje

3. Energize-se para executar
4. Reconheça seus motivos para acreditar em si mesmo
5. Analise seus hábitos
6. Improvise para superar obstáculos
7. Aconselhe-se com especialistas
8. Trabalhe em equipe!

Hora de nos concentrarmos em você para ativarmos +1°...

Você já praticou essas ações? Qual é seu objetivo nº 1 atualmente? TUDO começa com um objetivo inspirador, Herói! Faça um rápido inventário desses oito passos...

1. Qual é seu porquê?
2. Qual é seu plano?
3. Você está energizado?
4. Que motivos você tem para acreditar em si mesmo?
5. Quais são seus hábitos?
6. Você está improvisando para superar obstáculos?
7. Precisa de conselho de algum especialista?
8. Como você pode trabalhar mais em equipe hoje?

É isso. Uma abordagem muito rápida sobre como ser imbatível.

Leia esse livro com seus filhos e lembre-se...

PERSISTA!

NUNUMEDE

NUNCA, NUNCA MESMO, DESISTA

Vamos falar sobre outro conceito divertido que aprendi na ótima fábula de Alden Mills. Na verdade, aqui em casa o chamamos de "o nono passo", para acompanhar os oito anteriores. (Até Eleanor gosta de gritá-lo!)

É como um mantra: **NUNUMEDE!**

Imagine uma pequena Heroína em treinamento, de quase 2 anos, gritando **"NUNUMEDE!"** para seu irmão de 6 anos e você vai ter uma noção do tipo de coisa que acontece aqui em casa.

(Isso é *muito* a nossa cara!)

Mas o que significa esse tal de NUNUMEDE?

É simples: **NU**NCA, **NU**NCA **ME**SMO, **DE**SISTA.

Um dos motivos pelos quais Emerson adora esse livro é que Alden representa esse pequeno e prático mantra heroico com uma ilustração que mostra um sapo quase sendo comido por um pelicano, mas que, de alguma forma, consegue escapar e agarra a ave pelo pescoço.

É ridículo, eu sei. Mas... **NUNUMEDE!**

P.S.: Existem momentos em que você *deveria* "desistir?" Claro. Mas esse não é o ponto deste +1°. O ponto é você repetir conosco, mais uma vez: **NUNUMEDE!**

A REGRA DOS CINCO SEGUNDOS

5... 4... 3... 2... 1... DECOLAR!

Mel Robbins deu um dos TEDx Talks mais populares da história. Mais de 50 milhões de pessoas já assistiram à sua palestra "Como parar de se ferrar". Ela também escreveu um livro de muito sucesso, *O poder dos 5 segundos.*

Embora ainda não tenha assistido à palestra (já expliquei que minha praia é a leitura, pessoal!), vi o exemplar de Alexandra na bancada da cozinha e peguei emprestado antes que ela começasse a ler. É fantástico.

A ideia básica é a seguinte: em qualquer momento (especialmente nos mais importantes – que são todos) costumamos saber o que *deveríamos* fazer. Mas, como você deve ter percebido, muitas vezes não *fazemos* de fato. Já passou por isso?

O que nos leva à pergunta: o que está nos impedindo?

Para Mel (e para os principais filósofos e cientistas), o problema é que pensamos demais. Verificamos como nos "sentimos" ao fazer tudo que precisa ser feito e, pasmem, deixamos de nos sentir inspirados (embora nervosos) e nos tornamos inertes em menos de cinco segundos, para ser exato.

Vou contextualizar um pouco mais. Mel nos conta que, aos 41 anos, sua vida estava desmoronando. Ela bebia demais e estava com dificuldades no casamento e nas finanças. Tudo era tão ruim que ela nem queria sair da cama pela manhã – acionava o modo soneca tantas vezes que, quando conseguia se levantar, as crianças já tinham perdido o ônibus da escola.

Até que um dia, vendo televisão, assistiu a um comercial com a famosa contagem regressiva da Nasa:

5… 4… 3… 2… 1… DECOLAR!

E disse a si mesma: "É o que farei amanhã de manhã: 5… 4… 3… 2… 1… Levantar!"

Quando acordou na manhã seguinte, ficou tentada a acionar o modo soneca, mas se lembrou da sua ideia e, embora boba, fez a contagem regressiva e decolou.

"5… 4… 3… 2… 1… LEVANTAR!"

De imediato ela saiu da cama. E sua vida mudou. Desde então isso mudou a vida de MUITAS pessoas.

Ela criou a "Regra dos cinco segundos", baseada numa TONELADA de pesquisas científicas sobre formação de hábitos, energia de ativação, centro de controle, pequenas vitórias e várias outras ideias de mudança comportamental.

Nosso +1° é esse…

Da próxima vez que tiver certeza do que precisa ser feito, mas hesitar, faça a contagem regressiva.

5… 4… 3… 2… 1… DECOLAR!

EU AMO A DOR, A INCERTEZA E O TRABALHO ÁRDUO!

E VOCÊ?

Uma das principais ideias do documentário de Jonah Hill, da Netflix, sobre nosso coach Phil Stutz (apropriadamente intitulado *O método de Stutz* – já assistiu?) é o fato de que SEMPRE teremos que lidar com TRÊS coisas… Dor, incerteza e trabalho árduo.

A maioria de nós passa grande parte da vida fingindo que isso não é verdade... mas essa é a principal fonte das nossas frustrações. Temos que aceitar radicalmente que a vida é um desafio. Até a primeira nobre verdade do Buda é o fato de a vida ser repleta de dor e sofrimento.

E... quando aprendemos a não apenas ACEITAR esse fato existencial inegociável, mas também a AMÁ-LO, tudo muda.

É por isso que, como já abordamos, a primeira ferramenta de Phil no livro *O método* é o que ele chama de "inversão do desejo". Qual mantra ele pede que GRITEMOS mentalmente TODAS AS VEZES que sentirmos um pouquinho de medo, dúvida ou esgotamento? "PODE VIR!"

Seguido por... "EU AMO A DOR! A DOR ME LIBERTA!"

E por que a "dor" nos liberta? Porque, como já discutimos, nosso potencial *infinito* está fora da zona de conforto. E como é que você se sente fora da sua zona de conforto? Por definição, ela é desconfortável. Isso dói. É por isso que aceitar essa dor nos "liberta".

Elizabeth Blackburn, ganhadora do prêmio Nobel, e a importante psicóloga positiva Kelly McGonigal repercutem essa sabedoria. Elas nos dizem que a maneira como INTERPRETAMOS o estresse e os momentos estressantes determina como eles nos afetam – até em nossos telômeros.

Elas também recomendam dizer "Pode vir!" ao ENFRENTARMOS, em vez de EVITARMOS, os desafios da vida. Por quê? Porque essa é a ÚNICA maneira de crescer – usando a dor da vida como combustível para nosso crescimento.

Então precisamos encarar a dor, a incerteza e o trabalho árduo.

Esse, meu Herói, é nosso +1°.

Não se esqueça: é preciso esterco para fazer a semente crescer. E é preciso dor para formar um Herói.

Diga comigo agora, sorrindo... "Eu amo a dor, a incerteza e o trabalho árduo!"

Mais uma etapa concluída.

Dia 1. VAMOS NESSA, HERÓI.

POUCO A POUCO

A OTIMIZAÇÃO SEGUNDO O BUDA

Uma das minhas pérolas favoritas do Buda é esta aqui: "Como um jarro que vai se enchendo de água, pouco a pouco alguém se torna mau. E como um jarro que vai se enchendo de água, pouco a pouco alguém se torna bom."

Esta é a melhor maneira de otimizar nossos resultados: gota a gota, +1° de cada vez.

Antigamente eu ficava empolgado demais querendo mudar TUDO AGORA MESMO! Já se sentiu assim? Talvez você tenha feito um curso ou lido um livro achando que transformaria sua vida da noite para o dia... mas acabou retornando aos maus hábitos uma semana depois.

Em vez de ser paciente e otimizar minha vida gota a gota, eu ligava a torneira no máximo e deixava a água transbordar – quase quebrando o jarro. Nada sábio.

Mas agora eu adoro essas pequenas gotas.

E você?

COMO SE LIVRAR DE UM MAU HÁBITO

DICA: ELIMINE O PROMPT

No livro *The Upward Spiral* (A espiral ascendente), Alex Korb ensina a usar a neurociência e as mudanças graduais para reverter o curso da depressão.

Hoje quero conectar as ideias desse livro com a sabedoria de *Micro-hábitos*. Segundo o autor, BJ Fogg: "Um comportamento acontece quando três elementos – motivação, capacidade e prompt – convergem num mesmo instante. Motivação é nosso desejo de adotar determinado comportamento. Capacidade é nosso poder de adotá-lo. E prompt é nosso estímulo."

Fogg também explica: "Podemos interromper um comportamento indesejado eliminando o prompt. Nem sempre é fácil, mas excluí-lo é a melhor maneira de evitar que ele se perpetue."

E conclui: "Prompts são condutores invisíveis da nossa vida." E, o mais importante para nossos propósitos: "Sem eles, nenhum comportamento acontece."

Obrigado, professor Fogg.

E o que o professor Korb tem a dizer? Primeiro, saiba que ele chama "prompt" de "gatilho". (James Clear e Charles Duhigg chamam de "deixa". São nomes diferentes para a mesma coisa.)

Korb nos diz: "Descubra quais são seus gatilhos. É muito mais fácil evitar a tentação do que resistir a ela. Se você sabe o que aciona determinado hábito, então pode se livrar dele simplesmente excluindo esse gatilho da sua vida."

Agora vamos ao nosso +1°...

De que mau hábito você quer se livrar? Escolha um. Não tenha vergonha. Lembre-se: todos nós temos nossas kryptonitas. Olhe para esse mau hábito como um cientista curioso. "Uma vez que você remove qualquer tipo de julgamento", explica Fogg, "seu comportamento se torna um experimento científico. Uma sensação de exploração e descoberta não é apenas um bônus, mas um pré-requisito para o sucesso."

E então? Já escolheu? Ótimo.

O que serve de gatilho/prompt/deixa para esse mau hábito?

Descubra. E elimine.

HOJE.

P.S.: Veja alguns exemplos práticos. Se você luta contra o alcoolismo, livre-se de qualquer bebida alcoólica que esteja guardando em casa. Do contrário, todos os dias você será tentado por esse gatilho. O mesmo se aplica a junk food. Jogue fora todos os alimentos insalubres e pare de comprá-los.

FLEXIBILIDADE PSICOLÓGICA

MARCA REGISTRADA DAS PESSOAS FELIZES

Psiquiatra formado em Harvard, Daniel J. Siegel é um dos maiores especialistas do mundo em atenção plena, neurociência e neurobiologia interpessoal. Num de seus livros, *O poder da visão mental*, Daniel afirma que uma das marcas registradas de um ser humano saudável é a flexibilidade psicológica.

Ele diz que precisamos ser como um rio que flui entre duas margens – de um lado, sustentação; do outro, espontaneidade.

A dica para ter flexibilidade psicológica é não inundar nem um lado nem outro. Queremos *apenas* a quantidade certa de sustentação e espontaneidade, sem exageros. Muita sustentação nos torna rígidos; muita espontaneidade cria o caos.

Lembre-se: você deve fluir entre essas duas margens.

Sustentação + espontaneidade = flexibilidade.

Como está o *seu* rio?

Que pequena atitude você pode tomar hoje para otimizar o curso dessas águas?

PARE DE COMPLICAR

PERGUNTA MÁGICA: E SE FOSSE FÁCIL?

Você tem o hábito de complicar demais? Alan Cohen diz que precisamos parar de tornar tudo mais difícil do que precisa ser. E sugere que façamos a seguinte pergunta: "E se fosse fácil?"

Esse é nosso +1°.

E se fosse fácil fazer aquilo que você insiste em dizer que é difícil? Preencha com sua maior dificuldade no momento:

"E se fosse fácil ____?"

É claro que estamos desenvolvendo nossa autoconfiança para encarar os obstáculos. Mas e se esses obstáculos forem MUITO mais fáceis de superar do que imaginamos?

Pare de complicar.

Aplique o método DROP ao seu objetivo mais importante e siga em frente com um sorriso no rosto, Herói.

(Sério. Siga em frente. Estarei aqui quando você voltar.)

COMO EVITAR O SUICÍDIO DE HÁBITO

TUDO BEM FAZER MAL; NADA BEM NÃO FAZER

Como você já deve ter percebido, é MUITO mais fácil desenvolver um hábito quando se decide praticá-lo todos os dias do que em dias intercalados. É assim que o cérebro funciona.

Quanto maior a constância, mais fácil fica.

Digamos que você consiga manter um hábito por uma pequena sequência de dias: cinco, dez, quinze dias consecutivos.

E X C E L E N T E.

Sua pequena semente de hábito está tomando forma.

ACONTEÇA O QUE ACONTECER, NÃO PULE UM DIA!

Mas, se precisar pular um (acontece), NÃO pule dois.

Em seu livro *Superhuman by Habit* (Super-humano por hábito), Tynan chama pular dois dias seguidos de "suicídio de hábito".

Se pular um dia, volte aos trilhos no dia seguinte. Faça disso sua prioridade.

Se pular *dois* dias seguidos, vai estar em apuros e, se pular *três*, correrá o risco de perder todo o trabalho duro e recomeçar do zero.

Reflita: quantas vezes você pulou um dia, depois outro, depois outro e BUM... hábito perdido?

Esse é nosso +1°...

Da próxima vez que cogitar pular um dia, lembre-se: "Tudo bem fazer mal; nada bem não fazer."

Mesmo que tenha feito uma meditação *terrível*, um treino *terrível*, um trabalho *terrível*, é melhor fazer *mal* do que *não* fazer.

Mantenha seus hábitos vivos. Um dia de cada vez.

Especialmente…

HOJE.

NÃO QUEBRE A SEQUÊNCIA

FAÇA O TRABALHO TODOS OS DIAS

Seth Godin, um dos blogueiros mais populares do mundo, é também autor de ótimos livros. Em seu mais recente, *A prática*, um dos meus favoritos, ele diz: "Desenvolva sequências. Faça o trabalho todos os dias. Se tiver um blog, escreva diariamente. Se tiver uma loja, cuide das remessas diariamente. Dê seu melhor diariamente. Encontre sua sequência e a mantenha."

Talvez você já tenha ouvido falar que Jerry Seinfeld escrevia uma piada nova por dia. Bem, parece que essa história não é *de todo* verdadeira, mas vamos fingir que é…

Era uma vez um promissor comediante chamado Jerry Seinfeld. (Pois é, assim como todo grande mestre, ele nem sempre foi famoso.) O jovem Jerry não queria que seu talento passasse despercebido. Ele queria ser excelente. Então escreveu uma piada, depois outra, depois outra… Todo dia ele escrevia uma piada nova e marcava um X no calendário. Ele adorava ver todos aqueles X enfileirados e não queria quebrar a sequência.

Agora eis a pergunta: qual é a SUA sequência?

O que transformaria sua vida se você fizesse TODOS OS DIAS? Algo que você de fato POSSA e QUEIRA fazer. (Sem cobranças, Herói!)

Seria meditar um minuto por dia? Dar 10 mil passos diários? Dormir oito ou nove horas por noite?

Praticar o Trabalho Focado e ser criativo antes de ser reativo? Desligar os aparelhos eletrônicos toda noite para se dedicar ao Amor?

Reservar pelo menos 30 minutos para sua família todos os dias? Beijar sua esposa todos os dias? Abraçar seus filhos todos os dias?

Eu estabeleci todas essas metas para mim em nosso aplicativo Heroic.

Nem sempre consigo mantê-las diariamente, mas, quando consigo… que sensação maravilhosa!

E você, Herói? Qual será a SUA nova sequência inegociável?

Dia 1. VAMOS NESSA!

DIMINUA A VARIABILIDADE
PARA AUMENTAR SUAS CHANCES DE SUCESSO

Como já vimos, pessoas sábias usam a força de vontade para colocar hábitos no piloto automático. Eis uma dica de mestre: se quiser adquirir um novo hábito, reduza a variabilidade do seu comportamento.

Digamos que você queira meditar todo dia. Você faz tudo certo: identifica seu motivo, torna o processo mais fácil, compromete-se 100%, etc. Agora, o que você acha que será mais eficaz?

Opção nº 1: praticar pelo menos um minuto de meditação sempre que puder (assim que acordar, após o treino, antes do almoço, quando chegar do trabalho, antes de dormir…).

Ou…

Opção nº 2: praticar pelo menos um minuto de meditação num horário específico todos os dias. Você escolhe o melhor momento (digamos, às seis da manhã) e cria seu novo hábito *nesse* horário TODOS OS DIAS.

Não precisa nem pensar. Claro que é a opção nº 2.

Ao reduzir a variabilidade, você aumenta MUITO as chances de esse comportamento funcionar no piloto automático. Usando um pouco da sua preciosa força de vontade, você pode confiar a tarefa ao seu córtex pré-frontal e deixar seus gânglios basais trabalharem para você.

Então… você tem tido dificuldade de adotar algum hábito?

Já definiu qual seria o melhor horário e o melhor local para praticá-lo?

Que tal reduzir a variabilidade?

Aqueça +1°!

E, claro, repita esse processo com todos os hábitos positivos que você queira automatizar.

VELOCIDADE É UMA FORÇA

QUE A FORÇA ESTEJA COM VOCÊ

Já me encontrei com Phil Stutz mais de quatrocentas vezes nos últimos sete anos. Minha pilha de anotações sobre nossas sessões de coach é um dos meus bens mais preciosos.

Nossa primeira sessão foi em 13 de janeiro de 2017. Estou olhando para as notas dessa sessão enquanto digito. Foi quando Phil me ensinou as "regras da ação".

Sabe qual é a primeira delas? Segundo Phil, é "velocidade é uma força".

Ele me explicou que quanto mais demoramos para fazer aquilo que é necessário, mais perdemos confiança e autorrespeito.

Sobre isso, fiz as seguintes anotações no meu caderno:

"AJA AGORA!"

"É possível causar impacto agora mesmo."

"Tenda sempre à ação."

É claro que não devemos levar adiante *qualquer* ideia, muito menos com rapidez, mas... Você tem postergado atitudes que precisam ser tomadas? E, como resultado, tem se sentido menos confiante?

Lembre-se: VELOCIDADE É UMA FORÇA. Quando souber o que precisa ser feito, FAÇA.

Estarei aqui quando você voltar.

A LEI DA INTENÇÃO DECRESCENTE

VAI BEM COM "VELOCIDADE É UMA FORÇA"

Como vimos, a PRIMEIRA coisa que Phil Stutz me ensinou foi simples: "velocidade é uma força." Quando precisar fazer algo, FAÇA, ou perderá confiança.

Jim Rohn pensa parecido e chama isso de "lei da intenção decrescente". A ideia básica é a seguinte: sua probabilidade de fazer algo diminui à medida que você se distancia do momento inicial de inspiração.

E acrescento: é quase certo que sua confiança diminua também. Essa não é uma combinação vencedora.

O pupilo de Jim Rohn, Tony Robbins, repete essa sabedoria. Ele nos diz que nunca devemos deixar passar em branco um momento de inspiração; devemos, em vez disso, agir *massivamente*.

Com isso em mente, do que você precisa para agir AGORA e aquecer +1°? Vai fundo. Estarei aqui quando você voltar.

COMEÇAR VS. TERMINAR

COMO LIDAR COM A PROCRASTINAÇÃO

Se você está se sentindo desmotivado e tentado a procrastinar as coisas, este capítulo é para você.

Em seu livro *Solving the Procrastination Puzzle* (Resolvendo o quebra-cabeça da procrastinação), Timothy A. Pychyl afirma que existe uma grande diferença entre *começar* e sentir que é preciso *terminar*.

Veja outra maneira de pensar sobre isso...

Tal Ben-Shahar é professor e, basicamente, escritor profissional. Só que tem dias em que ele *não sente vontade* de se sentar para escrever. Nesses momentos de pouca inspiração, ele não diz a si mesmo: "Ah, tudo bem. Vou achar algo mais interessante para fazer na internet." (Por mais tentador que seja.) Não. Ele pratica algo que chama de "reforço de 5 minutos". E decide: só cinco minutos, *para começar*.

E adivinha só: essa microação viável, simples e nada intimidadora serve de impulso para ele.

Como aprendemos com Sir Isaac Newton, um objeto em movimento tende a permanecer em movimento. Da mesma forma, aqueles 5 minutos se tornam 50 minutos de trabalho dedicado – e nada disso seria possível se ouvíssemos a voz da procrastinação.

Então... antes de se preocupar com a conclusão...

Apenas comece.

HOJE.

O DOM DA EXCELÊNCIA

AQUI ESTÁ ELE

Quando se trata de entender o que torna um profissional excelente, nunca houve no mundo autoridade maior que Anders Ericsson. Se você já ouviu falar da "regra das 10 mil horas", tem que agradecer a ele.

Em seu livro *Direto ao ponto*, Anders compartilha o que aprendeu ao longo de décadas de pesquisa. Ele diz que a coisa mais importante que aprendeu foi que TODOS temos o dom da excelência. E esse dom está embrulhado numa embalagem muito singela, nada elegante, sem grandes laços e fitas, apenas uma caixa simples. Mas dentro dela está algo mágico.

O dom da *adaptabilidade*.

A capacidade de mudar. De, aos poucos, otimizar nosso conjunto de habilidades, agregando e combinando aprendizados ao longo do tempo de modo que possamos fazer com que o impossível pareça fácil.

E qual é o diferencial dos grandes profissionais? Eles apenas tiram proveito desse dom. A boa notícia é que você também pode fazer isso.

Anders afirma que a maior barreira entre você e a excelência pode ser sua falsa crença de que as pessoas que você mais admira possuem um "dom" que você não tem. Ele chama isso de "o lado sombrio de se acreditar no talento inato".

Então... abra a caixa. Receba seu dom.

E lembre-se: o dom da adaptabilidade combina perfeitamente com trabalho árduo.

HOMEOSTASE E ADAPTABILIDADE

SAIA DA SUA ZONA DE CONFORTO

Já falamos bastante sobre a importância de sairmos da nossa zona de conforto. Mas *por que* esse é um assunto tão importante? Por causa de duas palavras: homeostase e adaptabilidade.

Cada célula do nosso corpo trabalha *constantemente* para manter uma sensação de estabilidade – regulando tudo, desde a pressão arterial e os batimentos cardíacos até o equilíbrio do pH e as taxas de açúcar no sangue. Isso é homeostase.

O mais empolgante é que, quando nos forçamos a sair da nossa zona de conforto homeostático, nosso corpo responde *supercompensando*: ele tenta atingir um nível ainda mais elevado de homeostase.

Por exemplo, se você sair do sedentarismo e começar a correr alguns quilômetros várias vezes por semana, seu corpo vai dizer: "Ei, o que é isso? Você está me tirando da homeostase. Vou ter que ajustar nossos parâmetros de atividade física."

O mesmo se aplica a TUDO que fazemos: levantar peso, cultivar coragem, meditar...

Essa é uma propriedade *muito* estimulante da mente e do corpo humano. Na verdade, como diz a pesquisa de Anders Ericsson, a ADAPTABILIDADE é nosso maior dom. Precisamos apenas usá-la com sabedoria.

Repito: saia da sua zona de conforto.

É o único caminho rumo ao crescimento.

EQUILÍBRIO DINÂMICO

VOCÊ É UM EQUILIBRISTA

Para Osho, na vida não há "equilíbrio". Pelo menos não um "equilíbrio estático", no qual tudo esteja sempre e totalmente em perfeita harmonia.

Para ele, equilíbrio é um substantivo que denota AÇÃO. Nada nunca está "equilibrado", mas "se equilibrando".

Osho explica que viver é mais como andar na corda bamba do que ficar parado. Imagine-se numa corda bamba lá no alto. Você é um excelente equilibrista. Treinou por 10 mil horas e consegue caminhar com maestria sobre o fio esticado. Mas note que você não está realmente "equilibrado" lá em cima. Em determinados momentos você se inclina um pouco para a esquerda, depois para a direita, e assim por diante. Se prestar atenção, verá que seu equilíbrio é DINÂMICO. Você nunca está "equilibrado" de maneira *estática*. Está criando um equilíbrio *dinâmico* a cada passo que dá.

O mesmo acontece com a vida. Momento a momento, encontramos um equilíbrio novo e dinâmico. Ora nos "desequilibramos" para um lado, ora para outro. E é exatamente assim que deve ser.

Então, pare de desejar uma vida perfeitamente equilibrada.

Não se esqueça: o equilíbrio é dinâmico.

Sinta-se energizado enquanto caminha na corda bamba que é sua vida. HOJE.

SORRIA!

UM JEITO PODEROSO DE MELHORAR SEU HUMOR

Num experimento científico, pesquisadores pediram a dois grupos de pessoas que segurassem uma caneta com a boca: um grupo deveria segurá-la com os lábios, o outro, entre os dentes.

(Tente você mesmo para sentir a diferença!)

Adivinha só: o grupo que manteve a caneta entre os dentes (o que, como você deve ter notado, forma um tipo de sorriso) relatou se sentir mais FELIZ no final do experimento do que o grupo que a prendeu entre os lábios (criando um tipo de careta).

Não é impressionante? Como pode algo *tão* simples levar a uma mudança significativa de bem-estar? Bem, como vimos, SENTIMENTOS seguem COMPORTAMENTOS. E, no fim das contas, mover os músculos da face na forma de um sorriso pode gerar felicidade.

A moral da história é simples: trabalhe com uma caneta entre os dentes hoje. (Calma! Uma caneta metafórica...)

Lembre que sentimentos seguem comportamentos e que as pequenas coisas que você faz são importantes.

Levante-se disposto. Aja da maneira que agiria se estivesse se sentindo ótimo, mesmo que não esteja. Você vai perceber que seus sentimentos seguirão esses comportamentos mais do que você imagina.

Também sorria mais hoje.

É fascinante sentir nosso humor melhorando rapidamente quando damos um simples sorriso.

Sentiu-se inspirado? Tente agora mesmo!

Não se sentiu inspirado? Então DEFINITIVAMENTE tente agora mesmo, Herói!

+1° sorridente para você...

(Estou sorrindo enquanto digito isto.)

P.S.: No livro *Paz é cada passo*, Thich Nhat Hanh confirma essa verdade científica com uma verdade espiritual: "Ter um sorriso no rosto é um sinal de que você é dono de si mesmo."

PORTAS DO MEDO

ULTRAPASSOU ALGUMA ULTIMAMENTE?

Em algum momento da vida, todos nós já superamos algum medo e obtivemos resultados incríveis. É o que chamo de ultrapassar a "Porta do Medo".

Hoje vou contar uma breve história da minha vida para que você possa refletir sobre a SUA.

Quando eu ainda era um jovem cabeludo de 22 anos, sonhava em largar meu trabalho como consultor-contador e ingressar numa das melhores faculdades de Direito. Para realizar esse sonho, estudei (muito) para o LSAT, o exame de admissão para cursos de Direito nos Estados Unidos.

No meu primeiro simulado pontuei acima da média, algo em torno do percentil 68. Nada fenomenal. Eu já era uma pessoa esforçada naquela época, então comprei todos (literalmente todos) os livros preparatórios para o LSAT e fiz cada um dos simulados. Isso quando não estava estudando com meu professor particular, por quem, devo admitir, desembolsei boa parte do meu patrimônio líquido.

Naquela época, na Universidade da Califórnia em Los Angeles, eu tinha um rendimento médio de 3,71 (de um total de 4) e imaginei que, no LSAT, uma pontuação de 173 (no percentil 99) me daria uma grande chance de entrar numa ótima faculdade, *além* de ter certa simetria com o valor do meu rendimento médio (rs).

Então me dediquei. Todo dia eu saía do trabalho e corria para casa a fim de estudar. Depois passava o fim de semana inteiro estudando. Repeti isso por semanas a fio.

Quando chegou o dia do exame, eu me sentia muito seguro. Na verdade, achei que poderia gabaritar. Eu tinha feito tantos simulados que senti que poderia até ELABORAR um LSAT por conta própria. (E olha que eu nem tinha assistido às minhas próprias aulas sobre desempenho máximo e perfeccionismo.)

Então, em 1996, ali estava eu prestes a fazer a prova. Abri a primeira parte e... quase não consegui terminar. Deu branco. Tive que chutar as últimas quatro respostas: (C) (C) (C) (C)

Eu estava ensopado de suor e meu diálogo interior era mais ou menos assim:

"O que aconteceu?"

"Será que destruí meu sonho de cursar uma ótima faculdade de Direito?"

"Meu Deus! Será que devo desistir agora mesmo e me poupar da vergonha de ser reprovado?"

Era literalmente isso que passava pela minha cabeça. (Até me emociono ao relembrar esse sentimento de pânico absoluto.)

Nem sei como consegui, mas consegui. De alguma forma me concentrei. Virei a página e comecei a parte seguinte. E terminei o exame.

Semanas depois liguei para a central de provas a fim de saber minha pontuação. Adivinha qual foi: 173. Boa o bastante para entrar nas dez melhores faculdades.

Escolhi a melhor faculdade pública da lista (metade da mensalidade, pessoal!) e frequentei brevemente a Escola de Direito da Universidade da Califórnia em Berkeley (turma de 2000).

Mas por que compartilho isso? Porque aquele teste e aquela pontuação mudaram minha vida. Ultrapassei a Porta do Medo e *voilà*: ingressei numa vida diferente.

Agora vamos ao nosso +1°...

Já aconteceu algo parecido com VOCÊ? Você já ultrapassou alguma Porta do Medo que mudou sua vida? Celebre isso, Herói. Saiba que coragem não é ausência de medo – é disposição para agir com medo e tudo.

E, o mais importante... você está *atualmente* diante de uma Porta do Medo que precisa ultrapassar?

Abra essa porta e a ultrapasse.

HOJE.

PORTAS DO MEDO (PARTE II)

ENCONTROU UM ABISMO? JOGUE-SE!

Joseph Campbell certa vez aconselhou a um jovem iniciante: "Ao caminhar pela vida, você encontrará um grande abismo. Jogue-se. Não é tão fundo quanto você pensa."

A mesma ideia básica se aplica às nossas Portas do Medo. Na maioria das vezes, precisamos apenas abrir a porta e entrar.

Eis um exemplo que mudou minha vida. Ultrapassei uma Porta do Medo quando fiz o LSAT, consegui uma ótima pontuação e entrei numa faculdade conceituada. O único problema era que, no fundo, eu sabia que não queria estudar Direito. Era apenas uma rota de fuga de um trabalho que já não me satisfazia. Achei que ser aprovado numa faculdade de Direito seria uma coisa boa, mas... *literalmente* vomitei assim que cheguei a Berkeley.

Larguei a faculdade poucos meses depois. Eu NÃO estava num bom momento. NÃO tinha a disciplina e a sabedoria que tanto me esforcei para cultivar.

Quando não pensava em acabar com minha própria vida, a única coisa que conseguia me imaginar fazendo era treinar uma liga infantil de beisebol. Então voltei para a casa da minha mãe e foi o que fiz: me ofereci para ajudar um vizinho a treinar o time infantil do filho dele, os Angels.

Éramos os piores. Acho que perdemos nossos cinco primeiros jogos. E aprendi que um mau desempenho refletia um mau treinamento. Meu vizinho e eu não tínhamos ideia do que estávamos fazendo e isso ficou muito claro – não apenas na classificação, mas também no moral do time.

Antes da faculdade de Direito, eu era consultor na Arthur Andersen e aprendi algumas coisas sobre tecnologia e base de dados. Então tive uma ideia... Eu poderia criar um sistema on-line (a internet estava engatinhando em 1998) que conectasse esses times e ligas, uma comunidade na qual novos treinadores como eu pudessem aprender com treinadores mais experientes – esses que vociferam para todo lado segurando uma prancheta.

E não seria legal publicar vídeos com os lances mais emocionantes para que a família das crianças pudesse assistir depois? Com base nessa ideia, criei minha primeira empresa: eteamz.com.

Meu genial sócio de 22 anos e eu (que tinha 24 na época) esvaziamos nossos cofrinhos e investimos 5 mil dólares cada um. Desenvolvemos na sala de casa, em questão de meses, um conjunto de ferramentas que atendeu a milhares de equipes no mundo todo.

Vencemos a competição de planos de negócios da Anderson School of Management da UCLA e levantamos 1 milhão de dólares de capital de investidores anjos. Em menos de um ano já tínhamos 45 funcionários, contratamos o CEO da Adidas para me substituir no cargo (bem como o vencedor de *The Apprentice 2*) e, veja só…

CONTRATEI o escritório de advocacia onde tinha sonhado em trabalhar. Depois vendemos a empresa para um dos nossos concorrentes e tive dinheiro suficiente para descobrir o que queria fazer da vida e chegar ao ponto em que estou hoje.

Embora essa seja uma boa demonstração do conselho de Joseph Campbell de "seguir sua felicidade" (e falo sobre essa história no documentário *Encontrando Joe*), a questão não é essa. Veja o que deixei de fora.

Sabe aquela competição de planos de negócios que vencemos na UCLA? Bem… eu quase não compareci, porque achava que "não estávamos prontos" ou que "não éramos bons". Eu estava tão estressado antes da viagem que *literalmente* arranquei a porta do meu guarda-roupa. (Posso rir agora.)

De alguma forma, me recompus e investi uma ENORME soma de dinheiro para ir até Los Angeles e providenciar impressões coloridas do nosso plano de negócios. Ainda me lembro claramente de estar na fila decidindo se deveria ou não investir naquelas impressões.

(Fico emocionado e arrepiado ao digitar isso.)

Ah… também preciso dizer que eu estava TÃO APAVORADO de ter que falar em público que, quando vi o tamanho do auditório onde eu daria minha palestra, tive um pequeno acidente e corri para o banheiro. Juro.

Múltiplas Portas do Medo.

De alguma forma... consegui atravessá-las. E vencemos.

Depois da palestra, um dos investidores do júri me passou seu contato e fui encontrá-lo no Vale do Silício. Foi aí que arrecadamos 5 milhões de dólares, contratamos o CEO da Adidas e MINHA VIDA MUDOU COMPLETAMENTE PARA MELHOR.

Mas NADA DISSO TERIA ACONTECIDO se eu não tivesse tomado coragem para agir na presença do medo.

Compartilho essa história para mirar o holofote em VOCÊ.

Se já ultrapassou uma Porta do Medo que mudou sua vida, celebre isso, Herói.

Saiba que coragem não é ausência de medo. É disposição para agir com medo e tudo.

Abra a Porta do Medo que está diante de você agora. Ultrapasse-a.

HOJE.

P.S.: Queria pular desta página agora mesmo, olhar nos seus olhos e dizer: "Você consegue, Herói. Vai fundo e volte para contar uma boa história!"

EFEITO PLATEIA
O PODER DOS OLHOS

Já ouviu falar do "efeito plateia"? É fascinante.

Pesquisadores descobriram que estudantes tendem a manter um refeitório mais limpo quando há fotos de olhos humanos nas paredes em volta. (Juro.) E pessoas tendem a levantar mais peso quando estão sozinhas num palco diante do público.

Esses são apenas dois exemplos do chamado "efeito plateia", a influência da presença de outras pessoas sobre o comportamento de um indivíduo.

Em seu livro *How Bad Do You Want It?* (Quanto você quer isso?), Matt Fitzgerald ensina: "Psicólogos acreditam que o efeito plateia seja mediado por uma espécie de 'sociômetro', um mecanismo que envolve múltiplas regiões do cérebro, incluindo a ínsula anterior e o giro frontal inferior. Por meio desse mecanismo, as pessoas percebem e interpretam a atenção daqueles que as rodeiam e usam essa informação para ajustar o próprio comportamento de forma a ganhar mais atenção positiva."

Isso me lembra um ensinamento de Angela Duckworth sobre o poder da comunidade. Em seu livro *Garra*, ela diz: "O lema cultural é: Se você quer ter garra, encontre uma cultura de garra e junte-se a ela. Se você é um líder e quer que as pessoas da sua empresa tenham garra, crie uma cultura de garra."

Agora… sabe a quais olhos você precisa estar atento o tempo todo?

Aos olhos do seu *daimon*.

P.S.: Essa é uma das razões pelas quais me empolgo tanto com nossa plataforma de treinamento social Heroic. É o lugar perfeito para apoiarmos uns aos outros com "olhos" responsáveis à medida que elevamos nossos padrões. É uma comunidade na qual o comportamento NORMAL é um comportamento EXCELENTE.

MAMÃE DISSE: SEJA VIRTUOSO

ABIGAIL ADAMS E MÃES HEROICAS UNIDAS

Abigail Adams foi uma das mães heroicas que fundaram os Estados Unidos. Aposto que ela, Benjamin Franklin e suas famílias fariam parte do movimento Heroic se fossem vivos hoje.

Sabe por quê? Porque tinham uma intensa paixão por cultivar a virtude em si mesmos e na vida de seus filhos.

Certa vez Abigail disse: "Estes são tempos em que um gênio gostaria de viver. Não é na calmaria da vida ou na paz de uma época que se formam grandes personalidades. Os hábitos de uma mente forte são formados diante dos desafios. Grandes necessidades evocam grandes líderes. Quando uma mente é estimulada por cenas que envolvem o coração, as qualidades que acabariam adormecidas despertam para a vida e formam o caráter do herói e do estadista."

Depois que li essas palavras no livro *A essência do líder*, de Warren Bennis, fui procurar a fonte. Descobri que o trecho pertence a uma carta que Abigail escreveu para o filho John Quincy Adams em janeiro de 1780 –

quase 250 anos atrás. Ele tinha viajado à França com o pai para obter apoio à Guerra de Independência dos Estados Unidos. (Valeu, França!)

Fui olhar quantos anos John Quincy Adams tinha em 1780. Ele tinha 12 anos.

Vale a pena ler a carta inteira. Nela, Abigail começa dizendo ao filho que precisou enviá-lo à França com o pai e o irmão por mais que ele reclamasse e não quisesse ir. É bom demais ver essa grande mulher falando com um futuro presidente dos Estados Unidos como se falasse com qualquer outro adolescente.

Em seguida vem a citação que me fez procurar a carta. Mas, veja só... Na verdade, Bennis se equivocou na citação de Abigail. Segundo ele, ela disse: "Grandes necessidades evocam grandes líderes."

Mas não foram exatamente essas as suas palavras. Ela disse: "Grandes necessidades evocam grandes VIRTUDES."

O que, é claro, forma GRANDES LÍDERES.

Nota: tanto John Quincy Adams quanto seu pai, John Adams, tornaram-se presidentes dos Estados Unidos. Haja virtude!

Isso me impressionou porque é basicamente tudo que fazemos como Heróis. Sabemos que, para a sabedoria antiga e a ciência moderna, o propósito supremo da vida é expressar nossa melhor versão (a serviço de algo muito maior que nós mesmos!), vivendo com virtude. E é isso que tentamos colocar em prática.

Também sabemos que todo esse processo é impulsionado pelos desafios que enfrentamos pelo caminho. Por isso fiquei ainda mais impressionado com o restante da carta.

Quando li ESTA passagem, pude literalmente VER Abigail, seus filhos e seu marido John (que, em 1780, era Embaixador na França no quinto ano de uma guerra que durou oito) comprometendo-se juntos a cumprir metas virtuosas e heroicas, todos os dias (em especial quando estivessem distantes):

"Meu dever com você será incompleto se eu terminar esta carta sem lembrá-lo de uma falha cuja correção exige uma atenção estrita e um cuidado vigilante. Você deve fazer isso por si mesmo, deve refrear aquela impetuosidade de temperamento, pela qual o repreendi várias vezes, mas que, adequadamente conduzida, pode produzir um grande bem. Sei que você é capaz desses esforços; já tive o prazer de observar que meu conselho não passou despercebido. Se você se entregar à prática de qualquer fraqueza ou vício na juventude, isso ganhará força e o subjugará ao longo do tempo. A consideração estrita e inviolável que você sempre prestou à verdade me dá esperanças de que não se desviará de seus valores, mas acrescentará justiça, coragem e todas as virtudes que podem adornar um bom cidadão, honrar seu país e tornar seus pais muito felizes, em especial sua sempre afetuosa mãe."

Saiba que... estes são tempos em que Heróis gostariam de viver.

Enquanto nos esforçamos para ativar nosso potencial heroico, podemos lembrar que não é na calmaria da vida ou na paz de uma época que se formam grandes personalidades.

Com amor, sabedoria, disciplina e coragem, eu digo... Heróis, unam-se!

Dia 1. VAMOS NESSA.

VOCÊ É ESQUISITO

AO MENOS ESPERO QUE SEJA

No nosso +1° anterior, falamos sobre Abigail Adams e sua carta para o filho de 12 anos, John Quincy Adams, que anos depois se tornaria presidente dos Estados Unidos. Nessa carta, ela o aconselhava a VIVER COM VIRTUDE.

Acho que, se vivessem hoje, ela e Benjamim Franklin teriam criado algo como nosso aplicativo Heroic para nos ajudar a vencer a atual guerra entre virtude e vício.

Depois de escrever isso, digitei "Benjamim Franklin" no computador para ver se encontrava alguma anotação sobre ele e seu comprometimento com a virtude. Não só encontrei, como a anotação também fazia referência a John Adams. Incrível!

Os trechos foram retirados do livro *Spirit Means Business* (Espírito significa negócios), de Alan Cohen. Segundo Franklin e Adams, devemos aceitar nossas esquisitices interiores.

Alan nos diz: "Ser um desajustado não é um defeito. Na verdade, pode ser a chave para seu sucesso. Quando ouço que alguém é desajustado, pergunto: 'Em relação a quê?' Aprender a se orientar num sanatório não torna ninguém são. A verdadeira sanidade reside na autenticidade."

Ele afirma que talvez não sejamos tão estranhos assim, que nossas estranhezas talvez sejam nossas maiores vantagens. Para ele, essas idiossincrasias estão no pacote da grandeza iconoclasta. E conclui dizendo: "Normalidade e genialidade raramente andam juntas. Como Walt Whitman proclamou com orgulho: 'Nenhuma polegada ou fração de polegada em mim é vil. [...] Celebro a mim mesmo.'"

No livro de Alan, essa sabedoria é apresentada num capítulo que trata de algumas das personalidades mais estranhas da história.

Sabia que Benjamim Franklin começava cada um de seus dias com um "banho de ar", ficando nu ao ar livre por 30 minutos? Pois é.

E John Quincy Adams nadava diariamente no rio Potomac às cinco da manhã, completamente nu, mesmo que a água estivesse congelante.

Também podemos mencionar Nikola Tesla e Steve Jobs com toda a gama de comportamentos peculiares e invenções geniais. E o que dizer de Albert Einstein? Sabia que ele só começou a falar aos 3 anos e, depois de adulto, costumava parar o carro, pegar um gafanhoto na grama e comê-lo? Sim. Normal.

E agora temos VOCÊ.

Assuma suas esquisitices.

HOJE.

SE...

POR RUDYARD KIPLING

Já ouviu falar de um poema chamado "Se", de Rudyard Kipling? É extraordinário. Aqui está em tradução livre:

Se conseguires manter a calma quando todos à tua volta
A estiverem perdendo e culpando a ti;
Se conseguires confiar em ti mesmo quando todos duvidarem de ti,
Mas também souberes tolerar a dúvida deles;

Se conseguires esperar sem te cansares de esperar,
Ou ser enganado sem retribuir na mesma moeda,
Ou ser odiado sem dar espaço ao ódio,
E ainda assim não parecer bom demais, nem falar como um sábio:

Se conseguires sonhar, sem que os sonhos sejam teus senhores,
Se conseguires pensar, sem que os pensamentos sejam teu único objetivo;
Se conseguires enfrentar o Triunfo e o Desastre
E tratar esses dois impostores da mesma forma;
Se conseguires ouvir a verdade que disseste
Ser distorcida por canalhas para armar ciladas aos tolos,
Ou ver destruídas as coisas pelas quais deste a tua vida,
E ainda assim reconstruí-las com ferramentas gastas:

Se conseguires juntar todas as tuas vitórias
E arriscá-las numa única jogada de cara ou coroa,
E perder, e recomeçar do zero,
E nunca dizer uma palavra sobre tua perda;
Se conseguires forçar teu coração, teus nervos e músculos
A continuarem a servir-te mesmo quando já não existirem,
E assim aguentar quando já não houver em ti
Nada além da Vontade que diz a eles: "Aguenta!";

Se conseguires falar com as multidões e manteres tua virtude,
Ou andar com reis sem perder a simplicidade,
Se nem inimigos nem amigos amados te puderem ferir,
Se todos os homens contarem contigo, mas nenhum demais;
Se conseguires aproveitar cada minuto implacável
Com sessenta segundos de distância percorrida,
Teu será o mundo e tudo o que nele existe,
E – o que mais – serás um Homem, meu filho!

NÃO CONSEGUE O QUE DESEJA?

VEJA DOIS POSSÍVEIS MOTIVOS

Acabamos de deleitar nossa alma com a sabedoria do clássico poema "Se", de Rudyard Kipling. Não achei necessário acrescentar mais nada àquele +1°.

Agora vamos continuar falando sobre a sabedoria de Kipling. Certa vez ele disse: "Se você não consegue o que deseja, é sinal de que não deseja de verdade ou de que está tentando negociar o preço."

Leia novamente, mais devagar, e absorva estas palavras: "Se você não consegue o que deseja, é sinal de que não deseja de verdade ou de que está tentando negociar o preço."

Está aí uma grande verdade! Então pergunto: O QUE VOCÊ DESEJA? Para ser mais exato, qual é seu objetivo mais importante na vida? Pode ser uma meta de Energia, de Trabalho ou de Amor.

(Lembre-se: pessoas felizes são teleológicas, possuem projetos e objetivos que as inspiram. Se você não tiver um, ARRUME.)

Bem, se ainda não conseguiu o que deseja, será que não deseja tanto assim? Ou será que anda tentando negociar o preço?

Seja sincero. Se REALMENTE quiser algo, qual preço está disposto a pagar?

Aplique o método DROP e pague o preço.

HOJE.

TER E DEVER

PARE DE CHORAMINGAR

Wayne Dyer escreveu sobre nossa tendência de fazer as coisas porque "temos" que fazer. Leia com uma voz chorosa: "Eu *tenho* que fazer isso", "Eu *tenho* que fazer aquilo".

Já Tony Robbins chama a atenção para o verbo "dever" e diz que precisamos parar de nos cobrar tanto. Mantenha a voz chorosa: "Eu *deveria* fazer isso", "Eu *deveria* fazer aquilo".

O conselho de Tony é o seguinte: faça algo ou não faça nada, mas pare de se cobrar. E essa não é uma ideia nova.

Há 2 mil anos, Sêneca já dizia: "Não há nada que um homem sábio faça com relutância."

Há 2.500 anos, o Buda orientou: "Se algo vale a pena ser feito, faça-o de todo o coração."

Para os cientistas modernos, pessoas felizes têm objetivos "realistas" e "autoconcordantes" – ou seja, estão fazendo o que querem.

Então… pare de se cobrar e fazer as coisas por obrigação.

Sábios heroicos não fazem nada com relutância. Se algo vale a pena ser feito, vá lá e faça.

Elimine as lacunas e viva com *Areté*.

HOJE.

DOIS TIPOS DE FACILIDADE

FÁCIL DE FAZER E FÁCIL DE NÃO FAZER

Jim Rohn afirma que nosso sucesso na vida depende de *duas facilidades*: precisamos dominar aquelas pequenas coisas que são, ao mesmo tempo, fáceis de *fazer* e de *não fazer*.

Por exemplo, para mim, é fácil deixar o celular em outro cômodo enquanto estou com minha família, mas… também é MUITO fácil *não* fazer isso.

O mesmo acontece com as escolhas que faço na minha Energia e no meu Trabalho. Posso ir dormir no horário que achar mais apropriado. Posso meditar por um minuto ou mais quando acordo. Posso escolher ser criativo antes de ser reativo. Posso decidir caminhar e me exercitar por 15 ou 30 minutos.

Nada disso é *tão* difícil de fazer.

Todo dia, o dia inteiro, nos vemos diante de escolhas que são fáceis de fazer e fáceis de *não* fazer.

+1° ou -1°.

Seu destino depende disso.

P.S.: Eis como Jim Rohn aborda esse assunto: "Tudo se resume à frase filosófica: as coisas fáceis de fazer também são fáceis de *não* fazer. Essa é a diferença entre sucesso e fracasso, entre sonhos e ambições. O segredo do sucesso é praticar alguns hábitos todos os dias. E esses hábitos precisam ser bem pensados, para que você não desperdice tempo com o que não é importante. Mas há hábitos simples que podem mudar todo o futuro da sua família, do seu negócio, da sua carreira. [...] Posso resumir em uma frase como fiquei rico aos 31 anos: durante seis anos, não deixei de fazer as coisas fáceis que *podia*. Esse é o segredo. Encontrei algo fácil que poderia me levar à fortuna e persisti naquilo."

RESISTÊNCIA EMOCIONAL (PARTE II)

EXECUTE O PROTOCOLO

Há alguns anos, pouco tempo depois de eu ter aprendido sobre resistência emocional, Phil Stutz e eu comemorávamos algumas novidades empolgantes na minha vida. Enquanto conversávamos, ele me perguntou sobre meu sono.

Falei que era impossível criar um sistema que garantisse um sono perfeito, mas que eu estava dormindo bem. Então disse a ele que eu estava me ancorando muito em seu ensinamento sobre resistência emocional: o algoritmo "Quanto pior me sinto, MAIS comprometido fico com meu protocolo".

Quando você REALMENTE segue esse algoritmo, é *muito* difícil ter um dia terrível, que dirá vários dias consecutivos.

Claro, não é FÁCIL fazer o que precisa ser feito quando não se está com vontade, mas o foco deste +1° é outro.

Como alguém que costumava ter muitos altos e baixos, adicionei o seguinte adendo ao mantra da resistência emocional: "Quanto *melhor* me sinto, MAIS comprometido fico com meu protocolo."

Quando estamos empolgados com a vida e com as coisas incríveis que surgem em nosso caminho, devemos garantir que estamos honrando nossos fundamentos básicos. É assim que elevamos os *altos* (sustentavelmente) e os *baixos* (significativamente) SEM sair dos trilhos.

Portanto, a resistência emocional tem duas partes.

Parte I: "Quanto *pior* me sinto, mais comprometido fico com meu protocolo."

Parte II: "Quanto *melhor* me sinto, mais comprometido fico com meu protocolo."

E tudo isso nos leva de novo a uma pergunta: qual é seu protocolo? O que você faz quando está no seu melhor?

Seja claro, execute e repita. Todos os dias.

Especialmente quando estiver se sentindo para *baixo* OU para *cima*.

PRIVE O MEDO
DE SEU ALIMENTO FAVORITO

No livro *10X: a regra que faz a diferença entre o sucesso x fracasso*, Grant Cardone nos diz que precisamos privar o medo de seu alimento favorito. Sabe qual é o alimento favorito do medo?

Pense um pouco. Qual é seu palpite?

...

Resposta: o TEMPO. O medo se NUTRE de tempo.

Tem medo de fazer algo? Espere mais um tempo e o medo ficará mais forte – por isso Phil Stutz afirma que nossa confiança vai diminuindo à medida que demoramos a fazer o que precisa ser feito.

E, sejamos honestos, sempre sabemos o que precisa ser feito.

Esse é nosso +1°...

Vá e faça.

AGORA.

DELETE AQUELE APLICATIVO

SIM, AQUELE MESMO

Manoush Zomorodi escreveu um excelente livro chamado *Bored and Brilliant* (Entediado e brilhante), cuja ideia básica é que precisamos nos desconectar do estímulo tecnológico incessante para que o cérebro repouse no que os cientistas chamam de "modo padrão", que é quando a mágica acontece.

Manoush nos diz que estamos desperdiçando uma quantidade *insana* de tempo com nossos dispositivos eletrônicos. (O "insana" é por minha conta.)

Já sabíamos disso, é claro. Mas ela aponta alguns cálculos matemáticos que abriram meus olhos sobre quanto da minha vida estou desperdiçando cada vez que mexo sem necessidade no celular.

Digamos que você passe 25 minutos por dia no celular, fazendo coisas que SABE que não precisa e provavelmente *não deveria* fazer. Até que não é tanto tempo assim. Mas, ao longo da vida, esses 25 minutos se transformam em DOIS ANOS. Um tempo que você nunca mais vai conseguir recuperar.

Não sei você, mas quando li isso fiz um rápido cálculo mental do tempo perdido e decidi: "Isso precisa parar!"

No meu caso, o maior problema era o celular mesmo. Especificamente os aplicativos de *notícias* que viciavam meu cérebro naquela época. E o SEU maior problema? O que mais tem desperdiçado seu tempo?

Manoush sugere um "desafio de sete dias" para nos ajudar a recuperar esses minutos perdidos. Ela incentiva momentos de tédio e genialidade.

O desafio do dia 4 é épico, a maneira mais rápida de conquistar de volta dois anos de vida. Ela propõe: "Delete. Delete *aquele* aplicativo... Você sabe de qual estou falando. Aquele que você usa demais, que você usa como escapismo – muitas vezes à custa de outras coisas, como o sono. Aquele que faz você se sentir mal consigo mesmo. Exclua o aplicativo que desperdiça tempo e cria maus hábitos."

Sim, AQUELE aplicativo.

Quer ter dois anos de volta?

Delete-o.

AGORA.

P.S.: Jim Rohn certa vez disse: "Todos nós vamos experimentar uma dor ou outra – a dor da disciplina ou a dor do arrependimento –, mas a diferença é que a dor da disciplina pesa poucos gramas, enquanto a dor do arrependimento pesa toneladas."

Pague em gramas.

HERÓI CONQUISTADOR
VS. MÁRTIR SOFREDOR

Sonhar acordado é outro tema que Manoush Zomorodi aborda em *Bored and Brilliant*. Essa prática, inclusive, é amparada pela ciência. Veja um pequeno resumo.

Primeiro precisamos reconhecer que sonhar acordado é muito importante. Por quê? Porque é assim que ativamos nosso "modo padrão", como se fôssemos um supercomputador. É nessas horas que tendemos a ter nossas melhores ideias, pensar na vida com mais clareza e resolver um monte de pendências.

Se NUNCA entrarmos nesse modo de processamento, vamos sofrer. Simples assim. (Esse é um dos maiores desafios para a próxima geração de Heróis. Grudados nas telas 24 horas por dia, eles acabam perdendo a preciosa conexão consigo mesmos.)

Mas eis a questão: quando apertamos o botão "desligar" em nosso cérebro e entramos no modo padrão, percebemos que podemos fazer isso de maneiras mais ou menos ideais.

Às vezes, nos desconectamos e temos pensamentos superpositivos. Outras vezes, quando nos distraímos, os pensamentos que surgem podem ficar bem sombrios. Então tentamos fugir deles superestimulando e entorpecendo nossa mente num ciclo interminável.

Para a ciência, existem algumas maneiras diferentes de sonhar acordado.

Se você tem "atenção insuficiente", pode ter dificuldade de se concentrar em *qualquer coisa* – inclusive na sua própria divagação.

Temos também a "culpa disfórica", que é quando nossos pensamentos vagueiam para lugares negativos ou improdutivos. Nesse processo, podemos surtar um pouquinho remoendo as coisas. Quando isso acontecer, devemos trazer nossa atenção para algo positivo.

E, finalmente, temos a divagação "positivo-construtiva". É AQUI que queremos passar nosso tempo. Nesse modo padrão saudável, integramos nosso senso de identidade, fazemos o que os pesquisadores chamam de "planejamento autobiográfico" (ou seja, pensamos sobre o futuro em relação ao ponto em que estamos e ao ponto em que estivemos) e digerimos todos os desafios morais e interpessoais que encaramos diariamente.

Pense assim: quando sua mente divaga, você se imagina como o *herói conquistador* da sua própria história ou como o *mártir sofredor*?

É uma grande diferença. Perceba quando estiver entrando no "modo vítima indefesa" e mude para o "modo heroico".

Como? Por meio do Pensamento Direcionado. O que você quer? O que precisa fazer para consegui-lo? Vá em frente. HOJE.

TOLERANTE COM OS OUTROS
RIGOROSO CONSIGO MESMO

Nosso programa Heroic Coach é intenso: são trezentos dias de treinamento, da teoria à prática e da prática à maestria. É basicamente este livro acrescido de mais 2.000°.

A dúvida mais frequente dos participantes costuma ser mais ou menos assim: "Estou aproveitando muito todo o conteúdo e já posso sentir minha vida mudando. Isso é incrível, mas..."

Nessa hora até já sei o que vão dizer...

"O problema é que minha esposa [ou marido, filho, qualquer outra pessoa que conheçam!] *realmente* precisa melhorar também e..."

Sempre rio quando escuto isso (e estou rindo agora enquanto digito).

Converso com eles sobre unilateralidade e outras ideias e os encorajo a evitar o proselitismo e simplesmente FAZER O TRABALHO. Devemos deixar que nosso *exemplo* seja a primeira lição, em vez dos sermões que somos tentados a dar quando nos empolgamos com nosso progresso.

Então revelo que MINHA PRÓPRIA ESPOSA não quer que eu seja

coach dela. Acredite, ela não quer mesmo, a menos que me peça explicitamente. Após quinze anos, estou *quase* entendendo isso!

Gosto muito da sabedoria que Ryan Holiday compartilha em seu livro *Discipline Is Destiny* (Disciplina é destino): "'Estou preparado para perdoar os erros de todos', disse Catão, o Velho, 'exceto os meus.' Benjamin Franklin, muitas gerações mais tarde, apresentou uma regra bem melhor: 'Procure nos outros as virtudes deles, e em si mesmo os próprios vícios.' Ou, como Marco Aurélio colocou, seja 'tolerante com os outros, rigoroso consigo mesmo.'"

Esse é nosso +1°...

Sejamos tolerantes com os outros – procurando as VIRTUDES e perdoando os erros dessas pessoas – e rigorosos conosco – reconhecendo nossos vícios e trabalhando neles.

Nossa vida já nos dá um trabalho mais do que suficiente.

Mãos à obra.

HOJE.

O DENOMINADOR COMUM DO SUCESSO

SABE QUAL É?

Em 1940, Albert E. N. Gray escreveu um pequeno livro chamado *The Common Denominator of Success* (O denominador comum do sucesso), que influenciou muitos dos principais pensadores e palestrantes motivacionais.

Para Gray: "O segredo do sucesso de cada pessoa próspera reside no fato de que ela adquiriu o hábito de fazer o que os fracassados evitam. [...] Os bem-sucedidos querem obter resultados agradáveis. Os fracassados querem adotar métodos agradáveis e tendem a se contentar fazendo aquilo de que gostam."

E acrescenta: "É mais fácil se ajustar às adversidades de uma vida insatisfatória do que lutar para construir uma vida melhor. Se duvida de mim, pense em tudo que está disposto a fazer para evitar aquilo que o desagrada. [...] Por que os bem-sucedidos são capazes de fazer aquilo de que não gostam? Porque eles têm um propósito forte o bastante e adotam os hábitos necessários para alcançá-lo."

Vamos ao nosso +1°...

O que você SABE que poderia estar fazendo sistematicamente para mudar sua vida?

Elimine as lacunas.

Viva com *Areté*.

Ative seu potencial heroico.

HOJE.

O ESFORÇO TEM PESO TRÊS

A MAESTRIA SEGUNDO EMERSON

No início do livro, usamos a paixão de Emerson por xadrez e os inevitáveis percalços que ele encarou em busca da maestria para explorar alguns temas importantes.

Falamos sobre vencer o medo e a preguiça, sobre eliminar as lacunas entre quem *podemos* ser e quem *realmente* somos... e até mencionamos minhas tatuagens: *ARETÉ* e *HEROIC*.

Repito: *no instante* em que escolhemos dar nosso melhor e viver com *Areté*, nos tornamos heroicos. Simples assim. Não precisamos esperar 25 anos para realizar todas as coisas heroicas com as quais sonhamos.

Agora... vejamos outra conversa que tive recentemente com Emerson, logo após ele participar do Campeonato de Xadrez de San Antonio, no Texas.

Foi um fim de semana incrível, uma de nossas aventuras épicas. Nos hospedamos num hotel – o que é sempre maravilhoso para Emerson – e adormecemos de mãos dadas – o que é sempre maravilhoso para mim.

E... ele se saiu muito bem. Na verdade, venceu na sua categoria e não apenas se tornou Campeão da Cidade de San Antonio, como também ganhou seus primeiros 200 dólares jogando como profissional. (Sorri de orelha a orelha com a pura alegria de um pai orgulhoso.)

Dirigindo de volta para casa, tivemos uma ótima conversa sobre *como* ele está cultivando a maestria no xadrez. Eu me inspirei na sabedoria de Angela Duckworth em seu clássico *Garra*. Para Angela, há uma fórmula para o sucesso:

Talento × Esforço = Habilidade
Habilidade × Esforço = Realizações

Angela explica que "Talento" (que ela define como a velocidade com que aprendemos uma habilidade) importa bastante. E o ESFORÇO importa DUAS VEZES MAIS.

Você pode ter todo o talento do mundo e ainda assim nunca desenvolver nenhuma habilidade e nunca realizar nada importante.

Repito: o ESFORÇO importa DUAS VEZES MAIS.

Depois dessa conversa, decidimos gravar um vídeo no qual Emerson compartilhasse essa fórmula com nossa comunidade Heroic (afinal, recebemos muitos comentários de pais que adoram partilhar a sabedoria de Emerson com os próprios filhos).

Fizemos uma tomada. Não deu certo.

Uma segunda tomada. Quase lá…

Uma terceira tomada…

E Emerson espontaneamente veio com uma observação adicional. Ele disse:

Talento × Esforço = Habilidade
Habilidade × Esforço = Realizações
Realizações × MAIS ESFORÇO = MAESTRIA

Fiquei admirado com suas palavras!

Esforço, meu caro mestre heroico, conta não apenas *uma* ou *duas* vezes mais; conta *TRÊS*.

Maximize seu potencial heroico e entregue-se aos seus talentos naturais com uma tonelada de esforço feliz.

Está na hora de avançar da teoria à prática e da prática à maestria.

HOJE.

P.S.: Também está na hora de dominar seus fundamentos, tema do nosso próximo objetivo…

I CONHEÇA O JOGO DECISIVO

II FORJE UMA CONFIANÇA ANTIFRÁGIL

III OTIMIZE SUA GRANDE TRÍADE

IV TORNE O DIA DE HOJE MAGISTRAL

V TENHA AUTODOMÍNIO

VI DOMINE OS FUNDAMENTOS

VII ATIVE SEU SUPERPODER

SUAS MEIAS

APRENDA A COLOCÁ-LAS

Em doze anos, os times de basquete da UCLA treinados por John Wooden ganharam dez campeonatos da NCAA (a associação americana de basquete universitário), incluindo uma sequência de 88 vitórias consecutivas.

Wooden foi considerado pela ESPN o maior treinador do século XX, o que faz dele, sem dúvida, o melhor treinador de todos os tempos.

Algumas coisas para destacarmos aqui.

Primeira pergunta rápida: sabe por quanto tempo Wooden foi treinador antes de ganhar seu primeiro campeonato?

Resposta: ele esteve na UCLA por QUINZE temporadas antes de ganhar seu primeiro título. E foi treinador por vários anos antes de sequer ingressar na UCLA.

Como Pete Carroll, treinador dos Seattle Seahawks, observou em seu livro *Win Forever* (Vença para sempre), demorou um pouco para Wooden se destacar, mas, uma vez que se destacou, ele poderia "vencer para sempre".

Tenha isso em mente quando pensar nos grandes feitos de Wooden. Ele não *nasceu* um ótimo treinador; ele se TORNOU um ótimo treinador, um dia magistral de cada vez, acumulando aprendizados ao longo do tempo, sempre com uma mentalidade de crescimento.

Segunda pergunta rápida: sabe o que Wooden fez no primeiro treino, antes mesmo de deixar os jogadores entrarem em quadra?

Ele os ensinou a calçar as meias.

Imagine os *melhores* jogadores do país, que disputam os maiores campeonatos, tendo que aprender com o treinador a calçar *adequadamente* uma meia.

Por que ele fez isso? Porque sabia que campeonatos são construídos sobre bases sólidas. E não há nada mais básico para um jogador de basquete do que calçar bem as próprias meias. Se você não consegue se concentrar nisso, está em apuros.

Tudo isso para chegarmos aqui: como estão as *suas* "meias"? Estão emboladas, prejudicando seu desempenho?

Pense nas suas tarefas simples, comuns, sem graça, fáceis demais de ignorar...

Qual delas esquentará +1° hoje?

Domine os fundamentos... e vença para sempre.

Começando...

HOJE.

AS DÉCADAS DE WOODEN

ANTES DE GANHAR UM TÍTULO

Wooden é um dos meus Heróis favoritos de todos os tempos. Na verdade, tenho um retrato dele no meu escritório. Ele fica me encarando enquanto digito, me desafiando a dar meu melhor e tornar o dia de HOJE magistral. (Deixa comigo, treinador!)

Vimos que ele foi considerado pela ESPN o maior treinador do século XX, e a revista *The Sporting News* o nomeou "o melhor técnico de todos os tempos".

Ele também é a ÚNICA pessoa no Hall da Fama da NCAA que aparece como JOGADOR e TREINADOR.

E... como já mencionamos, Wooden foi treinador durante muito tempo antes de ganhar seu primeiro campeonato da NCAA. Para ser mais exato, ele foi treinador universitário por DEZESSETE anos antes de ganhar seu primeiro campeonato.

Mas... veja só... Antes de ser treinador universitário, Wooden passou ONZE anos treinando equipes de basquete do *ensino médio*. E durante a Segunda Guerra Mundial, em 1942 (quando ele tinha 32 anos), se juntou à Marinha americana e serviu até 1946, quando saiu como tenente.

Apenas depois de *tudo* isso ele foi treinador de basquete universitário por dezessete anos antes de ganhar seu primeiro campeonato da NCAA, em 1964. Ele tinha 54 anos.

A essa altura, já era treinador havia quase TRÊS DÉCADAS.

Gosto de lembrar que nossos Heróis nem sempre foram aqueles que conhecemos hoje.

Eis algo ainda mais importante para nossos propósitos: o foco de Wooden não era ganhar ou perder. É CLARO que ele queria vencer, mas sabia que a única forma de alcançar grandes resultados, AO MESMO TEMPO QUE ganhava o jogo decisivo da vida, era concentrar TODA a sua energia e a de seus jogadores no que estava 100% sob controle deles: esforço e atitude.

Esse é nosso +1°.

Tenha em mente que nossos Heróis dedicaram a vida INTEIRA à busca pela maestria, e os melhores entre eles sempre mantiveram o foco em vencer o jogo DECISIVO da vida: entregando-se e dando o melhor de si. Não de vez em quando, mas todos os dias.

Deixe seus Heróis orgulhosos...

HOJE.

GRANDEZA = CONSISTÊNCIA NOS FUNDAMENTOS

Para Robin Sharma, a grandeza está em ser consistente nos fundamentos. Observe qualquer grande personalidade, e é isso que verá.

Claro que um artista terá fundamentos diferentes de um atleta, de um empreendedor ou de um pai, mas a mesma regra se aplica a todos: domínio dos fundamentos mais básicos.

O que nos leva à pergunta... Quais são os SEUS fundamentos?

Gosto de pensar que eles possuem dois níveis distintos: o universal e o específico.

TODOS nós precisamos dominar o básico: comer, nos exercitar, dormir, respirar, focar. Do meu ponto de vista, sem esses fundamentos universais, não há como ativar nosso potencial heroico.

E temos também os fundamentos específicos: tudo que se refere às habilidades particulares de cada um de nós.

Como VOCÊ tem se saído com seus fundamentos?

E como pode elevá-los em +1° HOJE?

ESCAVANDO FUNDAÇÕES

QUER CONSTRUIR UM ARRANHA-CÉU?

Imagine-se num canteiro de obras. É a primeira fase do projeto de construção. Qual é a melhor maneira de saber quão alto será o prédio, se não puder ver a planta do arquiteto ou perguntar a alguém?

Resposta: observar quão fundo estão cavando a fundação.

Uma fundação rasa funcionará para uma casa pequena. Mas, se estiverem construindo um arranha-céu de mais de cem andares, vão precisar cavar muito, muito fundo.

Esse é nosso +1°...

Quer chegar às alturas? Então cave fundo. Crie um alicerce sólido.

Domine seus fundamentos.

O FAROL

AUMENTE SUA POTÊNCIA

Certa vez Joseph Campbell formulou uma pergunta zen: "O que sou? A lâmpada que conduz a luz ou a luz conduzida pela lâmpada?"

Bem... Quem é você? A lâmpada ou a luz?

Eu apenas digo: "SIM!" E você?

Deixando a conversa filosófico-espiritual para outra hora, digamos que somos, pelo menos, uma humilde lâmpada através da qual a luz brilha.

Se for esse o caso, uma das nossas principais tarefas na vida (se não a principal) é otimizar a lâmpada que somos para conduzir o melhor possível essa luz divina. Afinal, não queremos ser uma lâmpada de 20 watts que explode assim que uma luz mais intensa tenta entrar. Queremos ser uma lâmpada estável de 60 ou 100 watts que ilumina todo o ambiente.

Agora… para os espiritualmente mais ambiciosos… que tal nos tornarmos grandes almas que brilham como uma lâmpada de farol de 1.000 watts, iluminando parte do mundo durante esses tempos sombrios?

Como fazer isso?

Repito… Dominando os fundamentos.

TREINANDO COM KOBE
ÀS QUATRO DA MANHÃ

Alan Stein é um dos maiores coaches de alta performance. Ele trabalhou com atletas (e executivos) de elite do mundo todo e escreveu ótimos livros. Em *Raise Your Game* (Eleve seu jogo), Alan nos conta uma GRANDE história do tempo que passou com Kobe Bryant. É mais ou menos assim…

Certa vez a Nike levou Alan para trabalhar na primeira Kobe Bryant Skills Academy, em Los Angeles. À época, Kobe era o *melhor* jogador de basquete do mundo. Alan então perguntou a ele se poderia observá-lo treinando.

"É assim que trabalho", explica Alan. "Qualquer um pode assistir aos jogos, mas, para realmente aprender os segredos, você tem que ver o treino. Essa é a diferença entre comprar um álbum do Jay-Z e se sentar no estúdio e observá-lo compondo e gravando."

– Claro – respondeu Kobe. – Estarei aqui às quatro.

– Mas não temos um compromisso às três e meia da tarde amanhã? – perguntou Alan.

– Sim, temos. Mas vou treinar às quatro da manhã.

A cabeça de Alan quase explodiu por um momento. Perfeito.

Quando Alan apareceu lá de madrugada, Kobe já estava encharcado de suor.

"Fiquei em choque por 45 minutos", relembra ele. "Por 45 minutos observei o melhor jogador do mundo fazendo os exercícios mais básicos de manuseio de bola, trabalho de pés e movimentos de ataque. Tudo isso com uma precisão cirúrgica e a intensidade de um super-herói, mas o que ele fazia era tão simples que eu mal conseguia acreditar."

Mais tarde naquele dia, Alan agradeceu a Kobe. Ele não queria parecer rude ou arrogante, mas não resistiu e perguntou:

– Você é o melhor jogador do mundo. Por que pratica tanto o básico?

A resposta de Kobe?

– Por que você acha que sou o melhor do mundo? – retrucou ele, com um sorriso iluminado. – Porque o básico não me entedia.

Nosso +1°.

Como andam os SEUS treinos básicos?

Lembre-se que a grandeza está em ser consistente nos fundamentos.

Pense em Kobe treinando às quatro da manhã enquanto você DOMINA seus fundamentos com a intensidade de um super-herói. Hoje.

SE EU FOSSE SEU COACH

EU LHE FARIA ESSA PERGUNTA

Se eu pudesse me encontrar com você, nos divertiríamos muito conversando sobre vários assuntos. É claro que o foco seria você e seu potencial heroico. Conversaríamos sobre seus objetivos mais importantes e sobre o que você precisa fazer todos os dias para realizá-los.

E posso *garantir* que falaríamos sobre seus fundamentos.

Quando você vai ao médico, ele dá uma pancada leve no seu joelho para verificar seus reflexos. Bem, quando você vem a mim, eu verifico seus fundamentos.

A conversa começa assim:

– Me fale sobre a sua alimentação, seus exercícios físicos, seu sono... O que você tem feito com excelência e o que precisa melhorar?

É impressionante como essa simples pergunta suscita respostas tão diversas.

– Ah – responde o Herói –, estou me alimentando muito bem, mas não me exercito tanto quanto gostaria. E meu sono anda terrível. Também preciso melhorar isso, isso e aquilo.

– Ótimo – respondo. – Qual é a primeira coisa que você SABE que poderia praticar com mais constância para avançar ao próximo nível?

– Tal coisa. Com certeza.

– Fantástico. O que *especificamente* você faria?

– Eu faria ISSO...

Essa primeira coisa talvez não pareça tão importante, mas é.

O médico pode ficar preocupado se seu joelho não reagir à pancada leve, e você deve ficar preocupado se seus fundamentos não estiverem ajustados.

Agora é sua vez...

Como estão seus hábitos de alimentação, exercícios físicos, sono...? O que você tem feito com excelência e o que precisa melhorar?

Essa é nossa sessão de coaching de +1°.

Deixe claro o que está e o que não está funcionando.

E vá dominar seus fundamentos.

Espero vê-lo de novo em nossa próxima consulta!

VOCÊ, CAMPEÃO MUNDIAL

O CAMPO DE TREINAMENTO

Josh Waitzkin é uma pessoa fascinante. Já viu o filme *Lances inocentes*, que conta a história de um menino prodígio no xadrez? Bem, Josh era essa criança. O filme foi baseado num livro que seu pai escreveu sobre a jornada épica do filho.

Tendo dominado o xadrez desde criança, Josh se sentiu um pouco esgotado quando adulto e passou a dominar a arte marcial do Tai Chi Chuan – tornando-se, de quebra, campeão mundial.

E então escreveu um livro sobre como fez isso, chamado *The Art of Learning* (A arte do aprendizado), mas acho que um título mais apropriado seria *A arte da maestria.*

Raramente gasto meu tempo na internet, mas eu queria ver o que Josh andava fazendo, então visitei seu site e vi que ele oferecia serviços de coaching. Ele não estava aceitando novos clientes, mas era possível deixar o nome numa lista de espera.

Mas havia a advertência: só se inscreva se estiver comprometido a viver como se estivesse num campo de treinamento para campeões mundiais.

Achei isso brilhante. Pense nisso por um momento.

Como seria a SUA vida se você estivesse num campo de treinamento para CAMPEÕES MUNDIAIS (ou seja, tentando ser o melhor na sua área de atuação)?

Em seu livro, Josh nos diz que precisamos decidir se queremos ser medianos, ser bons, ser ótimos, estar entre os melhores ou ser O MELHOR no que fazemos.

Para ele, se você quiser uma vida "mediana", terá a seu favor uma grande margem de erro, podendo passar por um revés, como perder o emprego, e sentar-se no sofá comendo biscoitos por um ou três meses.

Mas, se você REALMENTE tiver altos padrões e aspirações, terá que se levantar.

Agora vamos ao nosso +1°.

Digamos que você queira se tornar a MELHOR (e mais heroica!) versão de si mesmo e tenha acabado de ingressar num campo de treinamento para campeões mundiais.

Como será sua vida a partir de HOJE?

O que seria *imediatamente* descartado?

E o que *imediatamente* se ajustaria?

Vá em frente e conquiste, Campeão.

CAMPEÕES FAZEM MAIS

TEM QUE FAZER DEZ REPETIÇÕES? FAÇA ONZE!

Ainda no tema "campo de treinamento para campeões mundiais", vamos nos divertir com uma pequena mania minha.

Um dos lemas mais comuns nos livros sobre resistência mental no esporte é "Campeões fazem mais". Como observa Jim Afremow em *The Champion's Mind*: "Eles superam as expectativas." Todos os dias. Em todos os jogos.

Por algum motivo, enquanto fazia meu aquecimento pré-trilha e pensava nessa ideia, decidi que meu alongamento de punho de dez repetições passaria para onze. Minhas dez giradas de tornozelo passariam para onze.

Meus dez alongamentos de braço? Onze.

Minha sequência de dez *burpees*? Onze.

Minhas dez flexões? Onze.

Sei que é ridículo, mas sorrio de orelha a orelha cada vez que faço uma repetição extra.

"Isso é a minha cara. Campeões fazem mais."

Adquira +1°.

Tem que fazer dez repetições? Faça onze.

ALEGRIA + DISCIPLINA = TEMPERO SECRETO

Michael Bernard Beckwith, em *Spiritual Liberation*, nos diz: "A autodisciplina nos permite ultrapassar uma emoção temporária rumo à liberdade. Pense em como se sentiu fortalecido nas vezes em que não se rendeu à síndrome do 'não estou com vontade' e honrou seu compromisso consigo mesmo. Mas o que a falta de *vontade* tem a ver com tudo isso? Quando desejamos algo e temos disposição de conquistá-lo (ou seja, quando temos disciplina), alcançamos a liberdade."

ADORO esta parte: "Mas o que a falta de *vontade* tem a ver com tudo isso?"

Se decidiu fazer algo, FAÇA!

Veja como Sêneca abordou esse assunto há milhares de anos: "Você tem que perseverar e fortalecer sua obstinação até que a vontade de fazer se torne uma disposição para o bem."

Traduzindo: precisamos de disciplina para persistir e criar novos hábitos que tornarão natural fazer a coisa certa.

Sêneca também disse: "Quão preferível é seguir uma linha reta e alcançar o destino onde o agradável e o honroso enfim se tornam, para você, a mesma coisa."

Traduzindo: disciplina leva à felicidade quando o que você *adora* fazer é o *melhor* para você.

E na verdade, depois de usarmos nossa força de vontade com sabedoria e por tempo suficiente para colocar o hábito no piloto automático, chegamos a um ponto em que fazer o ideal deixa de ser difícil, porque nossos gânglios basais praticamente nos *forçam* a fazer a coisa certa.

Então... como está a *sua* disciplina?

Faça o que decidiu fazer com um sorriso no rosto.

Disciplina + alegria nos conduzem à liberdade.

P.S.: Veja outra pérola de Beckwith em *Spiritual Liberation*: "É muito bom ler livros, assistir a seminários, palestras e workshops, e dizer 'Ah, assimilei tudo! Agora isso faz parte da minha filosofia de vida'. Pode ser que essa teoria o deixe eufórico por um tempo, mas, para se manter ancorado na realidade, você precisa praticar bastante. Não queremos apenas ficar eufóricos, mas ser livres. Espiritualidade rudimentar é teoria; espiritualidade avançada é prática."

COM DILIGÊNCIA, PACIÊNCIA E PERSISTÊNCIA
VOCÊ ESTARÁ DESTINADO AO SUCESSO

No nosso +1° anterior, falamos sobre o poder da combinação Alegria + Disciplina. E, quando penso em disciplina, penso em S. N. Goenka.

Qualquer pessoa que tenha participado de seu programa de dez dias de meditação silenciosa Vipassana (também conhecida como campo de treinamento da mente!) tem esta frase gravada na memória: "Trabalhe com diligência... Trabalhe com paciência e persistência... E você estará *destinado* ao sucesso..."

(Imagine Goenka falando essas palavras com um belo e lírico sotaque birmanês.)

Não sei quantas vezes o ouvi dizendo isso durante o retiro que Alexandra e eu fizemos juntos há quinze anos, mas foram MUITAS.

Goenka costumava dizer isso durante nossas sessões de meditação de uma hora. Ele estava se referindo à importância de cultivar uma mente forte, por meio da prática da meditação, mas, claro, as mesmas regras se aplicam a TODOS os aspectos da nossa vida.

Esse é nosso +1°...

Como estão a *sua* diligência, a *sua* paciência e a *sua* persistência?

Que pequena atitude você pode tomar hoje para elevar um pouco mais a temperatura de cada uma delas?

COMECE DE NOVO

E DE NOVO E DE NOVO E DE NOVO...

No capítulo anterior, treinamos nossa mente com o renomado professor de meditação Vipassana, S. N. Goenka, enquanto repetimos seu maravilhoso mantra: "Trabalhe com diligência... Trabalhe com paciência e persistência... E você estará *destinado* ao sucesso..."

Goenka tem outro mantra valioso: "Comece de novo."

Por exemplo, quando sua mente divagar sem rumo (o que VAI acontecer, seja durante a meditação ou em qualquer outro momento do dia), apenas comece de novo. Traga sua atenção de volta ao que é importante agora.

Não é necessário parar tudo que estiver fazendo e passar muito tempo analisando por que sua mente se distraiu. Basta dizer, como aconselha Herbert Benson, outro especialista em atenção plena: "Tudo bem." E comece de novo.

Recapitulando: sua mente divagou? Comece de novo.

Concentre-se no que é importante agora.

De novo e de novo e de novo.

Esse é nosso +1°.

Faça isso com *diligência, paciência* e *persistência* e estará *destinado* ao sucesso, Herói.

ESTADOS VS. CARACTERÍSTICAS

NÃO SEJA UMA BOLA DE CANHÃO

Para Ken Wilber existe uma grande diferença entre o que ele chama de "estados" e "características".

É muito fácil experimentar um "estado" de empolgação. Pense na última vez que você assistiu a uma palestra motivacional ou leu um livro inspirador. Aposto que você sentiu a presença do seu eu superior de um modo profundo e comovente. Fantástico.

Agora, o que muitas vezes acontece é que, infelizmente, perdemos a empolgação quando voltamos da tal palestra ou fechamos o tal livro. É como ser arremessado por um canhão virado para o alto: você voa longe e por um breve momento vê as estrelas... até que cai de volta no ponto de origem. Ai.

E dói duas vezes: como se não bastasse a dor de voltar à realidade, agora você sabe que existe algo melhor, mas não sabe como experimentá-lo de novo.

Se quisermos que esse *estado* de empolgação perdure, temos que tornar essa conexão com nosso eu superior uma CARACTERÍSTICA nossa – um traço de quem somos. E só existe um jeito de fazer isso: com muito trabalho árduo durante um longo período de tempo.

Com diligência, paciência e persistência, precisamos ciar as estruturas para que possamos alcançar grandes alturas e continuar lá em cima, sem o sobe e desce de uma bala de canhão.

É por isso que voltamos aos fundamentos com tanta frequência em nosso aplicativo Heroic e no curso de certificação Heroic Coach: Alimentação, Movimento, Sono, Respiração, Foco, Celebração e Prosperidade.

E repito: quer saber quão alto será um prédio? Observe quão fundo estão cavando as fundações. Quer VIVER num lugar de conexão com seu eu superior? Domine seus fundamentos.

Cave fundo e construa.

Transforme seus estados em características.

PÍLULAS MILAGROSAS

TAMBÉM CONHECIDAS COMO SONO, MEDITAÇÃO E MOVIMENTO

Adoro quando os cientistas apresentam o poder de suas descobertas na forma de um medicamento milagroso. Aqui estão três deles, dos meus três cientistas favoritos.

Primeiro, o pesquisador do sono Matthew Walker.

Veja como ele aborda o sono em seu *brilhante* livro *Por que nós dormimos*: "Cientistas descobriram um novo tratamento revolucionário que prolonga a vida. Ele melhora a memória, deixa você mais criativo e atraente e suprime sua vontade de comer besteiras. Também protege contra o câncer, a demência, gripes e resfriados, e reduz o risco de infartos, derrames e diabetes. De quebra, ainda deixa você mais feliz, menos deprimido e menos ansioso. Está interessado?" (Eu estou! E você?)

Matthew continua dizendo que, embora os resultados possam parecer exagerados, não são. Mais de 17 mil (!) estudos PROVARAM o poderoso poder do sono, ignorado por muitos de nós.

E então temos Jonathan Haidt, um dos principais pesquisadores da psicologia da moralidade e do florescimento.

Em seu livro *A hipótese da felicidade*, ele nos diz algo similar sobre a meditação: "Digamos que houvesse uma pílula que pudesse tomar uma vez ao dia para reduzir a ansiedade e aumentar seu contentamento. Você a tomaria? Digamos ainda que a pílula tivesse inúmeros efeitos colaterais a longo prazo, todos positivos: ela seria capaz de melhorar a autoestima, a empatia, a confiança e a memória. Digamos que essa pílula fosse totalmente natural e não custasse nada. Você a tomaria? A pílula existe. E se chama meditação." (Eu tomaria! E você?)

E finalmente vem John Ratey, psiquiatra de Harvard.

Em *Spark*, seu ótimo livro sobre a ciência do exercício físico, ele afirma: "Eu digo às pessoas que correr é como tomar uma pequena dose de Prozac e outra de Ritalina porque, à semelhança desses medicamentos, os exercícios elevam os neurotransmissores. A metáfora é útil, mas a explicação mais profunda é que os exercícios equilibram os neurotransmissores – junto com as demais substâncias químicas do cérebro. E, como você verá, manter o cérebro equilibrado pode mudar sua vida." (Eu toparia! E você?)

Recapitulando...

O sono é uma pílula mágica, assim como a meditação e o movimento.

Quanto mais dessas pílulas metafóricas você tomar, menos precisará recorrer às outras.

PÓ DE KRYPTONITA

PASSE O ASPIRADOR

Dave Asprey é um dos maiores biohackers do mundo. Na verdade, foi ele quem iniciou esse movimento, além de ter escrito vários livros incríveis, como *Head Strong* (Mentalmente forte), no qual ele nos conta sobre o pó de kryptonita. Vamos a um pequeno resumo.

Sabemos que o Superman é vulnerável a kryptonita, um mineral capaz de drenar seu poder.

Mas... Asprey nos conta que a maneira *mais* inteligente de Lex Luthor diminuir o poder do Superman seria espalhar um pouco de *pó* de kryptonita ao redor da casa e do escritório do rival. O poder do Homem de Aço diminuiria lentamente, sem que ele notasse, até o ponto em que acharia normal não ser tão poderoso assim.

Asprey nos diz que é *exatamente* isso que acontece conosco. Nossa exposição constante ao pó de kryptonita – desde os alimentos insalubres até a adrenalina constante liberada pelo tempo de tela – aos poucos mina nosso poder. Com o tempo, nossa falta de vitalidade parece ser o novo normal.

A pergunta de +1° é a seguinte...

Que pó de kryptonita VOCÊ tem permitido entrar na sua vida?

Preste atenção. Ele está diminuindo seus superpoderes.

Passe o aspirador.

HOJE.

GORDURA VISCERAL

COMO ESTÁ A SUA?

Robert H. Lustig é pesquisador e professor na Universidade da Califórnia em São Francisco. Um dos principais endocrinologistas do mundo, ele escreveu *Fat Chance* (Uma chance de peso), um livro sobre como derrotar o açúcar, os alimentos ultraprocessados, a obesidade e as doenças.

Lustig nos diz: "Em última análise, toda essa questão de obesidade/saúde/longevidade gira em torno da gordura abdominal, visceral – pelo menos estatisticamente. [...] A gordura corporal é o maior fator de risco para enfermidades a longo prazo. Nada se correlaciona melhor com diabetes, doenças cardíacas e câncer do que a gordura."

Mas não é qualquer tipo de gordura. É a gordura *visceral* – aquela que se acumula na cintura. Como afirma o Dr. Lustig: "O sinal mais simples e barato para determinar seu estado de saúde é a circunferência da cintura, que se associa mais a morbidade e risco de morte do que qualquer outro parâmetro."

Aprofundaremos esse assunto no próximo capítulo, mas Lustig nos avisa que a circunferência da cintura é preocupante quando ultrapassa 102 centímetros nos homens e 89 centímetros nas mulheres.

Esse é nosso +1°...

Qual é o tamanho do SEU cinto?

Hora de fechar as lacunas?

COMO PREVER SUA MORBIDADE

COMO ESTÁ SUA RELAÇÃO CINTURA-ESTATURA?

No capítulo anterior, aprendemos com Robert Lustig que a gordura visceral (ou abdominal) é um parâmetro importantíssimo para avaliar nossa saúde.

O Dr. Lustig nos avisa que uma circunferência de cintura maior que 102 centímetros em homens e 89 centímetros em mulheres é um provável indicador de gordura visceral.

Mas... pesquisas mostram um indicador de morbidade ainda mais poderoso. É a chamada relação cintura-estatura (RCE). E qual seria essa relação ideal entre sua CINTURA e sua ESTATURA? Abaixo de 0,5.

Por exemplo, eu tenho 1,82 metro de altura. Então minha cintura pode ter no máximo 91 centímetros para passar no teste, mas ela não chega nem a 81.

Pergunta pessoal: qual é o seu RCE?

Se não estiver abaixo de 0,5 precisamos agir como se sua vida dependesse disso, e eu me comprometo, com todo o amor heroico, a ajudá-lo nessa empreitada.

NOTA: não é possível abordar todas as ideias que eu gostaria de compartilhar sobre esse assunto tão importante dentro dos limites deste livro.

Então acesse Heroic.us/Activate (em inglês) ou escaneie o QR code para acessar aulas e informações sobre nutrição e peso ideal.

AÇÚCAR

CULPADO OU INOCENTE?

Gary Taubes é um premiado jornalista investigativo na área de ciência e saúde e autor de vários livros, entre os quais *Por que engordamos* e *Açúcar: culpado ou inocente?*. Eis a ideia básica deste último:

Se você fosse um detetive investigando uma série de crimes e percebesse um padrão comum entre eles, seria sensato juntar as peças e restringir sua busca a um único suspeito. (Certo?)

Bem, é isso que Taubes faz em seu livro. Os crimes? Todas as doenças crônicas que causam estragos em nossa sociedade – desde diabetes e obesidade, até doenças cardíacas e câncer.

Taubes afirma que todas essas doenças crônicas estão associadas à disfunção metabólica. E qual a maneira mais rápida de tornar seu metabolismo disfuncional? Açúcar.

Vamos à análise dos argumentos, trazendo alguns peritos para provar nosso ponto de vista. Comecemos com a vencedora do prêmio Nobel, Elizabeth Blackburn. Ela descobriu a telomerase, a enzima que repõe os telômeros.

Veja como ela aborda o açúcar em *O segredo está nos telômeros*, livro que escreveu com Elissa Epel: "Quando queremos descobrir os responsáveis pelas doenças metabólicas, apontamos para os alimentos ultraprocessados e açucarados e as bebidas doces (bolos, balas, biscoitos, refrigerantes). Esses são os alimentos mais associados à compulsão alimentar. Eles iluminam o sistema de recompensa do cérebro, são quase imediatamente absorvidos pelo sangue e enganam a mente dizendo que estamos famintos e precisamos de mais comida. Ao contrário do que muita gente pensa, nem toda caloria tem os mesmos efeitos no peso e no metabolismo. O metabolismo pode ser melhorado com a simples redução do açúcar, mesmo que você consuma o mesmo número de calorias. Os carboidratos simples causam mais estragos no nosso metabolismo e no controle do apetite do que outros tipos de alimento."

Ao abordar esse assunto, Blackburn faz referência a Robert Lustig, seu colega na Universidade da Califórnia em São Francisco. Sabe o que Lustig, um dos principais endocrinologistas do mundo, pensa sobre o açúcar? Para ele, o açúcar é o "Darth Vader" da alimentação.

Esta pequena estatística pode ser o alerta MAIS poderoso sobre os perigos do açúcar: "Se você ainda acha que todas as calorias são iguais, esta análise fará você mudar de ideia. Um acréscimo diário de 150 calorias na dieta de uma pessoa quase não aumenta o risco de diabetes. Mas, se essas 150 calorias vierem de uma lata de refrigerante, o risco de diabetes aumentará em sete vezes. O açúcar é mais perigoso do que suas calorias, já que é uma toxina. Simples assim."

Que loucura... Tudo bem acrescentar 150 calorias por dia à nossa alimentação, mas, se elas vierem de uma lata de refrigerante...

AUMENTARÃO EM SETE VEZES O RISCO DE DIABETES.

Por favor, tatue isso na sua consciência (logo após jogar fora todos os refrigerantes na sua geladeira)!

E para deixar claro: não se trata apenas do risco de diabetes. O problema é *metabólico* – consiste em como cada célula do corpo produz energia, o que significa que TUDO é afetado.

Se quisermos de fato otimizar nossa energia para ativar nosso potencial heroico, devemos priorizar a redução ou eliminação do açúcar da nossa dieta.

O açúcar é culpado. Caso encerrado. Vamos em frente, Herói!

REGRAS HEROICAS DA ALIMENTAÇÃO

A GRANDE TRÍADE (+1)

Sou um otimizador profissional há mais de 25 anos. Durante esse tempo, tenho certeza de que já experimentei todas as filosofias nutricionais existentes. Já fui vegano, já fiz dieta paleolítica e cetogênica e, décadas atrás, fui até frutariano por algumas semanas. (Sim, rio de mim mesmo enquanto escrevo isso.)

Embora eu não discuta mais nutrição por ser um assunto polêmico, acredito que podemos condensar esse tema em algumas regras gerais e sensatas.

Regra nº 1: Pare de beber açúcar.

Se você costuma beber refrigerantes, sucos de fruta ou qualquer outro líquido açucarado, parar é sem dúvida a maneira mais rápida e fácil de levar sua alimentação a outro nível – e, de quebra, fazer grandes progressos, otimizando seu metabolismo e melhorando sua energia e seu peso.

Nota: sabemos que refrigerantes não são saudáveis, mas (e digo isso especialmente para os pais e mães que me leem) sucos de fruta também não são.

Regra nº 2: Coma comida de verdade e jogue fora os alimentos industrializados.

Cogite reduzir ou eliminar três tipos diferentes de comida industrializada, incluindo: ultraprocessados com ingredientes impronunciáveis (não tenha nem na despensa); carne e outros produtos de animais criados em confinamento (por motivos éticos, sanitários e ambientais); e gordura industrializada, incluindo óleos vegetais como de soja, milho e canola (nenhum deles existia antes da Revolução Industrial e todos desequilibram nossas taxas de ômega-3 e ômega-6, causando inflamações).

Regra nº 3: Faça intervalos regulares entre as refeições.

As pesquisas são claras: *quando* você come é tão importante quanto *o que* você come. Faça um intervalo de pelo menos treze horas entre sua última refeição do dia e a primeira do dia seguinte.

Como você deve se lembrar, temos um "pôr do sol digital" e também precisamos de um "pôr do sol alimentar". Na verdade, segundo a ciência, o ideal é comer *pelo menos* duas horas antes de ir para cama, ou *quatro*, se você for um otimizador profissional.

(Aliás, é impressionante como o horário da minha última refeição afeta minha frequência cardíaca.)

Se você achar difícil ficar muito tempo sem fazer uma refeição, provavelmente é porque precisa melhorar algumas questões de flexibilidade metabólica, então se concentre nas regras 1 e 2.

Por fim, minha regra favorita...

Regra +1: Coma como seu filósofo preferido (que viveu há pelo menos trezentos anos).

Talvez o conselho mais simples e sábio seja comer como nossos antepassados comiam antes de existir qualquer fábrica de alimentos processados.

Qual é seu filósofo ou mestre espiritual favorito? Talvez seja Jesus, Maomé, Moisés, Buda ou Lao-Tsé. O meu é Epicteto.

Adivinha só: nossos filósofos antigos não bebiam açúcar (e nem podiam), porque não havia essa opção. Só comiam alimentos naturais. E a maioria não comia o dia todo, porque as invenções maravilhosas que chamamos de supermercado e geladeira não existiam.

Essas são as Regras Heroicas da Alimentação em poucas palavras.

Mude sua vida (e a de sua família), uma mordida de cada vez.

HOJE.

QUER SEROTONINA?

CÉREBRO VS. INTESTINO

Serotonina. A esta altura, a maioria de nós tem ao menos uma vaga ideia de que a serotonina é um dos principais neurotransmissores relacionados ao bem-estar e à felicidade.

Mas não é só isso. Uma rápida pesquisa na internet nos revela que sua função biológica é complexa e multifacetada, modulando a cognição, o sistema de recompensa, o aprendizado, a memória e vários processos fisiológicos.

Pois bem... Se você estivesse numa caça ao tesouro para tentar encontrar o máximo possível de serotonina no seu corpo, onde procuraria?

(Insira uma música de suspense aqui.)

Caça ao tesouro... Procurando por serotonina... Onde você poderia encontrá-la?

Bem... No seu cérebro, certo? Errado.

Faça uma viagem do cérebro até o nervo vago e desça ao intestino. É ALI que você encontrará 80% a 90% da serotonina do seu corpo.

NOVENTA POR CENTO?!

SIM.

Não é interessante?

Essa é mais uma das razões pelas quais otimizar sua ALIMENTAÇÃO é uma das atitudes mais importantes que você pode tomar para melhorar seu bem-estar EMOCIONAL.

Repito: sua FISIOLOGIA determina sua PSICOLOGIA *muito mais* do que você imagina.

Otimize-a.

HOJE.

COMA COMIDA DE VERDADE

E NÃO SUBSTÂNCIAS COMESTÍVEIS

Michael Pollan é autor de *Regras da comida* e *Em defesa da comida.* O lema básico desses dois livros é que dietas ocidentais criam doenças ocidentais; dietas tradicionais, não.

Ele diz que as dietas tradicionais podem ser ricas em gorduras, em proteínas, em carboidratos... Não existe uma única "dieta humana ideal". Mas existe uma dieta sempre ruim: a ocidental, repleta de substâncias ultraprocessadas que parecem comida de verdade, mas não são.

Alimentos industrializados, com ingredientes que literalmente não existiam há algumas centenas de anos, agora constituem 58% da nossa dieta. Reflita sobre isso: 58%!

Consumir essas "substâncias comestíveis" em *qualquer* quantidade significativa, e mais ainda na quantidade comum no Ocidente, não é boa ideia. Daí a segunda das nossas três Regras Heroicas da Alimentação: coma comida de verdade e jogue fora os alimentos industrializados.

Em *Regras da comida*, Pollan apresenta 64 regras, e a primeira delas é: "Coma comida." Ou seja, o que só "parece" comida não conta.

A regra nº 13 também é boa: "Coma apenas comidas que estraguem com o tempo." Como dizem por aí, quanto maior for o prazo de validade da comida que você come, menor será o *seu.*

E então temos a regra nº 57: "Não compre seu alimento no mesmo lugar onde enche o tanque do seu carro." Você sabia que os postos de gasolina nos Estados Unidos ganham mais dinheiro vendendo comida (e cigarros) do que vendendo combustível?

Pois é.

Agora vamos ao nosso +1°...

Quais são as SUAS regras alimentares?

Estão sendo seguidas?

QUANDO COMER

O PODER DA DIETA COM RESTRIÇÃO DE TEMPO

Conhece alguém que esteja lutando contra a obesidade, a falta de energia, o mau humor, uma doença crônica? Talvez você mesmo esteja enfrentando algo assim. Se for o caso, este capítulo é para você.

Satchin Panda é um dos principais pesquisadores no campo da biologia circadiana. Em seu livro *The Circadian Code* (O código circadiano), ele mostra a importância de alinharmos nossa alimentação, nossas atividades físicas e nosso sono aos ritmos naturais do mundo.

Quero abordar UMA grande ideia desse livro, mas, antes, uma pergunta rápida...

Exatamente a que horas ontem você colocou pela primeira vez QUALQUER COISA no estômago sem ser água? E a que horas colocou pela última vez?

Essa é sua janela de alimentação.

Por exemplo, se você tomou uma xícara de café ou chá às 6h30 e depois tomou café da manhã, almoçou, lanchou e, por fim, jantou às 20h30 antes de ir para a cama às 22h30, sua janela de alimentação foi de catorze horas.

Você precisa saber que, se sua janela de alimentação for maior que doze horas, você será *bem* menos saudável do que se ela fosse de oito ou dez horas, por exemplo.

Isso se chama "dieta com restrição de tempo", e saiba que as pesquisas nessa área são REALMENTE impactantes.

Não evoluímos para forçar nosso corpo a trabalhar o dia todo, todos os dias, digerindo cada coisa que colocamos na boca.

Para garantir +1°, restrinja sua janela de alimentação e dê um tempo para seu corpo realizar alguns reparos importantes. Isso faz bem à mente, ao corpo e à alma.

Na prática: anote quando você comeu ou bebeu algo sem ser água pela primeira vez hoje e certifique-se de só se alimentar dentro de uma janela de até doze horas a partir desse horário.

Essa prática MUITO simples pode resultar em ganhos MUITO significativos no seu bem-estar.

Dia 1. Vamos nessa, Herói!

ISSO NÃO É EXTREMO?

NÃO, ISTO É QUE É

Susan Peirce Thompson escreveu um ótimo livro chamado *Bright Line Eating* (Alimentação com regras claras). Ph.D. em neurociência e uma das principais especialistas do mundo em psicologia da alimentação, Susan já foi viciada em cocaína, em comida e em basicamente todo o resto. Ela pode falar com propriedade sobre como se recuperar de um vício.

Em seus livros e cursos, Susan aplica a disciplina da força de vontade aos fundamentos da nutrição. Suas duas principais regras alimentares? Elimine o açúcar e a farinha.

Não é para reduzir nem para comer pouco, ela diz...

É para E L I M I N A R. Ponto.

Susan nos explica todas as razões pelas quais essas "substâncias comestíveis" agem mais como *drogas* do que como alimentos, e enfatiza os estragos que causam em nosso corpo.

Mas quero comentar uma pergunta que ela costuma ouvir quando fala sobre isso: "Ah... [imagine uma voz chorosa] Não é um pouco de exagero? Tenho que dizer não para biscoitos e bolinhos e massas e pizzas...? Isso não é muito extremo?"

"NÃO!", responde ela.

Amputar as pernas por causa do diabetes. ISSO é extremo.

Ignorar a circunferência da sua cintura e depois infartar "de repente". ISSO é extremo.

Ir parar no hospital e perder metade do estômago porque acabou de descobrir um câncer agressivo no pâncreas que ceifará sua vida em alguns meses. ISSO é extremo.

Nota: foi exatamente o que aconteceu com meu irmão. Ele nunca tinha ido parar num hospital antes. Quando parou, recebeu uma sentença de morte com diagnóstico de câncer.

Tudo isso acontece todos os dias com cada vez mais pessoas. *Tudo isso* é extremo.

Eliminar açúcar e farinha? Nem tanto.

Claro que precisamos seguir nosso próprio caminho à medida que tomamos decisões que consideramos melhores para nós e nossa família.

De todo modo, nosso +1° é simples…

Reduza ou elimine o açúcar e a farinha.

A menos que você ache uma medida muito extrema e prefira alguma das alternativas anteriores.

NUTRIÇÃO ANIMAL

VOCÊ NO ZOOLÓGICO

Há alguns anos, eu estava lendo a revista do zoológico local que costumávamos visitar. E me chamou a atenção um artigo sobre nutrição animal, que trazia uma ótima entrevista com a nutricionista do zoo. Achei sensacional o fato de aquelas ideias se aplicarem tão bem à nossa vida humana moderna.

Pergunta nº 1: "Você nunca muda a dieta dos animais?"

Resposta: "Temos cerca de 145 espécies de animais e sempre aprendemos novas informações sobre o que é melhor para alimentá-los. Somos parceiros de programas de pesquisas e acompanhamos as últimas tendências, então as dietas dos animais são continuamente ajustadas de acordo com novos dados científicos."

ADOREI isso: otimizar abordagens nutricionais com novas pesquisas para melhores resultados!

Pergunta nº 2: "Que tipo de ajuste vocês fazem? Pode dar um exemplo?"

Resposta: "As frutas híbridas modernas contêm mais açúcar e menos fibra do que aquelas encontradas em hábitats de primatas selvagens. Como não temos acesso a essas frutas, utilizamos uma ração produzida comercialmente e com menos açúcar. Bananas e uvas são agora guloseimas ocasionais, e não mais a alimentação básica de um gibão."

Lembre-se: VOCÊ também é um primata "selvagem". Talvez essas frutas híbridas modernas que não são boas para os macacos do zoológico também não sejam boas para você.

Pergunta nº 3: "Quais são as principais tendências do momento?"

Resposta: "Dietas nutricionalmente mais semelhantes àquelas que os animais consomem na natureza."

Bem, isso faz muito sentido. (E repito: VOCÊ também é, em essência, um primata selvagem.)

Pergunta nº 4: "Como a indústria de rações reage às necessidades de uma dieta especial?"

Resposta: "Nosso gibão tem diabetes e conseguimos controlar a doença apenas com dieta. A ração que usamos, sem glicose, vem na forma de um pó que se mistura com água e forma um tipo de gelatina. Também limitamos as frutas açucaradas. Então, em vez de uvas e bananas, agora nosso gibão come maçãs e peras."

Sim, é possível controlar o diabetes num primata apenas com nutrição.

Ah, se nossos hospitais e consultórios médicos tivessem seus próprios nutricionistas de zoológico...

SPRAY PARA PINTAR FOLHAS
VS. JARDINAGEM SÁBIA

Dia desses, conversando com Emerson sobre a importância de resolver os problemas de saúde na origem, em vez de tratar somente os sintomas superficiais, recorri às sábias metáforas usadas por médicos de medicina funcional, como Alejandro Junger.

– Imagine que temos uma árvore e as folhas verdes estejam ficando marrons – falei para Emerson. – Não sabemos o motivo, mas sabemos que tem algo errado. Então chamamos um jardineiro especialista para ver o que ele acha.

Emerson assente e eu continuo:

– O jardineiro olha as folhas marrons e pega em sua bolsa um spray de tinta verde.

Pausa. Os olhos de Emerson estão arregalados.

– Sabe o que ele faz? Pinta as folhas marrons de verde e diz que agora está tudo bem. Em seguida anota o tipo de tinta que devemos comprar e diz que tudo que precisamos fazer é jogar um pouco de spray nas folhas todos os dias.

Emerson está olhando para mim sem acreditar.

– O que você diria a essa pessoa? – pergunto.

– Queremos a árvore VIVA, não MORTA! – Sério, ele usou essas palavras. – A tinta verde faz a árvore PARECER SAUDÁVEL, mas ela não vai viver por muito tempo.

O que mais eu poderia dizer? Apenas concordei. E perguntei o que *ele* achava que poderia ser útil. Ele disse que seria melhor cuidar do solo, regá-lo e oferecer bons nutrientes à árvore.

Eu concordo.

E você? Como anda a SUA saúde?

Você tem jogado spray em alguma folha?

EXERCÍCIO VS. ZOLOFT

AQUI ESTÁ SUA PÍLULA DE EXERCÍCIO

Em *A ciência da felicidade*, Sonja Lyubomirsky apresenta o que considero um dos maiores experimentos de bem-estar já realizados. O estudo faz uma comparação entre o poder do exercício físico e o antidepressivo Zoloft. Vamos a um resumo.

Pesquisadores recrutaram indivíduos com depressão clínica e os distribuíram aleatoriamente em três grupos. Ao longo de quatro meses, o primeiro grupo teria que fazer exercícios aeróbicos; o segundo teria que tomar um antidepressivo (nesse caso, Zoloft, cujo princípio ativo é o cloridrato de sertralina); já o terceiro grupo teria que fazer as duas coisas.

O grupo do exercício fez três sessões de 45 minutos por semana de bicicleta, caminhada ou corrida numa intensidade moderada a alta.

Sonja relata: "De maneira impressionante, ao final dos quatro meses de intervenção, os três grupos experimentaram alívio da depressão e relataram menos comportamentos disfuncionais e aumento da felicidade e da autoestima. Exercícios aeróbicos foram tão eficazes no tratamento contra a depressão quanto o Zoloft sozinho ou combinado com a atividade física. Mas os exercícios são bem mais baratos e não costumam ter efeitos colaterais, a não ser uma dor muscular ou outra. Talvez ainda mais impressionante seja o fato de que, seis meses após terminado o experimento, os participantes que menos tiveram recidiva da depressão tenham sido aqueles que participaram do grupo do exercício físico."

Ela continua: "Ninguém em nossa sociedade precisa ser informado de que os exercícios são bons para a saúde. Independentemente de estar acima do peso, de ter uma doença crônica ou de viver sentado no sofá, você já ouviu ou leu sobre isso dezenas de vezes na vida. Mas alguém já lhe disse – ou garantiu – que a prática regular de atividades físicas deixa você mais feliz? Pois eu garanto."

Olha... Sempre que um dos principais cientistas da área GARANTE algo, eu sento e presto atenção. E nesse caso segui o conselho à risca.

Tudo isso para dizer: não se esqueça de tomar sua pílula de exercício.

HOJE.

MOLÉCULAS DA ESPERANÇA

POR QUE O EXERCÍCIO FÍSICO FAZ TÃO BEM PARA VOCÊ

Já sabemos que o exercício físico é uma ótima maneira de reduzir o estresse crônico. Mas por que isso acontece?

Bem, como já comentei, o psiquiatra John Ratey explica isso muito bem em seu livro *Spark*, que fala da *ciência* por trás desse processo. Para Ratey, praticar exercícios físicos "é como tomar uma pequena dose de Prozac e outra de Ritalina porque, à semelhança desses medicamentos, os exercícios elevam os neurotransmissores." Na verdade, ele conclui, "os exercícios equilibram os neurotransmissores – junto com as demais substâncias químicas do cérebro."

Kelly McGonigal repercute essa sabedoria em seu livro *A alegria do movimento*. Ela inclusive afirma que as substâncias neuroquímicas que nos inundam de uma sensação tão boa após um ótimo treino têm nome: "moléculas da esperança".

Várias pesquisas (além da que vimos no capítulo anterior) mostram que os exercícios físicos são tão eficazes em reduzir a depressão quanto os antidepressivos, alterando o cérebro de várias maneiras positivas. Infelizmente, esses estudos não contam com a mesma publicidade dos produtos farmacêuticos, de forma que seus resultados não são divulgados de maneira adequada.

(E, por algum motivo estranho, os exercícios não são a primeira coisa recomendada pelos terapeutas. Deveriam ser. Falaremos mais sobre isso.)

E então? VOCÊ tem se exercitado?

Tal Ben-Shahar nos diz que, quando escolhemos NÃO nos exercitar em determinado dia, é como deixar de tomar um antidepressivo.

NUNCA faríamos isso. Certo?

O NÚMERO MÁGICO DE PASSOS

COMO EVITAR A DEPRESSÃO

Sabia que os cientistas identificaram um limite mínimo de passos diários que nos protege da ansiedade e da depressão? É sério.

Como já vimos antes, em *A alegria do movimento*, Kelly McGonigal nos diz: "Sentimos mais ansiedade e depressão e menos satisfação com a vida quando costumamos dar menos de 5.649 passos por dia. O americano típico dá 4.774 passos por dia. Ao redor do mundo, a média é de 4.961."

CREDO!

Vamos enfatizar isso.

A média diária de passos necessários para evitar sentimentos de ansiedade e depressão e aumentar a satisfação com a vida é de 5.649. (Adorei a precisão.)

A média no mundo inteiro está ABAIXO desse limite.

O que nos leva à pergunta...

Quantos passos VOCÊ dá em média por dia?

Evite a depressão e a ansiedade.

Um passo de cada vez.

HOJE.

SOLVITUR AMBULANDO
RESOLVE-SE ANDANDO

Solvitur ambulando. É uma expressão latina que significa "resolve-se andando". Quão incrível é isso? Caminhar era uma atividade tão maravilhosa para os pensadores antigos que eles tinham uma frase específica só para captar seu poder.

Nietzsche também era um grande fã dessa prática e disse: "Todos os grandes pensamentos são concebidos durante uma caminhada."

Kierkegaard também curtia: "Caminhando cheguei aos meus melhores pensamentos."

Temos até Immanuel Kant. Ele era tão sistemático com suas caminhadas diárias que os vizinhos podiam acertar o próprio relógio pela hora em que ele passava diante de sua casa. Até nomearam uma rua em homenagem a ele, chamada "Caminho do filósofo".

E o que dizer de Charles Darwin? Por quase QUARENTA anos ele seguiu sua rotina com uma precisão "mecânica". E sabe o que fazia parte dela? Sua caminhada. Ele era tão comprometido com isso que arrendou as terras do vizinho para que pudesse dar sua volta completa no que ficou conhecido como "Sandwalk" (embora ele preferisse chamá-lo de "Caminho do pensamento").

E agora Aristóteles. Ele e seus seguidores andaram tanto enquanto pensavam, ensinavam e filosofavam que eram conhecidos como "peripatéticos" – que literalmente significa "andar para cima e para baixo".

Claro que os cientistas modernos também provaram quão poderosa é a caminhada para a criatividade – especialmente na natureza. É por isso que Emerson e eu, assim que nos mudamos, abrimos uma trilha de 800 metros em nossa propriedade.

Filósofos modernos e antigos concordam: caminhar é poderoso. Mas... sabe o que nenhum deles levava em seus passeios reflexivos?

O CELULAR.

É verdade que nenhum deles vivia num mundo abarrotado de distrações digitais. Mas nenhum amante da sabedoria que se preze e que pense profundamente levaria um dispositivo que o sujeitasse aos pensamentos de *outras* pessoas numa caminhada destinada a explorar seus *próprios* pensamentos.

E VOCÊ?
Saia para uma caminhada. Desconecte-se. HOJE
Entre em contato com seus pensamentos mais profundos.

MOVIMENTO > EXERCÍCIOS
NÃO SEJAMOS ATIVOS E SEDENTÁRIOS

Em seu livro *Move Your DNA* (Movimente seu DNA), Katy Bowman afirma que temos TRILHÕES de células em nosso corpo. Pense nisso por um momento: são cerca de 15 a 70 TRILHÕES.

E cada um desses trilhões de células possui um pequeno receptor relacionado ao seu nível de MOVIMENTO. (Ou, claro, à falta dele.)

Entenda: nosso corpo foi feito para se MOVIMENTAR. Todos os dias. Ponto.

É por isso que, para algumas pessoas, ficar sentado é o novo cigarro.

Katy nos diz que não devemos ser "ativos *e* sedentários". Podemos ser o tipo de pessoa que acorda cedo, dirige até a academia, treina por uma hora e depois vai de carro para o trabalho e fica sentada o dia *inteiro* antes de voltar para casa e ficar deitada pelo resto da noite.

Essa pessoa é "ativa". Ela se exercita, o que é ótimo. Mas… ela *também* é SEDENTÁRIA, porque passa muito tempo sentada.

Ativos *e* sedentários. Como lidar com isso?

Katy nos diz para desenharmos um círculo dentro do outro.

O círculo maior = Movimento.

O círculo menor = Exercícios.

Ou seja, os exercícios físicos são uma parte do movimento. Essa é uma ideia e tanto.

Para ativar seus níveis heroicos de Energia e evitar ser ativo *e* sedentário, garanta mais movimento durante o dia.

A primeira coisa que fiz quando percebi que corria o risco de ser ativo *e* sedentário foi programar um cronômetro a cada 16 minutos e 40 segundos para me LEVANTAR e me movimentar cada vez que ele toca. Às vezes faço minha série de onze *burpees*, outras vezes apenas me levanto e sacudo o corpo.

Não tem mistério... Só não fique sentado o dia todo.

Lembre-se do grande círculo e do círculo pequeno dentro dele.

Movimente seu corpo.

HOJE.

MOVIMENTO E TREINO

PROCURE OPORTUNIDADES PARA SE MEXER

Continuando no mesmo tema, vejamos o que Michelle Segar diz sobre o assunto. Você deve lembrar que Michelle é uma das principais pesquisadoras do mundo sobre adoção de comportamentos saudáveis. Em seu livro *No Sweat*, ela explica que é preciso encontrar "oportunidades para se movimentar" durante o dia.

Se quisermos deixar nossos TRILHÕES de células felizes e alcançar um nível mais profundo de entusiasmo energizado, seria sensato buscar mais oportunidades para se movimentar ao longo de todos os dias.

Não precisa ser nada mirabolante. Pode ser, por exemplo, estacionar longe do seu destino para dar alguns passos extras. Ou, melhor ainda, deixar o carro em casa e ir caminhando.

Agora... se você realmente quer apostar tudo feito o ultramaratonista Dean Karnazes e ser uma das "cem pessoas mais em forma de todos os tempos", busque oportunidades para *treinar* o dia inteiro.

Numa entrevista, Dean me disse que é isso que ele faz. Aparentemente, antes da nossa conversa, ele já tinha feito um rápido treino intervalado de alta intensidade de 12 minutos. E planejava outro minitreino logo após nossa conversa: uma sequência simples de *burpees*, flexões e abdominais.

Ele faz isso o dia inteiro, todos os dias, o que lhe permitiu realizar o que parecia impossível: correr 560 quilômetros de uma vez, além de correr cinquenta maratonas em cinquenta estados americanos em cinquenta dias. (Uau.)

Esteja você procurando oportunidades para se movimentar ou para treinar, mexa-se um pouco mais hoje. E amanhã. E depois de amanhã.

+1°, +1°, +1°...

VAMOS EM FRENTE!

PUXE A LINHA
QUE SOBE ATÉ SUA CABEÇA

Em 8 de junho de 2001, eu estava no terraço do meu apartamento a uma quadra da praia de La Jolla, na Califórnia, lendo *Aprenda a pensar com Leonardo da Vinci*, de Michael J. Gelb.

Eu tinha acabado de completar 27 anos e de sair da empresa que adquiriu meu primeiro negócio, o eteamz. Aquele livro me levou à questão: "Como posso ser remunerado fazendo o que adoro?"

Pois bem... Em seu livro, Michael nos conta que, além de Leonardo da Vinci ser um dos maiores artistas, cientistas e engenheiros da história, parece que também era um atleta incrivelmente forte.

Para enfatizar quão importante é otimizar nossa mente e nosso corpo, Michael recomendou algo chamado de Técnica de Alexander. É uma técnica desenvolvida originalmente por cantores e atores para melhorar a postura e o equilíbrio.

Então decidi que faria naquele verão um pequeno retiro na Grécia, organizado por um professor de dança da Universidade de Nova York. Reservei minha passagem só de ida e me diverti com alguns americanos e estudantes gregos na ilha mágica de Tinos.

Aqui está a lição nº 1 que aprendi com essa experiência e que já mencionei aqui: imagine uma linha que vai da base da coluna até o topo da sua cabeça. Consegue senti-la? Agora estique-a com suavidade.

Sabemos como a postura é importante para o poder e a respiração. Esticar essa pequena linha é uma EXCELENTE maneira de encontrar a postura ideal, além de graça e equilíbrio.

Então repito: imagine essa linha subindo até o topo da sua cabeça e a estique de leve.

Com um sorriso.

O SONO ANTES E DEPOIS DE EDISON

QUANTO TEMPO NOSSOS TATARAVÓS DORMIAM

Pense em como era a vida 150 anos atrás. Estamos em 1875. Sem celular (na verdade, sem telefone algum), apenas telegramas. Alexander Graham Bell só foi obter a patente do telefone em 1876.

Não temos carros também. Viajamos a 15 quilômetros por hora a cavalo - sem ar-condicionado. E não temos lâmpadas elétricas, apenas velas e lampiões a gás.

Um mundo bem diferente, não é? Imagine isso por um momento. É impressionante quanto avançamos e como é fácil achar que tudo caiu do céu.

Em 31 de dezembro de 1879, Thomas Edison fez a primeira exibição pública de uma lâmpada incandescente e, a partir daí, o mundo passou por várias mudanças. Uma delas foi o sono.

Adivinha quantas horas nossos tataravós dormiam durante uma noite comum. Oito a nove horas? Não, eles dormiam até dez horas seguidas! Hoje em dia, a média é de 6,7 horas de sono para um americano típico. Uma redução CHOCANTE.

Essa queda drástica não é natural nem saudável. Nas palavras de Sara Mednick: "Pesquisas comprovaram que a falta de sono está associada a irritabilidade, raiva, depressão e exaustão mental."

Aqui vai nosso +1°: pense por um momento num mundo sem luz elétrica. Pense numa vida sem telas de luz azul se acendendo no meio da noite.

Claro que não precisamos nos tornar inimigos da tecnologia, mas devemos usá-la com sabedoria. O que você pode fazer hoje para priorizar seu sono e acordar amanhã se sentindo heroicamente energizado?

Pensou? Então faça.

HOJE À NOITE.

GALINHAS CIRCADIANAS

ELAS ENTRAM NO RITMO... E VOCÊ?

Você já sabe que vivo com minha família numa pequena propriedade no interior de Austin. E uma das primeiras coisas que fizemos ao chegar aqui foi pegar algumas galinhas para criar. Elas são incríveis. Dia desses, Alexandra e eu conversávamos sobre o fato de que elas voltam para o galinheiro na MESMA hora todos os dias, perto do pôr do sol.

Sabe POR QUE isso acontece? Como nos explicou Satchin Panda em *The Circadian Code*, TODAS AS CRIATURAS VIVAS (sem exceções!) estão programadas para responder aos ritmos do dia.

Plantas? Também. Elas "se abrem" pela manhã para receber a energia solar e se fecham à noite. Animais? Também. Sejam noturnos ou diurnos, seus ritmos estão sincronizados com o compasso do dia.

Com as galinhas não é diferente. Sabe o que aconteceria se elas sempre virassem a noite banhadas por algum tipo de luz artificial? ELAS MORRERIAM. É sério.

Agora, a pergunta mais importante... Sabe que OUTRA criatura evoluiu para viver alinhada aos ritmos circadianos? Os seres humanos. Mais especificamente: VOCÊ.

Satchin Panda nos explica: "Quanto mais o seu sistema circadiano estiver fora de sincronia, maior o risco de desenvolver uma doença grave." E avisa: "Caso esteja experimentando algum desconforto físico ou déficit cognitivo, não ignore: pode ser um sinal precoce de uma doença crônica."

Então o que você pode fazer para otimizar seus ritmos circadianos? Faça e fique heroicamente energizado.

HOJE.

UMA BREVE HISTÓRIA DA LUZ AZUL

DEIXE PARA USÁ-LA DURANTE O DIA

Já que conversamos sobre ritmos circadianos, galinhas e tudo mais, que tal uma breve história da luz noturna?

Por milhões de anos, a única luz disponível à noite vinha das estrelas e da lua. (Pense nisso por um momento.) Depois desenvolvemos nossa criatividade e descobrimos o poder do fogo entre 230 mil e 1,5 milhão de anos atrás. Aí ficamos ainda mais espertos e começamos a usar gordura animal para obter luz por volta de 15 mil anos atrás. Dez mil anos depois, os egípcios criaram as primeiras velas de cera de abelha.

Avancemos para 1879, quando Thomas Edison apresentou ao mundo a primeira lâmpada comercial incandescente e veremos tudo acelerar. A primeira televisão apareceu cerca de cem anos atrás, e o iPhone surgiu há menos de vinte anos.

À medida que toda essa luz noturna aumentou, transformando nossas noites em dia, nossas horas de sono diminuíram – de dez horas por noite para menos de sete.

Lembre-se: temos trilhões de células e 98% delas são supersensíveis aos ritmos circadianos.

Imagino que trocar o dia pela noite expondo nosso cérebro à luz azul não seja boa ideia.

Então desligue a luz azul à noite.

Deixe para usá-la durante o dia.

ATÉ QUE SE ESTEJA COMPROMETIDO

O PRIMEIRO PASSO

Uma das minhas citações favoritas é de W. H. Murray em *The Scottish Himalayan Expedition* (A expedição escocesa ao Himalaia). É um trecho que sei de cor e recito toda vez que acordo no meio da noite, junto com mantras e orações – além de outras citações de Winston Churchill, Ralph Waldo Emerson e Steve Jobs.

No próximo capítulo aprenderemos a usar citações para ter uma ótima noite de sono. Por enquanto vamos falar sobre o trecho de Murray:

"Até que se esteja comprometido, haverá hesitação, pensamentos de desistência, ineficácia permanente. Toda iniciativa (e criação) responde a uma única verdade elementar, e desconhecê-la extermina ideias e planos espetaculares: assim que o indivíduo se compromete de vez, a Providência se move junto com ele. Uma enorme cadeia de eventos emana da decisão do indivíduo, colocando a seu favor todo tipo de circunstância, encontro e recurso, coisas que ele nem sequer imaginava. Aprendi a respeitar profundamente estas palavras de Goethe: 'Comece tudo que pode fazer ou sonha ser possível. Na audácia há genialidade, poder e magia.'"

Tudo isso é muito inspirador, só que MAIS interessante ainda é o que Murray diz antes dessa passagem: "Quando eu disse que nada havia sido feito, omiti algo importante. Tínhamos saído um pouco dos trilhos, mas estávamos definitivamente comprometidos. Pegamos nosso dinheiro e reservamos as passagens para Bombaim. Por mais simples que pareça, isso teve grandes resultados."

O comprometimento de Murray não foi algo grandioso. Ele apenas COMPROU UMA PASSAGEM DE NAVIO.

Como ele mesmo diz: "Por mais simples que pareça, isso teve grandes resultados."

Esse é nosso +1°.

O que VOCÊ quer criar na sua vida? Você está comprometido? Aplique o método DROP e decida se quer ou não pagar o preço.

Se quiser... compre a passagem de navio.

HOJE.

ACORDOU NO MEIO DA NOITE?
VEJA O QUE EU FAÇO

Você já acordou no meio da noite, com a mente agitada, e não conseguiu mais pegar no sono? Eu já. Bem-vindo ao clube dos superestimulados do século XXI.

Poderíamos ter uma longa conversa sobre POR QUE isso acontece, mas deixemos para outra hora. Hoje quero contar o que faço quando acordo de madrugada. Antes de tudo, relembro o que fiz naquele dia e tento identificar algo que tenha contribuído para acelerar minha mente. Entre os principais suspeitos costumam estar flutuações de humor, excesso de informações, uso de dispositivos eletrônicos até tarde da noite...

Seja o que for, penso no que poderia ter feito de diferente e me comprometo a usar essa informação para melhorar. (Tudo é informação. Vencemos ou aprendemos, então... nunca desperdice um erro, Herói!)

Em seguida, recito silenciosamente os mantras, orações e citações que memorizei, enquanto respiro de modo tranquilo e profundo. É dez vezes melhor do que contar carneirinhos.

Sempre começo com uma citação de Steve Jobs sobre a loucura. (Imagino o próprio Steve recitando para mim.) E ele me diz: "Um brinde aos loucos, aos desajustados, aos rebeldes, aos criadores de caso, aos que são peças redondas em buracos quadrados, aos que veem as coisas de um jeito diferente. Eles não gostam de regras e não têm respeito algum pelo *status quo*. Você pode citá-los, refutá-los, glorificá-los ou difamá-los. A única coisa que não pode fazer é ignorá-los. Porque eles mudam as coisas, impulsionam a humanidade para a frente. Enquanto alguns veem loucura, nós vemos genialidade. Porque as pessoas que são loucas o suficiente para achar que podem mudar o mundo são as que, de fato, mudam."

Na sequência, convido Ralph Waldo Emerson, que diz: "Entusiasmo é um dos motores mais poderosos do sucesso. Quando fizer algo, faça com toda a sua força e toda a sua alma. Imprima sua personalidade. Seja ativo, enérgico e convicto, e você alcançará seu objetivo. Nada grandioso jamais foi conseguido sem entusiasmo."

Depois recito a pérola de W. H. Murray, que lemos no capítulo anterior, e por fim convido Churchill a se juntar a mim: "Há um momento especial que acontece na vida de qualquer pessoa, um momento para o qual ela nasceu. Essa oportunidade extraordinária, quando aproveitada, faz com que a pessoa cumpra sua missão, uma missão para a qual somente ela tem as qualificações necessárias. É nesse momento que encontramos a grandeza."

Para mim essas citações funcionam como um passe de mágica.

E VOCÊ? O que faz quando acorda agitado no meio da noite?

Que tal aproveitar para otimizar sua vida? Tem algum texto que queira memorizar para evitar ruminações?

Dia 1. Mais uma etapa concluída.

Tenha uma ótima noite de sono, Herói!

COMO A CAFEÍNA REALMENTE FUNCIONA
E QUANDO (NÃO) CONSUMI-LA

Você sabe como a cafeína funciona? A maioria de nós acha que ela dá energia. Mas o que ela faz é *mascarar nossa fadiga* – fazendo com que a gente se sinta mais energizado do que realmente está.

Quanto mais tempo ficamos acordados disparando neurônios, mas produzimos um neurotransmissor chamado adenosina. Quando a adenosina se acumula no cérebro, ficamos cansados – o que nos leva a ir dormir para nos recuperar.

A cafeína é estruturalmente muito semelhante à adenosina. Tão parecida que pode se infiltrar nesses pequenos receptores e impedir a adenosina de realizar seu trabalho de informar que estamos cansados. E *voilá*: nos sentimos energizados.

Óbvio que isso é muito incrível, mas devemos levar duas coisas em consideração.

Nº 1. Saiba que, quando usamos cafeína, estamos pegando energia "emprestada". Então é mais sensato usá-la de maneira *estratégica*, e não habitual. Se você depender de cafeína para começar cada manhã da sua vida, na verdade precisará de mais descanso.

Nº 2. Também é bom saber que a cafeína tem uma meia-vida de cinco a oito horas – ou seja, se você tomar 200mg de cafeína às 14h, metade dela ainda estará em seu organismo às 22h. (E isso é muita coisa!)

Moral da história: se for consumir cafeína, seja estratégico e prefira consumir no começo do dia. Especialistas afirmam que, se você realmente quiser que seu corpo se recupere, deve consumir cafeína no máximo até as 14h.

Então... como está o SEU consumo de cafeína?

Como pode otimizá-lo em +1°?

AS REGRAS DA RESPIRAÇÃO

A GRANDE TRÍADE: NARIZ + BARRIGA + EXPIRAÇÃO

Você pode viver semanas sem comida, dias sem água, mas apenas alguns minutos sem oxigênio – o que sem dúvida torna a respiração o fundamento MAIS importante de todos.

Mas com que frequência você pensa nisso? Você treina sua respiração para garantir que esteja otimizada? Se você for como a maioria das pessoas, suas respostas são "Nunca" e "Não".

Poderíamos falar sobre respiração por um bom tempo. Basicamente já li todos os melhores livros sobre o tema e destilei a essência deles numa aula e nas Notas do Filósofo disponíveis no aplicativo Heroic (em inglês).

Por enquanto, vejamos quais são as TRÊS regras simples para melhorar a respiração:

1. Inspire pelo nariz.
2. Sinta o ar descer até a barriga.
3. Expire por um tempo um pouco mais longo do que inspirou.

Você respira pelo nariz? A maioria das pessoas não. Olhe no espelho. Se estiver vendo uma boca semiaberta, é hora de melhorar isso.

Você respira profunda e tranquilamente, sentindo o ar descer até a barriga? A maioria das pessoas não, em especial quem respira pela boca.

E sua expiração é ligeiramente mais longa que a inspiração? Essa é a maneira mais rápida de relaxar.

Que tal uma respiração agradável, profunda, relaxante e energizante AGORA MESMO?

Sente-se com a coluna alinhada.

Observe qualquer tensão e relaxe.

Inspire pelo nariz.

Sinta o ar descer até a barriga.

De modo suave, calmo, silencioso.

Agora expire pelo nariz por um tempo ligeiramente mais longo do que inspirou.

E repita. Todos os dias.

Especialmente…

HOJE.

BARRIGA DE BALÃO
PARA CRIANÇAS E ADULTOS

Patrick McKeown é meu especialista preferido quando o assunto é respiração. Ele é autor de vários livros, incluindo *As vantagens do oxigênio*. E também escreveu *Always Breathe Correctly* (Sempre respire corretamente), um livro infantil que li para meus filhos.

Inspirado em Patrick, eis como ensinei Emerson e Eleanor a respirar de maneira adequada quando mais novos. (Sim, os dois respiram *somente* pelo nariz e se orgulham de correr 5 quilômetros respirando assim.)

Primeiro, justifiquei que respirar corretamente é *muito* importante e disse que a maioria das pessoas não faz isso direito, como acontece com quase tudo neste mundo superestimulado digitalmente.

E como não custa repetir, depois ensinei as principais técnicas de respiração e disse que eles precisavam seguir três passos.

1. Inspire (e expire) pelo nariz. (Como diz Patrick: a boca serve para comer, e o nariz, para respirar!)

2. Sinta o ar descer até a barriga. (De forma "profunda", e não "exagerada". A ideia é se sentir relaxado. O peito e os ombros não devem se mover muito.)

3. Expire por um tempo um pouco mais longo do que inspirou. (Isso ajuda a acionar o sistema parassimpático.)

Com a teoria explicada, chegou a hora da prática. E transformamos nossa barriga num balão. Mostrei aos meus filhos como encher esse balão na barriga e como esvaziá-lo, deixando sair todo o ar. Eles experimentaram, adoraram e mandaram bem.

Perguntei como foi que eles ficaram tão bons naquilo e responderam: "PRÁTICA!"

Eis nosso +1°...

Você tem filhos?

Que tal se divertir com barrigas de balão?

HOJE.

O PONTO MÁGICO
NA BOCA

Aqui está outra dica de Patrick McKeown para que você e seus filhos respirem direito. No livro *Always Breathe Correctly*, um mago ensina as crianças que o nariz serve para respirar e a boca, para comer, e que devemos inspirar suavemente, sentindo o ar descer até a barriga.

Além disso, ele nos ensina a achar o que chama de "ponto mágico" em nossa boca. Podemos encontrá-lo ao colocar a língua no céu da boca, próximo aos dentes da frente. Quando alcançamos esse ponto, automaticamente fechamos os lábios e respiramos pelo nariz.

É por isso que, quando vejo Eleanor ou Emerson com a boca aberta, digo logo: "Ponto mágico, meu bem!" Na mesma hora eles sorriem, fecham os lábios e respiram orgulhosos pelo nariz, enquanto aprovo e digo que os amo.

Então... ao longo do dia de hoje, se acontecer de você ficar com a boca aberta, talvez consiga me ouvir dizendo: "Ponto mágico, Herói!"

Ative sua energia a cada inspiração.

HOJE.

COMO PARAR DE PENSAR

A DICA Nº 1 PARA DOMINAR ESSA ARTE PERDIDA

Quando entrevistei Patrick McKeown há alguns anos, ele fez uma observação muito interessante. Disse que passamos toda a nossa vida acadêmica aprendendo a *pensar*, mas que nunca aprendemos a PARAR de pensar.

A verdade é que a maioria dos nossos "pensamentos" não são *pensamentos*. Simplesmente repetimos a mesma reflexão improdutiva inúmeras vezes.

De acordo com um estudo feito na Universidade do Sul da Califórnia, uma pessoa tem em média 70 mil pensamentos por dia. E, segundo alguns especialistas, 80% a 90% desses pensamentos são inúteis. Isso é loucura. (Literalmente.)

E também é *muito* irritante. Gastamos *um monte* de energia girando nossa roda mental – criando mais estresse, ansiedade e fadiga, ao mesmo tempo que diminuímos o desempenho e o bem-estar. (Uma péssima combinação.)

Aprender a PARAR de pensar é muito importante. E qual é a dica nº 1 de Patrick para dominar essa arte? Respire.

Mais especificamente, pelo nariz. Profunda e suavemente até o diagrama.

Exale o ar por um tempo ligeiramente maior que a inspiração.

E repita.

Pronto. Sua mente se acalmou.

Toda aquela energia desperdiçada foi recuperada.

Domine a arte perdida de NÃO pensar. HOJE.

P.S.: Quer mais duas dicas para interromper a tagarelice mental? Concentre-se no próprio corpo e mergulhe no momento presente.

FORÇA DE VONTADE INSTANTÂNEA

VEJA COMO CONSEGUIR

Kelly McGonigal escreveu três dos meus livros favoritos sobre a ciência do florescimento: *Os desafios à força de vontade*, *O lado bom do estresse* e *A alegria do movimento*. Todos fantásticos. Por enquanto, quero falar sobre uma ideia específica que li em *Os desafios à força de vontade*.

Kelly nos diz: "Você não encontrará muitas soluções rápidas neste livro, mas existe um jeito de aumentar imediatamente a força de vontade: respire quatro a seis vezes por minuto. São 10 a 15 segundos por respiração – mais devagar do que você costuma respirar, mas não é difícil com um pouco de prática e paciência."

Mas por que isso funciona? Kelly explica: "A respiração mais lenta ativa o córtex pré-frontal e aumenta a variabilidade da frequência cardíaca, ajudando o cérebro e o corpo a substituir o estresse pelo autocontrole. Praticar essa respiração por alguns minutos deixará você mais calmo, controlado e capaz de lidar com anseios e desafios."

Não existem muitas soluções rápidas na vida, mas essa é uma. Então... da próxima vez que sentir sua força de vontade vacilar e estiver prestes a fazer besteira, perceba o que está acontecendo (o primeiro passo mais importante!) e respire calma, suave e profundamente.

Vamos praticar agora. Pegue um cronômetro. (Lembre-se: nosso desempenho melhora quando o estamos medindo.)

Tente completar cada respiração em 10 a 15 segundos.

Faça uma contagem diferente...

Inspire por quatro segundos, segure o ar por um e exale por cinco. Essa é uma frequência respiratória de seis respirações por minuto.

Ou... minha favorita: inspire por 6 segundos, segure o ar por um e exale por oito. Essa é uma frequência respiratória de quatro respirações por minuto.

Encontre seu padrão de respiração ideal. Ative seu sistema nervoso parassimpático e mostre sua versão heroica mais calma e confiante.

Todos os dias.

Especialmente...

HOJE.

UM BANHO FRIO POR DIA

MANTÉM SUA SAÚDE EM DIA

Wim Hof, também conhecido como "O Homem de Gelo", detém vários recordes mundiais por suas proezas de resistência e exposição ao frio – como escalar o monte Kilimanjaro só de bermuda e tênis, correr meia maratona descalço no Ártico e ficar imerso num reservatório cheio de gelo por mais de 112 minutos.

A eficácia do seu método – agora praticado por milhões de pessoas – já foi validada por oito pesquisas científicas.

Abordaremos algumas sabedorias do seu livro *O método Wim Hof*, em especial a ideia de que um banho frio por dia mantém a saúde em dia.

Primeiro... Você sabia que o sistema vascular, "se estendido de ponta a ponta, daria quase duas voltas e meia no planeta"? Pois é. Veja só: "Existem quase 100 mil quilômetros de veias, artérias e capilares em cada um de nós. Após milhões de anos de evolução, o sistema vascular desenvolveu milhões de pequenos músculos que se contraem e abrem as veias e os canais vasculares em reação ao clima."

Mas... em nosso mundo moderno em que podemos controlar a temperatura, raras vezes permitimos que esses milhões de pequenos músculos façam os exercícios de que tanto necessitam – o que não é bom. Daí vem a ideia de um banho frio por dia para deliberadamente treinar esses músculos a nos manter energizados.

O método Wim Hof tem três pilares: Frio + Respiração + Compromisso.

Em seu livro, ele nos mostra um jeito simples de montar um protocolo de banho frio. Veja como funciona e tente colocá-lo em prática HOJE.

Na semana 1, deixe a água esfriar nos últimos 30 segundos do seu banho. Na semana 2, passe para um minuto de água fria. Na semana 3, aumente para um minuto e meio. Na semana 4, para 2 minutos. E repita.

Enquanto você treina seus milhões de músculos, também exercita sua mente fazendo algo que não quer. Quando? Que tal HOJE?

P.S.: Minha meta de banho frio é uma chuveirada abaixo de 10°C por dois minutos todos os dias. O frio forja um bom Herói!

TÔNUS VAGAL

CONHEÇA SEU DÉCIMO NERVO CRANIANO

O décimo nervo craniano começa na base do cérebro e desce, passando pelo coração, entre os pulmões e indo até o intestino. Incrível. É por isso que se chama nervo vago. (Em latim, *vagus* significa "aquele que vagueia".)

Mas por que estamos falando sobre o nervo vago? Porque ele desempenha um papel muito importante na regulação do sistema nervoso parassimpático.

Vamos a um resumo. Você deve saber que temos um sistema nervoso parassimpático e um simpático. O primeiro cuida do lado "descanso e digestão", enquanto o segundo cuida do modo "luta ou fuga". Ou seja, um reage ao relaxamento; o outro, ao estresse.

É óbvio que precisamos dos dois. Mas a vida moderna nos deixa quase sempre num estado de excitação e faz o sistema nervoso simpático trabalhar em excesso, causando estresse, perturbação e esgotamento. Por isso, é mais importante do que nunca saber como relaxar, o que nos traz de volta ao nosso nervo vago.

Sabia que avaliamos a saúde do nervo vago por meio do "tônus vagal"? Pois é. Pessoas saudáveis têm um tônus vagal potente, medido pela variabilidade da frequência cardíaca.

Por que é importante otimizar nosso tônus vagal? Porque ele mostra se nosso sistema nervoso é capaz de transformar estresse em relaxamento.

E sabe qual é a maneira mais rápida de fazer uma viagem pelo nervo vago? Adivinha só: respirar fundo, com uma inspiração calma, agradável, profunda e silenciosa pelo nariz até o diafragma, seguida por uma pausa suave e depois por uma expiração ligeiramente mais longa.

Experimente fazer agora. Sente-se com a coluna alinhada. Livre-se de qualquer tensão. Estique a linha da cabeça, como aprendemos com os bailarinos, e sorria enquanto pratica sua respiração compassada.

Pronto, você acabou de virar a chave.

Essa respiração pelo diafragma envia sinais pelo nervo vago até o tronco cerebral dizendo: "Está tudo bem. Não tem por que se estressar. O corpo todo está relaxado."

Está aí uma forma poderosa de otimizar seu tônus vagal para criar uma energia calma e focada.

P.S.: Otimizar o tônus vagal *também* é uma forma incrível de aprofundar sua capacidade de amar. Veja como Barbara L. Fredrickson explica isso em *Amor 2.0*: "A ciência comprovou que as pessoas com um tônus vagal mais forte são mais flexíveis em diversos aspectos – físico, mental e social. Elas se adaptam melhor às mudanças constantes, embora em níveis completamente inconscientes. No âmbito físico, regulam seus processos corporais internos de forma mais eficiente, como os níveis de glicose e inflamação. Mentalmente, são mais capazes de regular a atenção, as emoções e até mesmo o comportamento. No âmbito social, têm mais habilidade para conduzir interações interpessoais e estabelecer conexões positivas com outras pessoas. Por definição, vivem mais micromomentos de amor. É como se a agilidade do canal entre o cérebro e o coração – refletido em seu tônus vagal potente – lhes permitisse ser extraordinariamente ágeis, sintonizadas e flexíveis ao passar pelos altos e baixos da vida cotidiana e social. Um forte tônus vagal, portanto, pode ser considerado um facilitador do amor."

POR QUE MEDITAR

ALGUMAS RAZÕES

A esta altura, acho que você já sabe que meditar faz bem à mente, ao corpo e à alma de um Herói. Mas você medita?

Por milênios, mestres espirituais têm nos encorajado a usar a meditação para nos conectar com o que temos de melhor.

Pesquisas científicas também comprovam os benefícios práticos que acompanham os espirituais. Vejamos alguns exemplos rápidos para que você não tenha mais dúvidas.

Em seu livro *The Sleep Revolution* (A revolução do sono), Arianna Huffington revela que, segundo os cientistas de Stanford, pessoas que meditam conseguem adormecer DUAS VEZES mais rápido – em vez de levar em média 33 minutos, eles adormecem em quinze.

Isso quer dizer que você obtém um retorno instantâneo sobre os 15 minutos de meditação (sem falar em todos os outros benefícios além do tempo de sono).

E então temos Jonathan Haidt e seu livro *A hipótese da felicidade*, no qual ele fala sobre uma pílula metafórica que você pode tomar "uma vez ao dia para reduzir a ansiedade e aumentar seu contentamento". Essa pílula também aumenta "a autoestima, a empatia, a confiança e a memória". Claro que essa pílula é a meditação.

Gosto de pensar na meditação como um treino de força para meu cérebro. Sei que a capacidade de concentrar minha atenção onde quero, quando quero e por quanto tempo quero é uma marca registrada de pessoas prósperas. E sei que a meditação me ajuda a treinar essa habilidade. Por isso entrei na academia mental.

E você?

COMO MEDITAR

OS CINCO D'S

Agora que já exploramos algumas razões para meditar, vamos dar uma rápida olhada em COMO fazer isso. Conheceremos o que chamo de "Os cinco D's da meditação". Aqui está uma abordagem rápida:

1. **D**edique-se à meditação com
2. **D**ignidade
3. **D**efina sua âncora com
4. **D**eterminação e recomece
5. **De** novo

A primeira regra mais óbvia da meditação? DEDIQUE-SE a ela! Não importa que tipo de meditação você escolheu – apenas pratique.

E pratique com DIGNIDADE. Adoro o que Jon Kabat-Zinn diz sobre esse assunto: "Não sabe como se sentar? Sente-se com *dignidade*." Você e seu *daimon*, sentados calmamente e com a coluna ereta, porém relaxados.

Em seguida precisamos DEFINIR nossa âncora. O que faz um navio em alto-mar quando quer ficar parado? Joga a âncora, certo? Bem, o mesmo acontece conosco. Precisamos de uma âncora na qual concentrar nossa atenção. Pode ser a respiração, um mantra, uma oração ou o que você quiser, mas defina uma. E, quando sua mente divagar, apenas diga "Tudo bem" e volte para seu foco escolhido.

Também medite com DETERMINAÇÃO, de preferência *muita*, como eu faço. Foi o que aprendi com S. N. Goenka durante um dos seus retiros de meditação silenciosa de dez dias. A ideia básica é a seguinte: uma vez comprometido com um horário, prepare o cronômetro, assuma sua postura e decida não abrir os olhos nem mexer as mãos e as pernas durante a sessão. O nariz começou a coçar? Ignore. Curioso para saber quanto tempo falta? Esqueça. Suas pernas estão levemente dormentes? Ignore. *Isso* é ter muita determinação.

E qual é o quinto D? Pratique amanhã DE NOVO. Repita todos os dias.

Experimente essa pílula milagrosa.

HOJE.

PENSAMENTOS NÃO SÃO INIMIGOS

SÃO COMO AS BATIDAS DO CORAÇÃO

Emily Fletcher era uma atriz que vivia o sonho de atuar na Broadway. Só que, aos 27 anos, seu cabelo já era grisalho, ela estava sempre estressada e sofria de insônia crônica.

Uma de suas colegas estava sempre calma e segura, e Emily perguntou como ela conseguia se manter assim. A mulher respondeu que meditava. Emily revirou os olhos, mas decidiu dar uma chance à meditação.

Depois da PRIMEIRA meditação, a insônia sumiu, o que a deixou impressionada. A certa altura, ela desistiu da Broadway e viajou para a Índia, onde estudou o assunto mais profundamente. Tornou-se professora de meditação e criou a chamada "Técnica Ziva", que ensinou a milhares de pessoas.

Em seu livro *Menos estresse, mais conquistas*, Emily recorre à ciência para explicar POR QUE a meditação é tão poderosa e nos apresenta os "3 M's" da sua técnica: Mindfulness (atenção plena), Meditação e Manifestação.

Acho esse livro perfeito para quem quer começar sua jornada na meditação ou avançar de nível. Emily nos diz que o conselho mais importante sobre meditação é o seguinte: "Os pensamentos não são inimigos."

Você já tentou meditar, mas se sentiu um fiasco porque não conseguia parar de pensar? Entenda que você *não é capaz* de fazer o cérebro parar de pensar.

Emily nunca conseguiu meditar sem que algum pensamento surgisse e sabe que nunca conseguirá. Por quê? Eu adoro essa resposta: "A mente pensa de maneira involuntária, assim como são involuntárias as batidas do coração."

Você pode, sim, diminuir um pouco a frequência cardíaca aprendendo a respirar profundamente... mas não consegue *desligá-la*. O mesmo acontece com a mente. Você também pode aprender a desacelerar seus pensamentos (respirando devagar, dormindo bem, se exercitando)... mas não consegue DESLIGÁ-LOS.

Sabendo disso, quando sua mente começar a divagar durante a meditação, apenas diga "Tudo bem" (como recomenda Herbert Benson) e volte a se concentrar na âncora, seja sua respiração, um mantra, uma oração ou o que for.

Repito: os pensamentos não são nossos inimigos.

Na verdade, uma meditação que acompanha muitos pensamentos tem o potencial de ser uma das nossas *melhores* meditações, já que o processo de nos concentrar de volta em nossa âncora permite processar pensamentos que, de outra forma, permaneceriam trancados na mente e no corpo.

Apenas apareça na academia da mente. HOJE.

POR QUE O BUDA MEDITAVA
MESMO APÓS ALCANÇAR A ILUMINAÇÃO

Em *Sem lama não há lótus*, Thich Nhat Hanh conta que, quando era um jovem monge, pensava que o Buda nunca tinha sofrido. Então, quando amadureceu, percebeu que o Buda tinha sofrido, sim, é claro. Afinal, ele tinha um corpo e pelo menos *de vez em quando* devia sentir uma dor de cabeça ou de barriga. E, quando um amigo morria, ele se sentia triste. Como qualquer ser humano, ele experimentou a dor e o sofrimento.

Mas ele também era o Buda, o Iluminado, portanto *muito* bom em recuperar a tranquilidade. O que nos leva a outra discussão interessante. Se o Buda era iluminado, pergunta Thich Nhat Hanh, então por que continuou meditando *após* alcançar a iluminação? (Pergunta fascinante, não é mesmo?)

Resposta: porque até a tranquilidade do Buda era, como TUDO no mundo, TRANSITÓRIA. Ele precisava cultivar seu bem-estar, todos os dias.

Agora, se até o Buda precisava continuar dominando seus fundamentos após a iluminação, tenho *certeza* de que nós também precisamos.

Então... como estão os SEUS fundamentos, querido Herói?

Quer cultivar seus altos níveis de florescimento? Continue se dedicando aos seus fundamentos, mesmo quando não achar mais "necessário".

P.S.: Isso me fez lembrar Lanny e Troy Bassham, treinadores de alto desempenho e resistência mental. Eles nos dizem que profissionais *medianos* praticam até acertar. Profissionais *de elite* praticam até não errar mais. E os *suprassumos da iluminação*? Esses nunca param de praticar.

FLUXO
O QUE É E COMO CHEGAR LÁ

Mihaly Csikszentmihalyi foi um dos principais pesquisadores sobre a ciência do bem-estar. Junto com Martin Seligman, fundou o movimento da Psicologia Positiva e escreveu livros importantes, como *Criatividade* e *Flow*.

Após estudar milhares de pessoas, Csikszentmihalyi lançou luz sobre aquele estado misterioso que alcançamos quando estamos em nosso melhor. Na verdade, foi ele quem cunhou o termo *flow* (fluxo).

A ideia básica é a seguinte: imagine-se desenhando duas linhas perpendiculares. No eixo *x* temos nosso nível de habilidade. No eixo *y*, nosso nível de desafio.

Quando o desafio é *alto* mas a habilidade é *baixa*, o que você experimenta? ANSIEDADE.

Por outro lado, quando a habilidade é *alta* mas o desafio é *baixo*, você sente TÉDIO.

E se a habilidade e o desafio estiverem nivelados? É aí que sentimos o FLUXO.

Está entediado? Aumente o nível do desafio. (Por exemplo, se estiver fazendo uma tarefa comum e repetitiva, veja como pode executá-la de maneira incrível ou mais rápida!)

Está ansioso? Diminua um pouco o nível do desafio ou aprimore a habilidade.

Quer sentir mais fluxo? Traga mais consciência a todo o processo, defina um objetivo principal (que é SEMPRE o primeiro passo, aliás!), elimine distrações e se permita mergulhar na experiência.

E depois repita.

Entregue-se ao FLUXO!

VICIADOS EM FLUXO

COMO ALCANÇAR A MAESTRIA SEM SOFRIMENTO

No capítulo anterior, passamos um tempo com o padrinho do fluxo, Mihaly Csikszentmihalyi. Agora convidaremos Steven Kotler, outra autoridade no assunto.

Em *Super-humanos*, ele aborda a ciência do desempenho ideal (também conhecido como fluxo ou *flow*) e nos diz que podemos alcançar a maestria "sem sofrimento".

Após apresentar três abordagens (que ele chama de "3 M's"), Steven nos encoraja a nos tornar "viciados em fluxo" – alimentados pelo amor ao que fazemos enquanto aproveitamos o momento presente para criar um futuro ainda mais maravilhoso.

Comecemos pelos 3 M's da maestria: Mães, Músicos e Marshmallows.

Na abordagem "Mães", a maestria consiste num ambiente acolhedor.

Na perspectiva "Músicos", precisamos ser como os violinistas estudados por Anders Ericsson e, de maneira exaustiva e deliberada, praticar 10 mil horas antes de ter uma chance de atingir o pico da grandeza.

Já a abordagem dos "Marshmallows" baseia-se em pesquisas com crianças que conseguiam ou não postergar a gratificação de comer um doce. A ideia é que, se você quiser ser ótimo, deve aprender a adiar a gratificação.

Kotler nos diz que os atletas radicais seguem um caminho alternativo para suas habilidades super-humanas: o FLUXO.

Ele explica que muitos desses atletas vêm de famílias disfuncionais (desculpem, Mães), não exercem a prática deliberada no que diz respeito às 10 mil horas de treino (desculpem, Músicos) e foram o tipo de criança impulsiva que DEFINITIVAMENTE teria comido a guloseima em vez de esperar pela segunda (desculpem, Marshmallows).

O que eles tinham era um AMOR absoluto pelo que faziam e pela sensação de estar no fluxo. Essa é a primeira metade de sua teoria alternativa para a grandiosidade dos super-humanos.

Na segunda metade, Kotler nos diz que existem pessoas Presentes e Futuras.

As Presentes são aquelas que QUEREM TUDO AGORA! Querem agarrar um marshmallow de gratificação imediata. Tendem a ser impulsivas e têm dificuldade com planejamento de longo prazo.

Já as Futuras são aquelas capazes de adiar a gratificação. Conseguem se planejar a longo prazo e se comprometer com a maestria, mas, por serem tão orientadas para o futuro, tendem a se esgotar por não desfrutarem do processo.

É aí que entra o poder do fluxo para ajudar a otimizar as DUAS abordagens. Kotler nos diz: "Depois de três décadas de pesquisa, Zimbardo descobriu que os profissionais mais saudáveis, felizes e com melhor desempenho misturavam o melhor dos dois mundos: a energia, a alegria e a abertura das pessoas Presentes, e a força, a coragem e a visão das pessoas Futuras."

Nota: Sêneca disse o mesmo há milhares de anos: "Quão preferível é seguir uma linha reta e alcançar o destino onde o agradável e o honroso enfim se tornam, para você, a mesma coisa."

Em outras palavras, quão MARAVILHOSO é quando o que você mais AMA fazer é o melhor para você!

Para provar seu argumento, Kotler dá o exemplo de Shane McConkey, um dos maiores atletas radicais de todos os tempos: "Uma vez que os desbravadores de sensações entram no caminho do fluxo, não precisam adiar a gratificação para alcançar o sucesso – a gratificação se torna o caminho. 'Faço o que amo', explica McConkey. 'E, se você faz o que quer o tempo todo, você é feliz. Não vai trabalhar todos os dias desejando estar fazendo outra coisa. Eu me levanto e vou trabalhar todos os dias com satisfação. Isso não me aborrece.'"

Pois é.

Isso é maestria sem sofrimento.

AME A REALIDADE

TUDO É COMBUSTÍVEL

Byron Katie escreveu um excelente livro chamado *Ame a realidade*, no qual afirma que, quando brigamos com a realidade, sempre perdemos.

Já tendo lido um número considerável de livros, esta é uma das minhas frases favoritas: "Percebi que é insano se contrapor. Quando brigo com a realidade, eu perco –100% das vezes."

Katie também nos diz: "Como sei que o vento deveria soprar? Porque ele está soprando!" E tem outra pérola: "Se você quer que a realidade seja diferente do que é, deveria tentar ensinar um gato a latir."

Por fim: "A única vez que sofremos é quando acreditamos num pensamento que discute com a realidade. Quando a mente tem clareza total, a realidade é o que queremos."

O que quer que tenha acontecido, já aconteceu. Brigar com essa realidade não faz sentido. Os estoicos dizem o mesmo, assim como todas as pessoas sábias.

Esse é nosso +1°.

Você tem brigado com a realidade?

Pare de fazer isso. As coisas são como são. Tente aceitar e amar essa verdade. Melhor ainda: use-a como combustível para ativar seu potencial heroico.

HOJE.

PRINCÍPIO 80/20 + LEI DE PARKINSON

= PRODUTIVIDADE HEROICA

Timothy Ferriss é um dos podcasters e autores mais populares do mundo, além de guru de estilo de vida. Em seu clássico *Trabalhe 4 horas por semana*, ele me apresentou a uma prática que me ajudou a otimizar minha produtividade heroica.

Ele diz que é preciso combinar dois conceitos de produtividade: o princípio 80/20 e a lei de Parkinson.

Comecemos pelo princípio 80/20. Como já vimos, é preciso saber que alguns comportamentos-chave nos conduzem aos resultados desejados. E, claro, precisamos saber quais são esses comportamentos e nos concentrar neles, ignorando todo o resto.

E então vem a lei de Parkinson. Sua ideia básica é que o trabalho se expande de modo a preencher o tempo disponível para a sua realização.

Aqui está o segredo: combine-os.

Princípio 80/20 + Lei de Parkinson = Produtividade Heroica

É incrível quanto consigo produzir quando aplico os dois conceitos *ao mesmo tempo*.

E você? Qual é a atividade mais importante que precisa fazer agora?

E qual é o prazo mais heroicamente rápido em que consegue realizá-la?

Pensou? Ótimo.

MÃOS À OBRA.

SOFRIMENTO = DOR × RESISTÊNCIA

UMA LIÇÃO IMPORTANTE

Em seu livro *Autocompaixão*, Kristin Neff compartilha uma pequena equação que ajuda a reduzir nosso sofrimento.

Sofrimento = Dor × Resistência.

A *dor*, como diz o Dalai Lama, é inevitável. O *sofrimento*, por outro lado, é opcional. O segredo é manter a dor "limpa" para não sofrer sem necessidade. E o melhor jeito de fazer isso é reduzindo sua RESISTÊNCIA à dor.

Essa é a essência do livro *Ame a realidade*, de Byron Katie, e da "arte da aquiescência", dos filósofos estoicos.

Precisamos sempre ter em mente que PERDEMOS quando brigamos com a realidade. E, como enfatiza Byron Katie, perdemos TODAS AS VEZES!

As coisas são como SÃO. Temos que aceitar os fatos da nossa realidade, mesmo que não gostemos dela. Quando eliminamos nossa resistência, eliminamos também o sofrimento desnecessário e ficamos numa condição MUITO melhor para tomar uma atitude eficaz.

Pergunta: *você* tem resistido a alguma dor na sua vida e, com isso, aumentado seu sofrimento? Como você pode amar um pouco mais sua realidade hoje?

Um modo de fazer isso é simplesmente nomear o que está sentindo e trabalhar incansavelmente na solução. Ao tornar a situação um pouco melhor, você passa de vítima a criador e de criador a Herói!

NOMEAR PARA DOMINAR

O QUE FAZER COM GREMLINS LÍMBICOS

No capítulo anterior, vimos que nomear as emoções pode reduzir o sofrimento. Falemos um pouco mais sobre isso.

Essa é uma das principais estratégias de atenção plena, e pesquisas comprovam sua eficácia. Daniel J. Siegel nos diz que é preciso "nomear para dominar". A ideia básica é a seguinte: quando você sente uma emoção desagradável – seja raiva, tristeza, esgotamento ou o que for –, faz MUITA diferença percebê-la e nomeá-la: "raiva", "tristeza", "esgotamento".

Ao fazer isso, você deixa de se perder num ciclo mental (com um sistema límbico hiperativo) e avança para seu córtex pré-frontal, o que evita que você seja inundado por emoções primitivas.

Nota: não estou sugerindo que você mergulhe fundo na fossa toda vez que sentir uma emoção desagradável. Isso só prenderia você numa ruminação improdutiva. Simplesmente use uma palavra para nomear sua emoção, respire fundo e siga em frente.

Talvez depois de nomeá-la você possa praticar um pouco de pensamento direcionado e se perguntar "O que eu quero?", seguido por: "Agora o que precisa ser feito?"

Aí vá lá e faça.

RUMINAÇÃO

PARE DE MASTIGAR SEU BOLO MENTAL

Segundo a ciência, pessoas infelizes tendem a ruminar o que as incomoda. Lembremos o que a palavra *ruminação* significa no reino animal. Imagine uma vaca no campo mastigando capim. Ela mastiga, mastiga e engole. Antes de esse capim ser digerido, ela o regurgita para mastigar um pouco mais. Isso é ruminação – saudável para a vaca, mas insalubre para nossa saúde mental.

"Se você é uma pessoa contaminada pelas ruminações, provavelmente será mais feliz se eliminar esse hábito", alerta a pesquisadora e professora de psicologia Sonja Lyubomirsky.

Para isso há milhões de alternativas: nomear as emoções, concentrar-se na solução, repetir um mantra, fazer uma caminhada... Não importa o que você faça, apenas não rumine.

Sonja também revela: "Descobri que pessoas verdadeiramente felizes conseguem se desviar de ruminações sombrias ou ansiosas e se concentrar em outras atividades."

Você anda mastigando o mesmo pensamento? Cuspa-o agora mesmo!

FALHAS E REVIRAVOLTAS

COMO DESENVOLVER UMA CONFIANÇA VERDADEIRA

A confiança verdadeira não consiste em achar que tudo sempre será perfeito. Isso é loucura. Como Phil Stutz destacou numa de nossas primeiras sessões de coaching, a necessidade de *certeza* absoluta resulta em *terror* absoluto.

A questão é bem simples: PRECISAMOS estar dispostos a tolerar altos níveis de incerteza se quisermos ativar nosso potencial heroico. A verdadeira confiança consiste em *saber* que os desafios existem e que podemos superá-los.

Aliás, como já vimos, etimologicamente a palavra *confiança* significa "certeza plena" ou "certeza INTENSA". Mas... certeza intensa em quê? Na nossa habilidade de reagir a cada desafio que surgir.

Adoro a maneira como Phil aborda isso. Ele diz que precisamos *saber* que vamos falhar. O truque é ficar REALMENTE bom em se recuperar dessas falhas. Ele chama esse processo de "coleção de reviravoltas".

Você sofreu uma reviravolta que o desconectou do seu eu superior? Sem problemas. Isso acontece com todo mundo, todos os dias. A pergunta é: quão rápido você consegue se recuperar? Quão rápido você se reconecta com seu eu superior?

Falhou, recuperou. Falhou, recuperou. Falhou, recuperou.

Fique *muito* bom em colecionar essas reviravoltas.

HOJE.

FIAPOS NA LENTE DO PROJETOR

TEM VISTO ALGUM?

Em *Ame a realidade*, Byron Katie nos diz: "Quando você repensa seus problemas e julgamentos, percebe que cada infortúnio que aparece 'lá fora' nada mais é que uma percepção equivocada dentro da sua mente."

Katie ilustra isso com uma pequena metáfora. Imagine-se numa sala de cinema esperando o filme começar. As luzes se apagam, o filme começa e... surge uma imagem enorme e esquisita na tela. O que é isso?!

Se você for ousado, pode ir até a tela e tentar tirar aquela "coisa" de lá. Mas logo vai perceber que isso é impossível. Por quê? Porque não há nada na tela.

O problema está no PROJETOR. Tem um fiapo na lente e é ISSO que deixa a tela estranha.

O mesmo acontece com a vida. Essas coisas estranhas que aparecem na tela da nossa vida são apenas fiapos em nosso projetor mental.

E esse é nosso +1°.

Ame um pouco mais a realidade hoje. Em vez de tentar consertar as coisas "lá fora", comece em casa, com sua própria consciência.

Como observou Wayne Dyer: "Se você muda o jeito como vê as coisas, as coisas que você vê mudam também."

JESUS SOBRE CISCOS E VIGAS

IGNORE UM E CONCENTRE-SE NO OUTRO

No capítulo anterior, vimos que cada problema "lá fora" não passa de uma construção da nossa mente.

Enquanto imaginava você pegando uma flanela para limpar a lente do seu projetor, pensei em outro grande mestre espiritual. Ele viveu há 2 mil anos numa terra chamada Galileia. Seu nome era Jesus.

Sabe o que ele disse em Mateus 7:3-5? "Por que você repara no cisco que está no olho do seu irmão e não se dá conta da viga que está em seu próprio olho? Como você pode dizer ao seu irmão: 'Deixe-me tirar o cisco do seu olho', quando há uma viga no seu? Hipócrita, tire primeiro a viga do seu olho, e então você verá claramente para tirar o cisco do olho do seu irmão."

Pois é.

Tem visto algum "cisco" no olho do seu irmão (ou irmã, esposa, filhos, colegas)?

Acalme-se, Herói. Olhe-se no espelho. E tire a viga que está no seu olho.

ECONOMIA ESPIRITUAL

SEU NOVO VOCABULÁRIO DE RIQUEZA

Eric Butterworth foi um pastor da Igreja da Unidade em Nova York. Ele escreveu um livro chamado *Spiritual Economics*, que me ajudou a integrar minhas ambições espirituais e materiais. Recomendo muito a leitura.

O principal tema desse livro é que nosso primeiro objetivo econômico NÃO deve ser a riqueza. Como diz Butterworth: "O objetivo não deveria ser ganhar dinheiro ou adquirir coisas, mas alcançar a consciência pela qual as coisas fluirão quando e como você precisar."

Mas como fazer isso? Aprendendo a jogar bem o jogo decisivo. Forjando uma confiança antifrágil. Otimizando nossa Energia, nosso Trabalho e nosso Amor. Tornando o dia de HOJE magistral. Dominando nossos fundamentos e a nós mesmos. Ativando nosso superpoder.

O resultado disso tudo? "A consciência pela qual as coisas fluirão quando e como você precisar."

Butterworth também nos ajuda a redefinir algumas palavras. Vejamos o verdadeiro significado das palavras *prosperidade* e *segurança*.

Prosperidade significa literalmente "avançar com esperança". Portanto, "não é uma condição, e sim uma atitude diante da vida". À medida que "avançamos com esperança", é mais provável que sejamos recompensados com todos os frutos da prosperidade.

E então temos a palavra *segurança*. Você já se pegou dizendo que se sente finalmente seguro ao acumular certa quantia no banco ou alcançar outra meta qualquer? Lembre-se que Butterworth nos encoraja a buscar o sentido antigo e literal da palavra. E explica: "A palavra *seguro* vem do latim *sine* ('sem') e *cura* ('preocupação') – ou seja, significa estar despreocupado, livre de ansiedade."

Tudo isso me lembra a verdadeira confiança antifrágil.

Quer se sentir seguro? Adquira uma confiança intensa na sua capacidade de lidar com qualquer obstáculo. É rápido assim. Não precisa esperar muito.

Prosperidade e *segurança*. Acrescente essas palavras e seus verdadeiros significados ao seu Dicionário Heroico.

RIQUEZA DE TEMPO

VS. RIQUEZA FINANCEIRA

É importante ter dinheiro suficiente para atender nossas necessidades básicas, é claro. Mas pesquisas mostram que, depois de um certo nível de segurança financeira, o retorno é cada vez menor. Em outras palavras: mais dinheiro não significa necessariamente mais felicidade.

Sabe qual tipo de riqueza prediz melhor nosso nível de bem-estar? A riqueza de TEMPO. A sensação de ter tempo de sobra para fazer o que queremos e aproveitar o processo.

Ironicamente, quanto mais buscamos símbolos *materiais* de riqueza, mais pobres ficamos no quesito TEMPO. Corremos o risco de fazer uma péssima troca se a moeda final que buscamos for a felicidade eudemônica.

Agora falemos de você...

Parte I: Você gasta muito tempo e dinheiro adquirindo coisas de que na verdade *não* precisa? Você troca parte da sua riqueza de tempo por *coisas* menos preciosas?

Parte II: Você perde tempo com bobagens, programas de TV, notícias sem sentido e inúmeras outras distrações?

Caso faça isso, está desperdiçando sua riqueza de tempo.

Quer uma cura? Toda vez que começar a perder tempo com essas atividades, imagine-se queimando uma nota de 100 pratas. É sério, funciona.

Cuide bem da sua riqueza de vida.

HOJE.

O VÍRUS DO VAZIO

QUATRO MANEIRAS DE SE VACINAR

Continuando nosso breve estudo sobre a ciência do dinheiro, voltemos a uma de nossas cientistas favoritas quando o assunto é bem-estar: Sonja Lyubomirsky.

Em seu livro *Os mitos da felicidade*, ela nos diz que um dos maiores mitos é a ideia de que ter muito dinheiro vai nos fazer felizes. Para ela, corremos o risco de contrair o "vírus do vazio" se buscarmos excessivamente bens materiais.

"Por que é importante identificar as tendências materialistas?", pergunta ela. "Centenas de pesquisas mostram que o materialismo acaba com a felicidade, ameaça a satisfação em nossos relacionamentos, prejudica o meio ambiente, nos torna menos amigáveis, simpáticos e empáticos e menos dispostos a ajudar os outros e a contribuir com a sociedade."

Então como otimizar nossa relação com o dinheiro? Sonja nos dá quatro dicas práticas:

1. Gaste menos dinheiro com "coisas" e mais com experiências, autodesenvolvimento, crescimento e conexões interpessoais.

2. Gaste mais dinheiro com os outros. Uma fascinante pesquisa descobriu que, se você der 20 dólares para alguém que gastará consigo mesmo, essa pessoa se sentirá menos feliz do que se fosse gastar com outra pessoa.

3. Gaste dinheiro para criar mais tempo para você. Como já vimos, a riqueza de TEMPO prediz muito melhor sua felicidade do que a riqueza financeira. Então use seu dinheiro a fim de comprar tempo para realizar coisas significativas.

4. Gaste dinheiro agora, mas espere para aproveitá-lo. Existe muita felicidade na ANTECIPAÇÃO de algo. Por exemplo, reserve uma viagem para daqui a seis meses, curta a expectativa, aproveite a viagem e guarde lembranças incríveis. (É como pagar um e levar dois!)

Use essas quatro dicas para aquecer +1°...

É hora da sua dose de vacina antivazio!

Como você pode praticar um desses princípios hoje?

PARE DE COMPETIR E CRIE!

O SEGREDO DA CIÊNCIA DE FICAR RICO

Em *A ciência de ficar rico* (que título!), Wallace D. Wattles (que nome!) nos diz que, se quisermos criar abundância em todos os aspectos da nossa vida, temos que ser sábios e nos concentrar em CRIAR, não em COMPETIR.

Especificamente, ele diz o seguinte: "Você está prestes a se tornar um criador, não um competidor. Está prestes a conseguir o que quer, mas de modo que, ao chegar lá, todas as outras pessoas também tenham mais do que têm agora."

Eu adoro isso. O que nos leva a outro quiz etimológico.

Você conhece a origem da palavra *competir*? Vem do latim *competere*, que significa "buscar algo junto de alguém". Veja bem: JUNTO, não contra.

Esse é nosso +1°...

Como sua vida mudaria se você deixasse a competição de lado e entrasse num mundo criativo, puro e alegre? E o que você pode fazer HOJE para tornar isso realidade?

Celebre seu gênio criativo enquanto trabalha e se diverte *junto* de alguém!

P.S.: Lembre também que a comparação social é supertóxica. Como diz William Faulkner em sua sabedoria: "Não se preocupe em apenas ser melhor que seus contemporâneos ou antecessores. Tente ser melhor que você mesmo."

INVEJA

A ÚLCERA DA ALMA

Certa vez Sócrates disse que "a inveja é a úlcera da alma". E os cientistas modernos concordam. Sonja Lyubomirsky nos diz: "Não é possível ter inveja e ser feliz ao mesmo tempo. Pessoas que se comparam o tempo todo às outras acabam cronicamente vulneráveis, inseguras e se sentindo ameaçadas."

Credo.

Está aí mais um ponto de convergência entre a sabedoria antiga e a ciência moderna.

A boa notícia é que há um antídoto para a inveja. Como explica Sonja: "Quanto mais feliz a pessoa é, menos atenção ela presta no que os outros ao seu redor estão fazendo."

Concentre-se em sua MISSÃO para aquecer +1°.

Elimine as lacunas.
Viva com *Areté*.
HOJE.

BARRINHAS HEROICAS

DAVID GOGGINS E SEU POTE DE BISCOITOS

David Goggins é um ser humano fascinante. Ele já foi ex-Navy SEAL e Army Ranger e, entre muitas outras coisas, bateu o recorde mundial do *Guinness* por fazer 4.030 repetições na barra fixa em dezessete horas.

É isso mesmo que você leu. Enquanto isso, estou razoavelmente feliz com minhas 4.015 *anuais*, acumuladas em onze repetições diárias. Fazer o quê?

Hoje Goggins consegue bater recordes como atleta de ultrarresistência. Mas nem sempre foi assim. Em seus livros *Nada pode me ferir* e *Nunca é hora de parar*, ele conta como deixou de ser um jovem problemático de 135 quilos para se transformar num surpreendente agente das forças especiais e atleta de elite.

A história dele é incrivelmente inspiradora. Goggins explica que usamos apenas 40% do nosso potencial e, em seus livros autobiográficos, compartilha um monte de práticas que podemos usar para ativar nosso potencial heroico. Uma das minhas favoritas é criar um "pote de biscoitos" e preenchê-lo com memórias de sucesso.

A infância de David foi brutal, repleta de abuso e terror. Um dos seus pequenos prazeres era o pote de biscoitos que sua mãe sempre mantinha cheio. Ele pegava um biscoito, olhava com amor e depois saboreava.

Já adulto, ele falhou duas vezes antes de bater o recorde mundial na barra fixa e participou de eventos de ultrarresistência insanamente longos.

O que ele fazia quando sentia MUITA dor? Mentalizava o pote de biscoitos, relembrando todas as vezes em que encarou a dor, não desistiu e alcançou algo MARAVILHOSO.

Como ele explica: "Esse foi um dos motivos que me fizeram inventar o pote de biscoitos. Precisamos bolar um sistema que nos lembre constantemente de quem somos quando estamos na nossa melhor forma, porque a vida não vai nos estender a mão quando cairmos. Haverá desvios na estrada, facadas nas costas, montanhas a serem escaladas, e só podemos estar à altura da imagem que criamos de nós mesmos."

Como já discutimos as consequências metabólicas de consumir muito açúcar e farinha ultraprocessada, chamemos nossos "biscoitos" de "BARRINHAS HEROICAS". E vamos saborear algumas barrinhas agora mesmo.

Pense em UM momento da sua vida no qual você teve a coragem de agir diante do medo e se superou quando mais precisava. Pensou? Ótimo. Essa é uma BARRINHA HEROICA. Encha um pote com elas.

Nunca se esqueça de quem você é na sua melhor forma. Tenha esse pote de barrinhas à mão ao lutar contra os dragões na sua jornada heroica.

P.S.: Chegou a hora de aprender a ativar seu superpoder. Prepare-se para nosso próximo e último objetivo.

I CONHEÇA O JOGO DECISIVO

II FORJE UMA CONFIANÇA ANTIFRÁGIL

III OTIMIZE SUA GRANDE TRÍADE

IV TORNE O DIA DE HOJE MAGISTRAL

V TENHA AUTODOMÍNIO

VI DOMINE OS FUNDAMENTOS

VII ATIVE SEU SUPERPODER

MEU HERÓI FAVORITO DE TODOS OS TEMPOS

AQUI ESTÁ O SUPERPODER DELE (E O SEU!)

Quem é seu herói favorito? Pense nisso por um momento.

Alguns dos meus heróis estampam a parede do meu escritório. Grandes mestres e líderes que me inspiraram a mostrar minha melhor e mais heroica versão: Aristóteles, Epicteto, Marco Aurélio, Abraham Lincoln, Winston Churchill, Gandhi, Abraham Maslow, Martin Luther King.

Minha esposa e eu batizamos nossos filhos em homenagem a Ralph Waldo Emerson e Eleanor Roosevelt.

Pois bem... Quem inspira VOCÊ? Em que pessoas – vivas ou mortas – você vê as qualidades que mais admira? Que pessoas o inspiraram profundamente a dar seu melhor?

Enquanto pensa nisso, saiba que todos esses heróis tinham suas peculiaridades – o franzino Gandhi não falava por dias, enquanto o corpulento Churchill raramente parava de falar. E eles nem ao menos *gostavam* um do outro.

Mas... todos esses heróis tinham UMA coisa em comum.

Era o que Aristóteles tinha e ajudou a despertar em Alexandre, o Grande.

Era o que Epicteto tinha e ajudou Marco Aurélio a cultivar em sua vida.

Era o que Gandhi tinha e ajudou a libertar sua nação. (Inclusive foi Gandhi quem deu nome a esse poder.)

Era o que Martin Luther King tinha e abordou em seu discurso "Eu tenho um sonho" (inspirado pelo herói dele, Gandhi).

Era o que Eleanor Roosevelt e Florence Nightingale tinham, assim como Helen Keller e Anne Frank e TANTAS outras figuras históricas ou anônimas que deixaram uma marca indelével em nosso mundo, inspirando de forma poderosa seus amigos, seus familiares e sua comunidade.

Então... o que TODOS os grandes heróis de todas as culturas ao longo da história têm em comum?

Força da Alma.

Esse é o superpoder de todo herói. É esse poder inexplicável que você pode *sentir* nos seres humanos que vivem em integridade com seus ideais mais elevados. Essa é a força que pode (literalmente) mudar o mundo.

E adivinha só: esse também é o SEU superpoder. Precisamos apenas ATIVÁ-LO. Não *qualquer dia desses*. HOJE.

E o mais importante: é preciso REATIVAR nossa Força da Alma o dia inteiro, todos os dias!

É assim, meu caro amigo, que mudaremos de maneira fundamental e permanente a sua vida e o mundo – juntos.

Quero concluir esse +1° com uma pergunta: sabe qual é, no fim das contas, o meu herói favorito de todos os tempos?

Vou dar uma dica: olhe-se no espelho.

Meu herói favorito de todos os tempos, sem dúvida... é VOCÊ.

Você é o Herói por quem esperávamos. E ajudá-lo a ativar sua Força da Alma é minha missão suprema.

Dia 1. Agora é pra valer.

VAMOS EM FRENTE!

FORÇA DA ALMA, UMA HISTÓRIA DE ORIGEM

A GRANDE ALMA DE GANDHI (E A SUA!)

No capítulo anterior, revelei que VOCÊ é meu herói favorito e que todos os heróis, por mais diferentes que sejam, têm o mesmo superpoder: *Força da Alma*.

Agora quero falar especificamente de Mahatma Gandhi.

(Sabia que *mahatma* significa "grande alma" em sânscrito? Aristóteles também tinha uma palavra para isso, que hoje conhecemos como *magnânimo*.)

Aposto que você já ouviu a citação (parafraseada) de Gandhi, de que precisamos ser a mudança que queremos ver no mundo. O que talvez você não saiba é que Gandhi era INTENSAMENTE disciplinado. Ele praticava sua filosofia de um jeito incansável e inspirador. Era *Areté* em pessoa.

Sabemos que ele libertou a Índia por meio do que chamamos de "resistência não violenta". Mas essa é uma tradução BEM limitada para a palavra em sânscrito que capta a essência do movimento: *satyagraha*. *Sat* significa "existência" ou "verdade", enquanto *graha* significa "insistência gentil" ou "força".

Gandhi acreditava no poder da verdade e encorajou seus seguidores a defendê-la. Ele sabia que o domínio da Grã-Bretanha era moralmente errado e que, se ele e milhões de outras pessoas pudessem defender essa verdade sem recorrer à violência, libertariam o país sem guerra.

Como eudemonia e *Areté*, *satyagraha* é uma palavra difícil de traduzir, mas podemos chamá-la de "força da verdade", "força do amor" ou... *Força da Alma*.

Existe um poder extraordinário e indescritível no ser humano que se coloca ao lado da verdade, honrando seus ideais mais elevados.

Foi isso que Gandhi cultivou em si mesmo e em outras pessoas para *literalmente* mudar o mundo.

Foi isso que cada herói que admiramos incorporou e é isso que tanto quero despertar em mim e em você, para que possamos mudar o mundo literalmente também.

Mas como fazer isso? Dando nosso melhor e honrando nossos ideais mais elevados.

Não qualquer dia desses.

HOJE.

A EQUAÇÃO DA FORÇA DA ALMA

COMO ATIVAR A SUA

Vimos que todos os nossos heróis favoritos possuíam Força da Alma. E o mais importante: VOCÊ também a possui. Precisamos apenas ativá-la – e esse é o principal objetivo de todo o nosso trabalho juntos.

Eis a equação que nos ajudará nesse processo:

Força da Alma = (Energia × Foco × Prioridade)^ Consistência

Do meu ponto de vista, se quisermos ativar nosso superpoder, precisamos executar TRÊS coisas da maneira mais excelente possível.

Primeiro, precisamos elevar nossa ENERGIA a níveis verdadeiramente heroicos. Se não dominarmos nossos fundamentos (Alimentação, Movimento, Sono, Respiração, Foco, Celebração e Prosperidade) e levarmos um estilo de vida nada saudável, teremos muita dificuldade em dar nosso melhor em qualquer aspecto da vida. Depois, precisamos ENFOCAR essa energia no que *realmente* importa agora, ou seja, em nossa PRIORIDADE.

Essa é a primeira parte da equação. Deixamos para o final a variável mais importante: CONSISTÊNCIA.

Saiba que, se você concentrar sua energia *só de vez em quando* no que é importante agora, NUNCA alcançará seu potencial. Mas, se a enfocar de maneira consistente... poderá alcançar seus superpoderes *infinitos*.

Façamos uma conta rápida para provar isso. Digamos que seu nível de Energia/Foco/Prioridade/Consistência possa ser medido de 0 a 100. Se você conseguir elevar sua Energia e seu Foco até 100 e concentrar tudo isso nas suas Prioridades verdadeiras, teremos 100 × 100 × 100 = 1 milhão de unidades de poder.

Bom trabalho! Agora é hora de trazer o poder EXPONENCIAL da Consistência.

Só para você ter uma ideia: se sua Consistência for 0 porque você dá o seu melhor apenas de vez em quando, esse milhão de unidades de poder, elevado à potência 0, se reduzirá a 1.

Por outro lado... imagine-se enfocando *consistentemente* sua energia nas verdadeiras prioridades. Sabe o que acontece quando temos 1 milhão de unidades de poder e as elevamos à potência de 100?

$1.000.000^{100}$ = *INFINITO.*

Quer ativar a Força da Alma e alcançar seu superpoder *INFINITO*? Domine os fundamentos, mantenha sua energia em níveis heroicos, elimine as distrações e aprenda a enfocar a energia no que realmente importa. E faça isso consistentemente.

Assim mudaremos o mundo. Juntos. Uma pessoa de cada vez.

Começando por nós dois.

HOJE.

CARISMA MORAL

SUA FORÇA DA ALMA EM AÇÃO

No capítulo anterior, aprendemos a ativar nosso potencial infinito. Agora veremos que esse também era o principal objetivo da antiga filosofia chinesa.

Edward Slingerland aborda isso em seu livro *Trying Not to Try* (Tentando não tentar), no qual integra a filosofia tradicional chinesa à neurociência moderna. É fascinante.

Os filósofos chineses (como Confúcio e Lao-Tsé) encorajavam as pessoas a vivenciar o estado de *wu-wei* (pronuncia-se *u-uei*).

Traduzimos *wu-wei* como "ação sem esforço" ou "ação espontânea", mas, como muitas das belas palavras antigas, essa possui um significado mais profundo – algo mais próximo de ação *nobre* (ou *virtuosa*) sem esforço.

Ou seja, os antigos filósofos da China queriam que as pessoas mostrassem, *sem esforço*, sua melhor e mais heroica versão. (Parece muito com eudemonia, não parece?)

Mas como faziam isso? Eles procuravam ajudá-las a cultivar algo conhecido como *de* (pronuncia-se *dâ*).

Slingerland explica: "Pessoas que estão em *wu-wei* possuem *de*, geralmente traduzido como 'virtude', 'poder' ou 'poder carismático'. *De* é o brilho que os outros percebem e serve como um sinal externo de que se está em *wu-wei*." (Parece muito com *Areté*, não parece?)

Slingerland descreve essa sensação de poder como "carisma moral", também conhecido como... *Força da Alma*.

Que tal um pouco disso? Pense na pessoa mais radiante que você conhece – aquela que você mais respeita e admira. Imagine-se em sua presença. Sabe essa energia que ela emana? É o *carisma moral*. Ou... como gostamos de chamar, *Força da Alma*.

Imagine-se sendo, SEM ESFORÇO, sua versão mais radiante e vivaz, expressando plenamente a eudemonia e seu poder carismático e virtuoso.

Sentiu? Fantástico.

Agora SEJA sua melhor e mais heroica versão.

HOJE

SOMOS MERAS LÂMPADAS

SÓ PRECISAMOS PERMANECER ROSQUEADOS

Richard Rohr é um dos meus mestres preferidos. Alexandra me apresentou seu livro *Falling Upward* (Caindo para cima) depois de eu ter adorado *A segunda montanha*, de David Brook. Ela achou que eu fosse gostar.

Não só gostei, como amei o livro. E me apaixonei por Richard Rohr no processo da leitura. Ele é padre franciscano há CINCO DÉCADAS. Acabei me identificando, já que fui criado no catolicismo e frequentei uma escola católica por doze anos.

Quem mais havia me oferecido uma perspectiva católica integrada até então tinha sido Anthony de Mello, um padre jesuíta. (Matthew Kelly também é fenomenal.)

Pois bem... Após ler capítulos no quais Rohr conectou Ulisses e a Jornada do Herói ao cristianismo e à nossa vida moderna, descrevi-o assim no meu bloco de notas: "Rohr é uma espécie de Joseph Campbell franciscano." Eu ri quando escrevi isso, mas me pareceu certeiro. Acrescente um pouco de Ken Wilber e teremos um dos meus mestres espirituais favoritos de todos os tempos.

Mas o que quero abordar mesmo é um trecho fantástico do livro, que capta TODO o nosso trabalho juntos: "Como certa vez me disse Desmond Tutu numa viagem recente à Cidade do Cabo: 'Somos meras lâmpadas, Richard. Nosso trabalho é apenas permanecer rosqueados!'"

Quão maravilhoso é isso? Você é uma lâmpada que só precisa se manter rosqueada!

Ative sua luz heroica.

E brilhe.

HOJE.

O PARADOXO DO EGO

PRECISAMOS DE UM EGO FORTE PARA ABRIR MÃO DELE

Continuemos com o monge místico Richard Rohr e com o que ele chama de "paradoxo do ego". Como já vimos, em *Falling Upward* ele integra sua fé católica a mitos antigos e à sabedoria moderna. Todo o livro é sobre as "duas metades" ou "duas tarefas" da vida (aquilo que David Brook chama de "duas montanhas").

Como diz o padre Rohr: "Há muitas evidências de que existem pelo menos duas tarefas principais na vida humana. A primeira é construir um 'recipiente' ou uma identidade forte; a segunda é encontrar o conteúdo para esse recipiente. Costumamos aceitar a primeira tarefa com naturalidade, como se fosse o grande propósito da vida, mas isso não significa que a cumpramos bem."

Então... temos duas tarefas. A primeira é construir uma identidade forte, participando dos jogos normais da sociedade. Em seguida, devemos ir além e nos conectar a nosso propósito superior, a algo maior que nós mesmos. Ou seja, devemos passar do nível do "ego" para o nível da "alma".

Mas é aí que reside o paradoxo. Como diz Rohr: "Ironicamente precisamos de um ego muito bem estruturado para que possamos abrir mão dele." E continua: "Na verdade, muitas pessoas tiveram uma vida bem conturbada e fracassada porque tentaram abandonar um eu que ainda não existia. Esse é um paradoxo que a maioria de nós enfrenta."

O padre Rohr se inspira na sabedoria de Joseph Campbell e de Ken Wilber para defender seu ponto de vista. Então vamos ouvir a opinião deles também.

Em *Na trilha do entusiasmo*, Campbell nos diz: "Claro que para alcançar o transpessoal temos que transpor o pessoal: é preciso ter as duas qualidades."

Em *One Taste* (Um sabor), Ken Wilber ensina: "'Sem ego' não significa 'menos que pessoal'; significa 'mais que pessoal', acrescido de todas as qualidades normais e algumas transpessoais. [...] Há certa verdade na noção de ego transcendente: a questão não é destruir o ego, mas conectá-lo a algo maior. [...] Em suma, o ego não é uma obstrução ao Espírito, mas sua manifestação radiante."

Nathaniel Branden oferece outro olhar a respeito disso. Em *The Art of*

Living Consciously (A arte de viver conscientemente), ele afirma que não podemos abrir mão de algo que nunca controlamos de fato.

Esse é o paradoxo do ego. Para o padre Rohr, construir esse "recipiente" é a principal tarefa na primeira metade da vida. Depois, na segunda metade, precisamos esvaziá-lo. E preenchê-lo com Deus.

Acredito que a maneira mais simples de entender isso é pela metáfora *brilhante* de Desmond Tutu, de que somos meras lâmpadas. Nosso trabalho é ainda mais simples: permanecer rosqueados.

Para isso, precisamos de sabedoria e disciplina. Só assim poderemos criar um senso de identidade *fortíssimo*, de modo que a Luz Divina brilhe através de nós.

Em vez de "eliminar um eu menor", é mais poderoso conectar eus menores a algo muito maior que nós mesmos.

Assim, o eu torna-se EU!

Façamos isso.

HOJE.

UM EGO FORTE
= SUA PASSAGEM PARA O DIVINO

Parece que hoje em dia a maioria das pessoas "espiritualizadas" acha que precisamos "nos livrar" do nosso ego ou mutilá-lo se quisermos acessar o divino dentro de nós. Discordo dessa abordagem e prefiro pensar como Richard Rohr, Joseph Campbell, Ken Wilber e Nathaniel Branden.

Campbell não entende esse papo de aniquilar o ego, já que na verdade é o ego que nos motiva. Para Wilber, a mágica acontece quando temos um ego forte capaz de se conectar a algo maior que nós mesmos. E Branden diz que, mesmo se quiséssemos "abrir mão" do ego, primeiro teríamos que controlá-lo.

E tudo isso nos leva ao que penso sobre o ego. Prefiro pensar nele a partir de uma perspectiva psicanalítica clássica *à la* Freud. Nesse modelo, temos três componentes: *id*, *superego* e *ego*.

O id é basicamente nossa parte impulsiva que quer tudo neste exato segundo. Não interessa se é bom ou não para nós, ele apenas quer. AGORA.

Quando seu id impulsivo está no comando, é mais provável que você recorra a algum comportamento viciante – seja ele digital (celular e internet, por exemplo) ou químico (açúcar, farinha, álcool, etc.).

O superego é nossa parte condicionada, que vive julgando o id e questionando nossas atitudes. Ele também quer *muito* que as pessoas gostem de nós e pode acabar nos reprimindo – quando não nos envergonha por não sermos perfeitos.

E então temos o ego, que mantém o id e o superego equilibrados. Precisamos de um ego FORTE para não perdermos o controle entre nossa versão impulsiva e viciada e nosso lado reprimido, perfeccionista e envergonhado.

E tudo isso nos leva a uma pergunta: como fortalecer o ego para lidar com os impulsos do id e do superego?

Se você acha que o ego é algo *ruim* e que fortalecer a própria identidade é uma prática "não espiritual", então, de acordo com Rohr, você está em apuros. Lembre-se do que ele disse: "Ironicamente precisamos de um ego muito bem estruturado para abrir mão dele."

A boa notícia é que, à medida que aprofundamos a conexão com nosso eu mais elevado, dando e fazendo nosso melhor, tendemos a nos conectar com algo muito maior que nós mesmos. É um processo natural.

Em *Na trilha do entusiasmo*, Joseph Campbell explica assim: "O que almejamos? Realizar o potencial em cada um de nós. Isso não é um desejo egocêntrico; trata-se de revelar nosso dom ao mundo. Não há nada mais importante do que se sentir realizado. Assim nos tornamos um sinal, transparentes à transcendência; encontramos, vivemos e nos tornamos uma realização do nosso mito pessoal."

No mesmo livro, Campbell diz: "Isso nos leva à máxima de Krishna: 'A melhor maneira de ajudar a humanidade é por meio da nossa própria perfeição.'"

Está na hora de se aperfeiçoar.

De se tornar transparente e transcendente.

De desenvolver força para si e para os outros.

De eliminar as lacunas e viver com *Areté*.

De ativar seu potencial heroico.

HOJE.

QUEM HERDARÁ A TERRA?

OS MANSOS OU OS DOMESTICADOS?

Era uma vez um mestre extraordinário que deu um pequeno sermão na montanha. Entre várias coisas, ele proclamou: "Bem-aventurados os mansos, porque eles herdarão a terra."

Mas o que Jesus *realmente* quis dizer com isso? É um pouco difícil saber com certeza, já que ele falava aramaico e os Evangelhos foram escritos em grego bem depois de sua morte.

A palavra grega usada nessa passagem foi *praeis*. De acordo com o grande mestre espiritual Eric Butterworth (que, entre outras coisas, foi mentor de Maya Angelou), a palavra *praeis* não significa "manso". A tradução mais próxima seria "domesticado".

Ele nos pede que pensemos nas Cataratas do Niágara, que sempre produziram uma quantidade ENORME de energia potencial. Mas só recentemente essas águas foram "domesticadas" para que toda a energia latente fosse capturada e canalizada todos os dias, iluminando boa parte da Costa Leste americana.

Para Butterworth, Jesus estava dizendo que NÓS temos uma *tonelada* de poder latente. E mais importante: disse que precisamos nos "domesticar" para nos tornar recipientes dessa energia divina ilimitada.

Veja como Butterworth explica essa passagem bíblica em *Descobrindo o seu poder interior*: "Quando Jesus disse 'Bem-aventurados os mansos', ele não estava defendendo a submissão aos outros, mas a Deus. O melhor condutor de eletricidade é a substância menos resistente ao fluxo da corrente elétrica. Da mesma forma, o melhor condutor do poder divino é a pessoa que não resiste ao seu fluxo. Essa atitude vem da convicção de que Deus sempre será a resposta às necessidades humanas. Também vem da disposição de nos submetermos de corpo e alma ao fluxo do Espírito dentro de nós mesmos."

Steve Chandler contribuiu para essa discussão ao afirmar que *praeis* pode ser traduzido como "disciplinado".

Portanto: "Bem-aventurados os domesticados e disciplinados, porque eles herdarão a terra."

Celebremos a sabedoria, a disciplina, o amor e a coragem que nos levam à nossa herança, Herói.

PANCRÁCIO = FORÇA TOTAL

QUE TIPO DE BOXEADOR VOCÊ É?

Vamos falar agora sobre artes marciais. O tema pode parecer atual, já que tanto se fala em MMA, mas sua essência existe há mais de 2.500 anos.

Aliás, em 648 a.C., os gregos transformaram algo chamado pancrácio num esporte olímpico. O pancrácio foi um esporte de combate sem armas e com pouquíssimas regras. Os atletas utilizavam técnicas de boxe e luta livre, mas outras também, como chutes e agarramentos, imobilizações no chão e estrangulamentos. Só não era aceitável morder ou arrancar os olhos do oponente.

A palavra grega *pankration* significa, ao pé da letra, "força total" e deu nome a um esporte olímpico por 1.400 anos.

Mas por que isso é relevante para nós? Como Ryan Holiday explica em *Diário estoico*, hoje fazemos analogias com beisebol, basquete e futebol. Na Grécia e na Roma antigas, os sábios filósofos faziam analogias com boxe, luta livre e pancrácio.

Veja o que disse Epicteto: "Mas o que é a filosofia? Não é simplesmente nos preparar para o que está por vir? Você não percebe que isso equivale a dizer que, preparados, aguentamos qualquer coisa? Do contrário, seria como se um boxeador saísse do ringue porque levou alguns socos. Você pode sair do ringue sem consequências, mas que vantagem teria ao abandonar a busca pela sabedoria? Então, o que devemos dizer diante de cada provação? 'Foi para isso que treinei e para isso serve minha disciplina!'"

Adoro isso. Que tipo de boxeador entra no ringue, é golpeado e vai embora? Da mesma forma, que tipo de filósofo entra na arena da vida, é golpeado e se retira?

NÃO FAZ SENTIDO!

Todo o objetivo do nosso treinamento é aprender a lidar com os desafios da vida da maneira mais eficaz. E, por mais que queiramos que a vida se assemelhe a uma *dança* orquestrada, muitas vezes ela se parece mais com uma luta do que com um balé.

Em seu *Diário estoico*, Ryan também nos diz: "Segundo Sêneca, a prosperidade incólume é fraca e fácil de derrotar no ringue, mas 'um homem que esteve em constante embate com os infortúnios adquire uma pele calejada pelo sofrimento', luta até o fim e nunca desiste."

Seja essa pessoa. Tenha ousadia. Entre na arena disposto a se engalfinhar com os desafios da vida.

Quando for nocauteado pela realidade, lembre-se de Epicteto, Sêneca e do pancrácio.

Não se esqueça: É PARA ISSO QUE ESTAMOS TREINANDO!

Elimine as lacunas e viva com *Areté*.

Mostre a força que você tem!

NA ARENA

OUSANDO MUITO TODOS OS DIAS

No capítulo anterior, falamos sobre a importância de entrar na arena da vida e levantar a cada nocaute. Esse é o gancho perfeito para a sabedoria que Theodore Roosevelt compartilhou em seu discurso "O homem na arena".

Um rápido contexto: estamos em 23 de abril de 1910. Theodore Roosevelt, aos 52 anos, já tinha cumprido dois mandatos como presidente dos Estados Unidos. Estava na Sorbonne, em Paris, fazendo um discurso que à época se chamava "Cidadania numa república".

Eis a passagem que vale a pena tatuar na consciência: "O que importa não é o homem que critica ou aquele que aponta o tropeço do forte ou o fracasso do realizador. O crédito pertence ao homem que está de fato na arena, com o rosto coberto de poeira, suor e sangue; que luta com valentia; que erra e falha repetidas vezes, pois não há esforço sem erro e falha; que realmente se esforça para alcançar seus objetivos; que demonstra grande entusiasmo e devoção; que se dedica a uma causa nobre; que, na melhor das hipóteses, triunfa ao final de tudo e, na pior, fracassa sabendo que ousou muito, de modo que seu lugar nunca será entre as almas frias e medrosas que não conhecem a vitória nem a derrota."

Saiba que essa arena não é temporária. Ela é montada todos os dias, momento a momento.

Como disse Maslow, a cada instante podemos escolher avançar na direção do crescimento (ou seja, entrar na arena) ou recuar para a segurança.

Está na hora de entrar na arena, Herói.

Elimine as lacunas e viva com *Areté*.

Ative seu potencial heroico.

HOJE.

RESSURREIÇÃO E CRUCIFICAÇÃO

NÃO HÁ UMA SEM A OUTRA

Certa vez Joseph Campbell disse que não há ressurreição sem crucificação. Pense nisso por um momento. Se você quer "ressuscitar" para a próxima e melhor versão de si mesmo, primeiro deve MORRER para a versão atual.

E… crucificações são dolorosas. Especialmente quando você prega a si mesmo na cruz.

Mas é isso que devemos fazer se quisermos viver heroicamente. Precisamos deixar a terra familiar (também conhecida como zona de conforto) e reentrar na floresta do desconhecido, no seu lugar mais escuro – abandonando a vida que planejamos inicialmente e criando, em vez disso, a vida a que estamos destinados.

Campbell também nos diz que a boa vida é uma jornada do herói após a outra. Portanto, devemos estar dispostos a passar pelo processo de morrer e renascer DE NOVO e DE NOVO e DE NOVO.

Embora fiquemos um pouco melhor a cada ciclo, o processo sempre será (muito) angustiante. Como nos diz Campbell: "Não há segurança ao seguir o chamado da aventura."

Ainda assim… PRECISAMOS responder a esse chamado.

Tudo isso nos leva à nossa pergunta de +1°…

Sua versão antiga precisa morrer para que você renasça numa nova?

Claro que precisa. Todos nós precisamos.

Estamos aqui para renascer em nossa próxima e melhor versão.

HOJE.

A CIÊNCIA DO ARREPENDIMENTO

E A SABEDORIA DOS VENTOS ALÍSIOS DE MARK TWAIN

De acordo com Mark Twain, daqui a vinte anos você estará mais arrependido das coisas que não fez do que das que fez. Ele o aconselha a se livrar das amarras e navegar para longe do porto seguro – deixando os ventos alísios soprarem suas velas.

E a ciência concorda. Em *Os mitos da felicidade*, Sonja Lyubomirsky nos mostra que somos mais resilientes do que imaginávamos diante das adversidades. E costumamos superestimar quão mal nos sentiremos no futuro se algo der errado. Esse é um dos "mitos" que ela desconstrói.

Na verdade, esse é um fenômeno muito comum, que os cientistas chamam de fraca capacidade de "previsão afetiva".

Se você tentar e falhar, é provável que se recupere mais rápido do que imagina. Por outro lado... se não tentar, corre o risco de se torturar imaginando um número infinito de cenários melhores. Aí vem o arrependimento.

Esse é nosso +1°...

Você tem algum sonho que precisa perseguir? Use o método DROP. Seja sabiamente antifrágil. E, se for a hora de responder ao chamado da sua próxima aventura heroica... navegue para longe do porto seguro, sabendo que conseguirá se recuperar de inevitáveis tempestades e naufrágios ocasionais!

Daqui a vinte anos, sorria relembrando todas as coisas que você teve coragem de fazer.

3:59,4

COMO FAZER COISAS "IMPOSSÍVEIS"

Roger Bannister foi o primeiro atleta a correr uma milha em menos de 4 minutos. Várias pessoas sensatas de sua época disseram ser impossível, mas ele não tinha tanta certeza disso.

Sabe *como* Bannister treinou para o impossível? Ele fragmentou seus objetivos em pequenas partes.

Primeiro treinou até correr um quarto de milha em 1 minuto.

Em seguida, até correr meia milha em 2 minutos.

Depois, até correr três quartos de milha em 3 minutos.

Por fim, até correr uma milha inteira em menos de 4 minutos.

E *voilà*!

Em 6 de maio de 1954, em Oxford, na Inglaterra, o cronometrista olhou e viu estes números mágicos: 3:59,4.

Bannister alcançou o impossível ao fragmentar seu objetivo em partes factíveis – o que sempre é boa ideia. Como disse Henry Ford: "Nada é difícil se você dividir em partes suficientemente pequenas."

E você? Qual é o SEU objetivo grandioso? O que você faria se soubesse que é capaz?

Sinta o poder de tornar esse sonho realidade. Aplique o método DROP. Saiba o preço que precisa pagar e os obstáculos que precisa superar. Adapte-se até que esteja pronto.

Vamos lá, pegue papel e caneta e descreva esse sonho em poucas palavras.

Fragmente-o e você terá sua próxima meta factível.

Qual é o próximo micro-objetivo que você precisa alcançar para passar de fase e, no fim, conquistar o objetivo maior?

Que tal dar esse pequeno passo AGORA?

P.S.: Na internet você pode encontrar o vídeo de Bannister rompendo a marca dos 4 minutos e dizendo como conseguiu. É inspirador.

DOMINÓS

AMPLIFIQUE SEU POTENCIAL LATENTE EM 2 BILHÕES

Você conhece a física do efeito dominó? É fascinante. E maravilhosamente aplicável ao processo de alcançar micro-objetivos.

Eis um pequeno resumo... Um dominó pode derrubar outro 50% maior que ele. Imagine alinhando uma cadeia de dominós em que cada um seja 50% maior que o anterior. Digamos que sejam treze dominós. O primeiro tem apenas 5 milímetros de altura e 1 milímetro de espessura – tão pequeno que você precisa de uma pinça para colocá-lo em pé. O último tem 1 metro de altura e pesa 45 quilos.

Empurre o primeiro microdominó e BUM! À medida que cada peça tomba, mais potência é amplificada até chegar ao décimo terceiro – quando haverá uma energia 2 BILHÕES de vezes maior que a original.

É isso que queremos fazer.

Passo 1. Deixe claro qual é seu grande objetivo.

Passo 2. Alinhe seus micro-objetivos um atrás do outro.

Passo 3. Comece com o menor de todos e o derrube.

Agora repita o processo.

Tenha em mente a física do efeito dominó ao amplificar seu potencial latente.

HOJE.

P.S.: Se tivéssemos 29 dominós em vez de treze, a última peça seria tão alta quanto o Empire State Building. Essas coisas se acumulam.

CENTAVOS MÁGICOS

O PODER DOS JUROS COMPOSTOS

Ofereço a você duas escolhas: (1) você pode ganhar 2,5 milhões de reais *hoje* ou (2) pode receber 1 centavo, valor que será dobrado todos os dias, e receber o montante acumulado após um mês.

Então... qual você escolhe?

"De que mês estamos falando?", seria bom você perguntar. Se for fevereiro (e não for ano bissexto), é melhor aceitar os 2,5 milhões hoje. Após 28 dias, seu centavo duplicado valeria 1,3 milhão.

Mas... se estivermos falando de um mês com 31 dias, é melhor escolher o centavo.

Veja bem: esse centavo passa primeiro para 2, depois para 4, 8, 16, 32, 64... ultrapassando 1 real em oito dias. Depois cresce um pouco mais ao longo das semanas, embora ainda longe dos 2,5 milhões. Mas então começa a decolar. Chegamos a 1,3 milhão após 28 dias.

E é aí que a mágica *realmente* acontece. Saímos de 1,34 milhão para 2,7 milhões no dia 29 e alcançamos 5,4 milhões no trigésimo dia.

Isso quer dizer que teremos 10,8 milhões de reais no dia 31. É ou não é um rendimento mágico?

Moral da história: como diz Darren Hardy em *O efeito cumulativo*, precisamos lembrar que uma boa vida heroica nada mais é que "uma sequência de tarefas diárias, comuns, prosaicas, desinteressantes e às vezes difíceis... acumuladas ao longo do tempo".

São as pequenas coisas comuns que não *parecem* significativas que têm mais impacto quando as agregamos, multiplicando os ganhos a longo prazo.

Nossos centavos são todas as nossas pequenas escolhas de +1°.

Elas farão a diferença, mas apenas se formos consistentes e PACIENTES!

Acumule todos esses pequenos ganhos e DÊ TEMPO para a mágica acontecer.

RELÓGIO VS. HORTICULTURA

COMO CULTIVAR A SI MESMO

Ainda no tema "efeito cumulativo", vamos falar agora sobre duas noções diferentes de tempo.

Quando você planta uma semente, marca uma hora no cronômetro e depois volta ao jardim para cavar e ver o que está acontecendo? Ou você *sabe* que leva tempo para a semente germinar e depois brotar, crescer e enfim alcançar o estágio de frutificação?

Claro que você respeita as regras da natureza, dando à semente o devido tempo para passar pelos estágios de desenvolvimento.

Bem, notícia importante: *nosso* crescimento também ocorre no tempo da horticultura, não no do relógio.

Isso me faz lembrar as palavras de Epicteto: "Nada de grandioso é criado de repente, nem as uvas e os figos. Se você me disser que deseja um figo, responderei que é preciso dar tempo ao tempo. Deixe primeiro a figueira florescer e dar frutos e depois cada fruto amadurecer."

Esse é nosso +1°...

Deixe de lado o cronômetro e concentre-se em dar às suas sementes cheias de potencial as condições adequadas para o crescimento.

Todos os dias.

Especialmente...

HOJE.

O PLATÔ DO POTENCIAL LATENTE

UM CUBO DE GELO, UM TALHADOR DE PEDRAS E UMA VÍRGULA BEEEM LONGA

Como discutimos, pequenos passos se acumulam em conquistas grandiosas. O problema é que leva TEMPO para isso acontecer.

Infelizmente, a maioria das pessoas quer que a vida mude em X dias depois de começar uma nova dieta, um programa fitness ou seja lá o que for. E, quando os resultados não aparecem IMEDIATAMENTE, elas param de executar as pequenas tarefas que as levariam ao sucesso.

Sabe essa lacuna entre esforço e resultado? Em *Hábitos atômicos*, James Clear a chama de Platô do Potencial Latente e nos diz que "é uma característica de qualquer processo cumulativo: os resultados mais significativos vêm com o tempo".

Darren Hardy escreveu um livro inteiro sobre um tema semelhante: *O efeito cumulativo*. Lembre-se do centavo que dobrava a cada dia e somava 10,8 milhões de reais ao fim do mês.

Jeff Olson também escreveu um livro sobre o assunto: *The Slight Edge* (A ligeira vantagem). Para ele, as pessoas querem "plantar para colher, mas sem cultivar". Ele explica: "Plantar, cultivar, colher. Essa segunda vírgula costuma representar um longo período de tempo."

Vejamos outras duas analogias, desta vez de *Hábitos atômicos*.

Primeiro, imagine que você está preso numa sala congelante. Faz -4°C. Está tão frio que sai fumaça quando você respira. Seu desafio é derreter um cubo de gelo que está sobre a mesa à sua frente. Você descobre como aumentar a temperatura para -3°C, mas nada acontece. Você tenta de novo com -2°C e -1°C... NADA ainda: o cubo de gelo permanece intacto. Então você aumenta a temperatura para 0°C e o cubo começa a derreter.

James nos diz: "Reclamar de não ter alcançado o sucesso apesar de todo o esforço é como reclamar de um cubo de gelo que não derrete quando aquecido até -1°C. Não se trata de trabalho desperdiçado, mas de trabalho armazenado. Tudo acontece quando se chega a 0°C. Quando enfim se ultrapassa o Platô do Potencial Latente, o sucesso pode parecer repentino para algumas pessoas."

Agora imagine um talhador de pedras quebrando uma rocha ENORME com sua marreta. Ele a golpeia repetidas vezes e não acontece absolutamente nada. Até que, na batida seguinte, a rocha se quebra. Se você passasse por ele *bem* nesse momento, poderia pensar que ele é um homem extraordinariamente forte ou então que quebrar rochas é um trabalho fácil.

James nos conta que o time de basquete San Antonio Spurs mantém pendurada no vestiário uma citação do reformador social Jacob Riis: "Sempre que tenho vontade de desistir, penso no talhador de pedras que pega sua marreta e bate cem vezes na rocha sem que nem mesmo uma rachadura apareça. Então, na centésima primeira marretada, ele a parte ao meio. E sei que não foi o centésimo primeiro golpe, mas todos os cem que o antecederam."

Esse é nosso +1°.

Lembre-se da equação da Força da Alma e de que o expoente é a consistência. Explore o potencial latente em cada processo de crescimento. Não desista logo antes do sucesso e continue marretando a rocha.

Como? É simples. Elimine as lacunas e viva com *Areté* momento a momento.

Não pense em *quando* a rocha se partirá.

Apenas faça seu trabalho e dê mais um golpe.

HOJE.

ACERTOU O DE 12?

QUEM SE IMPORTA? SIGA SEU PROTOCOLO, HERÓI!

Meu querido amigo Sean Casey é uma das pessoas que mais admiro no mundo. Ex-jogador e treinador profissional de beisebol, ele treina rebatidas no New York Yankees e foi convocado três vezes para o All-Star Game.

Também é uma das pessoas mais legais que conheço. Foi apelidado de "O prefeito" porque conversava com TODOS que chegavam à primeira base. Sempre foi tão legal que a revista *Sports Illustrated* o elegeu o cara mais simpático do beisebol.

Além de tudo, se você conhece Sean, sabe que ele é um incrível contador de histórias. Eis uma das minhas favoritas:

Certa vez, quando jogava pelo Cincinnati Reds, Sean estava numa temporada incrível. Era verão e ele rebatia numa média de quase .400 – quem entende de beisebol sabe que essa é uma marca sensacional. Até que algo aconteceu e Sean acertou 0 de 12 rebatidas – o que nunca pega bem para um jogador profissional, mas é pior ainda após um começo de temporada tão magnífico.

Então Sean resolve ligar para Harvey Dorfman, um dos maiores coaches de resistência mental de sua época:

– Rebati 0 de 12, coach!

Harvey não se importa com estatísticas. Ele só quer saber se Sean está executando o protocolo, ao que Sean responde:

– Sim, claro! Estou fazendo exatamente o que combinamos. Estou acertando a bola com força e a equipe está jogando muito bem...

Sean continua falando e, por fim, Dorfman retruca:

– E você me ligou por quê?! Não tenho nada a acrescentar. Continue buscando os resultados e dominando seu protocolo.

E desliga.

Claro que essa história nada tem a ver com Sean, com beisebol ou com rebatidas. Tem a ver com VOCÊ. Você está passando por uma fase difícil? Não se sente energizado, produtivo ou conectado? Na verdade, isso não importa. O que importa é seguir seu protocolo.

Você sabe dar seu melhor nos quesitos Energia, Trabalho e Amor e compromete-se todas as manhãs com sua melhor versão? Você sabe quais virtudes sua melhor versão incorpora e quais atitudes específicas ela toma? Você procura agir assim diariamente?

A vida pode ser muito desafiadora, mas dar seu melhor não é TÃO difícil assim. Saiba o que precisa fazer e faça. Todos os dias. Não *de vez em quando*, não quando estiver *a fim*. HOJE.

Essa é a única maneira de avançar da teoria à prática e da prática à maestria. Só assim poderemos mudar o mundo juntos.

E não se esqueça de que o expoente é a consistência.

Dia 1. Vamos em frente, Herói!

CONSISTÊNCIA EM VEZ DE INTENSIDADE

O TEMPERO SECRETO

Depois de vender meu primeiro negócio há mais de vinte anos, passei um tempo tentando descobrir minha verdadeira vocação.

Li muito, viajei um bocado e decidi que adoraria ser pago para fazer o que amo: otimizar minha vida, ativar meu potencial heroico e ensinar os outros a fazer o mesmo.

Só que a primeira coisa que aprendi foi que seria difícil alcançar meu potencial se eu não tivesse ânimo nem para sair da cama. Mesmo naquela época eu já sabia que TUDO começava com energia. Então me inscrevi num curso de personal trainer, achando que seria um bom ponto de partida.

Sabe qual foi a primeira coisa que aprendi com esse curso? Que *tudo* se trata de CONSISTÊNCIA, não de INTENSIDADE.

Quando iniciam um novo treino ou se comprometem a melhorar a própria vida, as pessoas geralmente se empolgam nos primeiros dias e depois desanimam. A maioria acha que o comprometimento é medido pelo nível de INTENSIDADE inicial. E não queremos ser como a maioria.

Em vez de começar com tudo e depois sair de fininho assim que perder o pique, comece *sabendo* que é difícil manter a motivação.

Para isso, priorize a CONSISTÊNCIA, não a intensidade. Tenha micro-hábitos. Crie pequenas vitórias. Acostume seu cérebro a comer melhor, a escrever mais, a se dedicar ao Trabalho Focado.

Ainda hoje, quando faço um treino intervalado mais intenso, uma voz em minha cabeça diz: "Pega leve. Não se machuque. Esteja aqui amanhã."

Não se esqueça: o expoente é a consistência.

A VOZ DA CONSISTÊNCIA

E TAMBÉM DO ANJO E DO DIABO

Tony Horton criou o P90X, um programa de exercícios de alta intensidade, ajudando a moldar a indústria do fitness. Além disso, escreveu *The Big Picture* (O contexto geral), um livro divertido no qual compartilha "onze leis que mudarão sua vida".

A primeira lei é baseada em seu lema "Dê o melhor de si e esqueça o resto" e inspirada na obra *Os quatro compromissos*, de Don Miguel Ruiz. Por mais que seja um conceito importante, hoje quero mesmo é falar sobre a lei nº 5: "A consistência reina suprema."

Tony Horton é o suprassumo do fitness: tem um *shape* incrível e uma energia infinita. Mas você acha que ele está sempre disposto a malhar? De jeito nenhum. "Na maior parte do tempo, não estou empolgado", ele confidencia.

Espera um pouco... Como é que é? O Sr. Tanquinho Saudável nem sempre está a fim de treinar? Isso quer dizer que ele é como eu e você? Pois é.

Mas então como ele consegue manter a forma? Escutando a voz da consistência e ignorando as outras vozes em sua cabeça. E ele diz que todos os dias pode ouvir uma de três vozes: a de Tony, O Diabo; Tony, O Anjo; ou Tony, O Consistente.

O Anjo, é claro, vive superdisposto: "SIM! Vamos lá!" Essa voz surge em cerca de 21,35% do tempo, segundo as estimativas do próprio Tony.

Já O Diabo diz: "Pode esquecer. Tenho zero interesse em treinar hoje." Esse cara resmunga na orelha de Tony em 35,4% das vezes.

E, por fim, temos O Consistente, que segundo Tony "é tão animador quanto um pano de prato molhado". Mas faz o que precisa ser feito. Ele é direto e diz coisas como: "Tudo bem, aqui vamos nós, hora de treinar." Nada extravagante. E fala em 43,25% do tempo.

Isso quer dizer que o lado do bem (O Anjo + O Consistente) vence por maioria.

Aqueça +1° em três partes.

1. Reconheça o fato de que não querer malhar (ou realizar qualquer trabalho) todos os dias é normal. Faz parte da natureza humana. Até os

melhores entre nós às vezes carecem de motivação. A diferença, claro, é que eles fazem assim mesmo.

2. Faça um inventário das vozes na SUA cabeça.

3. Garanta que o lado do bem ganhe essa batalha.

Em suma, seja consistente, elimine as lacunas, viva com *Areté* e ative seu potencial heroico. HOJE.

VOCÊ ACHA QUE ESTÁ NO NÍVEL 8
MAS NA VERDADE ESTÁ NO 2

No capítulo anterior, falamos sobre Tony Horton e as vozes em sua cabeça. Agora falaremos sobre outra lenda do fitness, Joe Manganiello. Talvez você o conheça do filme *Magic Mike* (sim, estou mencionando *Magic Mike* neste livro). Nem sei o que dizer sobre o fato de esse ter sido o primeiro filme a que Emerson assistiu. Ele estava sonolento, ainda criança no colo da mãe, mas acho que conta.

Enfim, vamos ao que interessa.

Além de ator, Joe Manganiello também escreveu *Evolution* (Evolução), um livro recheado de ideias excelentes sobre a vida e o mundo fitness. Este é um dos meus trechos preferidos: "Você acha que treina no nível 8, mas na verdade treina no 2. Não importa há quanto tempo você treine, a realidade é essa. Sinto muito informar. Chegou a hora de redefinir seus parâmetros de intensidade."

A verdade é que você ACHA que opera no nível 8, quando, na verdade, está no nível 2 em CADA aspecto da sua vida. Também odeio dar essa notícia, mas aposto que é verdade. E também é incrivelmente inspirador, já que aponta para uma série de oportunidades de otimização.

O segredo? Olhar para trás, identificar sua melhor forma e fazer dela seu novo parâmetro.

Que área da sua vida você *sabe* que precisa melhorar? Seja honesto. Você está operando no nível 2? Tudo bem. O que precisa fazer para alcançar a intensidade 8?

Aumente o nível.

Evolua para sua melhor versão.
E o mais importante: repita o processo.
É Dia 1.
VAMOS NESSA.

CARISMA

PRESENÇA, PODER E CALOR HUMANO

Muita gente acha que carisma não se aprende, mas isso não passa de um mito. Como nos diz Olivia Fox Cabane em *O mito do carisma*, pesquisas mostram que TODOS nós podemos desenvolver essa habilidade.

Mas como? Praticando os três componentes essenciais do carisma: presença, poder e calor humano. Vamos dar uma olhada rápida em cada um deles.

O aspecto nº 1 do carisma é a presença. Emma Seppälä, pesquisadora da Universidade Stanford, diz o seguinte: "Em poucas palavras, carisma significa presença absoluta."

Presença absoluta. Pense nisso por um momento.

Aliás, como aprendemos no capítulo sobre o Efeito iPhone, adivinhe o que NÃO ESTÁ presente nesse nível absoluto de presença? Isso mesmo, seu celular, que é basicamente uma kryptonita para o carisma. Não seja aquele tipo de pessoa que olha o celular o tempo todo. Sabe a impressão que você passa quando faz isso? Que não se importa com as pessoas ao seu redor. E esse é um ótimo jeito de acabar com qualquer afinidade. (Outra dica de mestre: faça contato visual.)

E qual é o segundo aspecto do carisma? Poder. De acordo com Cabane, só a presença não basta. Estamos o tempo todo detectando poder ou falta dele nas outras pessoas. Portanto, para aumentar o carisma, precisamos aumentar nosso poder pessoal.

A melhor maneira de fazer isso é pela linguagem corporal. Tenha uma boa postura, respire profundamente, sorria. Ao mesmo tempo, relembre um sucesso anterior. Visualize-o. SINTA aquele poder de novo. Empodere-se desse jeito sempre que interagir com alguém.

O terceiro aspecto do carisma é o calor humano. Podemos ter uma forte presença e um grande poder, mas, se nosso interlocutor não achar que usamos esse poder para o bem dele... o carisma não vai funcionar.

Importe-se de verdade com a outra pessoa. Demonstre boa vontade. Emane amor.

Presença + Poder + Calor Humano. Isso é carisma!

E quanto a você? Celebre seus pontos fortes e divirta-se trabalhando no que precisa melhorar.

Lembre-se: carisma é uma habilidade.

Pratique-a um pouco mais hoje!

MORTE NA ENCRUZILHADA

TOMANDO DECISÕES NA VIDA

Vou compartilhar com você mais uma pérola do meu amado coach e padrinho honorário, Phil Stutz. Ele nos diz que, quando chegamos a uma encruzilhada – um ponto na vida em que é necessário decidir entre duas ou mais opções –, temos que estar dispostos a MORRER para algumas delas e investir tudo numa só.

Esse é um dos motivos pelos quais as pessoas odeiam tomar decisões. Elas não querem vivenciar a dor de perder um caminho não trilhado. Mas a verdade é que toda escolha SEMPRE implicará uma renúncia.

Se quiser tomar decisões com mais confiança, lembre que a origem da palavra "decidir" é *de* + *cir*, o que literalmente significa "cortar" ou "matar".

Precisamos de uma lâmina afiada e firme para fazer uma escolha na encruzilhada – matando as outras opções. Também precisamos MORRER nessa encruzilhada e APOSTAR TUDO no caminho escolhido.

Como sempre, Phil tem uma ótima maneira de ilustrar essa ferramenta. Desenhe uma seta bem grande e robusta direcionada para a direita da página. Em seguida, desenhe outra direcionada para cima e outra para baixo, representando outros caminhos que você pode explorar. (E saiba que você poderia desenhar um número infinito dessas setas.) Agora use sua caneta como se fosse uma espada e literalmente EXTERMINE os caminhos que não vai tomar, ao mesmo tempo que se volta para a direção pretendida.

Quando escolhe voluntariamente eliminar opções, você concentra toda a energia que antes se dissipava entre muitos caminhos.

Morte na Encruzilhada. Adote essa ferramenta poderosa ao ativar seu potencial heroico.

A ESTRADA NÃO TRILHADA

DE ROBERT FROST

No capítulo anterior, falamos sobre a "morte" nas encruzilhadas da vida e o poder de concentrar nossa energia naquilo que é mais importante. Robert Frost escreveu um poema sobre o assunto, "A estrada não trilhada". Aqui está ele, em tradução livre:

Duas estradas se bifurcavam numa floresta amarela,
E lamentando não poder seguir por ambos os caminhos
E ser um viajante só, por muito tempo fiquei parado
E olhei ao longe em direção a um deles
Até avistar uma curva em que havia vegetação baixa;

Então tomei o outro, tão viável quanto,
E tendo talvez os melhores atrativos,
Porque era gramado e um convite à travessia;
Embora, quanto a isso, a travessia
tivesse desgastado ambos os caminhos igualmente,

E naquela manhã ambos jaziam
Em folhas nunca pisadas por nenhum pé.
Ah, guardei o primeiro para outro dia!
No entanto, sabendo que um caminho leva a outro,
Duvidei se algum dia voltaria.

Contarei isto em um suspiro
Em algum lugar daqui a eras e eras:

Duas estradas se bifurcavam, e eu –
Eu segui o caminho menos percorrido,
E isso fez toda a diferença.

Esse poema me lembra Joseph Campbell e uma de suas sabedorias em *Reflexões sobre a arte de viver*: "Você adentra a floresta em seu ponto mais escuro, onde não há caminhos. Quando encontra uma trilha, é de outra pessoa, não sua. Se seguir esse caminho, não alcançará seu potencial."

Nosso +1° é esse.

Está na hora de darmos o próximo passo em nossa busca heroica.

Juntos.

HOJE.

COMPROMISSO TOTAL
E SUA PSICOLOGIA

Dia desses, Phil e eu conversávamos sobre o poder de apostar TUDO numa única coisa e reconhecemos como isso pode ser maravilhoso, embora difícil. Phil me disse que existe algo extraordinário no que chama de "psicologia do compromisso total" (adoro essa expressão).

Algo mágico acontece quando concentramos TODA a nossa energia naquilo que é mais importante para nós. Isso me faz lembrar o ensinamento de Alexander Graham Bell: "Concentre todos os seus pensamentos na tarefa que está realizando. Os raios de sol não queimam até que sejam direcionados."

Já fez o teste com uma lupa? É um experimento divertido (as crianças adoram), e é incrível ver a rapidez com que se abre um buraco numa folha ao direcionar os raios solares. Existe *muito* potencial latente nesses raios, apenas esperando a direção certa.

O mesmo acontece em nossa vida. Mas como usar esse poder? Bem, uma das maneiras é pela psicologia do compromisso total. Apostando TUDO. Concentrando TODA a energia em nossa meta mais crucialmente importante.

O que nos leva à pergunta: o que é crucialmente importante para você? O que teria o impacto mais heroico na sua vida se fosse conquistado? Você persegue isso com um foco de raio laser? Ou seus objetivos são confusos e seu foco se dissipa com as distrações?

Identifique as ferramentas que farão diferença em sua vida e concentre sua energia na vitória mais importante.

Lembre-se: assim como os raios de sol queimam quando são direcionados, a Força da Alma é ativada quando investimos toda a nossa energia no que é importante agora.

VISLUMBRES DE UMA VIDA

MARCO AURÉLIO NO MOMENTO PRESENTE

Marco Aurélio certa vez escreveu para si mesmo: "Nunca se confunda com os vislumbres de uma vida inteira." Essa frase sempre me impressiona, já que eu tinha o hábito de ter tudo perfeitamente planejado agora e para sempre.

Você já fez isso? Já sentiu que precisava ver cada passo da sua jornada heroica desde o começo? Isso seria o mesmo que desejar ver a linha de chegada desde o início da corrida.

Quando paramos para refletir, percebemos que é muito mais sensato ter uma ideia básica de para onde estamos indo e nos concentrar no próximo passo. Assim, quando estivermos perdidos, andando em círculos, não precisaremos de um mapa elaborado, apenas da nossa bússola interior que aponta para quem queremos ser. Nessa hora recordamos quem somos e que virtudes incorporamos na nossa melhor e mais heroica versão.

O que a *sua* versão virtuosa faria neste momento?

Elimine as lacunas e viva com *Areté* norteado pela sabedoria de Marco Aurélio: "Nunca se confunda com os vislumbres de uma vida inteira. [...] Lembre-se de que não é o peso do futuro ou do passado que o pressiona, mas o presente."

PANORAMA GERAL

SAIBA USAR O ZOOM

É fácil pensar que TUDO se resume aos nossos desafios atuais. Inclusive corremos o risco de limitar nosso valor a sucessos e fracassos específicos, o que, é claro, nunca é boa ideia.

Então façamos o seguinte exercício. Pegue papel e caneta e desenhe um círculo *enorme*, que ocupe quase toda a página. Agora faça um ponto em algum lugar dentro do círculo. Esse pequeno ponto é seu desafio atual. Pode parecer que o grande círculo é todo o problema que você tem pela frente, mas não é.

Claro que é útil dar zoom nesse pequeno ponto para direcionar sua energia à resolução do problema. Mas também é importante ver o panorama geral e entender que tudo que nos desafia não passa de uma gota.

Esse é nosso +1°...

Desenhe o círculo, faça o ponto e aumente o zoom para resolver seu problema.

Depois olhe o panorama geral e entenda que essa pequena aventura é apenas mais uma na jornada heroica que é sua vida multifacetada.

E o mais importante: aproveite todo o processo.

Dia 1. VAMOS EM FRENTE, HERÓI!

MICROSCÓPIOS E TELESCÓPIOS

OUTRAS MANEIRAS DE REGULAR O ZOOM

No capítulo anterior, falamos sobre a importância de ver o panorama geral e de dar zoom quando necessário. O verdadeiro filósofo e guerreiro da mente tem um galpão repleto de ferramentas, entre elas um microscópio e um telescópio.

Usamos o microscópio para *aumentar* o zoom naquele pequeno ponto que é nosso principal desafio. Assim, podemos nos concentrar em resolvê-lo hoje, observando com nitidez nosso dia magistral, momento a momento.

Já com o telescópio nos *afastamos* daquele ponto no papel e olhamos para o panorama geral da nossa vida: três, cinco, dez anos. Uma vida inteira. Cheios de esperança, SABEMOS que nosso futuro será cada vez melhor.

Esse é nosso +1°.

Como VOCÊ tem usado seu microscópio e seu telescópio? Costuma usar mais um do que o outro? Ou não usa nenhum?

E o mais importante: qual é aquela pequena atitude que você pode tomar hoje para otimizar sua perspectiva?

Faça isso.

Vejo você em Marte... e em cada nanograma!

CAMPEÕES SEGUEM FORTES ATÉ O FIM

HERÓIS TAMBÉM, E VOCÊ?

No livro *Old School Grit* (Garra à moda antiga), Darrin Donnelly apresenta um treinador aposentado que compartilha com os netos a sabedoria adquirida durante seu último torneio de basquete. Nesse guia heroico, Darrin compartilha "as quinze regras da garra". Elas incluem aguentar a pressão, viver com um propósito maior e saber que a vida é feita de vitórias e lições.

Mas falemos especificamente sobre a regra nº 4: terminar forte. Antes da final do campeonato, o treinador diz: "É fácil começar cheio de energia. Todo mundo começa forte. Seja numa temporada ou numa partida, começamos empolgados, com o astral lá em cima, otimistas. Porém, após mais de quarenta anos como técnico, aprendi que, enquanto todo mundo começa forte, apenas os campeões terminam assim."

E continua: "É engraçado como a vida se transforma quando você segue em frente sabendo que as coisas pioram um pouco antes de melhorar."

Depois diz: "Espere encontrar o maior desafio exatamente antes da sua maior vitória. Lembre-se disso da próxima vez que fracassar ou duvidar da sua capacidade de realizar seus sonhos."

E arremata sua filosofia: "Todo mundo começa forte, mas os campeões se mantêm fortes até o fim."

Pensei num monte de coisas quando li isso: num dos meus principais mentores, numa certa palavra em sânscrito e na sabedoria de Napoleon Hill.

Primeiro, meu mentor. Como você já sabe, aos 25 anos fundei e comandei minha primeira empresa. Foi durante a explosão das ponto-com, entre 1999 e 2000. Ela se chamava eteamz.

Ganhamos uma competição na Universidade da Califórnia em Los Angeles e arrecadamos 5 milhões de dólares. Éramos uma start-up vibrante que misturava esporte e tecnologia, do tipo que tinha mesa de pingue-pongue na sala da diretoria e dardos no meu escritório.

Tivemos a sorte de contratar o CEO da Adidas para me substituir. E então o mercado colapsou. Em vez de nos retirarmos e investirmos em outro negócio, lidamos com os ENORMES obstáculos – foi nesse momento que meu mentor repetiu para mim o que o técnico Flanagan tinha falado ao seu time de basquete antes da final do campeonato: "É fácil COMEÇAR algo. Muito mais difícil é seguir forte ATÉ O FIM."

Tenho orgulho de como nossa equipe encarou os desafios. Enfrentamos uma época difícil e a superamos, dando retorno positivo a nossos investidores enquanto nossa plataforma atendia a milhões de famílias de jovens atletas. E sou especialmente grato pelo ensinamento que recebi do meu mentor.

Agora vamos falar de Eknath Easwaran. Ele conta que a ideia de começar com tudo e depois sair de fininho quando as coisas complicam tem sido tão comum que, há MILHARES de anos, os antigos sábios indianos criaram uma palavra só para isso. Em sânscrito, eles chamam de *arambhashura*: "Ser um herói no começo." Não é isso que queremos. Heróis seguem fortes até o fim.

E temos Napoleon Hill. Em *Pense e enriqueça*, ele revela: "Antes de o sucesso acontecer, as pessoas com certeza experimentarão muitas derrotas temporárias, e talvez alguns fracassos. Quando a derrota domina alguém, a coisa mais fácil e mais lógica a fazer é desistir. É exatamente isso que a maioria faz. Mais de 500 dos indivíduos mais bem-sucedidos dos Estados Unidos me disseram que seu maior sucesso ocorreu apenas um passo *à frente* do ponto em que eles tinham sido surpreendidos pela derrota."

Esse é nosso +1°.

Não se esqueça: heróis seguem fortes até o fim.

Mais uma etapa concluída.

VAMOS EM FRENTE!

LAVANDO A LOUÇA

COM BYRON KATIE

Byron Katie nos diz: "Nunca recebemos mais do que podemos suportar e sempre haverá algo a ser feito." Ela chama essa mentalidade de "lavar a louça".

Os pratos estão sujos na pia? Lave.

Você precisa retornar umas ligações? Ligue.

Seus filhos querem brincar com você? Brinque.

O que mais a vida está demandando? Faça e repita.

Como gosto de dizer: concentre sua energia no que é mais importante AGORA. De maneira sistemática. Há quem diga que essa é a essência da iluminação.

Lave a louça, corte a lenha, carregue a água.

Com um sábio sorriso no rosto.

Elimine as lacunas e viva com *Areté*.

HOJE.

VIDAS EDITADAS

E A BUSCA PELA AUTENTICIDADE

Em seu livro *Running Down a Dream*, Tim Grahl relata sua experiência com alguns dos maiores escritores e gurus de autoajuda. Um rápido contexto: Tim é um gênio do marketing. Especificamente, ele ajuda escritores a lançar seus livros. Para você ter uma ideia, CINCO de seus clientes estiveram ao mesmo tempo na lista dos mais vendidos do *The New York Times*.

Mas há um detalhe… Ele conta que uma das maiores lições que aprendeu ao longo dos anos é quanto esses célebres autores "editam" a própria vida. Por exemplo, um deles não retornou suas ligações nem seus e-mails por um tempo, pouco após o lançamento. Onde ele estava? Na reabilitação de novo. Mas ninguém ficou sabendo. E há autores que escondem o próprio divórcio, que omitem determinado fracasso e assim por diante…

Vidas EDITADAS.

E isso não acontece apenas com os gurus de autoajuda. No mundo das redes sociais, é muito fácil ostentar uma fachada de perfeição. É por isso que gasto exatamente ZERO tempo nas redes sociais (com exceção, é claro, da nossa plataforma Heroic). Afinal, sei quão tóxica pode ser a comparação social.

Pois bem... Você edita a *sua* vida para parecer perfeita? Como seria se você relaxasse nas selfies (sem se preocupar com o ângulo ideal) e se permitisse aproveitar o momento em toda a sua (im)perfeição?

Consegue perceber quanto as pessoas se esforçam para editar a própria vida o tempo todo? Cogite passar menos tempo no Instagram, no Facebook, no TikTok e em qualquer outra rede social do momento.

É sempre bom ter em mente a sabedoria de Sonja Lyubomirsky em *A ciência da felicidade*: "Não é possível ter inveja e ser feliz ao mesmo tempo. Pessoas que se comparam o tempo todo às outras acabam cronicamente vulneráveis, inseguras e se sentindo ameaçadas."

E como já falamos, mas sempre é bom lembrar: estamos aqui para aceitar nossas imperfeições, dando menos importância ao que os outros fazem. Lembre que pessoas perfeitas levam uma vida constantemente EDITADA. Lute para que a sua seja cada vez mais autêntica.

OS QUATRO COMPROMISSOS
EM MENOS DE QUATRO MINUTOS

Don Miguel Ruiz escreveu *Os quatro compromissos*, um clássico que vendeu mais de 15 milhões de exemplares só nos Estados Unidos e foi traduzido para mais de cinquenta idiomas. Vamos nos divertir aprendendo sobre os quatro compromissos em menos de 4 minutos.

Primeiro: *Seja impecável com sua palavra.*

Nesse contexto, ser "impecável" significa honrar seu eu superior para não "pecar" contra sua melhor versão, começando pela maneira como você se comunica. Em suma: nada de reclamações, críticas ou fofocas. Não coloque a culpa nos outros. Nunca.

Ruiz avisa que esse compromisso "é o mais importante e também o mais difícil de se honrar. É tão importante que, apenas com ele, você será capaz de transcender ao nível da existência que chamo de paraíso na terra".

Segundo: *Não leve nada para o lado pessoal.*

Saiba que a maneira como alguém nos trata costuma dizer mais sobre a própria pessoa do que sobre nós. Imagine-se interagindo com a mesma pessoa em duas situações diferentes. Na primeira, ela teve um dia INCRÍVEL – dormiu bem, ganhou na loteria, tudo deu certo. Como você acha que ela vai tratá-lo? Agora imagine que ela dormiu mal, perdeu o emprego, sofreu um acidente de carro e está mal-humorada. Como acha que vai tratá-lo?

É óbvio que esses exemplos são exagerados e que a maneira como nos portamos impacta a qualidade dos nossos relacionamentos. O mais importante a se notar aqui é que NÓS somos exatamente a mesma pessoa nas duas situações. Mas, se nos definirmos de acordo com a maneira como alguém nos trata, estaremos em apuros. Como diz Ruiz: "Nada do que as outras pessoas fazem é por causa de você. É por causa delas mesmas."

Terceiro: *Não faça suposições.*

Um ótimo jeito de entrar em confusão é tirar conclusões precipitadas sobre o comportamento de alguém. Perceba quantas vezes fazemos isso e presumimos o pior.

A solução "é perguntar. Garanta que a comunicação seja clara. Se você não entendeu, pergunte. Tenha coragem de perguntar até que não tenha mais dúvidas".

Quarto: *Sempre dê o melhor de si.*

Ruiz nos diz que esse quarto compromisso dá vida aos três anteriores. Quer consolidar seu novo jeito de ser? Dê o melhor de si a cada momento. (Isso lembra *Areté*, não lembra?)

O mais importante é ter em mente que o seu melhor é variável – às vezes será absurdamente incrível e, outras vezes, nem tanto. Afinal: "Tudo está vivo e muda o tempo todo."

Aí estão os quatro compromissos em menos de 4 minutos.

Como você pode usá-los para elevar +1° hoje?

COMO PREVER SEU DESTINO NA VIDA

OLHE A TRAJETÓRIA DAS SUAS ESCOLHAS DIÁRIAS

Já li muitos livros sobre como criar bons hábitos, mas nada se compara a *Hábitos atômicos*. Não por acaso é o livro mais vendido sobre o assunto. Veja como James Clear enfatiza o poder das pequenas coisas na obtenção de grandes resultados.

Imagine que você está viajando de Los Angeles a Nova York. Infelizmente, o nariz do avião está apontado um *pouco* mais para o sul do que deveria – digamos que 3,5 graus. O que acontece se o piloto não corrigir? Bem, esses 3,5 graus correspondem a apenas cerca de dois metros de desvio (dependendo do tamanho do avião), mas, mesmo com essa *mínima* alteração na trajetória, você vai acabar a CENTENAS de quilômetros fora da rota. Na verdade, em vez de aterrissar em Nova York, vai parar em Washington, D.C.

Repito: dois metros de diferença equivalem a centenas de quilômetros quando se dá tempo (e distância) suficiente.

Saiba que as pequenas coisas importam, e muito. E isso é uma faca de dois gumes em nossa vida. Como nos diz James: "Fazer uma escolha 1% melhor ou 1% pior parece insignificante no momento, mas, no decorrer das horas de uma vida inteira, essas escolhas determinam a diferença entre quem você é e quem poderia ter sido. O sucesso é produto de hábitos diários – não de transformações que ocorrem uma única vez na vida."

E acrescenta: "Você deveria ficar mais preocupado com sua trajetória atual do que com os resultados atuais. [...] Se quiser prever qual será seu destino na vida, tudo que precisa fazer é seguir a curva de pequenos ganhos ou pequenas perdas e ver como suas escolhas diárias se acumularão dez ou vinte anos depois."

Esse é nosso +1°.

Celebre a curva que leva à ativação do seu potencial heroico e lembre que as pequenas coisas importam muito!

Elimine as lacunas e viva com *Areté*.

HOJE.

BONSAIS, PEIXINHOS DOURADOS E VOCÊ

COMO SE TORNAR CEM VEZES MAIS INCRÍVEL

Falemos um pouco sobre bonsais, peixinhos dourados e você. Alan H. Cohen abordou tão bem esse assunto em seu épico livro *Why Your Life Sucks* (Por que sua vida é uma porcaria) que vou passar a palavra para ele:

"Fomos todos hipnotizados para pensar que somos menores do que somos. Assim como um pequeno vaso limita a raiz de uma árvore poderosa ou um pequeno aquário limita o tamanho dos peixinhos dourados, a gente se adapta, se ajusta e se acomoda a uma vida liliputiana. Mas plante a mesma árvore num campo aberto ou coloque o mesmo peixe num lago e eles alcançarão um tamanho centenas de vezes maior. Diferentemente da árvore ou do peixinho dourado, você não depende de outra pessoa para ser mudado de lugar. Você tem o poder de se mover sozinho. Pode entrar num domínio maior e crescer em todo o seu potencial."

Nossa! Eu nunca tinha pensado nisso nesses termos, e você?

Reflita por um momento... Você pode tornar o que deveria ser uma árvore IMENSA num pequeno bonsai mantendo-a num vaso minúsculo. O mesmo acontece com um peixe, que será muito maior no lago do que no aquário.

Nosso +1° é simples: será que não está na hora de rever o tamanho do seu vaso ou do seu aquário? Torne-se cem vezes mais incrível!

PROVE QUE VOCÊ TEM RAZÃO

NÃO TORÇA PARA DAR CERTO

Quando o jogador de futebol americano Peyton Manning, quarterback do Hall da Fama, foi dispensado do Indianapolis Colts após catorze temporadas, vários times tentaram contratá-lo. Ele escolheu o Denver Broncos e, quando tomou essa decisão, não disse a si mesmo: "Espero que dê certo." Ele decidiu PROVAR QUE TINHA RAZÃO.

Existe uma grande diferença entre essas duas perspectivas. Numa delas, você fica em cima do muro e nunca aposta tudo – um ótimo jeito de se proteger do risco de estar errado, porque você sempre será capaz de dar uma desculpa conveniente para um eventual fracasso. Também é um bom modo de garantir que nunca ultrapassará a mediocridade nem fará algo verdadeiramente grandioso.

Quando você toma uma decisão *de verdade*, por definição corta todas as outras opções e APOSTA TUDO. Você não está interessado em ficar em cima do muro; está interessado em vencer. Então precisa trabalhar ARDUAMENTE para provar que estava certo.

Esse é nosso +1°...

O que é importante para você agora, aquilo que você certamente faria se pudesse?

Pensou? Ótimo.

Supondo que você tenha aplicado o método DROP e decidido se vai ou não pagar o preço, reflita: você está em cima do muro ou APOSTANDO TUDO no estilo antifrágil?

Pare de torcer para dar certo.

Prove que você tem razão.

TOUCHDOWN, JERRY RICE!

QUANDO? SEMPRE

Nascido no interior do Mississippi, Jerry Rice era o sexto de oito irmãos. Estudou numa pequena universidade local, onde jogava futebol americano. Apesar de seu alto desempenho, não sabia se seria convocado quando assistiu ao recrutamento anual da NFL com seu irmão em 1985.

Mas foi. O treinador Bill Walsh, um gênio do esporte, viu algo especial em Jerry e garantiu que ele fosse convocado pelo San Francisco 49ers, campeão do Super Bowl naquela temporada. (Seus pais não puderam assistir à convocação porque estavam trabalhando: sua mãe faxinando uma casa, seu pai assentando tijolos.)

Agora imagine isso... Depois de quase surtar na primeira viagem de avião da sua vida, Jerry chega em segurança a São Francisco e aparece para seu primeiro treino. Executa a primeira rota de recepção simples, agarra a bola E CORRE A TODA A VELOCIDADE ATÉ A ZONA FINAL.

"Touchdown, *Jerry Rice!*"

O mesmo acontecia em todas as jogadas de todos os treinos, TODA VEZ que ele pegava a bola, ao longo dos vinte anos de sua carreira. Ninguém faz isso. Sério, é uma loucura. Os veteranos começaram a achar que ele tinha um parafuso a menos... até que os outros recebedores começaram a fazer o mesmo. (Engraçado como a liderança funciona, não é mesmo?)

Mas por que ele corria para a zona final toda vez que pegava a bola? Como ele mesmo explica em seu grande livro de memórias *Go Long!* (Corra em disparada): "Desempenho = treino. Simples assim. Não importa se estamos falando de basquete, balé, culinária ou xadrez. Seu sucesso costuma ser determinado pela maneira como você se prepara para os desafios. Se praticar à altura, vai mandar bem quando for pra valer."

É hora de +1°...

Como você tem treinado e jogado na *sua* vida? Tem dado o seu melhor em todas as oportunidades ou anda apenas cumprindo o básico?

Empenhe-se de verdade, um *touchdown* atrás do outro.

COMO SER UM MICHAEL JORDAN

DÊ O SEU MÁXIMO

No capítulo anterior, falamos sobre Jerry Rice marcar um *touchdown* toda vez que pegava a bola, algo que ele fazia ainda no time universitário, muito antes de chegar a São Francisco. Sempre que me lembro dessa história, sorrio e me encho de coragem e motivação. (Na verdade, hoje eu deveria ter feito uma série a mais de *burpees* só para homenagear Jerry!)

Acredito que Michael Jordan e Jerry Rice tenham trocado figurinhas por telepatia quando jovens, porque *definitivamente* jogavam do mesmo jeito. Ambos têm quase a mesma idade, com apenas quatro meses de diferença. Então falemos sobre o início da carreira de Jordan, mais especificamente sobre quando ele foi cortado do seu time do ensino médio.

É isso mesmo que você leu: Michael Jordan não entrou para o time de basquete da sua escola. Houve muitos motivos para isso, inclusive o fato de vários jogadores atuarem na mesma posição, mas de qualquer maneira ele não conseguiu uma vaga, ficou arrasado e chorou muito.

E então... seguiu em frente.

Em sua excelente biografia *Jordan: The Life* (A vida de Jordan), Roland Lazenby conta sobre o dia em que o técnico do time colegial entra na quadra para assistir aos últimos minutos do jogo do time de juniores. Nove jogadores estavam parados, mas um deles movimentava-se com *extrema* intensidade. O técnico achou que aquele time devia estar perdendo por um ponto, faltando pouco para o fim. Até que olhou o placar: a equipe de Jordan perdia por VINTE pontos, faltando um minuto para o jogo acabar.

Mas Jordan? Estava dando o seu MÁXIMO.

Mesmo aos 15 anos, Jordan SEMPRE dava o seu máximo.

Foi isso que fez dele Michael Jordan.

O MINDSET DE CRESCIMENTO
SEGUNDO CAROL S. DWECK

Quer ser como as lendas do esporte Michael Jordan e Jerry Rice?

Dica nº 1: DÊ O SEU MÁXIMO.

Dica nº 2: SEMPRE.

Dica nº 3: Tenha um mindset de crescimento.

Sabemos que Jordan ficou arrasado quando foi cortado do time de basquete do ensino médio e passou a usar esse fracasso como COMBUSTÍVEL para o crescimento. Isso me lembra Carol S. Dweck por dois motivos. Falaremos sobre um deles agora e sobre o outro no capítulo seguinte.

Dweck é uma das psicólogas sociais mais respeitadas do mundo. É professora na Universidade Stanford e dedicou toda a sua vida a compreender o poder da mentalidade. Em seu clássico *Mindset*, ela nos explica que podemos viver com um "mindset fixo" ou um "mindset de crescimento". Devemos escolher nossa mentalidade como se nosso destino dependesse disso... porque depende.

Eis uma visão geral: se você tem um mindset fixo, acredita que suas habilidades são "estanques" e acaba evitando todo e qualquer desafio, por medo de falhar. Afinal, esse fracasso provaria ao mundo que você não é tão incrível assim. E isso é (obviamente) uma receita para um potencial limitado, já que, quando está preso a essa mentalidade, você não percebe que os desafios que tanto evita (e que podem resultar em fracasso) são justamente a oportunidade de provar quanto você é ÓTIMO.

Pessoas com mindset de crescimento, por outro lado, sabem que podem melhorar com o esforço. Como diz Dweck, elas SAEM EM BUSCA DE DESAFIOS. Essa mentalidade, combinada com uma dedicação fora de série como a de Jerry Rice ou Michael Jordan (ou como a sua, nos seus dias mais heroicos), resulta num desempenho excepcional.

Dweck, inclusive, usa Michael Jordan como exemplo várias vezes ao longo do livro, já que ele é um MODELO de mindset de crescimento. Ela diz: "Michael Jordan aceitou seus fracassos. Na verdade, num dos seus comerciais favoritos para a Nike, ele diz: 'Errei mais de 9 mil arremessos. Perdi mais de trezentos jogos. Confiaram em mim 26 vezes para dar o arremesso da vitória e errei.' Você pode ter certeza de que, após cada derrota, ele voltava a praticar o mesmo lance cem vezes."

Esse é nosso +1°. Como está o *seu* mindset? Como você tem lidado com os estressores inevitáveis da vida? Você os vê como AMEAÇAS a serem evitadas? Ou como DESAFIOS a serem encarados?

Escolha sua mentalidade sabiamente, Herói.

DOIS MODOS DE REAGIR À DEPRESSÃO

UM É MELHOR QUE O OUTRO

Vejamos o segundo motivo de eu ter pensado em Carol S. Dweck ao contar a história de superação de Michael Jordan. Imagine mais uma vez aquele adolescente desolado, aos prantos por ter sido cortado do time colegial. É fácil se identificar com isso, já que TODOS sentimos esse desamparo quando fracassamos em algo superimportante para nós.

A propósito, quando li a *Odisseia* para Emerson, fiquei impressionado com a frequência com que Ulisses e seus homens CHORAVAM diante do sofrimento e das perdas. Pois é, heróis choram. E muito. Lembre-se da regra nº 1: NÃO É PARA SER FÁCIL!

Bem, voltando à história do nosso herói do basquete, o jovem Michael incorporou a essência do mindset de crescimento e SE ESFORÇOU MAIS DO QUE NUNCA.

"Como você age quando se sente deprimido?", pergunta Dweck. "Você se empenha ainda mais na sua vida ou se entrega à derrota? Da próxima vez que se sentir para baixo, adote o mindset de crescimento – pense em aprender, encarar desafios, superar obstáculos. Pense no esforço como algo positivo, uma força construtiva. Experimente."

É hora do nosso +1°... Como VOCÊ age quando se sente deprimido?

Entenda que *todos* nós ficamos abatidos e deprimidos às vezes. E saiba que existem dois modos *bem* diferentes de reagir a isso.

Quando pessoas com mindset fixo se sentem deprimidas, tendem a achar que há algo errado com elas (que são as únicas que experimentam o fracasso e a dor) e PARAM de fazer as coisas que mais poderiam ajudá-las a superar a fase ruim. É a temida espiral descendente.

Por outro lado, quando abordamos o mesmo fracasso com um mindset de crescimento, SABEMOS que podemos melhorar e, por isso, nos esforçamos ainda mais.

Lembre-se disso da próxima vez que for a nocaute.

PEQUENAS VITÓRIAS
E SEU PODER SURPREENDENTE

Teresa Amabile é chefe de pesquisa da Harvard Business School. É quase impossível ler um livro sobre produtividade sem esbarrar em seu nome e em suas décadas de pesquisas sobre felicidade e rendimento no trabalho.

Num artigo para a *Harvard Business Review* e em seu livro *O princípio do progresso*, ela nos ensina a alavancar nossa produtividade e nossa satisfação. Veja o que você precisa saber.

Primeiro, Amabile nos conta que tudo começa com nossa "vida interior" no trabalho, ou seja, com o que se passa pela nossa cabeça enquanto trabalhamos. Se estivermos nos sentindo bem, tenderemos a ser mais produtivos e criativos. Simples assim.

O que não é tão óbvio é *o que* devemos fazer para nos sentir bem durante o trabalho, de modo a garantir que nós e nossa equipe tenhamos um desempenho excelente e gratificante.

Pergunta rápida: o que você acha que mais anima a vida interior de um funcionário no ambiente de trabalho? Amabile fez essa pergunta a centenas de gestores e altos executivos e cerca de 95% deles responderam errado! Eles não sabiam o que mais motiva as pessoas.

Sabe o que é? Pequenas vitórias. Progresso em projetos significativos.

As pessoas se sentem bem e desempenham melhor quando *progridem em algo que lhes interessa*. Não precisa ser algo grandioso, como ganhar um supercampeonato (o que, por definição, só acontece raramente). O que faz a maior diferença são as pequenas vitórias que podemos criar para nós mesmos, dia após dia. E, ainda assim, poucos gestores priorizam isso.

Como CEO da sua vida, está na hora de gerir a si mesmo da melhor maneira possível, e estas duas perguntas rápidas vão ajudá-lo nesse processo:

1. Qual é seu principal objetivo?
2. Como você pode chegar mais perto de alcançá-lo hoje?

Concentre sua energia no que é importante agora e celebre as pequenas vitórias.

Todos os dias. Especialmente... HOJE.

INTERRUPÇÕES?

É POR ISSO QUE TEMOS ROTINAS

Hoje mais cedo segui meu protocolo de meditação de mil segundos antes de trabalhar neste livro. Quando eu estava no início de um capítulo... Emerson entrou saltitante em meu escritório.

Interrompi a escrita e concentrei minha energia naquele momento especial com meu filho. Conversamos sobre como ele planejava se preparar para o próximo torneio de xadrez. Ao final da conversa eu estava com lágrimas nos olhos. Disse a ele quanto o admiro e como fico feliz de ver seu progresso. Lembrei-lhe que nada me traz mais alegria do que fazer tudo que posso para ajudá-lo a criar uma vida incrível. Foi um momento extraordinário.

Metas do aplicativo Heroic concluídas:

- Dar atenção a Emerson
- Ter um micromomento incrível com Emerson
- Dar um abraço de urso em Emerson

E então… quando ele estava saindo do escritório, Eleanor entrou e pediu que eu olhasse a casinha que ela estava construindo. PERFEITO! Hora de mudar meu foco para mais uma prioridade:

- Dar atenção a Eleanor
- Ter um micromomento incrível com Eleanor
- Dar um abraço de urso em Eleanor

Estou escrevendo este capítulo uma hora depois do café da manhã, relembrando a sabedoria de Jim Mattis em seu livro *Call Sign Chaos*. Num contexto muito diferente, ele defende o mesmo ponto de vista quando diz: "Um ex-chefe meu, o capitão da Marinha Dick Stratto, que passou 2.251 dias como prisioneiro de guerra em Hanói, me ensinou que uma missão repentina não é uma interrupção da rotina diária; é a razão de ser dessa rotina."

É claro que às vezes precisamos acionar o modo "só perturbe em caso de emergência"… mas as demandas dos nossos filhos e das pessoas que amamos não são *interrupções* da rotina diária; SÃO SUA RAZÃO DE SER.

Lembre-se da equação da Força da Alma ao ativar seu superpoder heroico, concentrando-se no que é mais importante AGORA.

Elimine as lacunas e viva com *Areté*.

HOJE.

UMA TIGELA DE GRÃOS DE CAFÉ

UMA LIÇÃO SOBRE ATENÇÃO FOCADA

Naquela mesma manhã em que ativei minha Força da Alma ao concentrar minha energia nos meus filhos, tive outra oportunidade de concluir mais uma meta com Emerson.

Como você sabe, Emerson se dedica *muito* ao xadrez. Ele é fascinado pelo site ChessKid.com, onde o professor FunMasterMike, um de seus heróis, às vezes faz lives para jogar com as crianças. Emerson já havia tentado jogar com ele VÁRIAS vezes, sem sucesso. Até que... conseguiu naquela manhã!

Então veio ao meu escritório com todo o entusiasmo de uma criança de 10 anos – o que eu adoro!

– PAI! CONSEGUI JOGAR COM O FUNMASTERMIKE! NÃO GANHEI, MAS NÃO TEM PROBLEMA, PORQUE CONSEGUI JOGAR COM ELE!

– Que incrível, filho!

E mais uma vez mudei o foco da minha atenção, já que era um momento *muito* importante para ele e eu queria fazer parte daquela celebração. Então fomos rever a live.

– Foi muito difícil jogar com o FunMasterMike – disse ele –, porque ele comentava o jogo e eu ficava prestando atenção no que ele dizia.

– Filho – falei –, é IMPOSSÍVEL jogar bem assim, dividindo sua atenção entre a partida e os comentários!

Percebi que aquela era uma ótima oportunidade de lhe ensinar algo. Enquanto o elogiava pela experiência, fui procurar na despensa alguns grãos para demonstrar a importância de concentrar nossa atenção no que é primordial agora. Enchi uma tigela com grãos de café e peguei outra vazia.

– Está vendo essa tigela cheia de grãos? – perguntei. – Esse é seu cérebro FOCADO NUMA ÚNICA COISA: jogar xadrez. Sabe o que acontece quando você pensa em outras coisas além disso?

Peguei um punhado de grãos e os coloquei na tigela vazia.

– Esses grãos vêm para cá.

Falei que a empolgação e o nervosismo também retiravam mais um punhado de grãos. E o mesmo acontecia quando ele se preocupava com o cronômetro, com a narração do professor, com tudo ao redor... até que restassem pouquíssimos grãos na tigela do foco. Então perguntei:

– Você acha que jogaria bem com todos esses grãos na tigela da distração?

E ele respondeu com um largo sorriso:

– Não tão bem quanto poderia se todos os grãos estivessem na tigela do foco.

EXATAMENTE. Esse é nosso +1°.

Como está o SEU foco?

Lembre-se dos grãos de café e os mantenha na tigela certa, Herói.

Ative sua Força da Alma. Concentre-se no que é importante AGORA.

Todos os dias.

Especialmente…

HOJE.

SÊ FIEL A TI MESMO

A PRIMEIRA CITAÇÃO QUE MEMORIZEI

William Shakespeare certa vez disse, por meio de Polônio em *Hamlet*: "Acima de tudo, sê fiel a ti mesmo; disso se segue, como a noite ao dia, que não serás falso com ninguém."

Por algum motivo, aos 15 anos, no ensino médio, decidi que essa seria a primeira citação que anotaria e me comprometi a memorizá-la. Ainda guardo vagamente na memória minha letra num pequeno cartão. Sorrio com alegria quando me lembro dessa minha versão mais jovem acreditando que justamente essa frase era digna de atenção.

Acima de tudo, sê fiel a ti mesmo… Você é?

Séculos mais tarde, Ralph Waldo Emerson replicou essa sabedoria quando disse: "Crê em ti mesmo; o coração vibra sempre ao som desta corda."

Crê em ti mesmo… Você crê?

MEDALHA DE OURO EM 1960

MAS SEM PODER JANTAR EM SUA CIDADE NATAL

Quando Muhammad Ali nasceu, ele se chamava Cassius Clay. Em 1960, aos 18 anos, realizou um sonho: ganhou uma medalha de ouro nas Olimpíadas de Roma. No entanto, quando retornou para casa, em Louisville, Kentucky, não pôde comer em nenhum restaurante de sua cidade natal. Essa experiência mudou sua vida.

Pare e pense nisso por um momento... Você tem 18 anos e treinou sem descanso para se classificar e ir às Olimpíadas. Você ganha a medalha de ouro e se enche de orgulho por ter representado seu país. Volta para casa e...

NÃO PODE COMER EM NENHUM RESTAURANTE NA SUA CIDADE.

Como homem branco, nem consigo imaginar essa experiência. Só que esse era exatamente o mundo em que Muhammad Ali e milhões de outros homens e mulheres negros viveram na ainda recente década de 1960. Homens, mulheres e crianças que gerações antes eram escravizados...

O que VOCÊ faria nessa situação?

O jovem Cassius Clay jogou sua medalha de ouro no rio Ohio. E anos depois mudou de nome, passando a se chamar Muhammad Ali, bravamente comprometido a combater as injustiças que seu povo sofria.

P.S.: Em sua autobiografia *The Soul of a Butterfly* (A alma de uma borboleta), Ali conta por que mudou de nome. A história resumida é que seu nome era o mesmo do homem que escravizara seus ancestrais. Você sabia que as pessoas escravizadas recebiam um novo sobrenome quando eram compradas ou vendidas? (Para mim é impossível imaginar uma coisa dessas.) Ele nos conta: "Elijah Muhammad me deu o nome de Muhammad Ali. Muhammad significa 'digno de todas as preces' e Ali significa 'altíssimo'."

P.P.S.: Ao ler essa autobiografia, recordei minha viagem com Emerson para o campeonato de xadrez no Texas. À época, seguimos à risca nosso protocolo pré-jogo, otimizando nossa alimentação, nossos exercícios físicos, nosso sono, nossa respiração... Claro, fiquei orgulhoso por meu filho ter se saído tão bem.

Mas... quando olhei ao redor e vi quantas crianças e famílias lutavam com problemas de sobrepeso, falta de confiança e de bem-estar geral, meu coração se entristeceu. De que importa meu filho poder competir em alto nível se aquelas crianças não tiveram nem de longe os mesmos recursos e vantagens que ele teve? É por isso que fiquei ainda mais determinado a fazer tudo que estiver ao meu alcance para ajudar o maior número possível de crianças e famílias.

OS ENIGMAS DA VIDA

GIRAFAS, GAMBÁS E HERÓIS

Na noite passada, Emerson e eu nos divertimos muito decifrando enigmas enquanto Eleanor e minha esposa tomavam banho juntas na banheira (provavelmente a cena mais fofa do mundo).

– O que é pintada e alta? – pergunta Emerson.

– Uma girafa? – arrisco.

– Certa resposta!

– O que tem listras e cheira mal? – pergunto.

– Um gambá?

– Isso mesmo!

– O que tem face, mas não tem olhos?

– Hum... Preciso de outra dica... – pede Emerson.

– No lugar dos olhos, a face tem números.

– Um relógio!

– O que começa como um agente irritante e termina como uma preciosidade? – pergunto.

– Uma pérola!

– O que é maior que uma quadra de tênis, mas está no seu corpo?

– Minha alma? – arrisca Emerson.

– Uau! Ótima resposta... Algo mais?

– Hum...

– O intestino delgado! – grita a mãe dele do banheiro.

– Que virtude você mais admira em seus heróis? – pergunto.

– Amor.

Eu podia jurar que ele ia responder "coragem", então continuo:

– O que mais?

– Bondade.

E então percebo que ele tem razão.

– Você está certíssimo, filho. Te amo.

Sabedoria, disciplina, coragem...

Tudo isso é essencial para uma vida repleta de sentido e alegria.

Mas... e o amor?

Essa é a resposta para a maioria dos enigmas da vida.

QUANTO É 1 + 1?

DEPENDE

Depois de Emerson ter me dado a resposta para a maioria dos enigmas da vida (AMOR!), fizemos uma visita às damas na banheira, o que nos levou a outra rodada de charadas.

Inclusive esta, que peguei emprestada de Ellen J. Langer, precursora da atenção plena e criadora da "psicologia da possibilidade". Entrevistei Ellen há alguns anos e, durante nosso bate-papo, ela me perguntou:

– Quanto é 1 + 1?

O que você responderia?

Eu pensei: "Sei que a resposta não pode ser dois, mas..."

Minha Parte X se intrometeu: "O que importa é que estamos filmando isso e você vai parecer ridículo!"

Ao que meu *daimon* respondeu: "Isso não foi útil, Parte X. Apenas se divirta e responda à pergunta."

Sim, todo esse falatório mental aconteceu em alguns segundos.

– É... dois? – arrisquei.

– Não. A resposta certa é "depende".

Então a professora Ellen começou a me ensinar sobre a importância de encarar os desafios da vida com atenção plena.

– Se você somar os dois algarismos – ela explicou –, a resposta será dois. Mas... se juntar dois pedaços de chiclete, a resposta será um.

Quando contei isso às damas na banheira, observamos que, se colocarmos dois números 1 lado a lado, a resposta será "11". E, se somarmos um espermatozoide com um óvulo, teremos um bebê (ou talvez dois!). E assim por diante...

Esse é nosso +1°.

Crie suas próprias charadas com seus amigos e familiares e encare a vida com um pouco mais de atenção plena.

Todos os dias.

Especialmente...

HOJE.

MOTIVAÇÃO (NOVAMENTE)

APLIQUE A EQUAÇÃO

Sempre que trabalho num grande projeto que pretendo executar com maestria, lanço mão de todas as minhas ferramentas motivacionais. Uma delas é a Calculadora Motivacional, que vamos rever agora.

Como já aprendemos, um importante pesquisador chamado Piers Steel fez uma metanálise de uma série de estudos sobre a ciência da motivação e elaborou uma equação para nos motivar a tirar os planos do papel. Lembra que equação é essa?

Motivação = Expectativa × Valor / Impulsividade × Demora

Gosto de escrevê-la no topo de uma folha quando aplico essa sabedoria. Depois avalio como anda cada variável em minha vida e encontro um meio de otimizá-las para ter certeza de que minha motivação está heroicamente ativada. (Em seguida, quase sempre aplico o método DROP.)

Vamos começar pela variável Valor, também conhecida como "desejo". Você *realmente* deseja uma conquista específica? De verdade? Que bom. Mas por quê?

Segunda variável: Expectativa, também conhecida como "confiança". Você *realmente* acredita que consegue realizar esse sonho? Se acredita, ótimo. Do contrário, recalibre seus objetivos. Não desperdice nem mais um dia correndo atrás do que acredita ser impossível.

Agora vejamos as coisas que prejudicam a motivação.

Terceira variável: Impulsividade. Você se distrai facilmente, oscilando o foco da sua atenção durante todo o dia, sem fazer o que é mais importante? A solução é alavancar o poder do seu desejo para se concentrar no que realmente importa agora!

Quarta variável: Demora. Se seu objetivo tiver um prazo de um ano (sem metas com prazos menores), você nunca manterá um pico de motivação. Como ensina Teresa Amabile em *O princípio do progresso*, precisamos criar oportunidades para microvitórias. Torne o dia de hoje magistral ao identificar o que é importante agora e então VENÇA, VENÇA, VENÇA todos os dias.

Com isso em mente… qual tem sido o seu objetivo crucialmente importante? Não quero que você faça uma lista de desejos de cem coisas para fazer antes de morrer. Quero UM objetivo superimportante. Qual é ele?

Pegue papel e caneta. Dedique-se à equação. Escreva isto no topo da página:

Motivação = Expectativa × Valor / Impulsividade × Demora

Agora, faça um inventário… O que está funcionando? O que precisa melhorar? Otimize essas variáveis ao mesmo tempo que *concentra sua energia no que é importante agora*.

E continue fazendo isso.

HOJE.

INFELIZMENTE VS. IMPERDOÁVEL

PERDER TEMPO E CONTINUAR ESPERANDO

Agora vamos conhecer uma pérola de Seth Godin em *A lição de Ícaro*. Se tem uma citação capaz de elevar +1°, é esta: "Infelizmente esse tempo foi desperdiçado, mas seria imperdoável continuar esperando. Você pode contribuir muito mais. Precisamos de você agora."

Adoro o contraste entre as palavras "infelizmente" e "imperdoável". Essa frase se tornou uma espécie de mantra para mim.

Dia desses, eu estava relendo um diário que escrevi há mais de vinte anos. Fiquei encantado por já naquela época falar sobre os mesmos temas que guiam minha vida hoje, mas ao mesmo tempo quis voltar no tempo, sacudir aquela minha versão mais jovem e IMPLORAR que ACORDASSE e começasse a viver com um sentido mais profundo de urgência.

Sim, infelizmente todos nós desperdiçamos muito tempo… mas imperdoável mesmo é continuar esperando. (Eu me arrepio só de escrever isso.)

Hoje é o dia. Dê tudo de si, Herói.

O PRINCÍPIO Nº 1 DO SUCESSO
EVENTO + REAÇÃO = DESFECHO

Jack Canfield é cocriador da série de livros "Canja de Galinha para a Alma", que já vendeu impressionantes 500 milhões de exemplares. Mestre do autodesenvolvimento há décadas, também escreveu *Os princípios do sucesso*, no qual destila "os 64 princípios usados por homens e mulheres de sucesso ao longo da história". Vamos falar sobre o primeiro desses princípios.

Canfield nos conta: "Está na hora de parar de procurar lá fora os motivos para você não ter criado a vida e os resultados que deseja. Quem cria sua qualidade de vida e suas conquistas é você – mais ninguém! Para alcançar um grande sucesso é necessário assumir 100% da responsabilidade por sua vida. Nada menos que isso."

Todos os grandes mestres concordariam com esse ensinamento, sem exceções.

O princípio nº 1 de Canfield é também o hábito nº 1 de Covey, além de ser a essência do estoicismo. É a principal regra para se criar uma vida excelente.

Precisamos nos tornar os heróis da nossa vida e não podemos fazer isso se agirmos como vítimas. Para nos ajudar, Canfield compartilha uma fórmula:

E + R = D
EVENTO + REAÇÃO = DESFECHO

Um evento acontece e, por si só, ele é neutro. Os budistas diriam que o evento é "vazio" de significado. Nós é que reagimos a ele. Precisamos saber que SEMPRE podemos escolher nossa reação, e é SEMPRE essa reação que acaba determinando o resultado.

Claro que, quando estamos no modo vítima, pensamos que a equação é simplesmente E = D. Algo acontece e traz consigo um desfecho inevitável. Isso não é verdade. Canfield compartilha uma história simples para exemplificar seu ponto de vista.

Depois do terremoto de 1994 em Los Angeles (eu me lembro como se fosse hoje de ter sido arremessado da cama na época em que estudava na UCLA), uma das rodovias colapsou. O trânsito estava quase paralisado. Alguns repórteres batiam nas janelas dos carros e perguntavam o que as pessoas estavam achando daquilo tudo.

Um dos entrevistados estava bravo, reclamando das enchentes e dos incêndios causados pelo terremoto, dizendo quanto odiava a Califórnia e assim por diante.

Outro estava feliz. Já sabendo que haveria trânsito, saiu de casa mais cedo e levou consigo um livro e umas fitas para estudar espanhol no caminho. A vida era boa.

Esse é nosso +1°...

Lembre-se do princípio nº 1 do sucesso e de sua equação:

Evento + Reação = Desfecho.

Escolha a melhor reação aos eventos da vida.

HOJE.

A DINÂMICA DO EMPODERAMENTO
VS. O TEMIDO TRIÂNGULO DO DRAMA

Vimos no Objetivo II que David Emerald escreveu o livro *The Power of TED**. Agora vamos revisitar e praticar alguns ensinamentos desse livro que uso MUITO em minha vida e no meu trabalho como coach.

Saiba que TED* é a sigla em inglês para "A Dinâmica do Empoderamento". David chama o oposto disso de "Temido Triângulo do Drama", que podemos abreviar como TTD.

Segundo ele, é fácil viver no TTD todos os dias, mas não é isso que queremos. Veja uma dica superfácil para evitar cair nessa armadilha.

Primeiro, desenhe um triângulo com a ponta para cima. Depois desenhe um segundo triângulo ao lado dele. No primeiro triângulo, escreva "Vítima" no topo, "Salvador" no canto inferior esquerdo e "Perseguidor" no canto inferior direito. Esse é o seu Temido Triângulo do Drama.

No segundo triângulo, escreva "Criador" no topo, "Orientador" no canto inferior esquerdo e "Desafiante" no canto inferior direito. Essa é sua Dinâmica do Empoderamento.

No primeiro triângulo, começamos pela perspectiva da Vítima. Quando nos vitimizamos, damos mais atenção ao que está errado, nos sentimos perseguidos pela vida e buscamos coisas ou pessoas para nos salvar.

Digamos que você tenha perdido o emprego. Se adotar o papel de Vítima, vai reclamar dos ex-colegas, da economia ou do mundo. Então vai procurar em outra pessoa ou numa substância entorpecente, por exemplo, uma solução temporária para os seus problemas.

Nesse triângulo do drama, costumamos oscilar entre os três papéis. Quando não estamos no papel de Vítima, assumimos um dos outros dois.

Por outro lado, na Dinâmica do Empoderamento, partimos da perspectiva do Criador. Nesse caso, não somos Vítimas reclamonas; somos Criadores empoderados. Portanto, não somos perseguidos pela vida, mas desafiados por ela. E, embora estejamos abertos à orientação, não esperamos ser salvos.

Além disso, quando adotamos a mentalidade do Criador, vemos *outras pessoas* como Criadoras igualmente capacitadas, por isso ofereceremos a elas orientações e desafios, sem cair na condição de Salvador ou Perseguidor.

TTD vs. TED*.

Onde VOCÊ costuma ficar?

Faça do TED* seu novo amigo!

O ESTOICISMO DE SINGER

A VERDADEIRA ENTREGA

Michael A. Singer é um dos meus mestres preferidos. Ele claramente põe sua filosofia em prática – e é uma filosofia das boas! Enquanto lia seu último livro, fiquei impressionado com os paralelos entre sua sabedoria e o estoicismo. Veja só...

Aqui temos Singer em seu livro *A vida sem amarras*: "Uma das coisas mais importantes que você vai perceber é que o momento que você tem diante de si não o está incomodando – você é que está se incomodando com ele."

Agora veja Marco Aurélio em *Meditações*: "Se você está angustiado por qualquer coisa externa, o sofrimento não se deve à coisa em si, mas ao que você pensa dela; e isso você tem o poder de revogar a qualquer momento."

Os mais iluminados entre nós aprenderam a ter sabedoria e humildade para ver o panorama geral e ACEITAR A REALIDADE.

Isso é o que Singer chamaria de "verdadeira entrega". Byron Katie chama de "amar a realidade". Phil Stutz, de "aceitação radical". Os estoicos, de "a arte da aquiescência", e TODA a sua filosofia é baseada *exatamente* no que Singer descreve.

Chame do que quiser, mas não deixe de praticar isso.

HOJE.

ATLETAS HEROICOS UNIDOS!

JERRY RICE E OUTROS GIGANTES

Quase todas as manhãs, começo meu dia do mesmo jeito.

Primeiro, um lembrete importante: meu dia começa na NOITE ANTERIOR, cumprindo à risca meu protocolo noturno.

Na noite passada, meu expediente acabou por volta da "décima hora" (desconexão total, lembra?), seguido por um "pôr do sol digital". Então me dediquei um pouco ao Amor Focado e fui brincar com meus filhos.

Depois de uma ótima noite de sono, acordei e, enquanto escovava os dentes, verifiquei quantas horas dormi. Olhei minhas pontuações no Oura Ring, pensei em como poderia usar esses dados para melhorar mais um pouco (+1°!) e enviei essas pontuações para dois dos meus amigos mais queridos: Sean Casey e Brandon Guyer.

Como você já sabe, Sean é um astro do beisebol e atual treinador de rebatidas dos New York Yankees. Brandon também é um craque do esporte e coach de resistência mental dos Los Angeles Angels.

Nota nº 1: ambos também são coaches heroicos.

Nota nº 2: essa prática de mandar minhas pontuações sem dúvida fez de mim um ser humano melhor, já que somos um pouco competitivos.

Lembre-se do "efeito plateia" e de que a maneira mais rápida de mudar sua vida é ingressar numa comunidade com padrões elevados – mesmo que essa "comunidade" tenha apenas três pessoas! De quebra, é um jeito muito divertido de fortalecer laços.

Pois bem... Se você já usou um Oura Ring, sabe que uma pontuação de Prontidão e Sono acima de 85 é considerada ideal. Costumo pontuar acima disso.

Certa vez, Sean obteve 87 nos dois quesitos e bradou "Um par de Gronks!" (em alusão ao grande jogador Rob Gronkowski, que usava a camisa 87). Brandon e eu achamos graça.

Então, depois de escrever aquele capítulo sobre Jerry Rice, que marcava um *touchdown* sempre que pegava a bola, decidi usar o número da camisa dele (80!) como ponto de partida: subtraio 80 da minha pontuação e encontro o melhor atleta que vestiu esse número.

É um jeito divertido de evocar minha identidade de "atleta disciplinado", imaginando como grandes craques se dedicaram ao próprio sucesso.

Por exemplo, hoje de manhã pontuei 88 em Prontidão e 90 em Sono. Isso significa que tenho que encontrar os melhores atletas que tenham vestido as camisas 8 e 10. Kobe Bryant era camisa 8. Pelé, camisa 10. Perfeito.

Veja a mensagem que mandei para meus amigos: "Hoje consegui um Rice+Kobe e um Rice+Pelé. Estou pronto para arrasar. Dia 1. Vamos nessa!"

E esse é nosso +1°...

Lembre-se: ativar seu potencial heroico é mais divertido entre amigos. Torne tudo uma grande brincadeira.

Inspire-se em seus atletas heroicos favoritos.

HOJE.

A HISTÓRIA DE LA PIÑATA

QUANDO SONHOS SE TORNAM REALIDADE

No capítulo anterior, passamos um tempo com Sean Casey e Brandon Guyer. Agora vamos falar um pouco mais sobre Brandon. Ele é a pessoa que me inspirou a fazer a tatuagem *ARETÉ*.

Após se formar em nosso programa Heroic Coach, ele se apaixonou pela ideia de viver com *Areté* e me disse que faria uma tatuagem. Respondi "Uau", seguido de: "Não antes de mim!"

Agendei minha tatuagem para aquela semana. Nós dois tatuamos a palavra no antebraço direito em letras garrafais.

Curiosidade nº 1: meu querido amigo Tom Morris (o cara com duplo Ph.D. em religião e filosofia pela Universidade Yale) escreveu sobre nossas tatuagens em seu livro *Stoicism for Dummies* (Estoicismo para leigos).

Curiosidade nº 2: agora um monte de gente tem a palavra *ARETÉ* tatuada no corpo, incluindo meu grande parceiro Michael Balchan e meu querido amigo e conselheiro Matt McCall, o *primeiro* investidor da Heroic.

Curiosidade nº 3: se VOCÊ tatuar *ARETÉ*, me manda uma foto pela plataforma Heroic. Vou adicionar você à nossa galeria de tatuados.

Enfim, voltando ao assunto... Como todos os grandes jogadores de beisebol, Brandon começou numa liga menor. Certo dia, após um de seus *piores* desempenhos, foi chamado pelo seu técnico e ficou preocupado com o que ele poderia lhe dizer. Para sua surpresa, Brandon estava sendo chamado para participar da Liga Principal. No dia SEGUINTE, jogaria pela primeira vez no mesmo estádio que frequentava quando criança. Imagine isso!

Sabe o que ele fez em sua primeira rebatida? Marcou um *home run* na frente de seus familiares e amigos – o primeiro jogador a marcar um *home run* em seu primeiro jogo em Camden Yards. Sugiro procurar esse vídeo na internet. Eu já assisti dezenas de vezes e sempre me emociono.

Em seguida, acertou mais duas rebatidas.

Depois foi mandado de volta para as ligas menores, onde ficou indo e vindo por ANOS antes de se estabelecer na Liga Principal.

E ele lidou com todo esse processo seguindo as mesmas ideias que abordamos neste livro.

No fim das contas, realizou seu sonho, tornou-se jogador da Liga Principal por sete anos e fez jogadas incríveis nas pós-temporadas e na World Series – quando ganhou o apelido de "La Piñata" por ter sido atingido por mais arremessos do que qualquer outro jogador de beisebol.

Agora ele é coach de resistência mental da equipe Los Angeles Angels e do time de beisebol da Universidade da Virgínia (onde está no Hall da Fama). E criou um programa para ensinar jovens atletas a ganhar DENTRO e FORA de campo. Como? Vivendo com *Areté*, claro.

Ele é a personificação do que significa ser heroico.

Agora é sua vez… Que sonhos *você* quer realizar?

Dia 1. Agora é pra valer.

VAMOS NESSA, HERÓI!

ATHLĒTĒS DISCIPLINADOS

EM QUE COMPETIÇÃO VOCÊ ESTÁ?

Nos capítulos anteriores, nos divertimos com alguns dos meus atletas favoritos. Agora quero falar sobre minha identidade heroica e por que me comprometo a ser um "*athlētē* disciplinado" todos os dias, sempre procurando dar ao mundo (inclusive a VOCÊ!) tudo que tenho.

Está na hora de outro quiz etimológico. (Sim, eu era nerd na escola e continuo sendo.)

A palavra *atleta* vem do grego *athlētēs*, "competidor", que, por sua vez, vem de *athlein*, "competir por um prêmio". Um competidor que disputa um prêmio… Quão INCRÍVEL é isso?

Do meu ponto de vista, considerando nosso compromisso de VENCER O JOGO DECISIVO DA VIDA, proclamo que somos TODOS atletas.

Por isso sou um "*athlētē* disciplinado" – e uso a palavra grega de propósito, para me lembrar de disputar o jogo decisivo da melhor maneira possível.

É hora de se mostrar heroico na Energia, no Trabalho e no Amor.

De eliminar as lacunas, viver com *Areté* e ativar seu potencial heroico.

Quando? Como sempre…

HOJE.

Vejo você na arena, Atleta!

MEU VOTO SAGRADO NO TRABALHO

QUAL É O SEU?

No capítulo anterior, me identifiquei como um "*athlētē* disciplinado" em busca do prêmio final: ativar meu potencial heroico a serviço de algo muito maior que eu e, no processo, experimentar as alegrias do *florescimento eudemônico.*

Ganharei esse jogo vivendo com *Areté*, é claro. E isso implica viver com virtude.

Por isso recomendo incorporar as virtudes da disciplina, da confiança calma, da tranquilidade energizada e do equilíbrio todos os dias.

Mas isso não é suficiente... Tenho que transformar minha identidade e minhas virtudes em COMPORTAMENTOS que as reflitam. Por isso também busco cumprir minhas metas de Energia, que incluem dormir 7 a 8 horas por noite e meditar ao menos um minuto. Também faço uma saudação ao sol, dez flexões, cem *burpees*, mil metros de remo e dou 10 mil passos TODOS OS DIAS.

Agora quero falar sobre meu protocolo heroico de TRABALHO. Nesse quesito, a identidade que adoto é a do "CEO filósofo heroico".

Eu me comprometo a viver com inúmeras virtudes: sou muito ambicioso, focado na VITÓRIA, intenso, antifrágil, sábio, disciplinado, corajoso, grato, esperançoso, curioso, entusiasmado, humilde, honesto, competente, visionário, inspirador e magnânimo.

Pois bem, todo dia eu me comprometo com essa identidade de Trabalho e com minhas metas de comportamento. E sabe qual é a meta nº 1? Reafirmar meu Voto Sagrado.

Tenho feito isso TODOS OS DIAS há mais de dois anos. É uma prática que me empodera e inspira outras pessoas... então quero incentivar você a criar seu próprio Voto Sagrado também.

Mas, antes de prosseguirmos, me permita contextualizar a história. Na noite das eleições americanas de 2020, fundei a Heroic Public Benefit Corporation. Alguns dias depois, descobri que as regulamentações de crowdfunding haviam mudado e que startups como a nossa, que antes poderiam arrecadar no máximo 1 milhão de dólares de investidores não credenciados, agora poderiam arrecadar até 5 milhões.

Não *achei* que conseguiríamos: eu SOUBE que seríamos a primeira empresa a arrecadar 5 milhões de dólares por meio da nova regulamentação.

E foi o que aconteceu. Em poucas palavras, depois de receber 5 milhões de investimento 24 horas após o primeiro e-mail para nossa comunidade (um valor que chegou a 10 milhões nas primeiras cem horas), conseguimos. No dia 23 de março de 2021, com o apoio de 2.432 investidores-fundadores de 75 países, fizemos história.

Antes de tudo isso se tornar oficial, era preciso assinar eletronicamente alguns documentos. Depois de assiná-los, saí para uma caminhada na minha propriedade, refletindo sobre o tamanho do meu comprometimento com nossa comunidade. Era como se eu estivesse assumindo um compromisso vitalício com nossos investidores, quase como um casamento.

Foi aí que decidi fazer meu Voto Sagrado. Veja o que escrevi:

Eu, Brian Johnson, comprometo-me absoluta e profundamente a honrar seu investimento em mim e na Heroic. Farei todo o possível para que você sinta orgulho de fazer parte do nosso movimento. A VOCÊ e a toda a nossa comunidade, faço o voto sagrado de honrar meus fundamentos e praticar minha filosofia. É claro que não serei perfeito e não posso garantir nenhum resultado, e é muito provável que eu cometa erros. Mas prometo estar presente e fazer tudo que estiver ao meu alcance para cumprir nossa Missão de mudarmos juntos o mundo, uma pessoa de cada vez, começando por nós dois, Hoje. Com Amor + Sabedoria + Autodomínio + Coragem, eu proclamo: Heróis, unam-se!

Esse é o voto que releio a cada manhã, renovando meu compromisso.

Mas o foco deste capítulo não sou eu; é VOCÊ. Existe algum Voto Sagrado que você e seu *daimon* gostariam de escrever? Que tal pensar sobre isso?

Eu, [INSIRA SEU NOME]...

____

____

____

____

____

____

____.

Celebre seu Voto Sagrado, Herói!

P.S.: Se quiser saber mais sobre como investir na Heroic Public Benefit Corporation, visite Heroic.us/Invest (em inglês).

P.P.S.: Meus incríveis advogados me lembram que, sempre que menciono um possível investimento em crowdfunding, preciso incluir alguns termos jurídicos. Então vamos lá...

Esses materiais podem conter declarações prospectivas e informações relacionadas, entre outras coisas, à empresa, ao seu setor e ao seu plano de negócios e estratégia. Essas declarações prospectivas baseiam-se nas crenças, suposições e informações atualmente disponíveis para a administração da empresa. Quando usadas nos materiais de oferta, as palavras "estimar", "projetar", "acreditar", "antecipar", "pretender", "esperar" e expressões semelhantes têm como objetivo identificar declarações prospectivas. Essas declarações refletem as opiniões atuais da administração em relação a eventos futuros e estão sujeitas a riscos e incertezas que podem fazer com que os resultados reais da empresa sejam substancialmente diferentes daqueles contidos nas declarações prospectivas. Os investidores são alertados a não depositar confiança indevida nessas declarações, que são válidas apenas na data em que foram feitas. A empresa não assume nenhuma obrigação de revisar ou atualizar essas declarações prospectivas para refletir eventos ou circunstâncias após determinada data ou para refletir a ocorrência de eventos imprevistos.

Aí está, Herói. Nosso +1° no jargão jurídico!

MEU VOTO SAGRADO NO AMOR

QUAL É O SEU?

Nos capítulos anteriores, conversamos sobre meus protocolos de Energia e Trabalho. Agora é hora de falar sobre Amor. Vamos conferir rapidamente minhas três principais metas de Amor heroico, inclusive *outro* Voto Sagrado que faço todos os dias.

Quando bato minhas metas de Energia e Trabalho, dificilmente tenho um dia ruim. Mas quando também bato as metas de Amor, aí é *quase impossível.*

Estas são minhas três principais metas de Amor atualmente:

1. Renovar meu Voto Sagrado (51º, BFFs, Vovô)
2. Devorar um desafio como se fosse uma barrinha energética
3. Enviar uma mensagem de amor para minha esposa

Vamos dar uma rápida olhada em cada uma delas, enquanto você pensa nas suas próprias metas de Amor.

1. Renovar meu Voto Sagrado (51º, BFFs, Vovô)

Como já vimos, minha meta de Trabalho nº 1 é renovar meu compromisso de ajudar a criar um mundo em que 51% da humanidade floresça até o ano 2051, elevando minha Força da Alma e me esforçando para ajudar 1 milhão de pessoas a fazer o mesmo.

E toda manhã assumo um compromisso semelhante com *minha família.* Quero fazer o possível para que eu e Alexandra possamos comemorar 51 anos juntos (é isso que o "51º" significa), quero ser o melhor amigo dos meus filhos quando forem adultos (daí o "BFFs") e quero ser o "Vovô" dos filhos dos meus filhos.

Alexandra e eu estamos juntos há mais de quinze anos e todo dia me comprometo a ultrapassarmos nossas bodas de ouro. Nossos filhos têm apenas 10 e 6 anos e todo dia me comprometo a estar perto deles e de seus futuros filhos por toda a vida. Quero ser digno de tudo isso. Não um dia desses. HOJE.

2. Devorar um desafio como se fosse uma barrinha energética

Minha segunda meta é AMAR a vida e TODOS os seus inevitáveis desafios heroicos, ao mesmo tempo que devoro esses desafios como se fossem barrinhas energéticas. Curiosidade: às vezes passo a noite contemplando um desafio e cumpro essa meta assim que acordo.

3. Enviar uma mensagem de amor para minha esposa

É isso mesmo: escrevo um recado romântico para Alexandra e envio para ela antes de fazer qualquer outra coisa. É um daqueles gestos que não levam nem um minuto e proporcionam ganhos enormes. Recomendo fortemente.

E você? Quais são as *suas* três principais metas de Amor?

1. ____

2. ____

3. ____

Fantástico. Esclarecer isso é o primeiro passo.

Que tal cumprir essas metas hoje, Herói?

Dia 1. VAMOS NESSA!

42%
METAS DE TATUAGEM

Sabe como passei o Dia dos Pais em 2022 com meus filhos? Alerta de spoiler: fomos a um estúdio tatuar algumas metas heroicas no meu antebraço.

Na semana anterior, eu havia lido *O código do herói*, do almirante William H. McRaven, em que ele apresenta uma série de virtudes que os heróis incorporam no dia a dia. Uma delas é a perseverança. Ele nos conta que foi a PERSEVERANÇA que ajudou muitos dos nossos heróis favoritos a suportar tempestades inevitáveis em suas jornadas heroicas, enquanto realizavam suas missões.

Eis uma das minhas passagens favoritas: "George Washington perdeu mais batalhas do que ganhou. Abraham Lincoln perdeu oito eleições antes de se tornar presidente. Thomas Edison falhou 10 mil vezes antes de inventar a lâmpada. Henry Ford teve duas empresas falidas antes de encontrar o sucesso. J.K. Rowling passava necessidade antes de publicar o primeiro livro da série Harry Potter, e Oprah Winfrey teve uma infância extremamente difícil antes de encontrar seu caminho. Martin Luther King certa vez disse: 'Se não puder voar, corra. Se não puder correr, ande. Se não puder andar, rasteje. Mas continue de qualquer jeito.'"

Como você já sabe, tatuei a palavra *ARETÉ* no meu antebraço direito para me lembrar de eliminar as lacunas entre quem sou e quem posso ser.

No antebraço esquerdo, tatuei *HEROIC* junto com os números "51 | 2051" para evocar a missão suprema à qual dedico minha vida: desempenhar meu papel da maneira mais humilde e heroica possível para ajudar a criar um mundo no qual 51% da humanidade floresça até 2051. O "51" também simboliza ficar com Alexandra por 51 anos.

No Dia dos Pais de 2022, a aventura foi acrescentar "101 | 1M" no mesmo antebraço. O "101" representa meu compromisso em pontuar 101 no quesito Força da Alma no aplicativo Heroic, além de ajudar você a obter a mesma pontuação. O "1M" representa o primeiro milhão de pessoas que pretendo ajudar a chegar lá também.

Você sabia que, segundo a ciência, aumentamos em 42% as chances de atingir os objetivos se eles forem anotados? Pois é. Enquanto a maioria das pessoas anota seus objetivos e cola no espelho do banheiro, eu decidi tatuá-los como lembretes constantes, para PERSEVERAR diante de todos os obstáculos inevitáveis de uma boa jornada heroica. Toda manhã começo minha meditação olhando meus braços e dizendo a mim mesmo: "Herói, vejo um mundo no qual 51% da humanidade estará próspera em 2051. Eleve sua Força da Alma até 101 e ajude 1 milhão de pessoas a fazer o mesmo para que possamos cumprir nossa missão."

E você? Embora não precise fazer uma *tatuagem* para recordar seus compromissos mais profundos na vida, saiba quais são eles. Saiba quem você é e o que está disposto a fazer, e então dê tudo de si para ativar seu potencial heroico.

Vamos nessa, Herói.

Está na hora de cumprirmos nossa missão.

Juntos.

HOJE.

PONTOS FORTES E FRACOS

LINCOLN, GRANT, IOVINE E DR. DRE

Peter Drucker nos diz que todas as grandes pessoas têm pontos fracos. Onde há picos, há vales. Segundo ele, os melhores entre nós sabem que não podem ser ótimos (ou mesmo bons) em tudo e não tentam abranger todas as áreas. Essa seria a receita para a mediocridade. Em vez disso, o ideal é explorar os pontos fortes de tal maneira que as fraquezas se tornem irrelevantes.

Para ilustrar seu ponto de vista, Drucker conta a história de Abraham Lincoln e Ulysses S. Grant. Grant foi o primeiro general realmente disposto a lutar pela União. Esse era seu ponto forte, e era justamente o que Lincoln procurava. Só que Grant também gostava de beber. E muito.

Sabe o que Lincoln disse sobre essa fraqueza? "Se eu soubesse o que ele mais gosta de beber, enviaria um barril a todos os meus generais."

Quando li essa história, pensei numa dupla moderna: Jimmy Iovine e Dr. Dre.

Na impressionante e inspiradora série documental *The Defiant Ones*, vemos que ambos estavam decididos a vender para a Apple a empresa que haviam fundado, a Beats Electronics, por alguns bilhões de dólares. Ainda era um acordo ultraconfidencial e, como sabemos, nenhum acordo é fechado até que tudo esteja assinado.

Então Dr. Dre abre uma garrafa do uísque favorito de Grant para comemorar o acordo com seus amigos e grava um pequeno vídeo, que acaba viralizando. Ops.

Iovine assiste ao vídeo, mantém sua serenidade e dá de ombros.

Picos e vales: todos nós temos.

Quais são os *seus* pontos fortes? O que você faz com relativa facilidade que a maioria das pessoas não consegue?

APOSTE NISSO!

Até que seu ponto fraco se torne irrelevante.

Pare de tentar ser bom em tudo e escolha ser ótimo em ser VOCÊ.

P.S.: Se seus pontos fracos envolverem seu caráter e sua integridade, priorize resolver isso. Do contrário, redobre seus pontos fortes. Sempre.

A VIZINHANÇA CRIATIVA DE MR. ROGERS

NÃO É FÁCIL SER UM CRIADOR

Já assistiu ao documentário *Fred Rogers: o padrinho da criançada*? É um retrato incrivelmente inspirador desse brilhante artista. Hoje vamos falar sobre uma cena específica do filme, que mostra os bastidores de seu processo criativo.

Contexto rápido: Fred Rogers começou sua carreira nos primórdios da televisão e percebeu que aquela plataforma poderia ser usada de modo mais construtivo. Depois de ser ordenado pastor presbiteriano, ele criou o programa *Mister Rogers' Neighborhood*. Em vez de desenhos bizarros e outras bobagens, ele montou uma programação para desenvolver o caráter do público infantil.

Durante TRÊS DÉCADAS ele criou mais de novecentos episódios.

Você acha que foi fácil para ele escrever todos aqueles roteiros e fazer dez vozes diferentes para suas marionetes?

Bem, deixe que ele mesmo responda com este trecho de diário datado de abril de 1979: *Eu me pergunto: sou mesmo capaz de escrever outro roteiro? Será que estou delirando? Se não tentar, nunca saberei de verdade. Mas não confio em mim mesmo... e também não quero passar pela agonia da criação. DEPOIS DE TODOS ESSES ANOS, CONTINUA SENDO DIFÍCIL. Eu me pergunto se todo artista passa pela tortura dos condenados quando está criando. Bem, chegou a hora de agir. VAI LÁ, FRED, AJA... Mas não deixe ninguém dizer que foi fácil. Não foi.*

Fred tinha 51 anos quando escreveu isso, e o programa já estava no ar havia onze anos.

A criatividade não foi fácil para ele e não é fácil para nenhum outro artista – seja um escritor, uma mãe ou um empreendedor.

E nem será fácil para *nós*, que trabalhamos arduamente para tornar nossa vida magistral. Nunca deixe ninguém dizer que deveria ser fácil.

Se o homem que ofereceu amor incondicional a tantas crianças experimentou sua própria "tortura dos condenados" tentando dar seu melhor ao mundo, talvez possamos adotar isso como parte do processo.

Da próxima vez que sentir a "tortura dos condenados", lembre-se de Mr. Rogers.

Chegou a hora de agir.

AJA, MEU AMIGO.

A PARÁBOLA DOS TALENTOS

VOCÊ TEM USADO OS SEUS?

Todos nós já ouvimos falar sobre a Parábola dos Talentos, mas você sabia que *talento* era uma unidade monetária da Antiguidade? Um talento valia cerca de VINTE ANOS de trabalho.

Jesus nos conta sobre um homem muito rico que, antes de viajar, confia a seus servos uma boa quantidade de dinheiro, de acordo com a habilidade de cada um. Um dos servos recebe cinco talentos (5 milhões de dólares, digamos), o outro recebe dois talentos, e o terceiro, um talento.

Quando volta de viagem, o homem fica muito satisfeito ao descobrir que dois dos servos tinham investido e duplicado as respectivas quantias. Por outro lado, fica furioso ao saber que o terceiro servo tinha enterrado o dinheiro por medo de perdê-lo. Na verdade, fica tão possesso que o lança "nas trevas exteriores" para experimentar "choro e ranger de dentes". Chefe difícil, hein?

Moral da história: o reino dos céus funciona assim também. Se você quer entrar lá, é melhor usar seus dons sabiamente.

E saiba que o reino dos céus existe NESTE SEGUNDO – não é preciso morrer para chegar lá. A cada momento temos uma escolha: avançar para nossa evolução ou voltar para a segurança. Elimine as lacunas e viva com *Areté* ou... mantenha as lacunas e experimente as "trevas" interiores do desespero.

Este é nosso +1°: não enterre seus talentos. Ofereça-os ao mundo e experimente a alegria eudemônica do florescimento.

P.S.: Lembre-se de que a palavra "felicidade" no grego antigo (o idioma dos Evangelhos) era eudemonia – que literalmente significa "alma boa". O reino dos céus existe quando acessamos o que há de melhor dentro de nós, usando nossos maiores talentos para servir ao mundo.

FOGUEIRAS E CADEIRAS

RECRIADAS TODO DIA NO PLANO ESPIRITUAL

Digamos que você esteja acampando. A noite cai, você acende uma fogueira para se manter aquecido e, quando acorda na manhã seguinte, o fogo se apagou. Você sabe que vai precisar reacender a fogueira quando escurecer de novo.

Você reclama ao fazer isso? Claro que não, certo? A menos que goste *muito* de bancar a vítima, você aceita a realidade e reacende a fogueira.

Bem... Steve Chandler nos diz que o "espírito humano" é como essa fogueira. Precisamos reacendê-la TODOS OS DIAS.

A maioria das pessoas não gosta disso. Elas querem que a fogueira queime o dia inteiro, todos os dias, desde o momento em que acordam até a hora de dormir (de preferência com sonhos agradáveis), com o mínimo de esforço possível. Sentem que têm esse direito.

Phil Stutz diz quase exatamente a mesma coisa, mas usa uma cadeira como analogia. Segundo ele, quando você constrói uma cadeira no plano físico, ela estará lá no dia seguinte. Mas, no plano *espiritual*, a cadeira de hoje NÃO estará lá amanhã. Você vai precisar REFAZÊ-LA todos os dias, goste disso ou não.

Eis nosso +1°: use a cadeira como lenha para reacender sua fogueira todas as noites, sabendo que amanhã terá que começar tudo de novo.

Quando você *realmente* entender isso, estará perto de se tornar invencível. Quando se sentir para baixo, pare de reclamar e aja, fazendo o necessário para se sentir melhor.

Essa é a fonte da confiança suprema.

Nossa vida sempre vai envolver dor, incerteza e trabalho árduo. É por isso que quanto PIOR nos sentimos, MAIS comprometidos ficamos com nosso protocolo.

Atice o fogo do seu potencial heroico.

PERFEITAMENTE IMPERFEITOS

COMO O MÁRMORE E NOSSO ATELIÊ

Conversamos algumas vezes sobre Michelangelo. Agora vamos falar sobre seu ateliê REAL e sobre o bloco de mármore que ele usou para esculpir o Davi.

Você certamente conhece essa estátua, uma das mais perfeitas já esculpidas. Pois saiba que ela NÃO é perfeita. Se você olhar bem de perto, verá que as mãos não são proporcionais e que a cabeça é um pouco grande. Além disso, nosso belo Davi de 5 metros foi esculpido num bloco de mármore REJEITADO por outros dois escultores porque tinha muitas imperfeições. (Me arrepio só de escrever isso.)

Quer dizer que uma das mais notáveis estátuas da história humana foi esculpida num mármore que não era bom o suficiente para dois artistas que nem sabemos quem são? Pois é.

Como se não bastasse, o ateliê de Michelangelo ficava numa área externa. Ele esculpiu Davi ao longo de dois anos e ficava encharcado sempre que chovia.

IMAGINE ISSO! Um bloco imperfeito de mármore. Condições imperfeitas para trabalhar. Parece muito com nossa situação, não é?

Parafraseando Theodore Roosevelt, faça o que pode com o que tem, onde estiver.

Transforme-se numa obra-prima perfeitamente imperfeita.

Mais uma etapa concluída.

VAMOS NESSA, HERÓI!

A BATALHA INTERIOR

LOBOS E ADVOGADOS (QUEM ESTÁ GANHANDO?)

Todos nós vivemos uma batalha interior, e vencer essa batalha é a maior de todas as jornadas heroicas. Para entender como isso funciona, falemos sobre lobos, advogados, anjos e demônios.

Primeiro, os lobos. Talvez você conheça essa história, mas vale a pena contar de novo. Mark Divine escreveu um livro inteiro sobre isso, *Staring Down the Wolf* (Encarando o lobo), e Marci Shimoff aborda o assunto em seu ótimo livro *Os sete passos para ficar de bem com a vida*. "Certa noite", diz ela, "um ancião Cherokee contou ao seu neto sobre a batalha que ocorre dentro das pessoas. Ele disse: 'A batalha é travada entre dois lobos que vivem dentro de nós. Um deles é a Infelicidade e representa medo, preocupação, raiva, ciúme, tristeza, autopiedade, ressentimento e insegurança. O outro é a Felicidade e representa alegria, amor, esperança, serenidade, bondade, generosidade, verdade e compaixão.' O neto pensou nisso e perguntou ao avô: 'Qual lobo vence?' Ao que o velho respondeu: 'Aquele que você alimenta.'"

Em *Why Your Life Sucks*, Alan H. Cohen tem outra maneira incrível de descrever essa batalha: "Imagine dois advogados num tribunal dentro da sua cabeça. Um deles defende seu potencial e acredita que você alcançará seus objetivos. O outro defende suas limitações e acha que você não merece o que deseja. Quem ganhará a causa? O advogado que ganhar mais. Só que eles não recebem em dinheiro, e sim em atenção."

Já Brian Tracy explora a imagem do anjo e do demônio falando em nosso ouvido. Em *No Excuses!* (Sem desculpas), ele diz: "Todos os dias, a cada minuto, há uma batalha acontecendo dentro de você: o anjo sussurra que você deve fazer o que é certo, difícil e necessário, enquanto o demônio defende o que é divertido, fácil e de pouco ou nenhum valor. E, a cada minuto do dia, você precisa lutar e vencer essa batalha caso queira se tornar tudo aquilo que é capaz de ser."

Demônio vs. *Daimon*. Vício vs. Virtude.

A eterna batalha interior continua todos os dias para cada um de nós.

Como diz Steven Pressfield, VENCER a batalha de uma vez por todas não é possível. Mas podemos (e devemos) lutá-la cada vez melhor.

Façamos isso.

HOJE.

O CAMINHO DO MESTRE

A SORTE DE FICAR MAIS LONGE DO DESTINO A CADA PASSO

Como você descreveria o caminho da maestria e o mestre que o percorre? Pense nisso por um instante.

Pensou? Agora veja o que George Leonard, mestre do *aikido*, tem a dizer sobre isso em *Maestria*, um dos meus livros preferidos na vida: "Ao contrário do que se pensa, maestria não tem a ver com perfeição. Trata-se de um processo, uma jornada. O mestre é aquele que permanece no caminho dia após dia, ano após ano. Está disposto a tentar, fracassar e tentar de novo, enquanto viver."

Isso é maestria. É um PROCESSO. Quando nos comprometemos com esse caminho, permanecemos nele todos os dias, meses e anos.

E qual é a alternativa à maestria? Bem, Leonard diz que podemos ser o que ele chama de "Diletante", "Obsessivo" ou "Acomodado".

O Diletante fica muito interessado em alguma coisa por um tempo e adora resultados rápidos, mas, quando deixa de ser novidade, ele parte para outra, convencendo-se de que não vale a pena continuar. Não há maestria nesse caso.

O Obsessivo é aquele tipo de pessoa que quer acertar de primeira e, quando os resultados começam a diminuir, se esforça ainda mais para fazer dar certo, ignorando que os platôs fazem parte do caminho da maestria. Ele força a barra para criar uma curva ascendente e contínua, o que costuma resultar, por exemplo, em lesão, esgotamento e declínio cada vez mais acentuado. Também não há maestria aqui.

Já o Acomodado, depois de pegar o jeito, se contenta em ficar nesse patamar básico, nunca melhorando suas habilidades, apenas empurrando com a barriga. Não tem como haver maestria assim também.

Com qual deles *você* se identifica?

Lembre-se de que os Mestres entendem TUDO do processo da maestria. Eles têm objetivos inspiradores, mas o verdadeiro foco é dar o melhor de si todos os dias. Quando você se envolve dessa maneira com o *processo*, acaba se apaixonando por toda a jornada. E, para cada quilômetro que caminha em direção ao seu destino, você *torce* para que ele fique DOIS quilômetros mais distante.

Pense nisso por um momento. Você está tão apaixonado por quem você é, pelo que está fazendo e por quem está se tornando que não quer apressar a chegada ao destino. Você quer saborear cada momento e ver quão longe pode avançar nessa preciosa jornada da vida.

ESSA é uma atitude de maestria.

Vamos deixar o mestre Leonard descrevê-la em suas próprias palavras: "Para um Mestre, obter recompensas ao longo do caminho é bom, mas não é o principal motivo da jornada. Se o viajante tiver sorte – isto é, se o caminho for complexo e profundo o suficiente –, o destino estará dois quilômetros mais longe a cada quilômetro percorrido."

Que você tenha a sorte de seguir um caminho complexo e profundo.

Nos vemos na estrada, meu querido mestre heroico!

MAGNÂNIMO VS. PUSILÂNIME

SUA ALMA É GRANDE OU PEQUENA?

Magnanimidade talvez seja minha palavra favorita. Sabe o significa ao pé da letra? *Magna* = "grande" + *animus* = "alma". Uma grande alma? Quero!

Aristóteles explicou de maneira fantástica como podemos nos tornar magnânimos. Veja o que ele disse em *Ética a Nicômaco*: "A grandeza da alma, como o próprio nome sugere, diz respeito a coisas grandiosas, e devemos primeiro compreender de que tipo são. [...] Uma pessoa é considerada magnânima se pensa que merece grandes coisas, desde que seja digna delas; porque quem estima indevidamente seu próprio valor é tolo, e ninguém que age virtuosamente é tolo ou estúpido."

Não é fascinante? O primeiro passo para ter uma grande alma é pensar que você *merece* grandes coisas. Mas é claro que pode haver aqui um vício de excesso. Nas palavras de Aristóteles: "O homem que pensa que merece grandes coisas, quando na verdade não merece, é vaidoso."

Entendido. Não devemos ser vaidosos. Devemos permanecer comprometidos a servir humildemente a algo maior que nós mesmos. Acontece que também pode haver um vício de inferioridade aqui.

De volta a Aristóteles: "Por outro lado, o homem que tem uma opinião muito negativa sobre si mesmo é pusilânime, e não faz diferença se seu valor real é grande, moderado ou pequeno. Na verdade, um homem de grande valor pode ser considerado especialmente pusilânime."

Espera... *Pusi* o quê? Um dicionário, por favor.

pusilânime | *adjetivo* | aquele que revela falta de coragem ou determinação; tímido.

Do latim eclesiástico *pusillanimis* (traduzido do grego *olugopsukhos*), de *pusillus*, "muito pequeno" + *animus*, "alma".

Magnânimo significa "grande alma".

Pusilânime (evito falar essa palavra) significa "alma muito pequena".

Qual deles *você* gostaria de ser?

Enquanto refletimos sobre isso, Eric Butterworth me vem à mente. Em *Descobrindo o seu poder interior*, ele explica: "Você pode dizer: 'Mas sou apenas humano.' Só que isso é o mínimo. Você não é apenas humano – também é divino em potencial. A realização de todos os seus objetivos e aspirações na vida depende de despertar e explorar mais desse potencial divino. E deixar essa luz interior brilhar não é nada difícil. Tudo que devemos fazer é evitar apagá-la quando enfrentamos a escuridão."

Também pensei em Gandhi agora. Sabe como ele era chamado? *Mahatma*. E sabe o que *mahatma* significa? "Grande alma."

ESSE é o tipo de *grande alma* a que nos referimos.

Desafio você, meu querido amigo, a desbravar a grandeza da sua alma. Celebre sua *magnanimidade*. Convide a melhor e mais heroica versão de si mesmo para se juntar a nós com uma respiração calma, confiante e relaxante. Traga à mente sua versão mais energizada, radiantemente viva, amorosa, gentil, corajosa, disciplinada e virtuosa.

Agora.

Concentre sua energia no que é mais importante enquanto elimina as lacunas, vive com *Areté* e ativa seu potencial heroico *magnânimo*.

SUCESSO PSICOLÓGICO

TODO MUNDO PODE TER

Abraham Maslow teve um infarto enquanto corria e morreu em 8 de junho de 1970, aos 62 anos. Como você deve imaginar, ele deixou um monte de trabalhos incompletos.

Num pequeno e extraordinário livro chamado *Future Visions* (Visões do futuro), temos um vislumbre do seu pensamento por meio de uma coletânea de trabalhos não publicados e reflexões pessoais.

Nesse que é um dos meus livros preferidos de todos os tempos, Maslow diz: "Qualquer indivíduo, sob qualquer circunstância, pode ter sucesso psicológico (pelo menos no sentido de fazer o melhor que pode e plenamente), sendo autêntico e aceitando a própria realidade."

Esse é nosso +1°.

Não importa quem você seja, o que tenha feito ou anda fazendo: você pode ter sucesso psicológico. EXATAMENTE NESTE SEGUNDO.

Como? Aceitando a si mesmo.

Faça o melhor que pode e plenamente.

Ou seja, viva com *Areté*.

Não qualquer dia desses.

HOJE.

A SABEDORIA DA MINHA MÃE E DE THOMAS CARLYLE

OFEREÇA AO MUNDO OS DONS QUE DEUS LHE DEU

Tive a honra de ser o padrinho de casamento da minha mãe e de seu marido, Tom. Foi uma ótima oportunidade de agradecer a ela por ter me ajudado a ser quem eu sou hoje e de agradecer a Tom por ser uma pessoa tão gentil e cuidar tão bem dela.

Recentemente ambos nos visitaram, e minha mãe trouxe o jornal local do dia em que nasci: 22 de maio de 1974.

A notícia da capa era o escândalo de Watergate. Mas o que chamou atenção mesmo foi a citação de Thomas Carlyle no canto superior esquerdo da página. É fantástica: "Um homem sem propósito é como um navio sem leme; um pária, um nada, não é um homem. Tenha um propósito na vida e coloque em sua realização a força mental e muscular que Deus lhe deu."

Não sou muito de colecionar coisas, então o jornal foi para a reciclagem – mas não antes de eu recortar essa citação e colocá-la no meu painel logo acima de algumas reflexões estratégicas sobre o propósito ao qual dedico minha vida.

Mas eis o que é mais interessante para mim: em meu discurso de padrinho de casamento, agradeci à minha mãe por sempre ter enxergado meu potencial e contei uma pequena história.

Quando eu tinha uns 10 anos, fiz algo de que minha mãe não gostou nem um pouco. Ela me pegou bruscamente pelos ombros e, olhando nos meus olhos (sinto como se fosse ontem), disse: "Deus lhe deu dons. Ofereça-os ao mundo!" (Me arrepio só de escrever isso.)

É incrível como toda a minha vida e o meu trabalho podem ser resumidos nessas duas frases. E é incrível quão perfeitamente a citação do dia em que nasci capta o mesmo ponto de vista.

Esse é nosso +1°.

Imagine que eu (ou alguém que acredita em você) esteja olhando nos seus olhos e dizendo com uma severidade amorosa: *Deus lhe deu dons. Ofereça-os ao mundo!*

Dê orgulho à sua mãe, à sua família, à sua comunidade e a si mesmo, oferecendo ao mundo o que você tem de melhor.

HOJE.

ARAMBHASHURA

SEJAMOS HERÓIS ATÉ O ÁPICE

Você está empolgado. Talvez tenha participado de um workshop ou tido uma epifania incrível sobre o que fazer da própria vida. Ou é Ano-Novo e você está prestes a embarcar naquele que espera ser um ano épico – adquirindo novos hábitos e eliminando os ruins, como um super-herói otimizador. (Ou talvez tenha terminado um livro como este!)

Maravilha! Vamos com tudo!

Mas também vamos garantir que você não saia de mansinho pela porta dos fundos alguns dias depois, quando as coisas começarem a ficar difíceis e todo o processo não for tão divertido como no primeiro dia.

O fenômeno de começar com o entusiasmo lá em cima e desistir logo em seguida é tão comum e antigo na humanidade que existe uma palavra em sânscrito só para isso: *arambhashura*. "Ser um herói no começo."

É óbvio que não é isso que queremos. Queremos superar a falta de vontade e CUMPRIR nossas promessas. Queremos ser heróis até o fim!

Lembremos que os antigos romanos também tinham uma palavra para isso. Eles diziam que não devemos ser heróis apenas no começo ou até a metade da montanha em nossa jornada heroica. Ficar preso no meio de uma montanha escarpada é a definição literal de *mediocridade*.

O segredo para atingir o *ápice*? Trabalhar com diligência, paciência e persistência.

Em uma palavra: *Areté*.

É Dia 1, sempre!

VAMOS NESSA ATÉ O FIM, HERÓI!

DECLARAÇÕES DE VIRTUDE
PARA ATIVAR SEU POTENCIAL HEROICO

Chegamos ao nosso último +1°.

Espero que você tenha se sentido inspirado por ao menos UMA das ideias que discutimos aqui.

Aqui estão as declarações para cada uma das virtudes que a sabedoria antiga e a ciência moderna dizem ser essenciais para uma vida feliz e significativa:

Sabedoria. Disciplina. Amor. Coragem.
Gratidão. Esperança. Curiosidade. Gosto pela vida.

Vivo recitando para mim mesmo essas virtudes enquanto medito, caminho, lavo a louça, tomo um banho frio e durante muitos outros momentos.

Sabe por quê? Porque é por meio dessas virtudes que vivemos com *Areté* e eliminamos as lacunas para ativar nosso potencial heroico.

SABEDORIA
Conheço o jogo decisivo e sei disputá-lo bem.

DISCIPLINA
Forjo uma confiança antifrágil a cada atitude que tomo.

AMOR
Eu me sintonizo alegremente com as outras pessoas e as incentivo.

CORAGEM
Estou disposto a agir diante do medo.

GRATIDÃO
Aprecio todas as bênçãos e os dons na minha vida.

ESPERANÇA
Tenho objetivos inspiradores, tomo iniciativa e abro caminhos.

CURIOSIDADE
Presto atenção no que está funcionando e no que precisa melhorar.

GOSTO PELA VIDA
Domino meus fundamentos para ativar minha energia heroica.

Foi um privilégio sagrado passar um tempo com você.
Com todas essas virtudes, eu proclamo: HERÓIS, UNI-VOS!
Está na hora de mudar o mundo.
Uma pessoa de cada vez. Juntos.
Começando por nós dois.
HOJE.

ANEXOS

HEROIC COACH

O HERÓI SE TORNA O GUIA

Neste livro, mencionei várias vezes nosso programa Heroic Coach. Trata-se basicamente de uma síntese dos sete objetivos que exploramos aqui. É um treinamento de trezentos dias capaz de transformar vidas, com eficácia cientificamente comprovada.

Uma parte muito importante da nossa missão é ajudar a criar um mundo no qual 51% da humanidade alcance a prosperidade até 2051. Conduzimos pesquisas sobre a eficácia do nosso programa com a Dra. Sonja Lyubomirsky e sua equipe. Logo adiante, revelarei os resultados sobre os efeitos do nosso programa. Por enquanto, um spoiler: "Não estou exagerando quando digo que os efeitos do programa são os mais intensos que já testemunhei em meus 35 anos de pesquisa sobre bem-estar e conexão humana."

Saiba que metade das pessoas que passam por nosso programa é composta por coaches profissionais, enquanto a *outra* metade quer simplesmente dar o melhor de si e ajudar os outros a fazerem o mesmo – sejam seus filhos e netos, colegas ou comunidades mais amplas.

Temos a honra de servir a organizações corporativas, militares e desportivas, inclusive executivos de algumas das maiores empresas do mundo, comandantes militares dos Estados Unidos e treinadores de atletas de elite.

A MAIOR JORNADA HEROICA DE TODAS

Você já assistiu ao documentário *Encontrando Joe*, sobre Joseph Campbell e a jornada do herói moderno? Eu participei desse documentário junto com grandes mestres e pessoas exemplares, como Deepak Chopra, Sir Ken Robinson, Tony Hawk e Laird Hamilton.

O arco básico da jornada do herói funciona assim...

O Herói (que pode ser você, eu ou qualquer pessoa) recebe um "chamado para a aventura". Ele percebe que sua vida atual não é *exatamente* o que poderia ser. Ele tem a sensação incômoda de que não está realizando o que veio fazer aqui.

O Herói pode ATENDER a esse chamado e começar sua jornada, ou pode ignorá-lo e sofrer com isso. Digamos que ele atenda a esse chamado. Então, o que acontece? Ele encontra um guia heroico e algumas pessoas para ajudá-lo. Depois luta contra os dragões metafóricos, sempre vencendo ou aprendendo, antes de finalmente superar os desafios da jornada.

E então... é hora da parte MAIS importante: voltar para casa com os tesouros descobertos. E o tesouro supremo, é claro, é uma consciência transformada. ESSE é o presente que damos ao mundo.

TODAS as jornadas do herói seguem esse arco básico. Pense em Harry Potter: ele tinha Dumbledore como seu guia heroico e Hermione e Ron como amigos. Ou em Frodo: ele tinha Gandalf e a Sociedade do Anel. Ou em Katniss Everdeen em *Jogos Vorazes*, que tinha Haymitch Abernathy e outros aliados em sua equipe.

Sabe o que aconteceu depois que Harry Potter e seus amigos completaram com sucesso suas primeiras missões heroicas? Eles se tornaram GUIAS para os outros estudantes de Hogwarts, ensinando-os a vencer seus próprios dragões. Foi assim que venceram juntos a batalha entre o vício e a virtude em seu mundo fictício.

E é assim que funciona nosso programa Heroic Coach. Nós ajudamos você a responder ao chamado para a aventura, derrotar seus dragões e ativar seu potencial, para que depois você possa ajudar outras pessoas a fazer o mesmo. É *assim* que vamos mudar o mundo juntos.

Isso não é apenas mitologia; é também um poderoso ideal espiritual e psicológico.

No budismo, a maior aspiração é tornar-se *bodhisattva*, alguém que trabalha incansavelmente para alcançar a própria iluminação e ajudar os outros a fazer o mesmo.

Na psicologia ocidental, Abraham Maslow é muito conhecido por suas pesquisas sobre o ser humano "autorrealizado". O que é menos discutido é o fato de que havia algo SUPERIOR à "autorrealização" em sua hierarquia das necessidades. Ele chamou esse estado de "autotranscendência".

Maslow, Buda e Joseph Campbell concordariam – nos tornamos heróis da nossa vida por um motivo simples: ajudar os outros a fazer o mesmo.

É nisso que consiste o programa Heroic Coach.

PARA QUEM É?

Desde nossa aula inaugural no começo de 2019, mais de 10 mil pessoas de mais de 115 países participaram do nosso programa.

O que mais me fascina é que quase METADE dessas pessoas é composta por coaches profissionais ou aspirantes a coaches que querem se aperfeiçoar, enquanto a outra metade quer usar o programa para se colocar a serviço do mundo.

Podemos pensar nos dois grupos da seguinte maneira:

Mestres: Pessoas que querem viver uma vida mais heroica dominando a si mesmas ao mesmo tempo que aplicam a sabedoria do programa aos seus vários papéis de liderança – como empreendedores, CEOs, atletas profissionais, capitalistas de risco, líderes militares, executivos de RH, terapeutas, conselheiros, diretores de escola, professoras de yoga e mães do mundo todo.

Coaches: Pessoas que querem viver uma vida mais heroica dominando a si mesmas ao mesmo tempo que aplicam a sabedoria do programa ao seu trabalho de coaching.

Do meu ponto de vista, fazer desses participantes um exemplo a ser seguido é a tarefa mais importante do programa.

A verdade é que TODOS SOMOS COACHES e temos pelo menos um cliente: nós mesmos.

Provavelmente, desempenhamos o papel de "coach" informal com MUITO mais frequência do que imaginamos. Nas conversas que temos com nossos filhos, colegas ou outras pessoas, SEMPRE há oportunidades para ajudar a trazer à tona o que há de melhor naqueles ao nosso redor.

Para os coaches profissionais, compartilhamos as melhores práticas e oferecemos recursos adicionais, incluindo sessões interativas com outros coaches consagrados e bem-sucedidos.

Você pode conferir centenas de depoimentos de mestres e coaches em:

HEROIC.US/COACH

Eis alguns dos meus favoritos…

ELOGIOS AO HEROIC COACH

"Costumo dizer que o Heroic Coach formou a profissional que sou hoje. Nele alinhei minhas virtudes, persisti no meu propósito e encontrei materiais que me ajudaram a combater minhas crenças limitantes. Esse programa é parte fundamental do meu desempenho." – **Brittany Loney**, diretora do programa Elite Cognition and Human Optimization

"Brian Johnson e a equipe da Heroic reuniram os recursos mais valiosos na área de desenvolvimento pessoal que existem no planeta. Eles selecionaram as melhores informações e os melhores colaboradores para transmitir o conhecimento de maneira cuidadosa, impactante e fácil de entender. Isso pode e vai mudar a vida de milhões de pessoas. Não é preciso consumir milhares de horas com livros, cursos e podcasts, uma vez que o programa Heroic Coach resume tudo ao que realmente importa. É muito bem organizado e prático. Tive a honra de fazer parte de um dos primeiros grupos do programa e continuo voltando todas as semanas para essa fonte incrível de sabedoria." – **Ben Pakulski**, ex-Mr. Canadá e CEO da Muscle Intelligence

"O Heroic Coach simplesmente transformou nossa vida. Meu marido está muito mais presente e focado no trabalho e em casa. Eu me sinto muito mais empoderada, confiante e capaz de administrar os desafios que a vida impõe." – **Gisele Partaker**, diretora-executiva

"O Heroic Coach foi o aprendizado mais extraordinário que já tive na vida. E olha que estudei na Universidade da Pensilvânia, sou formado em Direito pela Berkeley Law School e tenho mestrado pela London School of Economics." – **Isaiah Jacob**

"De longe, o melhor investimento que já fiz em autodesenvolvimento e coaching de vida." – **Nigel Brownjohn**, executivo de software

"Ao longo da minha carreira de doze anos na MLB, sempre estive em busca de ferramentas mentais que pudessem me dar alguma vantagem competitiva. Testei muitos programas de coaching ao longo dos anos, mas nenhum deles chegou perto do que o Heroic Coach oferece. Esse programa transformou minha vida. Se quiser se tornar a melhor versão de si mesmo – como treinador, pai, cônjuge, colega de trabalho ou o que for –, então recomendo o Heroic Coach. Confie em mim: é a melhor decisão que você pode tomar." – **Sean Casey**, técnico de rebatidas dos New York Yankees, três vezes convocado para o All-Star Game

"Uma das maiores vantagens do Heroic Coach era que eu me reunia semanalmente com meu grande amigo filósofo que também se dedica ao autodesenvolvimento, vivendo uma vida heroica e fazendo a diferença. O programa foi a oportunidade perfeita para estreitar nossos laços e ao mesmo tempo otimizar nossa Energia, nosso Trabalho e nosso Amor. Concluímos o programa há meses, mas continuamos com as sessões semanais, e nossa amizade está melhor do que nunca. O programa em si é excelente e eu o recomendo caso queira se tornar coach ou simplesmente aprofundar seu conhecimento. Já li ótimos livros, muitos deles mais de uma vez, mas eu colocava apenas 25% dessa sabedoria em prática. Brian integrou tudo que li (e muito mais) num todo coerente e fácil de absorver." – **Jeff Everage**, presidente da Trident Proposals e ex-Navy SEAL

"Pratico e estudo autodesenvolvimento há mais de vinte anos, e o Heroic Coach é de longe o melhor programa de que já participei." – **Ron Reich**, empreendedor

"Adoro um desafio intelectual, então fiquei encantada com a maneira como Brian simplificou o estudo da sabedoria antiga e da ciência moderna. Como mãe ocupada, descobri que o Heroic Coach era a única coisa que me ajudava a manter o equilíbrio no trabalho, na saúde e na vida familiar. Não importa quem você seja ou o que faça, o Heroic Coach pode ajudar você a realizar seus sonhos, tornando-o mais inteligente, motivado, otimista e bem-sucedido. E o mais importante: você vai querer motivar outras pessoas a explorar o próprio potencial!" – **Jessica Carew Kraft**, mãe, naturalista, escritora e editora

"Posso dizer com toda a certeza que agora sou a melhor versão de mim mesmo. Tudo por um motivo: o programa Heroic Coach, que mudou minha vida. Hoje sou um melhor marido, pai, filho, amigo e treinador. É claro que às vezes ainda sofro nocautes e contratempos, sinto medo e tenho dias difíceis. Mas só agora detenho a sabedoria, as ferramentas e o autodomínio para enfrentar esses desafios e sair mais forte." – **Brandon Guyer**, coach de resistência mental dos Los Angeles Angels, jogador da MLB por sete anos e fundador da Major League Mindset

"Há muitos programas bons por aí, mas o Heroic Coach é o melhor dos melhores. Brian e sua equipe fizeram um trabalho excelente. A didática, a energia, os vídeos, as planilhas, os professores convidados (como Cal Newport), o aplicativo, o site... tudo isso faz do programa o melhor e mais completo de todos." – **Jonathan Bennett**, diretor de tecnologia numa empresa de saúde

"O programa acabou comigo – da melhor maneira possível! Profissional experiente que sou, não achei que o Heroic Coach mudaria meu mundo. Mas descobri que estou sendo impactado num nível muito mais fundamental do que imaginava e notei grandes mudanças na minha vida e no meu trabalho." – **Ian Stakiw**, coach de uma grande empresa de software

"Eu já tinha duas certificações de coaching, mas o Heroic Coach foi a mais valiosa que obtive, sem dúvidas." – **Barb Ostrander**, coach de potencial humano e medicina funcional

PESQUISA SOBRE O HEROIC COACH

UM RELATÓRIO DE SONJA LYUBOMIRSKY

No início de 2019, minha equipe e eu tivemos a oportunidade de avaliar um programa de autodesenvolvimento totalmente novo: o Heroic Coach (antigo Optimize Coach). A pergunta que nos guiou foi a seguinte: que vantagens – ou desvantagens – teriam os participantes desse programa de trezentos dias?

Para responder a essa pergunta, desenvolvemos um extenso questionário a ser aplicado antes e depois do programa, para medir seu impacto no comportamento e no bem-estar dos participantes. Para isso, adaptamos várias escalas padronizadas (por exemplo, Medida Balanceada de Necessidades Psicológicas, Inventário Abrangente de Prosperidade, Escala Integrativa de Autoconhecimento e Escala de Coragem Woodard-Pury), combinadas com parâmetros criados internamente, e submetemos a pesquisa à aula inaugural dos participantes do Heroic Coach.

Enquanto a pandemia estava explodindo em todo o mundo, na primavera de 2020, recebemos o conjunto de dados recém-saídos da impressora. Esses dados acabaram sendo uma dádiva – não só porque analisá-los e interpretá-los era uma distração bem-vinda, mas porque os resultados eram muito empolgantes.

Os 262 participantes da pesquisa relataram mudanças positivas imensas – sim, imensas – em seus comportamentos (por exemplo, meditavam e se exercitavam mais, usavam menos o celular) e em seus sentimentos e estado de espírito (sentiam-se mais conectados, focados, energizados, etc.).

Não estou exagerando quando digo que os efeitos do programa são os mais intensos que já testemunhei em meus 35 anos de pesquisa sobre bem-estar e conexão humana.

Para dar alguns exemplos, o Heroic Coach mais que duplicou o percentual de coaches que se sentiam produtivos (aumentando de 37% para 81%) e empolgados (de 41% para 83%); que meditavam todos os dias (de 43% para 89%); e que não se distraíam com o celular (de 29% para 74%). Além disso, os resultados revelaram um aumento de três vezes na proporção de coaches que se sentiam energizados à tarde (de 21% para 65%); que adotavam uma mentalidade de enfrentamento diante dos desafios (de 23% para 79%); e que mantinham o telefone distante enquanto trabalhavam (de 19% para 62%). De maneira incrível, o número de participantes que diziam ter acessado a melhor versão de si mesmos aumentou três vezes (de 29% para 93%) depois de terminarem o programa.

Até o resultado mais fraco desse conjunto de dados é uma evidência poderosa: antes do programa, 78% dos participantes relatavam permanecer sentados por mais de 45 minutos todos os dias; depois do programa, esse percentual diminuiu (apenas!) um terço (para 52%).

Ao consolidarmos os dados em três grupos ou temas, denominados Amor, Trabalho e Energia, descobrimos que os participantes relataram enormes ganhos: os benefícios nesses quesitos dobraram após o programa. Avaliações futuras que utilizem metodologias rigorosas e amostras maiores serão fundamentais para ampliar e replicar esses dados. Mas, por enquanto, tiro o chapéu para o Heroic Coach!

– SONJA LYUBOMIRSKY

Professora emérita de psicologia da Universidade da Califórnia, Riverside, e autora de *Os mitos da felicidade* e *A ciência da felicidade*

SOBRE A HEROIC

UMA EMPRESA DE UTILIDADE PÚBLICA

A Heroic é uma plataforma de treinamento social que integra a sabedoria antiga, a ciência moderna e as melhores ferramentas cientificamente comprovadas de design comportamental para ajudar você a mostrar sua melhor e mais heroica versão.

Também somos uma empresa de utilidade pública financiada por crowdfunding, e já fizemos história. Queremos ajudar a criar um mundo em que 51% da humanidade esteja prosperando até 2051, enquanto nos esforçamos para enfrentar nossos desafios da maneira que nossos heróis fariam – com sabedoria, disciplina, coragem e amor.

Sempre é Dia 1 na Heroic.

Aprenda mais e junte-se a nós hoje mesmo em:

HEROIC.US

QUER INVESTIR NA HEROIC?

VAMOS MUDAR O MUNDO JUNTOS

Agora que você já conhece nossa história e nossa missão, saiba que temos a honra de contar com o apoio de mais de 3 mil investidores de mais de 75 países – pessoas como você.

Quer nos ajudar a mudar o mundo como um investidor heroico? Acesse **Heroic.us/Invest** (em inglês) para saber se estamos captando recursos e os detalhes de qualquer oferta.

Ah, sempre que falamos sobre crowdfunding, nossos advogados nos lembram que precisamos incluir alguns termos legais. Então vamos lá…

Somos abençoados pelo apoio das seguintes pessoas citadas no livro, todas investidoras da Heroic Public Benefit Corporation: Phil Stutz, Sean Casey, Susan Peirce Thompson, Tal Ben-Shahar, Mark Divine, Brian Cain, Brandon Guyer, Scott Parsons, Jeff Everage, Ron Reich, Ian Stakiw e Jonathan Bennett.

Nenhuma dessas pessoas recebeu quaisquer incentivos ou recompensas de qualquer espécie em troca de seus comentários sobre a Heroic e de suas manifestações de apoio.

Seus comentários, manifestações de apoio e/ou depoimentos similares foram incluídos com total permissão.

Seus comentários e/ou manifestações de apoio não são, e não devem ser, considerados conselhos de investimento. Pessoas que consideram investir na Heroic devem consultar um profissional de investimentos antes de tomar uma decisão.

Também precisamos acrescentar este maravilhoso parágrafo em juridiquês:

Esses materiais podem conter declarações prospectivas e informações relacionadas, entre outras coisas, à empresa, ao seu setor e ao seu plano de negócios e estratégia. Essas declarações prospectivas baseiam-se nas crenças, suposições e informações atualmente disponíveis para a administração da empresa. Quando usadas nos materiais de oferta, as palavras "estimar", "projetar", "acreditar", "antecipar", "pretender", "esperar" e expressões semelhantes têm como objetivo identificar declarações prospectivas. Essas declarações refletem as opiniões atuais da administração em relação a eventos futuros e estão sujeitas a riscos e incertezas que podem fazer com que os resultados reais da empresa sejam substancialmente diferentes daqueles contidos nas declarações prospectivas. Os investidores são alertados a não depositar confiança indevida nessas declarações, que são válidas apenas na data em que foram feitas. A empresa não assume nenhuma obrigação de revisar ou atualizar essas declarações prospectivas para refletir eventos ou circunstâncias após determinada data ou para refletir a ocorrência de eventos imprevistos.

Mais uma vez, se você quiser investir em nosso movimento Heroic, verifique se estamos captando recursos e conheça os detalhes de qualquer oferta potencial em:

HEROIC.US/INVEST

OBRIGADO

OBRIGADO, OBRIGADO, OBRIGADO

Gratidão. A ciência diz que essa é uma das virtudes que mais nos ajudam a florescer.

Quando penso em todas as pessoas que me apoiaram nas últimas décadas e me permitiram escrever este livro, fico imensamente grato e assombrado pelo desafio de conseguir agradecer a todas elas.

A você, que tanto me apoiou, desejo uma vida abençoada. Saiba que amo e admiro você profundamente e espero devolver sua generosidade na mesma medida. Por favor, me perdoe se eu não citar seu nome.

Por onde começar? Bem, este livro apresenta 451 ideias para ativar seu potencial heroico 1° de cada vez, então comecemos por aqui. Quero agradecer às centenas e centenas de escritores e líderes que moldaram meu pensamento. Mencionei mais de duzentos mestres que me impactaram, mas nem cheguei perto da sabedoria daqueles que me incentivaram profundamente. A cada um dos citados: quero que saibam que escrevi cada capítulo apresentando sua sabedoria como uma espécie de agradecimento. Espero ter captado e ampliado de forma adequada a essência dos seus ensinamentos.

Um agradecimento especial aos mestres que mencionei com mais frequência e que tiveram um impacto mais profundo em mim e no meu pensamento: Phil Stutz (estou voltando para você, Pai!), Steve Chandler, William Damon, Tal Ben-Shahar, Tom Morris, Sonja Lyubomirsky, Mark Divine, Cal Newport, Pilar Gerasimo, Ryan Holiday, Patrick McKeown, Martin Seligman, Angela Duckworth, Nasha Winters, Ray Dalio, Steven Pressfield, James Clear, BJ Fogg, Byron Katie, Kelly McGonigal, Michelle Segar, Michael Singer, Barbara Fredrickson, Carol Dweck, Dan Siegel, James e Suzie Pawelski, Bob Rotella, Richard Rohr, Lanny Bassham, Matthew Walker, Teresa Amabile, Steven Kotler, Ken Wilber, Alan Cohen, Yuval Noah Harari, Robin Sharma, David Emerald, Kristin Neff, almirante William H. McRaven, Eric Maisel e Dan Millman.

Quero agradecer também aos 3 mil fundadores heroicos e investidores que apoiaram nossa empresa de maneira tão generosa. Sou profundamente grato por esse apoio e penso em vocês todas as manhãs quando renovo meu compromisso de deixá-los orgulhosos. Este livro pertence a VOCÊS e espero sinceramente que ele ajude a catalisar nossa missão. Nunca estive tão empenhado e comprometido em servir VOCÊS, suas famílias e comunidades com todas as minhas forças.

Um agradecimento especial para...

Matt McCall pelas incontáveis conversas estratégicas que antecederam e seguiram os primeiros dólares de investimento na Heroic. Você é um sábio *sherpa* e sou abençoado por ter seu apoio.

Zac Zeitlin pelas respostas instantâneas aos quase infinitos pedidos de ajuda. Sua sabedoria impactou profundamente a mim e à Heroic.

Marty e Cheryl Bicknell por seu apoio incrível.

Brett Johnson por liderar nossa rodada de crowdfunding no Wefunder.

Katherine Collins por sua incrível sabedoria espiritual, sua perspicácia empresarial, seu poder de reflexão, e sua bondade, cordialidade e alegria. Ter você em minha vida é uma dádiva. Você fez de mim uma pessoa melhor e tornou nossa empresa mais forte.

John Mackey por estudar, expressar e incorporar tão profundamente os ideais do capitalismo consciente e por compartilhar sua sabedoria comigo. Você é um exemplo de líder iconoclasta, sábio, alegre e impactante.

Kelly Perdew, Chris Stappas, Randy Eisenman, Jon Miller, Joe Okleberry, Mark Divine, Jeff Everage, Andy Smith, Jim Phillips, Brad Schwartz e Michael Garvey: obrigado a todos por estarem sempre tão disponíveis a aprimorar meu pensamento e a esclarecer nossa visão para a Heroic. Sou grato por cada microvitória que celebramos ao longo do caminho.

Michael Liftik, obrigado por sua amizade e seu extraordinário apoio à Heroic num momento tão decisivo do nosso negócio. Abençoados sejam os deuses heroicos por transportarem você e sua equipe de helicóptero em nossa missão Everest.

Cal Newport, obrigado por sua amizade, por sua sabedoria prática, por nossas conversas estratégicas e por me mostrar o que é uma vida profundamente comprometida com a excelência.

Joe De Sena, você me ensinou a devorar obstáculos como se fossem barrinhas energéticas e a comemorar o processo de suar a camisa na arena.

Mike Magaraci, com você aprendi a servir heroicamente com profunda humildade.

Jason Viyar e Scott Parsons, obrigado pela honra de compartilhar a Heroic com os cadetes, professores e funcionários da Academia Militar dos Estados Unidos em West Point e pela nossa irmandade de almas.

Daryle Cardone, fazer parte da sua vida é uma dádiva sagrada.

Brittany Loney, obrigado por sua amizade, seu comprometimento com o trabalho e seu apoio generoso e especial.

Brandon Guyer e Sean Casey, sou grato pelo apoio incrível e pela inspiração que vocês me deram. Amo vocês. Obrigado também a Brian Cain, por ter nos unido, inspirado e apoiado.

Quem são os próximos?

Nossa equipe editorial. Josh e Stephanie Stanton, vocês e todos na Blackstone têm sido parceiros maravilhosos. Estou adorando criar uma marca editorial com vocês (a Heroic Blackstone!) e me sinto inspirado por tudo que podemos fazer juntos nos próximos anos. Obrigado por me permitirem quebrar praticamente todas as regras de publicação.

Nossa equipe Heroic. É simplesmente impossível fazer o que faço sem VOCÊS e seu apoio. Sei que recebo todo o reconhecimento público, mas quero que saibam quanto significam para mim o coração heroico, a empolgação e o compromisso de cada um com nosso movimento. Digito isto com lágrimas nos olhos.

Uma menção especial à equipe que me ajudou a organizar este livro (e que faz um pouco de *tudo* para nos ajudar a realizar nossa missão): Jana Dybinski, Patrick Buggy e Calman Hilkert. Vocês três são seres humanos maravilhosos e é uma honra ter seu apoio.

Bernardo Fanti, obrigado por sua liderança como nosso diretor de tecnologia e por suas habilidades no pancrácio – literal e metaforicamente.

Alex, Ali, Brett, Bryan, Filo, Fred, Jesse, Joshua, J.T., Kach, Karthik, Nat, Paulina, Rosey, Seth, Sonia, Tania, Yssa, Yuva, Zak e todos os outros: SEJAM ABENÇOADOS.

Uma mensagem ESPECIAL para meu braço direito na Heroic, Michael Balchan. Uma das minhas maiores motivações na vida é fazer por merecer seu forte compromisso comigo e com nosso movimento. Admiro sua extraordinária dedicação em TODOS os aspectos da sua vida – em especial com Kristen, Dylan e Cameryn. Você é um homem bom. Amo você como a um irmão mais novo que nunca tive.

Minha gratidão *infinita* ao homem que, de longe, deixou a marca mais indelével na minha alma: Phil Stutz. Os deuses heroicos tiveram um ótimo senso de humor quando decidiram me fazer esperar 41 anos para conhecer meu Pai espiritual, mas a espera valeu a pena. Não tenho nem palavras para expressar quanto sou grato por você, sua crença e seu apoio. Receba todo o meu amor.

Também sou grato por meu pai, que faleceu há mais de quinze anos. Sei quanto você tentou fazer seu melhor e agradeço por ter se doado de corpo e alma a mim e a todos os seus filhos. Gostaria que tivéssemos tido a chance de aproveitar muitos outros momentos. Amo você.

E, claro, minha mãe. Que ser humano maravilhoso você é... E estava certa quando disse que Deus me deu dons e eu precisava oferecê-los ao mundo. Mas o maior presente foi VOCÊ e sua devoção para garantir que esses dons fossem plenamente manifestados em seu filho mais novo. Te amo muito e quero deixá-la orgulhosa.

E...

Minha esposa e filhos. Fico com lágrimas nos olhos quando penso em você, Alexandra. Nossos filhos são extraordinariamente abençoados por terem VOCÊ como mãe. Um dia saberão quanto são sortudos. E o restante do mundo também, já que você continua compartilhando humildemente sua incrível luz à sua maneira. Você é uma pessoa boa demais. Tenho sorte de ser seu marido. E nossa comunidade tem sorte de ter você liderando ao meu lado e guiando cada passo da nossa jornada. Não vejo a hora de comemorar nosso 51º aniversário de casamento e aproveitar todos os momentos até lá. Te amo, meu bem.

Emerson e Eleanor, este livro é para VOCÊS. Ser um pai heroico é meu maior desafio e meu desejo mais profundo. Vocês já são seres humanos lindos demais e, meu Deus, mal posso esperar para ver tudo que se tornarão e todos os dons que oferecerão ao mundo nas próximas décadas. Amo vocês mais do que podem imaginar e quero que celebremos juntos uma vida inteira de momentos felizes e heroicos.

RECONHECIMENTO HEROICO

OBRIGADO, OBRIGADO, OBRIGADO

Quero agradecer em especial aos membros extraordinários da nossa comunidade que apoiaram a criação deste livro. Que TODOS vocês sejam abençoados. Eu me sinto profundamente inspirado por vocês e por seu apoio incrível.

AGRADECIMENTOS ESPECIAIS

Marty e Cheryl Bicknell,
da Mariner Wealth Advisors

Roger Whitney
Randy Eisenman, da Satori Capital

Jim e Beth Frey
Ava Amelia e Jason John

Ben Pakulski
Zac Zeitlin
Shaun Emmerson
Dudley Logan
Blair e Deborah Anderson
Todd Dickson

MEUS SINCEROS ABRAÇOS

Toda a equipe da AmSty
Preston D. Arroyo
Fabián Badilla
Grant Ballard-Tremeer
Jake Beaman
Gieta R. Beckmann
Benevolent Capital
Michael Bennett
Teddy Bichon
Raymael Blackwell
Toda a equipe da Blue Courage
Marc e Angie Bowker
Gwen Brehm
Toda a família Brinkmann Brown
Timmy B. Brown
Tony e Anna Bushong
Kevin B. Cahoon
Nathan Camp
Mark C. Carey
Aurora, Jaci e Tomas
Dra. Vivian H. Carrasco
Gina Cass
Toda a equipe da Centrum Dental
Certas Energy
Frank Chang
Leo Chiang
Socratis Christoforou
Michael Cleveland
Martin J. Cole II
VC e Wendy, Jess, Tara e Chase
Coleman
Brian C. Cook
Patrick e Deborah Conner
CoreFitinc
Troy Mikulka e Anely Curiel
Joseph Croskey
D4M International
Alexis D'Amours
Louise Alexandra Daw
Laurie Dickey
Allie Diliberto
Graeme Richard Drew
Daniel C. Dreher
Christopher e Dachelle Duffy
Toda a equipe Duhon
Emilio Duran Molinari
Matt Eaton
Soren Eilertsen
Jeffrey A. Ernst
Helen Fjærvik Stortiset
Carey Folk
Danielle Forde
RJ e Mary Kay García
Trevor Gere
Amer Ghanem
David Glossberg
Eva Goldstein
Joselo González
Eugene R. Grass
@Guacamole_Is_Delicious
Chris Gulbrandson
Happy Manufacturing, Inc.

Shane Harbin
Dan Hegerich
Robert John Henry
Robert J. W. Herold
Dr. Jonathan Hoistad-Natalis
Wendy W. Holt
Sylvia Holtslag
Toda a família Honcharuk
Chris Hunsicker
Dr. Thaddeus Edward Jacobs
Mark Jacobson
Matthew Jakstis
Toda a família Jepsen
Robert Jewett
Hussein Jinnah
Justin Kane
Kristin Joys
Mark e Mary Keele
Bahar e Kevin Khakshouri
Debbi e Henrik Kjällbring
Joe Knight
Adrian Cunanan e Kayo Kudo
Laura Larsen-Strecker
Damaris Lasa
Alycia Lee
Jackie e Aaron Lieberman
Kevin James Loder
Robin D. Love
Toda a família Love
Cassidy e Matt
Toda a família Lugsch-Tehle
Lori Mage
Maynard Manzano
Diane L. Martin
Janice Gail McCune
Hadley e Nash McFarland

Cameron Miller
Joe Mitchell
Dra. Tiffany Mitchell, NMD
Mixed Media Creations
John Allen Mollenhauer
Lu de la Mora
Chris e Laura Mueller
Johnathon, Joshua e Emma
Barnabas Nagy
Zsofia Kurko Navarro
Michael Nila
Rion Noone
Thomas Brent Norwood
Angel A. Ocana
Rick O'Neal
Carl Oxholm
Jocelyne Daw e Bob Page
James A. Parejko
Diane e Mark Parnes
Shelly Passios
Jim Phillips, MD
Angelina Popova
Christina Powers
Nazirah Premji
Katie Rangel
Erik Rankin
Ron Reich
Caroline K. Roberts
Michael A. e Ellen D. Robinson
Lisa Rothney
Lisa Royal
Jochen Schmiedbauer
Stephanie S. Scott
Jan Schulze-Feldmann
Todd e Stacey Schuster
Rhonda Schuttloffel

Michael Sherman
David Simon
Shirley M. P. Smith (*in memoriam*)
Kathryn Soraiz
Daniel Sorum (*in memoriam*)
Hellen Spanjer
Laura Sprinkle
Nancy e Chuck Stahl
David Stanford
Stoic Solutions Coaching
Grant Strachan
Rebecca Begelman Strub
Chiraag e Urvashi Swaly
James Will Szigeti
Cameron Terry
George Thorman
Holly, Maya e Daniela Tilbrook
Shane Tomes
Dr. Dane Treat
Jett e Sloane Uto
Signe Vaughan
Phil e Walden Ohana
Bill Weidacher
Kelly Wenzel
Matt Willcocks
Anthony Joseph Wilson
Dina Wilson
Kelly Dean Yagelniski
Yes With Kimmy

451 NOTAS DO FILÓSOFO

ESCOLHIDAS PELA COMUNIDADE HEROIC

Neste livro apresentei a sabedoria de mais de duzentas obras de autodesenvolvimento. No aplicativo Heroic, compartilho mais de quinhentas Notas do Filósofo sobre esses e outros materiais. Aqui estão os 451 melhores livros que comento em minhas Notas, eleitos pela comunidade Heroic.

1. *Trabalho focado: Como ter sucesso em um mundo distraído*, de Cal Newport
2. *Hábitos atômicos: Um método fácil e comprovado de criar bons hábitos e se livrar dos maus*, de James Clear
3. *O método: 5 ferramentas para gerar coragem, criatividade, força de vontade e uma vida com propósito*, de Phil Stutz e Barry Michels
4. *Garra: O poder da paixão e da perseverança*, de Angela Duckworth
5. *Os 7 hábitos das pessoas altamente eficazes: Lições poderosas para a transformação pessoal*, de Stephen R. Covey
6. *Meditações*, de Marco Aurélio
7. *Micro-hábitos: Pequenas mudanças que mudam tudo*, de BJ Fogg
8. *Em busca de sentido: Um psicólogo no campo de concentração*, de Viktor E. Frankl
9. *Diário estoico: 366 lições sobre sabedoria, perseverança e a arte de viver*, de Ryan Holiday e Stephen Hanselman
10. *Rethinking Positive Thinking*, de Gabrielle Oettingen

11. *Mindset: A nova psicologia do sucesso*, de Carol S. Dweck
12. *Princípios*, de Ray Dalio
13. *A única coisa: A verdade surpreendentemente simples por trás de resultados extraordinários*, de Gary Keller e Jay Papasan
14. *A regra dos 5 segundos: Transforme a sua vida num estalar de dedos*, de Mel Robbins
15. *Florescer: Uma nova compreensão da felicidade e do bem-estar*, de Martin E. P. Seligman
16. *O obstáculo é o caminho: A arte de transformar provações em triunfo*, de Ryan Holiday
17. *O efeito cumulativo: Alavanque sua renda, sua vida, seu sucesso*, de Darren Hardy
18. *Por que nós dormimos: A nova ciência do sono e do sonho*, de Matthew Walker
19. *With Winning in Mind*, de Lanny Bassham
20. *Tudo tem jeito*, de Marie Forleo
21. *Happy Together*, de Suzann Pileggi Pawelski e James O. Pawelski
22. *Coming Alive*, de Barry Michels e Phil Stutz
23. *Unbeatable Mind*, de Mark Divine
24. *O poder da presença: Como a linguagem corporal pode ajudar você a aumentar sua autoconfiança*, de Amy Cuddy
25. *A Bhagavad-Gita*, de Veda Vyāsa
26. *O princípio 80/20: Os segredos para conseguir mais com menos nos negócios e na vida*, de Richard Koch
27. *Self-theories*, de Carol S. Dweck
28. *A ciência da felicidade: Como atingir a felicidade real e duradoura*, de Sonja Lyubomirsky
29. *Bom demais para ser ignorado: Por que as habilidades superam a paixão na busca pelo trabalho que você adora*, de Cal Newport
30. *Cartas de um estoico*, de Sêneca
31. *Direto ao ponto: Os segredos da nova ciência da expertise*, de Anders Ericsson
32. *Motivation and Personality*, de Abraham H. Maslow
33. *Flow: A psicologia do alto desempenho e da felicidade*, de Mihaly Csikszentmihalyi
34. *A quietude é a chave*, de Ryan Holiday
35. *As 4 disciplinas da execução: Alcance suas metas crucialmente importantes*, de Chris McChesney, Sean Covey e Jim Huling
36. *Aprenda a pensar com Leonardo da Vinci: Sete passos para o sucesso no seu dia a dia*, de Michael J. Gelb
37. *Ética a Nicômaco*, de Aristóteles
38. *Responsabilidade extrema: Como os Navy SEALs lideram e vencem*, de Jocko Willink e Leif Babin
39. *Como fazer amigos e influenciar pessoas*, de Dale Carnegie
40. *Sobre a brevidade da vida*, de Sêneca
41. *Seja mais feliz, aconteça o que acontecer: Como cultivar a esperança e o propósito em tempos difíceis*, de Tal Ben-Shahar
42. *A segunda montanha: A busca por uma vida moral*, de David Brooks
43. *The Power of Full Engagement*, de Jim Loehr e Tony Schwartz
44. *Enchiridion*, de Epicteto
45. *Dhammapada*, de Buda
46. *Minimalismo digital: Para uma vida profunda em um mundo superficial*, de Cal Newport
47. *A equação de deixar para depois: Livre-se das tentações e faça o que tem que ser feito agora*, de Piers Steel
48. *Os desafios à força de vontade: Como o autocontrole funciona, por que ele é importante e como aumentar o seu*, de Kelly McGonigal

49. *Gratitude Works!*, de Robert A. Emmons
50. *12 regras para a vida: Um antídoto para o caos*, de Jordan B. Peterson
51. *Autoconfiança*, de Ralph Waldo Emerson
52. *A guerra da arte: Supere os bloqueios e vença suas batalhas interiores de criatividade*, de Steven Pressfield
53. *Checklist: Como fazer as coisas bem-feitas*, de Atul Gawande
54. *As vantagens do oxigênio: Técnicas de respiração cientificamente comprovadas que revolucionarão a sua saúde e forma física*, de Patrick McKeown
55. *Eat Move Sleep*, de Tom Rath
56. *Amor 2.0: A ciência a favor dos relacionamentos*, de Barbara L. Fredrickson
57. *Felicidade autêntica: Use a psicologia positiva para alcançar todo o seu potencial*, de Martin E. P. Seligman
58. *The Alter Ego Effect*, de Todd Herman
59. *What to Say When You Talk to Yourself*, de Shad Helmstetter
60. *Ame a realidade: Quatro perguntas que podem mudar sua vida*, de Byron Katie
61. *Constructive Living*, de David K. Reynolds
62. *O ego é seu inimigo: Como dominar seu pior adversário*, de Ryan Holiday
63. *Força de vontade: A redescoberta do poder humano*, de Roy F. Baumeister e John Tierney
64. *Reflexões sobre a arte de viver*, de Joseph Campbell
65. *The Philosophy of Cognitive--Behavioural Therapy (CBT)*, de Donald Robertson
66. *Tao-Te Ching*, de Lao-Tsé
67. *Falling Upward*, de Richard Rohr
68. *Nada pode me ferir: A história de superação do único homem a completar o treinamento de elite como Navy SEAL, Army Ranger e TACP*, de David Goggins
69. *Torne-se um profissional: Como superar seus limites internos e triunfar nas batalhas da vida*, de Steven Pressfield
70. *The Way of the SEAL*, de Mark Divine
71. *Os quatro compromissos: O livro da filosofia tolteca*, de Don Miguel Ruiz
72. *Maestria: As chaves do sucesso e da realização pessoal*, de George Leonard
73. *As 21 irrefutáveis leis da liderança: Uma receita comprovada para desenvolver o líder que existe em você*, de John C. Maxwell
74. *The Power of TED**, de David Emerald
75. *10X: A regra que faz a diferença entre o sucesso x fracasso*, de Grant Cardone
76. *The Power of Agency*, de Paul Napper e Anthony Rao
77. *The Undefeated Mind*, de Alex Lickerman
78. *Making Hope Happen*, de Shane J. Lopez
79. *Mini-hábitos: Como alcançar grandes resultados com o mínimo de esforço*, de Stephen Guise
80. *The Stoic Challenge*, de William B. Irvine
81. *Rumi Daylight*, de Camille Adams Helminski
82. *The Selected Writings of Ralph Waldo Emerson*, de Ralph Waldo Emerson
83. *Indistraível: Como dominar sua atenção e assumir o controle da sua vida*, de Nir Eyal
84. *It Takes What It Takes*, de Trevor Moawad
85. *No Sweat*, de Michelle Segar
86. *A alegria do movimento: Como o exercício nos ajuda a encontrar felicidade, esperança, conexão e coragem*, de Kelly McGonigal
87. *Você é aquilo que pensa*, de James Allen

88. *Arrume a sua cama: Pequenas atitudes que podem mudar a sua vida... e talvez do mundo*, de William H. McRaven
89. *Sem limites: Aprimore seu cérebro, aprenda mais rápido e descubra uma vida excepcional*, de Jim Kwik
90. *Spartan Up!*, de Joe De Sena
91. *Wooden*, de John Wooden
92. *Staring Down the Wolf*, de Mark Divine
93. *Pense como um imperador: Conheça a mente de um dos maiores líderes da história e descubra como um mindset resiliente pode vencer qualquer adversidade*, de Donald Robertson
94. *Disciplina é liberdade: Manual de campo*, de Jocko Willink
95. *A essência do líder*, de Warren Bennis
96. *Maestria*, de Robert Greene
97. *Leadershift*, de John C. Maxwell
98. *The Seven Principles for Making Marriage Work*, de John M. Gottman e Nan Silver
99. *O lado bom do estresse: Entenda por que o estresse pode ser bom para você e como aproveitá-lo*, de Kelly McGonigal
100. *Os analectos*, de Confúcio
101. *The Art of Taking Action*, de Gregg Krech
102. *The Inner Citadel*, de Pierre Hadot
103. *Future Visions*, de Edward Hoffman
104. *O gestor eficaz*, de Peter F. Drucker
105. *Spiritual Economics*, de Eric Butterworth
106. *Unstoppable Teams*, de Alden Mills
107. *Be Unstoppable*, de Alden Mills
108. *How Champions Think*, de Bob Rotella
109. *The Power of Habit*, de Jack D. Hodge
110. *Discursos*, de Epicteto
111. *The Psychology of Hope*, de Charles Snyder
112. *Food Fix*, de Mark Hyman
113. *O poder do agora: Um guia para a iluminação espiritual*, de Eckhart Tolle
114. *Originais: Como os inconformistas mudam o mundo*, de Adam Grant
115. *Como evitar preocupações e começar a viver*, de Dale Carnegie
116. *The Pursuit of Perfect*, de Tal Ben-Shahar
117. *Sleep Smarter*, de Shawn Stevenson
118. *Inteligência emocional: A teoria revolucionária que redefine o que é ser inteligente*, de Daniel Goleman
119. *The As If Principle*, de Richard Wiseman
120. *Foco: A atenção e seu papel fundamental para o sucesso*, de Daniel Goleman
121. *Superhuman by Habit*, de Tynan
122. *Reinventing Yourself*, de Steve Chandler
123. *Overachievement*, de John Eliot
124. *The Art of Learning*, de Josh Waitzkin
125. *Solving the Procrastination Puzzle*, de Timothy A. Pychyl
126. *Irresistível: Por que você é viciado em tecnologia e como lidar com ela*, de Adam Alter
127. *What Doesn't Kill Us*, de Stephen Joseph
128. *Pense e enriqueça*, de Napoleon Hill
129. *Super-humanos: Como os atletas radicais redefinem os limites do possível*, de Steven Kotler
130. *Autocompaixão: Pare de se torturar e deixe a insegurança para trás*, de Kristin Neff
131. *Faça tempo: 4 passos para definir suas prioridades e não adiar mais nada*, de Jake Knapp e John Zeratsky
132. *Organize Tomorrow Today*, de Jason Selk, Tom Bartow e Matthew Rudy
133. *Elite Minds*, de Stan Beecham
134. *The Upward Spiral*, de Alex Korb
135. *A arte de fazer acontecer: O método GTD – Getting Things*

Done: estratégias para aumentar a produtividade e reduzir o estresse, de David Allen

136. *Lead Yourself First*, de Raymond M. Kethledge e Michael S. Erwin
137. *Aprenda a ser otimista: Como mudar sua mente e sua vida*, de Martin E. P. Seligman
138. *O milagre da manhã: O segredo para transformar sua vida (antes das 8 horas)*, de Hal Elrod
139. *Autoestima e os seus seis pilares*, de Nathaniel Branden
140. *Implacável: De bom para ótimo para sem limites*, de Tim S. Grover
141. *Hiperfoco: Como trabalhar menos e render mais*, de Chris Bailey
142. *Peak Performance*, de Brad Stulberg e Steve Magness
143. *Vender é humano: A surpreendente verdade sobre a arte da persuasão*, de Daniel H. Pink
144. *The Champion's Mind*, de Jim Afremow
145. *Chasing Excellence*, de Ben Bergeron
146. *A mágica de pensar grande: A força realizadora do pensamento construtivo*, de David J. Schwartz
147. *A coragem de ser imperfeito: Como aceitar a própria vulnerabilidade, vencer a vergonha e ousar ser quem você é*, de Brené Brown
148. *Wealth Warrior*, de Steve Chandler
149. *Comece pelo mais difícil: 21 ótimas maneiras de superar a preguiça e se tornar altamente eficiente e produtivo*, de Brian Tracy
150. *Psicocibernética*, de Maxwell Maltz
151. *The Maffetone Method*, de Phil Maffetone
152. *O desafio da liderança: Como fazer acontecer em sua empresa*, de James M. Kouzes e Barry Z. Posner
153. *It Worked for Me*, de Colin Powell
154. *O poder do mito*, de Joseph Campbell
155. *A ciência de ficar rico*, de Wallace D. Wattles
156. *Sea Stories*, de William H. McRaven
157. *The Official Bright Line Eating Cookbook*, de Susan Peirce Thompson
158. *Fixe o conhecimento: A ciência da aprendizagem bem-sucedida*, de Peter C. Brown, Henry L. Roediger III e Mark A. McDaniel
159. *The Slight Edge*, de Jeff Olson
160. *O herói de mil faces*, de Joseph Campbell
161. *Comunicação não violenta: Técnicas para aprimorar relacionamentos pessoais e profissionais*, de Marshall B. Rosenberg
162. *Influência: A psicologia da persuasão*, de Robert B. Cialdini
163. *Black Hole Focus*, de Isaiah Hankel
164. *Como superar seus limites internos: Aprenda a vencer seus bloqueios e suas batalhas interiores de criatividade*, de Steven Pressfield
165. *How to Be a Stoic*, de Massimo Pigliucci
166. *The Psychology of Winning*, de Denis Waitley
167. *Raise Your Game*, de Alan Stein Jr.
168. *Medo: Sabedoria indispensável para transpor a tempestade*, de Thich Nhat Hanh
169. *O monge que vendeu sua Ferrari*, de Robin Sharma
170. *My Morning Routine*, de Benjamin Spall e Michael Xander
171. *Love*, de Leo Buscaglia
172. *The 10 Pillars of Mental Performance Mastery*, de Brian Cain
173. *Die Empty*, de Todd Henry
174. *Açúcar: Culpado ou inocente?*, de Gary Taubes
175. *10-Minute Toughness*, de Jason Selk
176. *O código do talento: Um programa para desenvolver habilidades especiais aplicáveis à vida pessoal e aos negócios*, de Daniel Coyle

177. *The Spartan Way*, de Joe De Sena
178. *Na trilha do entusiasmo: Mitologia e transformação pessoal*, de Joseph Campbell
179. *This Book Will Make You Dangerous*, de Tripp Lanier
180. *A Guide to the Good Life*, de William B. Irvine
181. *As 15 leis do crescimento: Viva-as e realize o seu potencial*, de John C. Maxwell
182. *Criatividade: O flow e a psicologia das descobertas e das invenções*, de Mihaly Csikszentmihalyi
183. *Sapiens: Uma breve história da humanidade*, de Yuval Noah Harari
184. *The Sleep Revolution*, de Arianna Huffington
185. *Menos estresse, mais conquistas: Meditação para um desempenho extraordinário*, de Emily Fletcher
186. *21 lições para o século 21*, de Yuval Noah Harari
187. *O mito do carisma: A força do magnetismo pessoal para atingir o sucesso profissional*, de Olivia Fox Cabane
188. *Manage Your Day-to-Day*, de Jocelyn K. Glei
189. *How to Be Free*, de Epicteto
190. *Bright Line Eating*, de Susan Peirce Thompson
191. *Stick with It*, de Sean Young
192. *Daily Rituals*, de Mason Currey
193. *Os segredos da mente milionária: Aprenda a enriquecer mudando seus conceitos sobre o dinheiro e adotando os hábitos das pessoas bem-sucedidas*, de T. Harv Eker
194. *Rest*, de Alex Soojung-Kim Pang
195. *Regras da comida: Um manual da sabedoria alimentar*, de Michael Pollan
196. *A limpeza da mente: Reprograme seu cérebro para ter pensamentos mais claros, relações mais profundas e felicidade duradoura*, de David Perlmutter e Austin Perlmutter
197. *Os mitos da felicidade: O que deveria fazer você feliz, mas não faz; o que não deveria fazer você feliz, mas faz*, de Sonja Lyubomirsky
198. *Fat Chance*, de Robert Lustig
199. *Metas!: Como conquistar tudo o que você deseja mais rápido do que jamais imaginou*, de Brian Tracy
200. *Homo deus: Uma breve história do amanhã*, de Yuval Noah Harari
201. *How Successful People Think*, de John C. Maxwell
202. *The Confidence Gap*, de Russ Harris
203. *Your Brain at Work*, de David Rock
204. *The Great Work of Your Life*, de Stephen Cope
205. *Liderança em tempos de crise*, de Doris Kearns Goodwin
206. *Mindsight*, de Dan Siegel
207. *O princípio da caixa-preta: A surpreendente verdade sobre o sucesso (e por que algumas pessoas nunca aprendem com seus erros)*, de Matthew Syed
208. *Parenting Champions*, de Lanny Bassham
209. *Maximum Achievement*, de Brian Tracy
210. *The Courage Quotient*, de Robert Biswas-Diener
211. *Getting Grit*, de Caroline Adams Miller
212. *Como falar em público e encantar as pessoas*, de Dale Carnegie
213. *Super-humano: O método Bulletproof para rejuvenescer e talvez até viver para sempre*, de Dave Asprey
214. *O princípio do progresso: Como usar pequenas vitórias para estimular satisfação, empenho e criatividade no trabalho*, de Teresa Amabile e Steven Kramer
215. *Trying Not to Try*, de Edward Slingerland

216. *As sete leis espirituais do sucesso: Um guia prático para a realização de seus sonhos*, de Deepak Chopra
217. *How to Become a Straight-A Student*, de Cal Newport
218. *Noble Purpose*, de William Damon
219. *Mude seu cérebro, mude seu corpo: Use o cérebro para conseguir o corpo com o qual você sempre sonhou*, de Daniel G. Amen
220. *Sucesso: Como alcançar suas metas*, de Heidi Grant Halvorson
221. *Conquest of Mind*, de Eknath Easwaran
222. *The Art of Mental Training*, de DC Gonzalez
223. *Mais rápido e melhor: Os segredos da produtividade na vida e nos negócios*, de Charles Duhigg
224. *Ser estoico: Eterno aprendiz*, de Ward Farnsworth
225. *A coragem de não agradar: Como a filosofia pode ajudar você a se libertar da opinião dos outros, superar suas limitações e se tornar a pessoa que deseja*, de Ichiro Kishimi e Fumitake Koga
226. *The Longevity Paradox*, de Steven R. Gundry
227. *Pai rico, pai pobre: O que os ricos ensinam a seus filhos sobre dinheiro*, de Robert T. Kiyosaki
228. *Coaching the Mental Game*, de H. A. Dorfman
229. *The Healthy Deviant*, de Pilar Gerasimo
230. *How to Talk to Anyone, Anytime, Anywhere*, de Larry King
231. *Instant Influence*, de Michael V. Pantalon
232. *Descobrindo o seu poder interior: Um guia prático para a exploração do potencial divino que existe no seu interior*, de Eric Butterworth
233. *Sem lama não há lotus: A arte de transformar o sofrimento*, de Thich Nhat Hanh
234. *Eat Fat, Get Thin*, de Mark Hyman
235. *Energia cerebral: Uma revolução no entendimento dos fatores que desencadeiam as doenças e nas perspectivas de tratamento e manutenção da saúde mental*, de Christopher M. Palmer
236. *The Happiness Diet*, de Tyler Graham e Drew Ramsey
237. *Os princípios do sucesso*, de Jack Canfield
238. *Assim falou Zaratustra*, de Friedrich Nietzsche
239. *O segredo está nos telômeros: Receita revolucionária para manter a juventude e viver mais e melhor*, de Elissa Epel e Elizabeth Blackburn
240. *Agradeça e seja feliz!: Como a ciência da gratidão pode mudar sua vida para melhor*, de Robert A. Emmons
241. *Everyday Enlightenment*, de Dan Millman
242. *O líder sem status: Uma fábula moderna sobre sucesso nos negócios e na vida*, de Robin Sharma
243. *Bored and Brilliant*, de Manoush Zomorodi
244. *Spark*, de John J. Ratey
245. *Método Silva de controle mental para mudar a sua vida: O sistema que está proporcionando uma nova alegria de viver a milhões de pessoas*, de José Silva e Burt Goldman
246. *O milagre da atenção plena: Uma introdução à prática da meditação*, de Thich Nhat Hanh
247. *O efeito vencedor: Como a neurociência explica o sucesso (e o fracasso)*, de Ian H. Robertson
248. *Você é o placebo: O poder de curar a si mesmo*, de Joe Dispenza
249. *Aonde quer que você vá, é você que está lá*, de Jon Kabat-Zinn

250. *O poder das 24 forças de caráter: Valorize e impulsione o seu melhor*, de Ryan M. Niemiec e Robert E. McGrath
251. *Fora de série – Outliers: Descubra por que algumas pessoas têm sucesso e outras não*, de Malcolm Gladwell
252. *The Art of Connection*, de Michael Gelb
253. *A arte da imperfeição: Abandone a pessoa que você acha que deve ser e seja você mesmo*, de Brené Brown
254. *How to Be an Imperfectionist*, de Stephen Guise
255. *Roube como um artista: 10 dicas sobre criatividade*, de Austin Kleon
256. *Amigos da mente: Nutrientes e bactérias que vão curar e proteger seu cérebro*, de David Perlmutter
257. *Despertar: Um guia para a espiritualidade sem religião*, de Sam Harris
258. *The Distraction Addiction*, de Alex Soojung-Kim Pang
259. *Focal Point*, de Brian Tracy
260. *Spartan Fit!*, de Joe De Sena
261. *Tony Robbins*, de Tony Robbins
262. *Win Forever*, de Pete Carroll
263. *A hipótese da felicidade: Encontrando a verdade moderna na sabedoria antiga*, de Jonathan Haidt
264. *Mind Gym*, de Gary Mack
265. *Motivação 3.0 – Drive: A surpreendente verdade sobre o que realmente nos motiva*, de Daniel H. Pink
266. *Talent Is Overrated*, de Geoff Colvin
267. *O caminho do Bodisatva*, de Shantideva
268. *Anxiety Free*, de Patrick McKeown
269. *The Mindful Athlete*, de George Mumford
270. *O que o jovem quer da vida?: Como pais e professores podem orientar e motivar os adolescentes*, de William Damon
271. *Positive Psychology and the Body*, de Kate Hefferon
272. *Quando: Os segredos científicos do timing perfeito*, de Daniel H. Pink
273. *Emagreça sem fome: Controle a gula, reprograme as células de gordura e perca peso de forma definitiva*, de David Ludwig
274. *A alma indomável: Como se libertar dos pensamentos, emoções e energias que bloqueiam a consciência*, de Michael A. Singer
275. *Aumente o poder do seu cérebro: 12 regras para uma vida saudável, ativa e produtiva*, de John Medina
276. *Aprendendo a aprender: Como ter sucesso em matemática, ciências e qualquer outra matéria*, de Barbara Oakley
277. *Musonius Rufus*, de Cynthia Arrieu-King
278. *Bulletproof: A dieta à prova de bala – recupere a energia e a concentração e faça um upgrade em sua vida*, de Dave Asprey
279. *Life's Great Question*, de Tom Rath
280. *An Iron Will*, de Orison Swett Marden
281. *The Power of Rest*, de Matthew Edlund
282. *A surpreendente ciência do sucesso: Por que (quase) tudo que você sabe sobre ser bem-sucedido está errado*, de Eric Barker
283. *O jogo interior do tênis: O guia clássico para o lado mental da excelência no desempenho*, de W. Timothy Gallwey
284. *Character Strengths Matter*, de Shannon Polly e Kathryn Britton
285. *The Power of Your Breath*, de Anders Olsson
286. *Head Strong*, de Dave Asprey
287. *The Practicing Mind*, de Thomas M. Sterner
288. *A jornada do artista: O despertar da jornada do herói e a eterna busca por significado*, de Steven Pressfield

289. *Ninguém quer ler suas m*rdas: Entenda os motivos e saiba o que fazer*, de Steven Pressfield
290. *O poder do hábito*, de Charles Duhigg
291. *Disciplina é destino: O poder do autocontrole*, de Ryan Holiday
292. *Creator*, de Steve Chandler
293. *Como aprendemos: A surpreendente verdade sobre quando, como e por que o aprendizado acontece*, de Benedict Carey
294. *One Percent Better*, de Brian Cain
295. *Natural Born Heroes*, de Christopher McDougall
296. *The Power of Your Supermind*, de Vernon Howard
297. *Infinite Self*, de Stuart Wilde
298. *A estrada para o caráter*, de David Brooks
299. *The Four Purposes of Life*, de Dan Millman
300. *Are You Fully Charged?*, de Tom Rath
301. *The Jefferson Bible*, de Thomas Jefferson
302. *Spirit Means Business*, de Alan Cohen
303. *A lição de Ícaro: Até onde você quer voar?*, de Seth Godin
304. *Smartcuts*, de Shane Snow
305. *Pare de reclamar e concentre-se nas coisas boas: Um método simples e eficaz para se afastar da negatividade e adotar uma postura positiva*, de Will Bowen
306. *The Big Leap*, de Gay Hendricks
307. *The Stoic Art of Living*, de Tom Morris
308. *Executive Toughness*, de Jason Selk
309. *No Excuses!*, de Brian Tracy
310. *Os lugares que nos assustam: Um guia para despertar nossa coragem em tempos difíceis*, de Pema Chödrön
311. *Crazy Good*, de Steve Chandler
312. *O iconoclasta: Um neurocientista revela como pensar diferente e realizar o impossível*, de Gregory Berns
313. *Sem limites: A incansável busca pelo prazer de vencer*, de Michael Phelps e Alan Abrahamson
314. *Leading an Inspired Life*, de Jim Rohn
315. *O cérebro de Buda: Neurociência prática para a felicidade*, de Rick Hanson
316. *100 maneiras de motivar a si mesmo: Um plano de ação para banir os pensamentos negativos que bloqueiam seus sonhos e objetivos*, de Steve Chandler
317. *The Now Habit*, de Neil Fiore
318. *Davi e Golias: A arte de enfrentar gigantes*, de Malcolm Gladwell
319. *Plato's Lemonade Stand*, de Tom Morris
320. *Counterclockwise*, de Ellen J. Langer
321. *O Teste do Marshmallow: Por que a força de vontade é a chave do sucesso*, de Walter Mischel
322. *Coragem sob fogo: Testando as doutrinas de Epicteto em um laboratório comportamental humano*, de James Bond Stockdale
323. *The Keto Reset Diet*, de Mark Sisson
324. *O hábito da conquista: Pare de desejar, comece a fazer e assuma o controle de sua vida*, de Bernard Roth
325. *Despertando para o Eu*, de Anthony de Mello
326. *Líder empreendedor: Seja o líder que estrutura e desenvolve empresas*, de Dave Ramsey
327. *Rethinking Depression*, de Eric Maisel
328. *A coragem de ser você mesmo: Como conquistar o verdadeiro pertencimento sem abrir mão do que você acredita*, de Brené Brown
329. *Victory Favors the Fearless*, de Darrin Donnelly
330. *Tudo começa com a comida: Descubra os fundamentos do programa Whole30 e se surpreenda com as mudanças na sua vida*, de Dallas Hartwig e Melissa Hartwig

331. *O método Wim Hof: Técnicas de respiração e exposição ao frio para ativar todo o seu potencial humano*, de Wim Hof
332. *Fearless*, de Éric Blehm
333. *A vida sem amarras: Uma jornada interior em busca de liberdade, significado e inspiração*, de Michael A. Singer
334. *True to Form*, de Eric Goodman
335. *How Bad Do You Want It?*, de Matt Fitzgerald
336. *The Creative Habit*, de Twyla Tharp
337. *Gandhi the Man*, de Eknath Easwaran
338. *Sempre Zen: Como introduzir a prática do Zen em seu dia a dia*, de Charlotte Joko Beck
339. *The Relaxation Response*, de Herbert Benson
340. *Move Your DNA*, de Katy Bowman
341. *The Endurance Handbook*, de Philip Maffetone
342. *Attainment*, de Troy Bassham
343. *Sobre a escrita: A arte em memórias*, de Stephen King
344. *A força da intenção: Aprendendo a criar o mundo do seu jeito*, de Wayne W. Dyer
345. *Driven*, de Douglas Brackmann
346. *The Motivation Manifesto*, de Brendon Burchard
347. *Fail Fast, Fail Often*, de Ryan Babineaux e John Krumboltz
348. *O paradoxo da paixão: Um manual para apostar tudo, ter sucesso e aproveitar as vantagens do desequilíbrio*, de Brad Stulberg e Steve Magness
349. *Why Meditate?*, de Matthieu Ricard
350. *Mind Hacking*, de John Hargrave
351. *Toward a Psychology of Being*, de Abraham Maslow
352. *Off Balance*, de Matthew Kelly
353. *Body Mind Mastery*, de Dan Millman
354. *A armadilha da felicidade: Pare de sofrer e comece a viver*, de Russ Harris
355. *Finding Your Zone*, de Michael Lardon
356. *Clean Gut*, de Alejandro Junger
357. *An Audience of One*, de Srinivas Rao
358. *Fully Engaged*, de Thomas M. Sterner
359. *Fearless*, de Steve Chandler
360. *Play*, de Stuart Brown
361. *Legado: 15 lições sobre liderança que podemos aprender com o time de rugby All Blacks*, de James Kerr
362. *The Happiness Equation*, de Neil Pasricha
363. *Combustível para a saúde: A revolucionária dieta para prevenir doenças e auxiliar no combate ao câncer, no aumento da capacidade cerebral e energia vital e na manutenção do peso saudável*, de Joseph Mercola
364. *The Golden Present*, de Sri Swami Satchidananda
365. *Why Your Life Sucks*, de Alan H. Cohen
366. *The Stress Test*, de Ian Robertson
367. *Why We Do What We Do*, de Edward L. Deci
368. *Toughness Training for Life*, de James E. Loehr
369. *Breathe*, de Belisa Vranich
370. *O fim do Alzheimer: O primeiro programa para prevenir e reverter o declínio cognitivo*, de Dale E. Bredesen
371. *Vida genial: Cure sua mente, fortaleça seu corpo e torne-se extraordinário*, de Max Lugavere
372. *Fix Your Feet*, de Philip Maffetone
373. *The Ultra Mindset*, de Travis Macy e John Hanc
374. *Spiritual Liberation*, de Michael Bernard Beckwith
375. *O homem que tocou os segredos do universo*, de Glenn Clark
376. *Mindfulness*, de Mark Williams e Danny Penman
377. *O paradoxo da escolha: Por que mais é menos*, de Barry Schwartz

378. *Você pode curar sua vida*, de Louise L. Hay
379. *Dinheiro atrai dinheiro: Use a lei da atração para conseguir riqueza, saúde e felicidade*, de Esther e Jerry Hicks
380. *Regras de ouro para a vida cotidiana*, de Omraam Mikhaël Aïvanhov
381. *Unsubscribe*, de Jocelyn K. Glei
382. *Além de religião: Uma ética por um mundo sem fronteiras*, de Dalai Lama
383. *Nasci para isso: Como encontrar o trabalho da sua vida*, de Chris Guillebeau
384. *10 Rules for Resilience*, de Joe De Sena
385. *Take a Nap! Change Your Life*, de Sara C. Mednick
386. *Paz é cada passo: O caminho da atenção plena*, de Thich Nhat Hanh
387. *Choose the Life You Want*, de Tal Ben-Shahar
388. *Cérebro de farinha: O plano para toda a vida*, de David Perlmutter
389. *Happiness*, de Ed Diener e Robert Biswas-Diener
390. *O paradoxo dos vegetais: Os perigos ocultos em alimentos "saudáveis" que causam doenças e ganho de peso*, de Steven R. Gundry
391. *Respire: O poder curativo da respiração*, de Richard P. Brown e Patricia L. Gerbarg
392. *Peça e será atendido: Aprendendo a manifestar seus desejos*, de Esther e Jerry Hicks
393. *Um novo mundo: O despertar de uma nova consciência*, de Eckhart Tolle
394. *The Little Book of Talent*, de Daniel Coyle
395. *The Book of Understanding*, de Osho
396. *Strength in the Storm*, de Eknath Easwaran
397. *Power Up Your Brain*, de David Perlmutter e Alberto Villoldo
398. *The Diamond Cutter*, de Geshe Michael Roach
399. *Louder than Words*, de Todd Henry
400. *The Circadian Code*, de Satchin Panda
401. *Apelo ao amor*, de Anthony de Mello
402. *O poder do sono: O programa revolucionário que prepara sua mente para um melhor desempenho*, de James B. Maas
403. *Win or Learn*, de John Kavanagh
404. *The World According to Mister Rogers*, de Fred Rogers
405. *Superheroes and Philosophy*, de Tom Morris e Matt Morris
406. *The Brain Warrior's Way*, de Daniel G. Amen e Tana Amen
407. *A coragem de criar*, de Rollo May
408. *A nascente*, de Ayn Rand
409. *The Emotional Life of Your Brain*, de Richard Davidson e Sharon Begley
410. *Brain Power*, de Michael Gelb e Kelly Howell
411. *O alquimista*, de Paulo Coelho
412. *Herói em missão: O caminho para uma vida significativa*, de Donald Miller
413. *Primary Greatness*, de Stephen R. Covey
414. *Perfect Breathing*, de Al Lee e Don Campbell
415. *A via expressa dos milionários: Desvende o código da riqueza e viva rico por uma vida inteira*, de MJ DeMarco
416. *Rapt*, de Winifred Gallagher
417. *Striking Thoughts*, de Bruce Lee
418. *A transformação total do seu dinheiro: Um plano eficaz para alcançar o bem-estar financeiro*, de Dave Ramsey
419. *O poder do silêncio*, de Eckhart Tolle
420. *The Extra Degree*, de Mac Anderson e Sam Parker
421. *The Relaxation Revolution*, de Herbert Benson
422. *O código do herói: Lições aprendidas das vidas que vivemos*, de William H. McRaven

423. *Think Like a Warrior*, de Darrin Donnelly
424. *You Are Special*, de Fred Rogers
425. *Criando prosperidade: 26 passos para uma vida mais rica e abundante*, de Deepak Chopra
426. *The Art and Science of Low Carbohydrate Living*, de Jeff S. Volek e Stephen D. Phinney
427. *15 Secrets Successful People Know About Time Management*, de Kevin Kruse
428. *The Big Picture*, de Tony Horton
429. *Clean: O programa revolucionário de desintoxicação que recupera a capacidade autocurativa natural do corpo*, de Alejandro Junger
430. *The Way of the Superior Man*, de David Deida
431. *Sitting Kills, Moving Heals*, de Joan Vernikos
432. *Breathe In, Breathe Out*, de James E. Loehr e Jeffrey Migdow
433. *It's Not About the Money*, de Brent Kessel
434. *Suba a escada: 7 passos para alcançar o verdadeiro sucesso*, de Rory Vaden
435. *Os 8 pilares da prosperidade: Obtenha sucesso e prosperidade começando 8 mudanças em si mesmo a partir de hoje*, de James Allen
436. *Wired to Create*, de Scott Barry Kaufman e Carolyn Gregoire
437. *A geração superficial: O que a internet está fazendo com os nossos cérebros*, de Nicholas Carr
438. *O chamado da coragem: A sorte favorece os corajosos*, de Ryan Holiday
439. *Ketotarian*, de Will Cole
440. *Living Forward*, de Michael Hyatt e Daniel Harkavy
441. *O caminho do artista: Desperte o seu potencial criativo e rompa seus bloqueios*, de Julia Cameron
442. *Silêncio: O poder da quietude em um mundo barulhento*, de Thich Nhat Hanh
443. *Programado para comer: Acabe com as vontades, reprograme seu apetite para perder peso e descubra os alimentos que funcionam para você*, de Robb Wolf
444. *The Five Major Pieces to the Life Puzzle*, de Jim Rohn
445. *A roda do tempo: Os xamãs do México antigo, seus pensamentos sobre a vida, a morte e o universo*, de Carlos Castañeda
446. *Ken Wilber*, de Ken Wilber
447. *#ASKGARYVEE*, de Gary Vaynerchuk
448. *Thoughts of a Philosophical Fighter Pilot*, de James Stockdale
449. *Mostre seu trabalho!: 10 maneiras de compartilhar sua criatividade e ser descoberto*, de Austin Kleon
450. *Os sete passos para ficar de bem com a vida: Aprenda a ser feliz sem motivo*, de Marci Shimoff
451. *One Spirit Medicine*, de Alberto Villoldo

45 AULAS (+1)

OTIMIZE TODOS OS ASPECTOS DA SUA VIDA

Sintetizei para você, em forma de *master classes*, os principais tópicos dos melhores livros de autodesenvolvimento. Cada aula apresenta dez ideias que mudarão sua vida. Veja 46 aulas que você pode encontrar em nossa plataforma Heroic, em inglês:

1. *Abundância:* Como criar a verdadeira riqueza investindo sabiamente em si mesmo (e a melhor maneira de se tornar bilionário!)
2. *Antifragilidade:* Como usar qualquer coisa para impulsionar seu crescimento heroico
3. *Confiança:* Como criar uma autoconfiança indestrutível
4. *Dominando a ansiedade:* Como domar a ansiedade e viver com confiança
5. *Dominando o câncer:* Como estou ajudando meu irmão a combater o câncer e o que eu compartilharia com você como seu amigo e coach
6. *Dominando o câncer – parte 2:* Como repensar o câncer – teoria e terapia
7. *Dominando a depressão:* Dome seus Gremlins e crie uma vida incrível
8. *Dominando o vício digital:* Esculpir ou ser hackeado? Eis a questão
9. *Dominando o medo:* Como transformar o medo em empolgação e usar a energia como combustível para alcançar seu potencial
10. *Dominando o perfeccionismo:* Como deixar de ser um perfeccionista e começar a ser um otimizador incremental
11. *Dominando a procrastinação:* Como parar de pôr sua vida em modo espera
12. *Culinária:* Como otimizar sua nutrição de maneira fácil e prática
13. *Energia:* Como dar à sua alma a energia necessária para viver a melhor vida possível
14. *Paternidade:* Como ser um pai melhor ao realizar o trabalho da sua vida
15. *Alimentos:* Como se sentir fortalecido em relação à comida e nutrir uma ótima vida (professora convidada: Alexandra!)
16. *Metas:* Como definir e alcançar metas que o ajudarão a prosperar
17. *O melhor ano de todos:* Faça deste ano o melhor da sua vida
18. *O melhor ano de todos – parte 2:* Como usar o aplicativo Heroic para ativar seu potencial heroico
19. *Hábitos:* Como descobrir seu superpoder e implementar seu hábito nº 1
20. *Diário:* Como estabelecer clareza de pensamento, autoconfiança e constância usando um diário
21. *Liderança:* Como inspirar e capacitar pessoas a realizar grandes feitos
22. *Aprendizado:* A ciência de como aprendemos e memorizamos as coisas
23. *Amor:* Como otimizar o amor em sua vida
24. *Dias magistrais:* Como criar uma ótima vida dia após dia
25. *Meditação:* Como meditar sem se mudar para o Himalaia
26. *Maternidade:* Como celebrar a maternidade – o trabalho mais criativo da sua vida! (professora convidada: Alexandra!)
27. *Movimento:* Como otimizar sua energia, seus genes, sua mente, seu humor e seu corpo como uma máquina de movimento perpétuo
28. *Respiração ideal:* Como otimizar sua respiração para ter uma energia calma e focada
29. *Negócio ideal:* Como criar um ótimo negócio e ser pago para mudar o mundo

30. *Nutrição ideal:* Como otimizar sua saúde, energia e felicidade começando pela ponta do garfo
31. *Sono ideal:* Tenha uma ótima noite de sono para otimizar sua energia, seu humor e seu encanto
32. *Peso ideal:* Como otimizar seu metabolismo para esculpir seu corpo
33. *Algoritmos de otimização:* Como se tornar um robô otimizador para alcançar seu potencial infinito
34. *Otimização para o Herói moderno:* Como usar a Força da Alma para mudar o mundo
35. *Desempenho máximo:* Como alcançar seu potencial e ter o melhor desempenho quando é mais importante
36. *Brincadeira:* Como ativar seus superpoderes, aumentar seu encanto e se divertir mais (professora convidada: Alexandra!)
37. *Psicologia Positiva:* Explore a ciência da otimização e da realização
38. *Produtividade:* Grandes conquistas *versus* trivialidades
39. *Falando em público:* Como se expressar com confiança diante de uma plateia
40. *Propósito:* Como descobrir seu propósito e cumprir seu destino
41. *Propósito – parte 2:* 25 perguntas pessoais
42. *Autocuidado:* Como honrar seu corpo e criar uma vida linda (professora convidada: Alexandra!)
43. *Autoimagem:* Veja a melhor e mais heroica versão de si mesmo
44. *Treinamento espartano:* Como se tornar imune a obstáculos em sua vida e fazer sua primeira corrida espartana
45. *Estoicismo:* Como aplicar a antiga sabedoria de Sêneca, Epicteto e Marco Aurélio à sua vida moderna
46. *Força de vontade:* Como dominar a ciência do autocontrole

JUNTE-SE AO MOVIMENTO

VAMOS MUDAR O MUNDO JUNTOS

Saiba mais sobre *Areté* e a Heroic visitando:

HEROIC.US/ACTIVATE

Inscreva-se para receber um e-mail diário e baixe o app para obter mais conhecimento em menos tempo e se conectar comigo e com nossa comunidade ao redor do mundo.

CONHEÇA ALGUNS DESTAQUES DE NOSSO CATÁLOGO

- Augusto Cury: Você é insubstituível (2,8 milhões de livros vendidos), Nunca desista de seus sonhos (2,7 milhões de livros vendidos) e O médico da emoção
- Dale Carnegie: Como fazer amigos e influenciar pessoas (16 milhões de livros vendidos) e Como evitar preocupações e começar a viver
- Brené Brown: A coragem de ser imperfeito – Como aceitar a própria vulnerabilidade e vencer a vergonha (900 mil livros vendidos)
- T. Harv Eker: Os segredos da mente milionária (3 milhões de livros vendidos)
- Gustavo Cerbasi: Casais inteligentes enriquecem juntos (1,2 milhão de livros vendidos) e Como organizar sua vida financeira
- Greg McKeown: Essencialismo – A disciplinada busca por menos (700 mil livros vendidos) e Sem esforço – Torne mais fácil o que é mais importante
- Haemin Sunim: As coisas que você só vê quando desacelera (700 mil livros vendidos) e Amor pelas coisas imperfeitas
- Ana Claudia Quintana Arantes: A morte é um dia que vale a pena viver (650 mil livros vendidos) e Pra vida toda valer a pena viver
- Ichiro Kishimi e Fumitake Koga: A coragem de não agradar – Como se libertar da opinião dos outros (350 mil livros vendidos)
- Simon Sinek: Comece pelo porquê (350 mil livros vendidos) e O jogo infinito
- Robert B. Cialdini: As armas da persuasão (500 mil livros vendidos)
- Eckhart Tolle: O poder do agora (1,2 milhão de livros vendidos)
- Edith Eva Eger: A bailarina de Auschwitz (600 mil livros vendidos)
- Cristina Núñez Pereira e Rafael R. Valcárcel: Emocionário – Um guia lúdico para lidar com as emoções (800 mil livros vendidos)
- Nizan Guanaes e Arthur Guerra: Você aguenta ser feliz? – Como cuidar da saúde mental e física para ter qualidade de vida
- Suhas Kshirsagar: Mude seus horários, mude sua vida – Como usar o relógio biológico para perder peso, reduzir o estresse e ter mais saúde e energia